D1701540

Monika Dettwiler Rustici

Berner Lauffeuer

Für meine Familie: meine Eltern Paula und Max, meine Schwester Suzanne, meinen Mann Luciano, meine Söhne Alessio und Renzo, meine Nichten Sabrina und Georgina.

Monika Dettwiler Rustici

Berner Lauffeuer

Roman zur Gründung des
Schweizer Bundesstaates

Zytglogge

Verlag und Autorin danken der Burgergemeinde Bern,
der Erziehungs- und Kulturdirektion Kanton Basel-Landschaft
für den Druckkostenbeitrag.

2. Auflage 1998

Lektorat: Anita Egli
Umschlagbild: Stahlstich der Stadt Bern um 1850
Gestaltung und Herstellung: Sonja Benz
Druck: Freiburger Graphische Betriebe, Freiburg i. B.
ISBN 3-7296-0560-7

Personen

Niklaus Niggeler (28), Anwalt und Redaktor

Jakob Stämpfli (25), Anwalt und Redaktor

Professor Dr. Wilhelm Snell, Rechtsprofessor in Bern

Emilie (20) und Elisa (22), seine Töchter

Ludwig Snell, Bruder von Wilhelm, Philosoph und
 Schriftsteller in Zürich

Lorenz Rustinger, Zeitungskorrespondent

Alexander von Sasikl (23), österreichischer
 Aristokratensohn

Elisabeth Antonie, seine Schwester

Luzius Häuselmann, Stadtpolizeidirektor in Bern

Robert Moosmann, Patrizier und Privatier

Ulrich Ochsenbein, Generalstabshauptmann

Konstantin Siegwart-Müller, Schultheiss in Luzern

Ferdinand von Tillier, bernischer Militärdirektor

Franz Keller, Militärbeamter

Gustav Lanz, Militärbeamter

Karl von Nufer, bernischer Finanzdirektor

Angelika (16), seine Tochter

Anton Jahn, Finanzbeamter

Josef Hubler, Finanzbeamter

1

Der junge Mann hatte es eilig. Er trat aus dem Patrizierhaus in die gespenstisch leere Kramgasse. Der Wind pfiff ihm um die Ohren, und der Regen wurde stärker. Als er die von Gaslaternen beleuchtete Strasse verliess und in die dunkle Kreuzgasse einbog, bemerkte er die beiden Schatten nicht, die neben ihn glitten. Ein Schlag gegen die Stirne liess ihn die Besinnung verlieren.

Dann ging alles sehr schnell. Die beiden Männer trugen den Bewusstlosen zu einer Kutsche, luden ihn auf den Sitz und fuhren über die Untertorbrücke aus der Stadt. Als der Regen gegen den Wagen peitschte und Blitz und Donner immer schneller aufeinander folgten, hielt der Kutscher an. Einer der Männer zog dem Bewusstlosen den Überrock aus. Der andere schlug das Revers seines Capes zurück, nahm eine Pistole hervor und feuerte sie ab. Der Knall des Schusses wetteiferte mit dem Krachen des Donners. Der Mann war auf der Stelle tot.

Minuten später kehrte die Kutsche in die Stadt Bern zurück und hielt in der Kreuzgasse an. Die Männer hüllten den Toten in eine Decke und trugen ihn zur nahen Junkerngasse. Dort schlossen sie ein Portal auf, schleppten ihre Bürde geräuschlos in den dritten Stock und öffneten mit dem gleichen Schlüssel eine Wohnungstüre. Sie sahen sich kurz um, entdeckten einen Schrank und versorgten darin den Mantel, den sie aus der Kutsche mitgenommen hatten. Dann wurde der Tote im Studierzimmer neben dem Lehnstuhl auf den Fussboden gelegt, die Pistole auf dem Schreibtisch vor ihm fallen gelassen. Am nächsten Tag würde man ihn finden, ein Unfall beim Kontrollieren der Pistole, nichts weiter.

2

Im Pachthaus der Familie Snell in der Lorraine brannte wie jeden Abend das radikale Feuer. In der geräumigen Bibliothek lauschten vier Studenten dem Gespräch zwischen einem etwas älteren und zwei jungen Männern, die sich auf den Lehnstühlen beim Kamin niedergelassen hatten.

Im Durchgang zum kleinen roten Salon stand unschlüssig die junge Emilie Bertha Snell und bemühte sich, dem Gespräch zu folgen.

«Ich sage euch, die Zeit ist reif, die Mitglieder werden unserem Volksverein zu Hunderten zulaufen», sagte gerade der Fürsprech([1]) Jakob Stämpfli, seit wenigen Wochen Redaktor der neuen liberalen ‹Berner Zeitung›. «In immer mehr Kantonen regt sich der liberale Geist. Die Ernennung des freigesinnten Dr. Zehnder zum Zürcher Bürgermeister ist nur ein Anzeichen von vielen.»

Mit Begeisterung stimmte Niklaus Niggeler seinem Freund bei: «In Zürich ist man immer mehr auf unserer Seite. Die ‹Freien Stimmen im Bezirke Zürich› publizierten kürzlich einen Artikel mit dem Titel ‹Bern erhebt sich gegen die Jesuiten›.»

Emilie wandte sich ab, setzte sich im Salon zu ihrer Schwester und meinte: «Siehst du, Elisa. Es ist immer dasselbe. Politik und wieder Politik. Können die Männer denn nichts anderes mehr denken?»

«Vater, Jakob und Niklaus haben politische Pläne», antwortete Elisa. «Das ist ihr grosser Moment, du musst das verstehen.»

«Ja, aber früher haben wir bei Tisch ab und zu noch andere Gesprächsthemen gehabt als die Politik. Damit ist es jetzt vorbei. Weisst du, dass vorgestern bei Moosmanns ein Fest stattgefunden hat?» Emilie schwieg einen Augenblick und seufzte: «Einmal an einem solchen Fest teilnehmen, Elisa! Weshalb werden wir nie eingeladen? Wir kennen zwar die Töchter der Patrizier([2]), aber wir verkehren nicht mit ihnen. Zu ihren Kaffeenachmittagen lädt Mutter die ernsten Gelehrtengattinnen mit ihren langweiligen Töchtern ein, die alle wie graue Mäuse aussehen.»

«Aber Emilie!», rief ihre Schwester aus. «Wir können doch nicht in jenen Kreisen verkehren, wenn Vater politisch mit ihnen verfeindet ist.»

«Einmal werde ich zu einem solchen Fest gehen», gab Emilie trotzig zurück.

Die beiden Mädchen standen auf, um sich ins Speisezimmer zu begeben. Im Gang warf Emilie einen Blick in den Spiegel. Ihr über der Stirne vom Mittelscheitel weggekämmtes Haar wurde seitlich von Samtbändern zusammengehalten und fiel in blonden Zapfenlocken über ihre Schultern. Das blassblaue Kleid mit dem Spitzeneinsatz am Hals und an den Ärmeln stand ihr ausgezeichnet. Die schmale Taille über dem weiten langen Rock liess die hübschen Rundungen ihres Oberkörpers zur Geltung kommen.

Im Speisezimmer strahlte der Kachelofen eine angenehme Wärme aus. Kaum hatte die Gesellschaft Platz genommen, wurde die in der Bibliothek begonnene politische Diskussion wieder aufgenommen.

Emilie wartete seit der Suppe darauf, das Klatschthema Nummer eins aufzugreifen, das rauschende Fest im Hause des Patriziers und Privatiers Robert Moosmann. Es war am letzten Freitag, am 10. Januar des Jahres 1845, für die Schwestern Milanollo gegeben worden. Emilie hatte an jenem Abend dem wundervollen Konzert der beiden Pianistinnen im Berner Stadttheater beiwohnen dürfen. Nun brannte sie auf eine Lücke im Tischgespräch, um wenigstens einige Neuigkeiten von der Soirée zu erfahren.

Aber die Männer waren wieder bei den Jesuiten angelangt! Gerade sagte Niklaus Niggeler: «Die Liberalen in Zürich schätzen es ungemein, dass wir den Kampf gegen die

Jesuiten aufgenommen haben. Ich zitiere die Schlussworte eines Leitartikels, der in Zürich publiziert wurde: ‹Wenn die Jesuiten in das Herz der Schweiz, in die Bundesstadt([3]) Luzern einziehen, hat die Eidgenossenschaft rechtlich und faktisch aufgehört zu sein. Erheben wir uns also alle!›»

Niggeler hielt inne, in seinem Eifer hatte er etwas laut gesprochen. Er blickte sich im Speisezimmer der Familie Snell um. Ein feines Blumenmuster zierte die Wände; Boden und Decke waren aus Holz. Ölbilder und der runde Kachelofen gaben dem Raum Atmosphäre. Niggeler sah das Hausmädchen mit Speisen von Gast zu Gast gehen und war sich der seltsamen Zusammensetzung der Tischgesellschaft plötzlich bewusst. Da waren Jakob und er, zwei Juristen, die beide aus bäuerlichen Verhältnissen stammten und es mit nur fünfundzwanzig und achtundzwanzig Jahren geschafft hatten, sich als Advokaten einen Namen zu machen. Ihre Kleidung war den städtischen Verhältnissen angepasst, darin aber steckten zwei kraftstrotzende Körper von hoher Statur, welchen man durchaus die Arbeit auf dem Felde zugetraut hätte.

Zwischen ihnen sass Frau Professor Franziska Snell, von schlichter Eleganz, das seidenfeine Haar straff nach hinten gebunden. Die Professorsgattin hielt die Zügel des grossen Haushalts fest in der Hand und hatte in den letzten beiden Jahrzehnten ihren vier Töchtern und dem Sohn Rudolf eine ausgezeichnete Erziehung und Bildung vermittelt. Luise und Christiane, die beiden älteren Töchter, waren bereits verheiratet und von Bern weggezogen.

Elisa und Emilie Bertha, die beiden jüngeren Schwestern, bildeten den eigentlichen Kontrast am mit Silber gedeckten Tisch. Mit ihren dem Abendessen im erweiterten Familienkreis angepassten Roben und dem einfachen, aber kostbaren Schmuck sahen sie aus wie Salondamen neben zwei soliden Volksvertretern.

Neben Niggeler und Stämpfli sassen je zwei Studenten der Rechtswissenschaft, alle einfach gekleidet. Man sah ihnen die schlichte Herkunft an. Sie waren Pensionäre im Hause

Snell und mischten sich nur selten ins Gespräch, vorallem wenn die beiden ehemaligen Lieblingsstudenten des Rechtsgelehrten zu Gast waren. Dies kam immer häufiger vor, denn Elisa und Jakob Stämpfli waren verlobt und wollten noch im selben Jahr heiraten.

Am Tischende, seiner zurückhaltenden Gattin gegenüber, sass der Professor, dessen weise Schriften oft in krassem Gegensatz standen zu seinen impulsiven Reden, die er gerne vor Studenten und nur zu häufig öffentlich in Wirtshäusern hielt.

«Wir dürfen uns nicht von fremden Mächten beeinflussen oder lenken lassen», sagte Snell gerade mit fester Stimme, und alle Blicke waren auf ihn gerichtet. «Die Schweiz muss jetzt ihren eigenen Weg gehen, selbst wenn das reaktionäre Europa(⁴) mit Interventionen droht.»

Stämpfli fiel eifrig ein: «Ja, es gibt in der Schweiz konservative Kräfte, die ganz offen eine ausländische Intervention verlangen. Auch in Zürich sind sie aktiv. Gestern hatte ich einen Bericht darüber in der ‹Berner Zeitung›. Die ‹Eidgenössische Zeit› ruft die fremden Mächte offen zum Eingreifen auf. Das reaktionäre Blatt befürchtet eine eidgenössische Revolution und stellt diese hin als das Vorspiel einer deutschen Revolution.» Als Snell etwas einwerfen wollte, sprach Stämpfli rasch und laut weiter: «Das ist jetzt die Politik des rückständigen Zürchers Bluntschli: Er handelt als blindes Werkzeug von Preussen und Österreich! Aber habt keine Angst, mit dem Septemberregime(⁵) wird es in Zürich bald zu Ende sein. Eine derart reaktionäre Regierung wird sich das Volk an der Limmat nicht lange bieten lassen.»

Als Stämpflis Worte über die deutsche Revolution und über Preussen fielen, konnte Snell ein Lächeln nicht unterdrücken. Er war 1820 an den ersten revolutionären Unruhen der Liberalen im deutschen Nassau beteiligt gewesen und hatte aus politischer Überzeugung seine Heimat verlassen. Das demokratische Engagement zwang den grossen Rechtsgelehrten, seine vielversprechende deutsche Karriere zu unterbrechen und sich einer akademischen Flüchtlingswelle in die Schweiz anzuschliessen. Und nun zündeten die snellschen Ideen in Bern weiter, und bald würde er daraus ein Riesenleuchtfeuer machen, das man in ganz Europa sehen musste.

«Die Volksversammlungen von Zofingen, Fraubrunnen und Ins geben uns in Sachen Jesuiten recht», meinte Snell. «2500 Männer kamen trotz des Schnees nach Fraubrunnen, und auch in Ins dürften es 2000 gewesen sein. Einstimmig wurde die Gründung des Volksvereins gegen die Jesuiten beschlossen. Damit sind wir einen Schritt weiter. Die Berner Regierung wird nun aufgefordert, sich an die Spitze der liberalen Schweiz zu stellen und alle freien Kantone und Regierungen zum gemeinsamen Kampf gegen die Jesuiten zu vereinigen. Luzern muss gezwungen werden, die Berufung der Jesuiten rückgängig zu machen.»

«Und wenn die Berner Regierung einen Rückzieher macht, müssen wir sie durch eine liberalere ersetzen», fiel Niggeler ein. «Schliesslich geht es um die Freiheit der Schweiz. Die Jesuiten sind ein geheimer Orden, der sich durch alle Länder zieht, der zusammenhält mit der Aristokratie und dem Absolutismus der ganzen Welt. Er steht im Dienst einer antinationalen Macht, die danach strebt, durch Unterdrückung der Völker eine geisttötende Hierarchie wiederherzustellen. Setzen sich die Jesuiten in Luzern fest, so setzen sie sich im Zentrum der Schweiz fest und verbreiten von hier aus ihren verderblichen Einfluss. Darum ist die Jesuitenfrage keine Luzerner Frage, sondern eine eidgenössische Frage!»

«Ja, und wenn die Tagsatzung(⁶) nicht handelt gegen die Jesuiten», doppelte Stämpfli nach, «ist das nur ein weiteres Zeichen, dass der Bund erneuert werden muss. Der Bund von 1815 kennt weder heilige Interessen noch ein Gesamtvaterland, sondern weiss nur von Spezialinteressen und bevorrechteten Kantonen. Deshalb muss der Bundesvertrag endlich revidiert werden. Was wir brauchen, ist eine einheitlichere Schweiz!»

«Seid ihr euch eigentlich bewusst, was wir hier an diesem Familientisch, in dieser Stadt Bern, im Herzen der Schweiz planen?», fragte Snell und verriet mit Ton und Worten einmal mehr seinen Hang zum Theatralischen. «1798 und 1815 wurde die Eidgenossenschaft wider Willen in den Strudel der Ereignisse gezogen. Die politischen Neuerungen wurden ihr fast aufgezwungen. Jetzt planen wir eine eigene, selbstständige Bewegung, die zu einem demokratischen Schweizerland führen soll. Diesmal werden wir nicht von den Ereignissen getrieben, wir verfolgen unser eigenes gefährliches Spiel in offener Konfrontation zu den Grossmächten. Es könnte auch schiefgehen.»

Aber niemand im Raum nahm den letzten Satz ernst. Alle glaubten sie an Snells Zukunftsvisionen, und er war so befriedigt von seiner Rede, dass er endlich Emilies Versuch bemerkte, ins Gespräch einzugreifen. Er lächelte seiner bezaubernd hübschen Tochter zu: «Nun sind wir schon beim Dessert angelangt, mein liebes Kind. So sag, was du auf dem Herzen hast.»

«Was immer ich will, auch wenn es gar nichts mit Politik zu tun hat?», fragte Emilie etwas provozierend. Die Tischrunde nickte ihr aufmunternd zu.

«Die Schwestern Milanollo, die Mutter, Elisa und ich am Freitag im Stadttheater beim Konzertieren erlebt haben», begann Emilie ohne die geringsten Gewissensbisse, ein hochbrisantes Thema durch mondänen Klatsch zu unterbrechen, «waren nach ihrer Vorstellung Ehrengäste einer eleganten Soirée bei Moosmanns.»

Alle wussten, wer Moosmann war: ein reicher, privatisierender Sprössling einer jener alten bernischen Patrizierfamilien, die bis 1831 die Regierungsgeschäfte des Kantons sozusagen ehrenamtlich betrieben und die sich nach Annahme der neuen Verfassung schmollend aus allen Regierungszweigen zurückgezogen hatten. Moosmann verkehrte mit mehreren Patrizierfreunden, alles wohlhabende Landbesitzer, die aus ihren hiesigen Einkünften und von ihren ausländischen

Wertpapieren lebten. Einige von ihnen hatten in den letzten Jahren wieder begonnen, aktiv in der Politik mitzumischen.

Emilie hatte die Aufmerksamkeit aller und fuhr fort: «Es waren auch Regierungsräte zugegen, Neuhaus, Jang, von Nufer und natürlich die üblichen Patrizier.» Sie hielt inne, blickte Stämpfli und Niggeler an und fragte: «Weiss jemand Näheres über das Fest? Eine der Müller-Cousinen soll ein Ballkleidmodell aus Paris getragen haben!»

Die beiden Fürsprecher mussten passen. Sie waren ganztags mit Prozessen beschäftigt gewesen, und am Abend hatten sie sich an der Brunngasse zusammengefunden, um die Beilage der «Berner Zeitung» zur Gründung des Volksvereins vor der Verteilung nochmals zu kontrollieren.

Georg Lauper, der schweigsame Student, der zu Snells Linken sass und sonst hauptsächlich aufsog, was der Professor und die beiden Anwälte zu sagen hatten, meldete sich mit einem Hüsteln zu Wort. «Annie hat mir von diesem Kleid erzählt. Es soll tatsächlich etwas ganz Neues sein in Bern. Madame Thière vom Damensalon soll bereits eine Order nach Paris aufgegeben haben, um ähnliche Modelle zu bestellen.» Er machte eine Pause und wagte dann beizufügen: «Im Übrigen sagt man, dass die Schwestern Milanollo sich nicht mit Tanz und Geplauder zufrieden gaben. Es soll im grünen Raucherzimmer Moosmanns ein richtiger Salon mit Spieltischen eingerichtet worden sein. Man munkelt auch, dass Fremde, Patrizier und hohe Beamte bunt gemischt Karten spielten, und sogar der Verdacht eines gezinkten Kartenspiels soll aufgekommen sein.»

«In Bern tut sich nicht nur politisch etwas», lächelte Franziska Snell und hob damit die Tischrunde auf. Eben hatte das Hausmädchen einen neuen Gast gemeldet. Es war ein Bote der Regierung mit einer schriftlichen Nachricht für Jakob Stämpfli. In seiner Funktion als Staatsbeamter und Suppleant[7] des Justiz- und Polizeidepartements war seine unmittelbare Vorsprache im Privathaus des Stadtpolizeidirektors dringend erwünscht. Das Billett schloss mit den Worten: «Ich weiss, dass heute Abend auch Niklaus Niggeler im Hause Snell zu Gast ist und muss Sie bitten, ihn unbedingt mitzunehmen. Die Ereignisse der vorletzten Nacht werden Erklärung genug sein für ein so spätes Aufgebot. Bitte, lieber Stämpfli und lieber Niggeler, eilen Sie!»

3

Als Niklaus Niggeler und Jakob Stämpfli am späten Abend durch die Aarbergergasse eilten, setzte leichter Schneefall ein. Stadtpolizeidirektor Häuselmann wohnte in einem jener hohen Häuser, deren prachtvolle Fassaden sich aneinanderreihen und einen einheitlichen Strassenzug bilden. Die matte Gasbeleuchtung fiel auf das hölzerne Eingangsportal. Die Fürsprecher klopften kräftig an und wurden ins Studierzimmer geführt. Häuselmann sass an einem Schiefertisch und hatte die ‹Berner Zeitung› vor sich, als Niggeler und Stämpfli hereingeführt wurden.

«Ah, mein lieber Stämpfli! Danke, dass Sie mitgekommen sind, Niggeler! Ich habe Sie dringend erwartet. Gut, was Sie beide vorgestern publiziert haben. Wer von Ihnen hat's denn verfasst?» Häuselmann las laut: «Nachrichten aus Paris. Die Unruhen und die grosse Aufregung in der Schweiz wegen der Jesuitenfrage haben das Ministerium veranlasst, den Militärkommandanten und Präfekten der angrenzenden Departements entsprechende Instruktionen zuzusenden. Die Berichte des französischen Gesandten in Bern wollen das Herannahen dieser Katastrophe längst vorhergesagt haben. Die Gesandten von Österreich, Preussen, Baden und Sardinien hatten eine lange Konferenz mit dem französischen Aussenminister Guizot in Angelegenheiten der Schweiz.»

Der Polizeidirektor hielt inne und betonte dann ernst den letzten Satz: «Man erzählt, dass diese Mächte im Einvernehmen mit Frankreich einschreiten wollen, falls die Sache eine gefährliche Entwicklung nähme.»

«Ich weiss, ich weiss», war Niggelers ruhiger Kommentar. «Aber ausländische Drohungen hin oder her, wir müssen weitermachen, wir müssen handeln. Auch wenn wir wollten, könnten wir die Sache nicht mehr aufhalten. Morgen werden als Extrabeilage in der ‹Berner Zeitung› die Statuten des Zentralkomitees und der Kantonalkomitees des Volksvereins gegen die Jesuiten abgedruckt. Damit gelangen wir an die grosse Masse des Volkes, und wir können nicht verhindern, dass auch die ausländischen Mächte von unserer erhöhten Aktivität erfahren.»

Er hielt inne, sah Häuselmann forschend an und fragte: «Aber Sie werden uns doch nicht dieses Zeitungsartikels wegen so spät an einem Sonntagabend zu sich bestellt haben?»

«Nein, nein. Sie müssen mich entschuldigen», entgegnete der Polizeidirektor. «Aber seit Dezember beschäftigt mich die politische Frage Tag und Nacht, so dass ich darob fast meine Routinepflichten vergesse.» Luzius Häuselmann sass im Gründungskomitee des Volksvereins gegen die Jesuiten.

Niggeler lächelte ihm verständnisvoll zu, denn ihm ging es nicht anders. Nur sein gutes Gedächtnis erlaubte ihm, gleichzeitig die Einzelheiten mehrerer Gerichtsfälle und unzählige politische Nachrichten im Kopf zu behalten. Er schrieb oft bis tief in die Nacht hinein Zeitungsartikel.

«Ich habe Sie in Ihrer Eigenschaft als Suppleant des Polizeidepartements zu mir gebeten», kam Häuselmann endlich zur Sache und wandte sich an Stämpfli. «Es geht darum, eine kleine Routineuntersuchung vorzunehmen. Eine absolute Vertrauenssache. Wenn Sie einverstanden sind, möchte ich Ihren Freund Niggeler damit beauftragen. Es sollte nämlich einerseits kein offizieller Beamter in Aktion treten, anderseits aber ein mit polizeilichen Untersuchungen und mit Waffen vertrauter Mann.»

Als Stämpfli nickte, sagte Häuselmann zu Niggeler: «Was meinen Sie, könnten Sie eine kleine Untersuchung für uns leiten? Der Fall ist allerdings so heikel, dass ich Sie bitten muss, absolutes Stillschweigen darüber zu wahren.»

«Sagen Sie uns doch, worum es geht, Häuselmann», gab Niggeler vorsichtig zur Antwort.

Der Polizeidirektor fuhr fort: «Gestern Morgen ist in der Junkerngasse der Finanzbeamte Josef Hubler tot aufgefunden worden. Offenbar ein Unfall. Die benutzte Pistole lag auf dem Schreibtisch, die Leiche daneben auf dem Boden. Glatter Herzschuss.»

«Und dieser Unfall bedarf einer geheimen Untersuchung?», fragte Niggeler.

«Das Problem ist, dass wir unsere Zweifel haben. Der Fall liegt nicht so klar, wie es scheint. Hubler wurde in einem Abendanzug aufgefunden, und seine Stiefel waren schlammbeschmutzt. Ausserdem hatte er eine Verletzung am Kopf.»

«Im Abendanzug kontrolliert man keine Pistole, die dann zufällig losgeht», mutmasste Stämpfli.

«In der Regel nicht. Es stellt sich nun die Frage: Ging Hubler an jenem Abend bewaffnet aus, und wenn ja, weshalb? Wir sind ja hier nicht im abenteuerlichen Amerika, wo jeder mit einer Pistole herumspaziert. Und wenn er sie mitnahm, weshalb hantierte er damit, noch ehe er die schmutzigen Stiefel und die guten Kleider auszog?»

«Vielleicht nahm er die Pistole nach seiner Rückkehr zur Hand, weil er eine Gefahr witterte.»

«Ja, das ist durchaus möglich. Er fühlte sich bedroht, griff zur Waffe, und dabei ging der Schuss los.»

«Und was ist mit der Verletzung am Kopf?»

«Der Arzt meint, sie könnte ebensogut beim Fall vom Stuhl auf den Boden entstanden sein wie durch einen Schlag.»

«Sie glauben also nicht an einen Unfall?», fragte Niggeler.

«Sagen wir es vorsichtiger», gab Häuselmann zurück. «Wir sind nicht hundertprozentig mit der Unfallthese einverstanden und möchten Sie und nicht einen Polizeibeamten damit beauftragen, eine unauffällige Untersuchung einzuleiten.»

«Klein, unauffällig und zeitraubend», seufzte der Fürsprech. «Weshalb sagen Sie mir nicht klar die Wahrheit? Vermuten Sie Mord?»

«Nein, nein! Hüten Sie sich, dieses Wort auch nur zu flüstern. Ein Beamter der Berner Regierung ermordet, das hätte uns im politischen Theater gerade noch gefehlt!»

Der Polizeidirektor schloss das Gespräch mit der Mahnung: «Seien Sie vorsichtig, Niggeler. Lassen Sie nichts an die Öffentlichkeit dringen! Teilen Sie jede noch so kleine Entdeckung sofort mir und nur mir persönlich mit.»

4

«Für alle Menschen gilt gleich und unverzichtbar das Recht der Vernunft und somit der sittlichen Selbstbestimmung.» Professor Wilhelm Snell sprach vor den gebannt zuhörenden Studenten der Rechte im Hörsaal der Universität Bern. «Im Staat muss dies zur Volkssouveränität führen. Das Volk fühlt sich frei und stark, wird sein eigener Herr und macht sich selbst sein Gesetz.»

Der Feuereifer, mit welchem Snell die Herzen seiner Studenten eroberte und sie zu überzeugten Anhängern des demokratischen Gedankens machte, schuf ihm unzählige Freunde, aber auch viele Feinde. Sein Geist war es, der politische Draufgänger wie Niklaus Niggeler und Jakob Stämpfli geprägt hatte, und Snell war stolz auf seine Schüler. Er wusste allerdings, dass sein Kampf für die Freiheit sich mehr oder weniger zufällig in der Schweiz abspielte. Seine Vorlesungen über das Naturrecht hatten allgemeine Gültigkeit, und wenn er damals in Nassau nur die geringste Möglichkeit gefunden hätte, seine Ideen durchzusetzen, hätte er nicht das Exil gewählt. In seinem Herzen war er Norddeutscher geblieben. Das wusste man in Bern, und gewisse Kreise brachten daher der Hochschule Misstrauen entgegen. Zumal Snell keineswegs der einzige dozierende Ausländer war. Als in den Dreissigerjahren die Universitäten von Zürich und Bern gegründet worden waren, hatten nur vereinzelt geeignete Gelehrte aus der Schweiz zur Verfügung gestanden. So waren Lehrkräfte vor allem aus Deutschland in die Eidgenossenschaft berufen worden.

Wilhelm Snell kam 1833 von Basel an die Universität Zürich und wechselte ein Jahr später nach Bern, wo ihn der Senat nach wenigen Monaten zum Hochschulrektor wählte. In den Vierzigerjahren waren siebzehn von fünfunddreissig

Professoren Deutsche und einer Franzose. Keiner jedoch verstand es wie Snell, die Gemüter aufzuwühlen und aktiv ins politische Geschehen seiner Wahlheimat einzugreifen, wo immer er sich gerade befand.

Vor allem junge und intelligente Leute vom Lande waren seine überzeugtesten Anhänger. Snell kämpfte seit Jahren um die Zulassung junger Leute zum Studium ohne Maturitätsprüfung. Die Hochschule sollte nicht Privileg der Stadtsöhne bleiben.

«Wenn die Freiheit zur Wahrheit werden soll», erklärte der Professor, «so müssen die Söhne der Bauern Regierungsräte und Richter werden und Prozesse führen können.»

Erfolgreiche Anwälte aus bäuerlichen Verhältnissen gaben Snells Bestrebungen recht. Stämpfli und Niggeler waren seine Paradebeispiele.

Die Vorlesung ging ihrem Ende zu: «Das freie Volk, das sich sein eigenes Gesetz macht, darf über die Schranken älterer Vorschriften hinweggehen. Die Vernunft verwirft Anordnungen, wodurch die lebende Generation durch Beschlüsse abgetretener Generationen gebunden sein soll. Wozu der Mensch moralisch verpflichtet ist, darauf hat er immer ein Recht.»

Snell hörte sich selber gerne reden und beschenkte deshalb die gespitzten Ohren seiner Studenten mit noch stärkeren Sätzen: «Wenn nämlich die Behörden die Fortbildung der Staatsformen beharrlich verhindern, so wird bei wechselnden Volksbedürfnissen endlich die Form gesprengt und die Revolution eine rechtliche Notwendigkeit. Ja, wenn die Nation selbst die Verfassung für unabänderlich erklärt, kann sie an eine solche Erklärung rechtlich nicht gebunden sein, denn eben dieser Wille, woraus ein solcher Beschluss hervorgeht, kann diesen zu jeder Zeit wieder aufheben.»

Snell stand auf und gab seinen treuesten Anhängern beim Hinausgehen mit einer Geste zu verstehen, man werde sich beim «Ständli» am Zytglogge treffen. In der nahen Studentenwirtschaft wurde auch Alkohol ausgeschenkt, und dies war für Snell eine unentbehrliche Notwendigkeit. Bei einem Gläslein Wein liessen sich Ideen viel intensiver weitergeben!

Der Professor setzte sich in der gemütlichen, mit einfachen Holzbänken und langen Tischen ausgestatteten Schankstube unter seine Studenten. Auch seine vier Pensionäre waren mit von der Partie. Im Mittelpunkt des Gesprächs standen die Folgen des Freischarenzugs.

Als die Berufung der Jesuiten beschlossen worden war, erhoben sich die Liberalen der Stadt Luzern am 8. Dezember 1844 in einer Strassenrevolte. Gleichzeitig zogen Kampftruppen aus anderen Kantonen gegen das Luzernbiet. Der Aufstand und das improvisierte Unternehmen der Freischärler brachen jedoch wegen schlechter Organisation zusammen, und die Luzerner Regierung griff hart durch. Im Grossen Rat wurde ein Gesetz angenommen, das für die Rädelsführer einer revolutionären Erhebung die Todesstrafe vorsah.

«Es wird immer schlimmer in Luzern», ereiferte sich ein Student. «Inquisitionskommissäre durchziehen das Land, verhaften und versiegeln.»

«Ja, es seien mehrere zum Tode verurteilt worden», fiel ein anderer ein, «und die Urteile sollen tatsächlich vollzogen werden.»

«Seht, mit Gewalt ist die Ruhe wieder hergestellt worden in Luzern», warf Professor Snell ein. «Aber es ist die Ruhe Polens oder die Ruhe des Grabes. Ein eiserner Arm liegt schwer auf Luzern, Terrorismus ist an der Tagesordnung. Die liberalen Blätter werden auf der Post zurückbehalten, verdächtige Briefe geöffnet. So ist alles in tiefes Geheimnis gehüllt.»

«Die Regierung unternimmt echte Raubzüge», bemerkte ein Fürsprech, der vor kurzem sein Studium beendet hatte. «Man macht kurzen Prozess mit dem Vermögen der Verhafteten und Flüchtigen. Der Staat beschlagnahmt es und bestreitet damit die eigenen Kosten.»

«Das Schlimmste ist», meinte der Rechtsgelehrte, «dass die Gerichte völlig gelähmt sind. Überall greift die Regierung ein.»

«Dabei wird von geistlicher Seite treu geholfen, den Terrorismus zu fördern», warf der soeben an den Tisch getretene Jakob Stämpfli ein. Er grüsste höflich seinen künftigen Schwiegervater und die Studentenschar und fuhr fort: «Der Pfarrer von Emmen predigt, alle diejenigen seien verdammt, welche die Jesuiten verwerfen.»

Stämpfli gab Snell einen Wink. Der Professor verabschiedete sich und folgte ihm hinaus in den Schneesturm. Die beiden Männer waren nach wenigen Minuten im ruhigen Gasthaus «Zum Eidgenössischen Kreuz» angelangt. Sie setzten sich an einen etwas abseits stehenden Tisch, entledigten sich ihrer Mäntel und bestellten eine Karaffe Wein.

Stämpfli betrachtete den Professor aufmerksam. Er war sechsundfünfzig Jahre alt und hatte eine durch den ersten Haarausfall erhöhte Stirn. Die dunklen Backenbärtchen standen gut zu seinem markanten, bartlosen Gesicht. Aufmerksame, intelligente Augen blickten Stämpfli an.

«Es ist ein Bote aus Zürich eingetroffen», erklärte er Snell ohne Umschweife. «Ihr Bruder schickt diese dringende Mitteilung.» Er übergab dem Professor ein kleines, in der Redaktion abgeliefertes Billett, auf welchem nur wenige Worte standen.

«Mein lieber Wilhelm. Ich werde am Dienstag, dem 14. Januar, bei Dir in Bern sein. Bitte lade für das Abendessen keine Gäste ein! Entlasse Deine Pensionäre mit einer Entschuldigung bis Mitternacht. Eine sehr wichtige Besprechung steht uns bevor. Es wäre unklug, Dir im Moment mehr zu sagen. Gruss. Dein Ludwig.»

«Der 14. Januar?», rief Snell aus. «Das ist ja schon morgen Abend! Ich muss sofort Franziska mitteilen, dass sie keine Gäste einlädt. Auch Sie, mein lieber Stämpfli und Niggeler, Sie werden morgen Abend nicht zu uns kommen.»

Damit eilte der Professor der Lorraine zu. Welchen Staub würde sein älterer Bruder diesmal in Bern aufwirbeln? Ludwig Snell war eine noch kämpferischere Natur als Wilhelm. Als studierter Theologe hatte er sich hauptsächlich dem

Lehren der Philosophie und der Schriftstellerei verschrieben. Unverheiratet und ohne Anhang ging er auf in seiner Überzeugung und war auch in der höchsten Gefahr seines Lebens niemals zu Kompromissen bereit. Ludwig hatte Nassau infolge der Demagogenverfolgungen(8) im Jahre 1827 verlassen müssen, liess sich zunächst in England nieder und kam dann in die Schweiz. In Zürich leitete er bis 1834 die Redaktion der Zeitung «Der Schweizerische Republikaner» und stürzte sich in die Zürcher Unruhen: Es ging um die Vorherrschaft der Stadt gegenüber dem Land. Zehntausend Männer kamen zu Fuss oder mit ihren Fuhrwerken nach Uster, um die Umwälzung zustande zu bringen. Die Volksversammlung setzte ihre Forderungen durch, und das von Ludwig Snell formulierte «Ustermemorial» ging in die Geschichte ein. Die Landschaft erhielt im Grossen Rat fortan zwei Drittel der Sitze, eine ihrer tatsächlichen Stärke entsprechende Vertretung. Das Engagement in Zürich hielt Ludwig Snell nicht davon ab, zusammen mit seinem damals an der Universität Basel tätigen Bruder Wilhelm im Streit zwischen Baselstadt und Baselland mitzumischen. Die Brüder Snell ergriffen die Partei der Landschaft und machten sich in der Stadt damit unmöglich. Dies bedeutete für beide das Ehrenbürgerrecht des Kantons Baselland und den Abschied von der Basler Hochschule. Nach mehrjähriger Tätigkeit als Philosophieprofessor an der Zürcher Universität wurde Ludwig Snell Bürger von Küsnacht und ein angesehener Schriftsteller.

Was der morgige Abend wohl Brisantes bringen würde? Als ob Bern im Moment nicht genügend Probleme hätte!

Wilhelm Snell war beim Gartentor angekommen. Seine jüngste Tochter kam ihm entgegen und umarmte ihren Vater.

«Du wirst wirklich immer hübscher, Emilie!»

«Danke, dass du das überhaupt bemerkst, Vater.»

In ihrem Wollüberwurf mit dem zarten Pelzbesatz sah das junge Mädchen bezaubernd aus. Das goldblonde Haar war auch von der Kapuze nicht ganz zu bändigen. Die Locken umspielten ein regelmässiges, ausdrucksvolles Gesicht.

«Kein Püppchenkopf», dachte der stolze Vater befriedigt. Eine feine, vornehme Nase, zwei grosse, grünbraune, etwas schräg stehende Augen und ein schön geschwungener Mund bezauberten genauso wie Emilies Ausstrahlung. Dieses Lächeln, die Lebhaftigkeit, das manchmal auch launische Benehmen und ihr eiserner Wille, jedes Ziel zu erreichen, machten aus der jungen Snell eine faszinierende Persönlichkeit.

«Es ist Zeit, dass du dich für anderes interessierst als nur für Kleider, Schmuck und Frisuren», sagte Snell zu seiner Tochter.

«Aber ich lese doch haufenweise Philosophiebücher, kenne mich in der Mathematik aus und verschlinge nur so Gedichte und Dramen», empörte sich Emilie.

«Ja, und bei Tisch willst du immer nur Klatsch hören!»

«Das war doch nur gestern, Vater. Klatsch gehört eben auch zum Leben. Es gibt nicht nur die Politik!»

«Trotzdem, es wird Zeit, dass dein Leben in etwas ernstere Bahnen gerät.»

«Willst du etwa, dass auch ich schon heirate, wie Elisa?», fragte sie ungläubig. «Da hoffst du vergebens. Ich geniesse es, hier bei euch zu sein.» Natürlich sprach Emilie nicht aus, was sie an ihrem gegenwärtigen Leben im Vaterhaus vor allem genoss: die vielen Abende in Gesellschaft der Studentenpensionäre und Exstudenten, die sie allesamt heimlich umschwärmten, auch wenn sie in des Professors Gegenwart nur Interesse für die Politik zeigten. Emilie fühlte sich wie eine Prinzessin. Vielleicht würde es sogar noch spannender werden, wenn es ihr gelingen könnte, an einem jener Prunkanlässe in den reichen Patrizierhäusern teilzunehmen.

5

Erst in den späten Nachmittagsstunden fand Niggeler Zeit, sich Gedanken über den Fall Hubler zu machen. Der Tag war ausgefüllt mit Geschäfts-Terminen und Besprechungen. Bereits am frühen Morgen, als das Gericht noch geschlossen war, hatte er den kurzen Weg von seiner Wohnung an der Gerechtigkeitsgasse zur Junkerngasse eingeschlagen.

In Bern war Schnee gefallen an jenem Januarmorgen. Niggeler ging am Gerechtigkeitsbrunnen vorbei, bog in die Kreuzgasse ein und sah das märchenhaft eingeschneite Münster vor sich. Nach wenigen Schritten war er bei einem Steinhaus an der Junkerngasse angelangt.

Wie abgemacht erwartete ihn jener höhere Polizeibeamte, der zuerst am Unfallort erschienen war.

«Ich habe noch gar nichts unternommen», sagte dieser entschuldigend, nachdem er sich Niggeler vorgestellt hatte, und fügte sofort bei: «Mein Vorgesetzter möchte, dass nicht wir Polizeibeamten Nachforschungen anstellen.»

Der Fürsprech sah sich in Hublers Wohnung um und liess sich vom Beamten ins Studierzimmer des Verstorbenen führen. Er sah den umgeworfenen Lehnstuhl, neben welchem Hubler am Samstagmorgen gefunden worden war. Die Pistole lag immer noch auf dem mit Briefen, Büchern, einem Tintenfass und Federn überhäuften Schreibtisch. Den Toten hatte man allerdings weggebracht. Da Niggeler einiges von Pistolen verstand, untersuchte er zuerst die Waffe. Dann wandte er sich an den Beamten.

«Haben Sie den Leichnam untersucht, nachdem der Arzt den Tod durch Herzschuss und die Kopfverletzung festgestellt hatte?»

«Ja. Ich habe auf seiner Kleidung nach Pulverspuren gesucht. Sie wissen ja, dass ein aus nächster Nähe abgefeuerter

Schuss, wie dies bei einem Unglück der Fall ist, Pulverspuren zurücklässt.»

«Und? Haben Sie welche gefunden?»

«Ja, eindeutig, auf der Jacke des Toten.»

In diesem Moment klopfte jemand an die Eingangstüre. Der Hausmeister und die Aufwartefrau, auf diese Stunde herbestellt, traten ein.

«Ihr Name, bitte», wandte Niggeler sich an die Frau.

«Johanna Kunz, Herr Fürsprech», antwortete diese. Sie nannte auch ihre Adresse und erklärte, dass sie jeden Morgen zwischen neun und zwölf Uhr für die Herren den Haushalt zu besorgen pflege.

«Die Herren?», fragte Niggeler. «Welche Herren?»

«Die Herren Hubler und Keller. Sie bewohnen, entschuldigen Sie, bewohnten jeder drei Zimmer in nebeneinander liegenden Wohnungen im dritten Stock.»

«Wo befindet sich Herr Keller jetzt?», erkundigte sich Niggeler.

«Da habe ich keine Ahnung. Ich komme stets für drei Stunden am Morgen, und immer sind die Herren bereits bei der Arbeit, wenn ich hier eintrete.»

«Gut, das werden wir später klären. Nun sagen Sie mir aber, wann Sie den Toten gefunden haben.»

Die Frau schluchzte leise und sagte: «Ich habe Ihnen ja schon gesagt, dass ich jeden Tag bei Herrn Hubler arbeite. Am Samstag und Sonntag kam ich stets nur rasch vorbei, um unten in der Gasse am Brunnen die Wasserkübel zu füllen und in die Wohnung hinaufzutragen.»

«Und wie gelangen Sie jeweils ins Haus?»

«Ich habe einen Schlüssel für das Portal und die Haustüren der Herren. Sie müssen wissen, dass ich als Vertrauensperson bekannt bin.»

«Und da haben Sie also am Samstag die Haustüre aufgeschlossen ...», begann Niggeler.

Johanna Kunz unterbrach ihn: «Ja, ich habe die Kübel abgestellt und dabei einen Blick in das Studio werfen müssen, weil die Türe sperrangelweit offen stand. Und da sah ich ihn neben dem umgefallenen Lehnstuhl am Boden liegen.»

Niggeler dankte ihr für die Auskunft, entliess sie und wandte sich an den Polizeibeamten, um ihm einige Anweisungen zu geben. Dann befragte er den Hausmeister Fritz Heimegger, der seit mehr als dreissig Jahren unten im Haus in einer kleinen Wohnung lebte.

«Kennen Sie alle Bewohner des Hauses?»

«Natürlich, ich reinige ja das Treppenhaus, betreue den Garten und passe tagsüber auf, dass keine ungeladenen Fremden ins Haus eindringen», gab der Portier bereitwillig Auskunft.

«Wissen Sie, wo ich Herrn Keller erreichen könnte oder wo er arbeitet?»

«Ja, aber an seinem Arbeitsplatz werden Sie ihn heute vergebens suchen. Er ist verreist.»

«Verreist?»

«Ja …» Der Hausmeister zögerte. «Ich weiss nicht, ob ich so etwas Privates überhaupt jemandem sagen darf.»

Niggeler sah ihn freundlich an und versicherte mit einem beruhigenden Lächeln: «Ich bin im Auftrag des Stadtpolizeidirektors hier, und Sie dürfen, ja Sie müssen mir alles sagen. Natürlich werde ich es für mich behalten.»

Heimegger begann zu erzählen: «Es handelt sich um das hübsche vornehme Fräulein im Nachbarhaus. Seit sie mit ihrer Mutter hier eingezogen ist, steht es schlimm um die Freundschaft zwischen Hubler und Keller.»

«Sind sie denn Freunde gewesen?», fragte Niggeler überrascht.

«Ja. Sie haben auf dem Lande, im Amtsbezirk Ober-Simmental, zusammen die Schule besucht und sind dann später nach Bern gekommen, um hier Stellungen anzunehmen. Keller arbeitet bei der Militärdirektion, und Hubler war Finanzbeamter. Als das attraktive Mädchen im Nebenhaus einzog, wurden die Herren von dessen Mutter bald einmal zum Kaffee eingeladen, weil sie ihr einmal ihre Hilfe angeboten hatten. Der draufgängerische Franz Keller verliebte sich offenbar auf den ersten Blick in die junge Dame. Doch sie schien weit mehr an Hubler interessiert, obwohl auch dieser nicht ihren Kreisen angehörte. Das hat die Freunde auseinandergebracht», meinte der Hausmeister. «In der letzten Zeit haben sie sich vollständig überworfen und sind sich wo immer möglich aus dem Weg gegangen.»

Niggeler unterbrach ihn: «Ja, aber was hat das damit zu tun, dass Keller jetzt nicht zu erreichen ist?»

«Die beiden Beamten haben sich vor einigen Tagen in Gegenwart von Fräulein Sophie …», er zögerte und fügte erklärend bei: «Sophie von Simon, so heisst die hübsche Dame vom Nachbarhaus. Sie haben sich also vor dem Fräulein derart gestritten, dass deren Mutter beschlossen hat, mit ihrer Tochter für einige Wochen zu verreisen. Sie wissen ja, wer privatisiert, kann es sich leisten, allzeit auf Reisen zu gehen.»

Täuschte sich Niggeler, oder war der Blick des Hausmeisters etwas provozierend? Er sagte jedoch nichts und nickte Heimegger zu, fortzufahren. Dieser vertraute ihm den Rest der Geschichte an.

Als Keller von der überstürzten Abreise seiner Angebeteten erfuhr, überschüttete er Hubler mit lauten, im ganzen Haus zu hörenden Vorwürfen, suchte dann bei der Militärdirektion um einen fünfmonatigen Urlaub nach, packte seine Sachen und verliess die Wohnung an der Junkerngasse.

«Das war am letzten Freitag», präzisierte Heimegger. «Ich weiss nicht, wo Herr Keller sich jetzt befindet. Vielleicht ist er Fräulein Sophie nachgefahren, die irgendwo im Kanton Zürich Verwandte haben soll. Oder er beruhigt sich im Ober-Simmental bei seinen Eltern.»

In diesem Augenblick trat der Polizeibeamte wieder in den Raum. Niggeler entschuldigte sich beim Hausmeister und nahm den Beamten beiseite.

«Nun?», fragte er gespannt.

«Wie Sie vermutet haben», berichtete der andere. «Im ganzen Haus hat niemand einen Schuss gehört. Und doch waren die meisten Bewohner am Freitagnachmittag und natürlich alle in der Nacht hier im Haus.»

Niggeler wandte sich wieder Heimegger zu und fragte: «Ich muss noch etwas von Ihnen wissen. Haben Sie in der Nacht vom 10. auf den 11. Januar oder am Vorabend, bevor der Unfall passierte, einen Schuss gehört im Haus?»

Heimegger verneinte.

«Oder erinnern Sie sich sonst an irgendwelche ausserordentlichen Geräusche?»

«An das Gewitter. Irgendwann mitten in der Nacht wachte ich auf, weil der Donner immer wieder krachte.» Er besann sich einen Augenblick und fuhr dann fort: «Der Donnerknall war so laut, dass man dabei einen Schuss sicher überhören konnte.»

«Das stimmt», erinnerte sich Niggeler, und auch der Polizeibeamte nickte. «Ein Schuss könnte natürlich im Getöse des Gewittersturms untergegangen sein. Und was ist mit dem Abend?»

«Für den späten Nachmittag und den Abend kann ich nicht garantieren. Denn im Stock unter den Herren Keller und Hubler lebt eine alleinstehende Klavierlehrerin, die immer bis in die Abendstunden hinein Unterricht erteilt. Dabei kann man natürlich andere Geräusche überhören.»

«Ist Klaviermusik so laut?», zweifelte der Fürsprech, der sich an Emilie Snells zarte Melodien erinnerte, die sie manchmal nach dem Abendessen spielte.

«Sicher, wenn Anfängerinnen es lernen wollen», sagte der Hausmeister. «Ausserdem klappern in den Abendstunden immer mehr Kutschen durch die Gasse ...»

«Da mögen Sie recht haben», gab der Fürsprech zu, der im selben Augenblick das Holpern eines Bernerwagens vernahm.

«Nun möchte ich Sie noch etwas fragen. Wann haben Sie Josef Hubler das letzte Mal gesehen oder gesprochen?»

Heimegger überlegte einen Augenblick und sagte dann mit fester Stimme: «Das war am 10. Januar, am Tag, bevor wir ihn tot aufgefunden haben. Er ging wie immer frühmorgens weg und grüsste beim Hinausgehen. Während der Mittagspause kam er nur für etwa zwanzig Minuten nach Hause. Nach dem Streit mit Herrn Keller lief Herr Hubler aus dem Haus.»

«Und danach haben Sie ihn nicht wieder gesehen?»

«Nein! Ich habe ihn am Abend nicht zurückkehren sehen. Das will aber nichts heissen, ich warte jeweils nur bis sechs Uhr abends beim Portal. Dann schliesse ich ab, gehe zum Abendessen in meine Wohnung und kümmere mich nicht mehr darum, wer ein- und ausgeht. Kommen kann dann nur noch, wer einen Schlüssel hat.»

«Herr Hubler kann also zurückgekommen oder auch wieder weggegangen sein, ohne gesehen worden zu sein?», fragte Niggeler.

«Ja, natürlich. Ich aber habe ihn wie gesagt nach der Mittagspause nicht wiedergesehen.»

Der Anwalt stand auf und sah sich im Appartement um. Das Wohnzimmer war mit einem einfachen, etwas abgenutzten Canapé und einem Holztisch mit aufklappbarer Platte und einigen Stühlen ausgestattet. Das Schönste war die wundervolle Aussicht. Niggeler warf einen Blick aus dem Fenster und sah unter sich den zur Aare abfallenden Garten. Sein Blick schweifte über die zusammengebauten Steinhäuser am Fluss und verlor sich dann über den schneebedeckten Wäldern und Feldern am Horizont. Nach einem Gang durch das Schlafzimmer wandte er sich nochmals an den Hausmeister. «Können Sie sich vorstellen, weshalb Herr Hubler eine geladene Pistole in der Wohnung hatte oder gar bewaffnet ausging?»

«Nein, da habe ich keine Ahnung», sagte Heimegger. «Aber Diebe gibt es immer mehr in der Stadt. Vielleicht wollte er sich gegen Strassenräuber schützen.»

Nun sass Niklaus Niggeler am späten Nachmittag in seinem Büro und studierte die Unterlagen, die er von Hublers

Schreibtisch mitgenommen hatte. Briefe von Hublers Eltern, einige Aufzeichnungen im Zusammenhang mit Hublers Arbeit für das Finanzdepartement sowie Zeitungsabschnitte, die ihm keine Anhaltspunkte für seine Untersuchung gaben.

Niggeler spazierte zum Fenster und wieder zurück zu seinem Schreibtisch und dachte über die Worte Heimeggers nach. Keller und Hubler hatten sich überworfen, Keller war abgereist, und in der Nacht darauf kontrollierte Hubler seine Pistole und feuerte aus Versehen einen Schuss auf sich selbst ab.

Konnte das Zufall sein? Es war durchaus möglich, dass der Schuss aus nächster Nähe durch ein Missgeschick Hublers losgegangen war. Pulverspuren waren auf der Kleidung vorhanden. Allerdings könnte auch eine Kugel aus nächster Nähe auf Hubler abgefeuert worden sein und Pulverspuren hinterlassen haben. Hinweise auf einen Mord gab es aber keine, zumal weder das Portal noch die Wohnungstüre aufgebrochen worden waren. Ein gewaltsamer Tod war jedoch nicht ganz auszuschliessen, denn Hubler hätte seinem Mörder ja selbst die Türe öffnen können, sofern er ihn kannte.

Jedenfalls blieb noch einiges zu klären. Der Anwalt nahm die Feder vom Schreibtisch, tunkte sie in das Tintenfass und zeichnete mit sauberer Schrift seine Fragen auf: Woher hatte Hubler die elegante französische Pistole? Trug er sie bei sich, als er im Abendanzug ausging, und wenn ja, weshalb? Warum hantierte er gleich nach seiner Rückkehr, noch bevor er die schmutzigen Stiefel auszog, mit der Waffe? War er ohne die Pistole ausgegangen und witterte nach seiner Rückkehr eine Gefahr, nahm deshalb die Waffe zur Hand und provozierte dabei den Unfall?

Der Fall Hubler wurde am nächsten Tag archiviert und als wahrscheinliche offizielle Todesursache «Unfall beim Kontrollieren einer geladenen Pistole» angegeben.

«Im Moment können wir nichts anderes tun», rechtfertigte der Polizeidirektor seinen Entschluss, den Fall vorläufig zu den Akten zu legen. «Hubler hatte keine Feinde, war ein arbeitsamer, solider junger Mann, der ein zurückgezogenes und geordnetes Leben führte. Ein Mord wäre also sehr unwahrscheinlich. Wenn wir überhaupt an einen gewaltsamen Tod denken wollen, so könnte sein Freund Franz Keller verdächtigt werden. Aber von einem Streit zwischen Freunden einer Frau wegen bis zu einem Mord ist es ein weiter Weg. Ausserdem sind wir im Moment nicht in der Lage, dies abzuklären.»

«Ja», warf Niggeler ein. «Die junge Sophie, die uns vielleicht einiges berichten könnte, ist mit ihrer Mutter abgereist, ohne eine Adresse zu hinterlassen. Wo sich Keller befindet, das wissen die Götter. Trotzdem möchte ich weiter ermitteln. Zu viele Fragen sind unklar. Unter Hublers Bekannten müssen doch Leute sein, die wissen, ob er eine Pistole besass und weshalb er diese möglicherweise bei sich trug.»

«Nein, Niggeler!», widersprach Häuselmann. «Im Moment werden Sie keine weiteren Fragen stellen! Die ganze Sache weist so klar entweder auf einen Unfall oder aber auf eine Schuld Kellers hin, dass wir bis zu seinem Auffinden warten müssen. Ihre weiteren Befragungen würden nur unnötig die Aufmerksamkeit auf unsere Ermittlungen lenken und zu nichts führen.»

«Jedenfalls werden wir in Ried bei seinen Eltern nachfragen lassen, ob er ins Ober-Simmental zurückgekehrt ist», wagte Niggeler einzuwerfen.

«Ja, das werden wir durch einen Polizeibeamten abklären lassen. Bis zu Kellers Auffinden legen wir den Fall aber zu den Akten. Ich möchte keinesfalls in der Militärdirektion unnötig Staub aufwirbeln!»

6

Emilie fühlte eine fiebrige Nervosität in sich und konnte keinen Schlaf finden. Ein Geheimnis lag in der Luft, alles war anders als sonst. Kein gewohntes Abendessen im Kreise der Familie und der Pensionäre. Die vier Studenten waren mit Emilies Bruder Rudolf ausgegangen, und Franziska Snell hatte mit ihren Töchtern frühzeitig in der Küche gegessen und sie dann gebeten, sich ausnahmsweise sofort in ihre Zimmer zu begeben und dort zu bleiben bis am nächsten Morgen. Seltsamerweise aber wurde der Tisch im Speisezimmer gedeckt, Wein und eine Folge kalter Speisen aufgetragen. Als Emilie und Elisa ihrem Vater eine gute Nacht wünschten, sass dieser irgendwie gespannt in einem bequemen Sessel vor dem Kaminfeuer.

Erst viel später am Abend, es mochte bereits zehn Uhr sein, hörte Emilie vor ihrem trotz der Kälte leicht geöffneten Fenster das Knirschen des Schnees. Sie ging zum Fenster und sah ihren Vater aus der Haustüre treten und einen dick verhüllten Gast umarmen.

Emilie konnte nicht widerstehen. Geheimnisse hatten sie schon als kleines Mädchen herausgefordert. Sie trat in ihre warmen Hausschuhe und zog das wollene hellblaue Morgencape über. Bei der Treppe stellte sie den Kerzenhalter auf eine Kommode im Gang und blies die Flamme aus. Sachte und ohne die Holzstufen zum Knarren zu bringen, huschte Emilie in den unteren Stock. Die Türe zur Bibliothek war nur angelehnt. Das Kaminfeuer flackerte, der Raum jedoch war leer. Vorsichtig ging sie weiter. Aus dem Speisezimmer hörte sie gedämpfte Stimmen. Emilie schlich neben den Zimmereingang und konnte nun verstehen, was gesprochen wurde. Zu ihrer Verblüffung hörte sie die unverkennbare Stimme ihres Onkels Ludwig.

«… und so nennt man uns nun überall in der Schweiz die Radikalen», sagte Ludwig Snell in diesem Augenblick.

Ihr Vater entgegnete: «Ja, vor allem die aristokratischen Blätter werfen seit längerer Zeit unaufhörlich mit den Parteinamen ‹Konservative› und ‹Radikale› um sich. Ihre eigene Partei, die ‹Konservativen›, werden natürlich als die Männer des Heils gepriesen, während uns, ihren Gegnern, alle möglichen Verbrechen und Untugenden angedichtet werden.»

«Es ist gut, dass Stämpfli in eurer ‹Berner Zeitung› einmal klar die Bedeutung dieser Parteinamen und ihre Entstehung erklärt hat», meinte Ludwig Snell.

Emilie spielte bereits mit dem Gedanken, wieder nach oben zu gehen. Soviel Geheimnistuerei am frühen Abend, und jetzt nur die üblichen politischen Diskussionen!

Als die beiden Männer einen Augenblick schwiegen, warf sie einen Blick ins Speisezimmer. Ihr Vater wandte ihr den Rücken zu und verdeckte halb seinen Bruder, der ihm am Tisch gegenübersass. Ludwig Snell sah imposant aus wie immer. Etwas älter als Wilhelm, hatte er bereits ergrautes Haar, und der gepflegte kurze Bart war von weissen Strähnen durchzogen. Das verwegene Gesicht war geprägt durch intelligente Augen, die leicht geschwungene Nase und schmale Lippen. Er trug über dem weissen Hemd mit dem steifen Kragen ein sorgfältig geknotetes Tuch, ein dunkles Gilet und eine Jacke mit breitem Revers.

Emilie zog sich leise zurück, denn sie wollte nicht gesehen werden. Die beiden Männer jedoch hingen ihren Gedanken nach und bemerkten das junge Mädchen nicht. Beide erinnerten sich lebhaft an Stämpflis Leitartikel in einer der ersten Probenummern der ‹Berner Zeitung› im vergangenen Dezember.

«Als in den Jahren 1830 und 1831 die Sache der Freiheit in den meisten Kantonen der Schweiz den Sieg errang und die aristokratischen Regierungen durch aus der Mitte des Volks gewählte Vertreter verdrängt wurden, blieb die Mehrheit der früheren Machthaber natürlich im Widerspruch mit der Volkspartei. Es bildeten sich zwei Parteien, die ‹Aristokraten› und die ‹Liberalen›. Die Aristokraten bemühten sich unablässig, ihre alten Vorrechte wieder zu erlangen und die Volksherrschaft zu stürzen. Hiefür riefen sie selbst die Intervention des Auslandes an. Sie wandten sich sogar an die finstere Macht der Jesuiten. Und diese wussten, dass die Aristokraten beim Volk zu sehr verhasst waren, als dass sie im offenen Kampf an einen Sieg hätten denken dürfen.»

Laut «Berner Zeitung» waren in der Folge die grundsatzlosen Neuaristokraten auf den Plan der Jesuiten eingegangen, welcher ja auch bereits in Belgien und Rheinpreussen angewandt worden war: Die liberalen Regierungen sollten dem Volk als unchristlich geschildert werden! Gleichzeitig verschwand auch der Name «Aristokrat», die Reaktionären nannten sich nun «Konservative». Auch die «Liberalen» wurden kurzerhand umgetauft, denn sie waren beim Volk zu beliebt, als dass man ihren Namen offen hätte angreifen können. Man nannte sie fortan die «Radikalen».

«Man wirft den Radikalen nun alles Schändliche dieser Welt vor», lauteten damals Stämpflis Ausführungen. «Und wir antworten: Ja, wir sind radikal, sofern ein ehrliches Streben für geistigen Fortschritt und die Wohlfahrt des Volkes, verbunden mit einem entschiedenen Hass gegen alles Vorrechtlertum, radikal sein heisst.»

Vor dem Portal des snellschen Hauses fuhr ein geschlossener Wagen vor. Noch bevor das Klopfen zu hören war, schlüpfte Emilie leichtfüssig in die Bibliothek und versteckte sich hinter den schweren Falten des dunkelgrünen Vorhangs.

Zu Emilies Schrecken gingen die beiden Männer mit ihrem Gast nicht wie erwartet ins Speisezimmer zurück, sondern kamen geradewegs in die Bibliothek. Sie war gezwungen, regungslos in ihrem Versteck zu verharren und konnte nur ab und zu zwischen den Vorhängen einen Blick auf die Männer erhaschen.

Der Fremde war tief eingehüllt in einen Schal und trug einen Hut und ein schwarzes Wintercape. Wilhelm Snell nahm ihm die Kleider ab und legte sie über einen Stuhl. Dann setzten sich die drei Männer in bequeme Sessel um das Kaminfeuer. Die beiden Brüder warteten, bis der Gast das Wort ergriff, obwohl dieser jünger, höchstens vierzig Jahre alt sein mochte. Er hatte eine breite, hohe Stirn und ein schmales Kinn. Das spitze Gesicht schien noch länger durch den kleinen Bart. Dicke, buschige Brauen betonten die südländischen Augen.

Zu Emilies Verblüffung wandte sich der neue Gast in französischer Sprache an die Gelehrten, und sie hatte trotz ihrer guten Kenntnisse Mühe, seinen Ausführungen zu folgen. Jetzt war die junge Snell dankbar für die jahrelangen harten Sprachlektionen, gegen die sie oft protestiert hatte. Der leicht fremdländische Akzent des Unbekannten, der sich so anders anhörte als das glasklare Schulfranzösisch ihrer einstigen Lehrerin, machte das Gesagte noch schwerer verständlich.

«Niemand in der Schweiz weiss, dass ich heute Abend in Bern bin. Weder in Zürich oder Bern noch irgendwo in Europa darf man erfahren, dass ich England verlassen habe.»

Die beiden Brüder blickten den Gast erwartungsvoll an, und dieser fuhr fort: «Es ist in diesem Moment unerhört wichtig für ganz Europa, dass der demokratische Funke in der Schweiz weiterglüht. Wenn er verlöschen sollte, so würden viele Gleichgesinnte in Deutschland, Österreich, Frankreich und Italien vielleicht ihre Hoffnung verlieren. Wenn er jedoch geschürt wird, so könnte daraus ein Lauffeuer werden durch ganz Europa.»

«Sie wollen uns also helfen, Mazzini?», fragte Ludwig Snell.

«Ja», erwiderte der Emilie nun nicht mehr gänzlich Fremde. Sie hatte oft während der «politischen Abendessen» im Vaterhause vom italienischen Emigranten Giuseppe Mazzini reden hören, der für die Länder Europas und natürlich vor allem für seine Heimat Italien nationale Einigung und demokratische Regierungsformen erkämpfen wollte.

Mazzini fuhr eindringlich fort: «Wenn die schweizerische Tagsatzung den Repressionen in Luzern und im Wallis nicht beikommen will oder kann, wird die Freiheit bald auch in anderen Kantonen unterdrückt. Das müssen wir im Interesse von ganz Europa verhindern.»

«Das wissen die demokratisch gesinnten Berner, und auch die politischen Brüder aus dem Aargau, aus Zürich, Solothurn, Basselland und weiteren Kantonen sind bereit, wenn nötig zu handeln», warf Ludwig Snell ein.

«Wenn ein zweiter Freischarenzug gegen Luzern unternommen wird, darf es nicht wieder schief gehen wie im Dezember», sagte Mazzini. «Das wäre verheerend für die demokratische Sache. Deshalb wollen einflussreiche und vermögende Gesinnungsgenossen aus Frankreich und Italien helfen.»

«Was können wir erwarten?», fragte Wilhelm Snell.

«Keine Truppen, aber Geld, Waffen und Munition.»

«Das genügt», meinte Emilies Vater. «Die freiwilligen Kämpfer bringen wir in Bern selber zusammen.»

«Ja, Bern wird diesmal die Führung übernehmen. Deshalb bin ich hier», fuhr Mazzini fort. «Wir alle, die zu helfen bereit sind, legen Ihnen jedoch dringend ans Herz, einen nächsten Freischarenzug gründlich vorzubereiten. Nieten haben wir in dieser Hinsicht in der Schweiz und in Italien genügend erlebt. Ein erneuter Misserfolg einer bewaffneten Expedition gegen Luzern könnte fatal sein. Versuchen Sie, Ulrich Ochsenbein als Führer zu gewinnen! Er ist ein bewährter Kommandant.»

Der Italiener bat die Gelehrten, über seine Mithilfe Stillschweigen zu bewahren. «Keinesfalls darf über dieses Treffen oder unsere Hilfe ein Wort an die Öffentlichkeit gelangen. Das könnte meinen Bestrebungen um die Einigung und Demokratisierung Italiens schaden.»

Die drei Männer diskutierten weiter über Details der möglichen Hilfeleistungen und Waffenlieferungen.

Emilie hörte nur noch mit halbem Ohr zu, sie hoffte sehnlichst darauf, ihr Versteck verlassen zu können. Trotz des nahen Kaminfeuers wurden ihre Füsse, unmittelbar neben dem Fenster, kälter und kälter. Sie spitzte jedoch erneut ihre Ohren, als Mazzini langsamer und eindringlicher zu sprechen begann.

«Vergessen Sie nie, dass die intensive Verbreitung des demokratischen Gedankens im Volk viel wichtiger ist als irgendwelche Freischarenzüge. Im Fall von Luzern mag es im Moment nicht anders gehen, deshalb helfen wir Ihnen. Grundsätzlich bin ich aber immer mehr gegen bewaffnete politische Scharmützel. Die Vertreibung der Jesuiten ist im Übrigen nicht das Hauptziel Ihrer Bemühungen.»

«Da geben wir Ihnen recht. Aber keine Angst, wir haben das eigentliche Ziel keineswegs aus den Augen verloren», sagte Wilhelm Snell. «Ich lehre an der Hochschule täglich den demokratischen Gedanken, und auch die liberalen Zeitungen wirken darauf ein, dass immer mehr Kantone eine liberale Verfassung annehmen. Wir wollen ja alle dasselbe: eine einheitliche Schweiz im Sinne eines demokratischen Nationalstaates.»

Mazzini nickte und stand auf. Wilhelm Snell geleitete seine späten Besucher zur Haustüre.

Emilie schlüpfte nach oben, sank müde, aber fiebrig erregt in ihr Bett und beschloss, sich bei Niklaus Niggeler näher über diesen Mazzini zu erkundigen. Er wusste alles über die europäische Politik und würde ihr sicher Auskunft geben.

Kurz bevor Emilie einschlummerte, dachte sie über den letzten Satz nach, den Mazzini beim Hinausgehen ohne weitere Erklärungen ausgesprochen hatte und der ihr, aus dem Ton des Italieners zu schliessen, ausserordentlich wichtig vorkam: «Nehmen Sie sich in Acht vor Österreich!»

7

Niklaus Niggeler musste fast drei Wochen lang auf den Bescheid aus dem Ober-Simmental warten. Der Amtsweg brauchte seine Zeit, besonders im kalten, mit Schnee gesegneten Winter.

Franz Keller war zwar für einige Tage bei den Eltern gewesen. Laut dem amtlichen Bericht hatte er sich jedoch bald wieder verabschiedet mit der Begründung, wichtige Aufgaben würden ihn erwarten. Die Eltern wussten nichts von einem Urlaub bei der Militärdirektion und nahmen an, Keller sei zur Arbeit nach Bern zurückgekehrt. In der Stadt aber war er seit dem Vortag von Hublers Tod nicht mehr gesehen worden. Man würde bis zur Auffindung Kellers warten müssen und der Fall bis dahin archiviert bleiben.

Eigentlich war Niggeler ganz froh über diese Entwicklung. Die Arbeit wuchs ihm über den Kopf. Die meisten Morgenstunden verbrachte er am Gericht oder in seiner Kanzlei bei Besprechungen mit Klienten. Leider lief dem Anwalt das Geld nicht so leicht zu wie die Kundschaft. Da er aus bäuerlichen Kreisen stammte und die Sorgen der Landbevölkerung kannte, wandten sich viele einfache Leute an ihn. Gerade konnte er die Akten eines Falls zuklappen, den er erfolgreich beim Obergericht im Interesse einer Magd vertreten hatte. Sie war angeklagt worden, im benachbarten Bauernhof einen grösseren Diebstahl begangen zu haben und riskierte drei Jahre Kettenstrafe. Niggeler jedoch konnte ihre Unschuld beweisen und ihren Freispruch erwirken. Das Honorar bestand aus einem Sack Hafer, der immer noch im Vorzimmer stand.

Seine zweite Tätigkeit war die Mitarbeit bei der «Berner Zeitung». Das Interesse der Bevölkerung an der Politik war seit der Gründung des Volksvereins gegen die Jesuiten so gross, dass immer mehr Artikel verfasst werden mussten.

Ein weiteres Engagement bestand in den häufiger werdenden politischen Versammlungen. Vorerst redete man noch, aber bald würde man handeln. Und der disputiergewandte Niggeler wollte natürlich beim einen wie beim andern dabeisein.

Sein Kanzleischreiber trat ein und meldete eine junge Dame.

«Hat sie ihren Namen genannt?», fragte der Anwalt, und als der Angestellte verneinte, fügte er hinzu: «Ist es wieder eine Bauernmagd?»

Sein Mitarbeiter schüttelte lachend den Kopf und sagte: «Wenn Bauernmägde so aussehen, dann ist der elegante Regierungsrat von Nufer kein Patrizier, sondern ein Knecht.»

Gespannt befahl Niggeler, die junge Dame hereinzuführen, und erhob sich. Zu seiner Verblüffung trat Emilie Snell über die Türschwelle. Sie trug einen warmen Kaschmirschal mit breit verziertem Rand, Fransen und Quasten und darunter einen grünen Volantrock. Die Zapfenlocken wurden von einer kleinen grünen Schute mit besticktem Band zusammengehalten.

«Emilie, welche Überraschung», rief Niggeler aus. «Sie kommen hoffentlich nicht als Klientin!»

Sie streifte die feinen Lederhandschuhe ab und gab ihm die Hand. «Nein, ich möchte aber Ihre Meinung hören, Niggeler.»

Er war es gewohnt, von den Snell-Töchtern immer nur mit dem Familiennamen angesprochen zu werden. Selbst Elisa nannte ihren Bräutigam Jakob oft «Stämpfli», ein norddeutscher Brauch, den die in Basel, Zürich und Bern aufgewachsenen Mädchen wohl nie ablegen würden.

«Geht es um eine Rechtsfrage?», wollte er wissen.

«Nein, um eine politische.»

«Sie und eine politische Frage!», sagte der Fürsprech amüsiert. «Gähnen Sie nicht stets gelangweilt, wenn wir bei Tisch politisieren?» Er schwächte die etwas harten Worte durch ein unschuldiges Lächeln ab.

Emilie war trotzdem etwas beleidigt und zeigte dies auch. «Jetzt gibt es ein Thema, das mich interessiert», entgegnete sie distanziert. «Aber nicht hier. Ich möchte nicht, dass uns jemand zuhört.»

«Das kann ich verstehen. Wollen wir in mein Wohnzimmer hinaufgehen?»

Emilie wusste, dass er im Haus an der Gerechtigkeitsgasse sowohl seine Kanzlei als auch seine Wohnung hatte.

«Ganz bestimmt nicht!», erklärte sie kühl.

«Wissen Sie was, Emilie? Ich habe heute genug von den Gerichtsakten und Zeitungsartikeln!» Niggeler trat ans Fenster und schaute hinaus über die rötlichen Hausdächer der Berner Altstadt. «Gehen wir doch ein wenig an der Aare spazieren! Heute ist ein wunderschöner, sonniger Tag. Wir könnten auch in einem Café ein Stück Kuchen essen.»

Sie dachte eine Augenblick nach und nahm dann Niggelers Vorschlag an.

«Darf denn eine junge Dame wie Sie allein mit einem Mann spazieren gehen?», fragte er beim Hinausgehen. Über gesellschaftliche Vorschriften wusste er nur ungenügend Bescheid.

«Nein, eigentlich nicht», entgegnete Emilie, und zum ersten Mal an diesem Nachmittag lächelte sie und zeigte ihre schneeweissen Zähne.

«Aber wenn Sie allein weder in mein Wohnzimmer kommen noch mit mir spazieren gehen dürfen, weshalb sagen Sie dann zum ersten Vorschlag nein und zum zweiten ja?»

«Das fragen Sie, der Lieblingsschüler meines Vaters?», rief die junge Snell aus. Sie gingen zusammen durch die Gerechtigkeitsgasse und schwenkten Richtung Aare ab. Emilie hatte ihre schweren Winterstiefelchen angezogen, obwohl der Schnee längst geschmolzen war und die Sonne im Augenblick fast frühlingshaft schien.

Niggeler hörte zum ersten Mal ehrlich interessiert dieser kaum zwanzigjährigen Gelehrtentochter zu, in der er eigentlich nie mehr als ein hübsches, gut erzogenes und gebildetes Modepüppchen gesehen hatte.

Emilie drehte den Kopf halb zur Seite und sah Niggeler an. Ihre von langen dunklen Wimpern umrahmten Augen waren braungrün und hatten einen eigentümlichen schwarzen Ring um die Iris. Elisa pflegte zu sagen, ihre Schwester habe Katzenaugen.

«Sie kennen doch die Vorlesungen meines Vaters», sagte sie amüsiert. «Für alle Menschen gilt das Recht der Vernunft und der sittlichen Selbstbestimmung. Er meint es auch in der Praxis sehr ernst mit seinen Lehren. Und was für alle Menschen gilt, das gilt auch für junge Mädchen.»

«Sie wollen also sagen, dass er Sie zur sittlichen Selbstbestimmung erzogen hat?», fragte Niggeler verblüfft.

«Ja, natürlich. Seit ich mich besinnen kann, vertritt mein Vater die Meinung, gehorchen könnten alle, richtig handeln und entscheiden nur die intelligenten und zum selbstständigen Denken erzogenen Menschen. Ich kann mich nicht erinnern, dass er uns je etwas strikte verboten oder befohlen hätte. ‹Wie würdest denn du entscheiden, liebe Emilie?›, fragt er, oder er sagt, ich solle meinem eigenen Gewissen folgen.»

«Und der Spaziergang allein mit mir und ohne Anstandsdame ist mit Ihrem Gewissen vereinbar?», fragte der Anwalt lächelnd.

«Ja. Es ist mir egal, was die Leute denken. Ich tue nichts Unrechtes und weiss das; dies genügt mir und würde auch meinem Vater genügen.»

Im Café setzten Niggeler und Emilie sich auf ihren ausdrücklichen Wunsch an einen etwas abseits am Fenster stehenden Tisch, so dass niemand sie hören konnte. Der Wirt lächelte den neuen Gästen, die er für ein Ehepaar hielt, freundlich zu.

Sie sassen eine Weile schweigend am Tisch, bis eine warme Schokolade und ein Kaffee serviert wurden. Emilie wusste, dass sie nun ihre Frage stellen musste. «Erzählen Sie mir alles, was Sie von Mazzini wissen», unterbrach sie die Stille.

«Giuseppe Mazzini kämpft vor allem für die Einigung von Italien. Er wünscht sich ein Land mit demokratisch-republikanischer Regierung.» Ein Lächeln überzog Niggelers Gesicht, und er meinte freundlich: «Hören Sie, Emilie. Sie wissen, dass ich Ihnen bereitwillig alle politischen Fragen beantworte. Aber dieses Interesse für Mazzini kann ich Ihnen nicht abnehmen. Wenn das ein Vorwand ist, um mit mir zu plaudern, so sagen Sie es doch. Dann würde es mir nämlich noch mehr Freude machen, hier mit Ihnen Kuchen zu essen.»

Emilies Gesicht rötete sich, aber nicht aus Scham, sondern aus Wut. Was wollte dieser freche, überhebliche Mann ihr unterstellen? Dass sie einen Vorwand gesucht hätte, um sich mit ihm zu treffen? Sie musste klarstellen, dass ihr Interesse ganz andere Gründe hatte.

«Mazzini war vor einigen Tagen in Bern, deshalb wollte ich mehr über ihn erfahren!», rief sie daher spontan aus. «Mit Ihnen hat das gar nichts zu tun. Ich hätte genauso gut Jakob Stämpfli fragen können!»

Niggeler musste über ihren beleidigten Gesichtsausdruck lachen, wurde dann aber wieder ernst. «Und Sie haben Mazzini in Bern gesehen?», fragte er ungläubig. «Vermutlich ist er öffentlich durch die Gassen der Stadt spaziert!»

«Nein!» Emilie wurde noch wütender. «Er kam geheim nach Bern, und ich habe ihn zufällig am späten Abend in einem Haus gesehen.»

«Zufällig am späten Abend in einem Haus? Hören Sie, Emilie, junge Damen wie Sie befinden sich am späten Abend stets im eigenen Haus. Weshalb erzählen Sie mir diese Märchen?»

«Es war in meinem eigenen Haus!», platzte sie heraus.

«In Ihrem Haus?», fragte Niggeler nun überaus interessiert. «Nein wirklich, Emilie! Jetzt müssen Sie mir erzählen, was eigentlich los ist!»

«Es ist ein Geheimnis, das niemand erfahren darf. Und nun haben Sie mich dazu gebracht, es Ihnen zu verraten.»

«Weshalb denn ein Geheimnis? So erzählen Sie doch!»

Emilie konnte nicht mehr zurück. Mit leiser Stimme berichtete sie: «Vor ungefähr drei Wochen kam abends Onkel Ludwig aus Zürich zu uns. Als er anklopfte, war es so spät, dass ich bereits am Einschlafen war. Dann erschien noch ein Gast, den ich jedoch nicht erkannte. Die drei hatten in der Bibliothek eine geheime Besprechung.»

Niggeler hörte ungläubig zu und sagte dann: «Und woher wollen Sie wissen, dass es Mazzini war?»

«Weil ich zufällig hinter dem Vorhang in der Bibliothek versteckt war, deshalb». Emilie musste ihr nächtliches Erlebnis als Lauscherin preisgeben und errötete. «Nun muss ich Ihnen wohl alles erzählen von der geheimen Unterredung zwischen Vater, Onkel Ludwig und Mazzini, damit Sie mir endlich glauben!»

Niggeler lächelte ihr besänftigend zu, wurde dann aber wieder ernst. «Nein, Emilie, ich glaube Ihnen! Wenn es Ihr Geheimnis wäre, würde ich Sie vielleicht bitten, mir alles zu erzählen. Aber das hier ist nicht Ihr, sondern Ihres Vaters Geheimnis! Wenn er es mir hätte anvertrauen wollen, so wäre ich an jenem Abend in Ihrem Haus gewesen. Ein fremdes Geheimnis dürfen Sie selbst mir nicht weitersagen! Aber Ihre Fragen können Sie mir trotzdem stellen.» Dann fügte er zu ihrer Freude bei: «Ich entschuldige mich in aller Form für meine Unterstellungen. Aber es wäre zu schön gewesen, wenn eine charmante junge Dame wie Sie einen politischen Vorwand benutzt hätte für ein Rendez-vous mit mir.»

«Nun erzählen Sie mir endlich, was Sie über Mazzini wissen», lenkte sie ab.

Niggeler wählte seine Worte vorsichtig, um Emilie nicht durch einen detaillierten Vortrag zu langweilen. «Mazzini will nicht nur Italien einigen und demokratisieren. Er träumt von einem Europa mit zahlreichen im Gleichgewicht stehenden Nationalstaaten, die alle republikanische Regierungen haben und deren Bürger vor dem Gesetz gleich sind, ob arm oder reich.»

«Er möchte also dasselbe wie Vater!», sagte Emilie.

«Ja, und dasselbe wie ich und wie Stämpfli und alle fort-
schrittlichen Berner. Zu diesem Zweck hat Mazzini ‹Das
junge Europa› gegründet.»

«Und was hat das mit Vater und Onkel Ludwig zu tun?»

«Sie wissen ja, dass Italien aus verschiedenen kleinen
Staaten besteht, die von Königen oder Fürsten und der eine
sogar vom Papst regiert werden. Mazzinis demokratische
Ideen fassten so stark Fuss bei den Studenten, beim niedrigen Militär und im Volk, dass er bald von den Regierungen
als gefährlich eingestuft wurde. In den frühen Dreissigerjahren musste er Italien verlassen und ins Exil gehen, und er
wirkte danach auch intensiv in der Schweiz.

Im Februar des Jahres 1834 fassten deutsche und italienische Emigranten zusammen mit Mazzini den Plan, von Rolle
aus als bewaffnete Freischar über den Genfersee zu fahren,
in Savoyen einzufallen und einen Aufstand gegen König Karl
Albert von Sardinien-Piemont zu provozieren. Es war ein gefährliches und schlecht vorbereitetes Abenteuer, das völlig
missglückte.

Der Schuss ging in jeder Hinsicht hinten hinaus», berichtete der Anwalt. «Metternich in Wien konnte nun behaupten,
die Eidgenossenschaft sei ein Brutplatz für revolutionäre
Geister, und im Schlepptau von Österreich schickten auch
die anderen europäischen Regierungen Protestnoten. Der
Druck war so stark, dass die Eidgenossenschaft sich offiziell
beim König von Sardinien für den Überfall entschuldigen
und Bern die Urheber der bewaffneten Expedition über den
Genfersee ausweisen musste.»

«Und einer dieser Ausgewiesenen war Onkel Ludwig»,
mutmasste die junge Snell und trank den letzten Schluck
Schokolade.

«Ja. Er war ein beliebter Professor der Staatswissenschaf-
ten hier in Bern und wurde verdächtigt, mit der ‹Jungen
Schweiz› in Verbindung zu stehen. Man konnte ihm zwar
nichts beweisen, er war jedoch derart enttäuscht von Berns
offiziellem Vorgehen, dass er seine Demission gab und da-

raufhin von der bernischen Regierung ausgewiesen wurde und nach Zürich ging.

Als Ludwig Snell noch in Bern weilte, wurde dort zwei Monate nach dem Freischarenzug über den Genfersee das ‹Junge Europa› gegründet.»

«Und nun stehen sie immer noch miteinander in Verbindung und helfen einander», sagte Emilie langsam. Sie verstand nun die Tragweite des nächtlichen Besuchs und weshalb er ein Geheimnis bleiben musste. Eigentlich hätte sie sich längst dazu entschlossen, mit niemandem über die Abmachungen jenes Januarabends zu sprechen. Sie wollte auch den Anwalt auffordern, ihr Geheimnis zu hüten und blickte in seine freundlichen Augen. Plötzlich fühlte sie ein tiefes Vertrauen zu ihm und schwieg.

Der Nachmittag neigte sich dem Ende zu. Niggeler und Emilie standen auf und verliessen das Café. Wieder in der Gasse, sagte sie: «Ich habe noch eine Frage. Mazzini sagte beim Hinausgehen: ‹Hüten Sie sich vor Österreich!› Weshalb wohl? Die bernischen Liberalen haben doch nur mit Luzern und den Jesuiten Sorgen.»

Diese Mitteilung beunruhigte Niggeler. Er beschloss, seine Ohren und Augen offen zu halten und, ohne die Besprechung mit Emilie zu erwähnen, Snell darauf anzusprechen.

«Das kann ich Ihnen nicht genau sagen, Emilie», meinte er ausweichend. «Natürlich ist es möglich, dass sich fremde Mächte in unsere innerschweizerischen Angelegenheiten einmischen. Und Österreichs Metternich hat schon immer gern in Europa intrigiert. Etwas Konkretes jedoch kann ich Ihnen nicht sagen. Aber vielleicht weiss Mazzini mehr als wir.»

Als sie in der Lorraine ankamen, war die sonst so spontane, unbesonnene und doch selbstsichere Emilie Snell fast ein wenig verlegen. Sie gab Niggeler zaghaft die Hand und wich bei seinem kräftigen Druck etwas zurück. Dann drehte sie sich um und ging ohne ein weiteres Wort auf die Haustür zu.

8

In der Redaktionsstube an der Brunngasse war die Stimmung gespannt.

Das heisse Thema des Augenblicks brodelte in den Köpfen der beiden Redaktoren. Sie hielten sich zurück, um zunächst ausländische Themen zu besprechen. Niklaus Niggeler nahm eine Meldung aus England zur Hand.

«Das habe ich bereits erledigt», meinte Stämpfli. «Aus den Fabrikbezirken berichtet man von einer grossen Aktivität. Die Spinnereibesitzer hoffen auf einen Ertrag von fünfzig Prozent ihres Kapitals.»

«Gut, das kannst du drucken», hiess der drei Jahre ältere Niggeler den Artikel des Freundes gut. «Wir sollten jedoch auch die soziale Dimension dieser Angelegenheit nicht ausser Acht lassen. Schliesslich haben wir das Wohl des gesamten Volkes im Auge und nicht nur das Interesse der reichen Unternehmer.»

«Natürlich! Gerade im Falle von England musst du das soziale Problem anschneiden. Auf dieser Insel herrscht neben dem glänzendsten Reichtum der Fluch der Armut. Nach einer der letzten amtlichen Listen gibt es in England und Wales 1'200'000 Arme in Werkhäusern und 220'000 Arme zu Hause, welche Unterstützung erhalten.»

Gemeinsam verfassten sie einen Artikel über die britische Armut, indem sie den Bericht eines nach England gereisten Schweizers als Grundlage nahmen.

Mit der erzwungenen Disziplin der beiden Männer war es vorbei, als Wilhelm Snell in die Redaktionsstube trat. Der Professor verkündete dramatisch: «Luzern weigert sich, die Jesuiten auszuweisen! In einem salbungsvollen Schreiben wird festgehalten, man tue der Regierung von Luzern Unrecht, von ihr zu verlangen, dass sie die Jesuitenberufung rückgängig mache. Doch das ist noch nicht alles! Die Gesandten des Standes Bern sind angewiesen worden, an der bevorstehenden eidgenössischen Versammlung Position gegen die Jesuiten einzunehmen. Sie sollen erreichen, dass die ausserordentliche Tagsatzung die Jesuitenfrage zur Bundessache erklärt und die Ausweisung des Ordens aus der ganzen Schweiz beschliesst.»

«Das ist ja phantastisch», kommentierte Niggeler. «So viel Entschlossenheit hätte ich unserem Berner Rat gar nicht zugetraut. Schultheiss Neuhaus ist ein echter Liberaler.» Mit lausbübischem Lachen fügte er bei: «Wenn auch etwas gemässigter als wir!»

«Einen Haken hat der Beschluss des Grossen Rats allerdings», gestand der Rechtsgelehrte. «Die Gesandten bei der Tagsatzung sollen auch erwirken, dass Kampftruppen, welche nicht von den Kantonalregierungen organisiert worden sind und unter deren Befehl stehen, in der ganzen Eidgenossenschaft für unzulässig erklärt werden.»

«Ob verboten oder nicht, nötigenfalls muss ein bewaffnetes Korps gegen Luzern marschieren», erklärte Stämpfli. «Ein Erfolg wird uns im Nachhinein legitimieren.»

«Bern wird diesmal das Zentrum bilden», pflichtete Snell bei. «Wir werden jedoch nicht allein sein. Scharen von geflohenen Luzernern unter Dr. Steiger warten nur auf unser Zeichen. Auch in anderen Kantonen rüstet man im Geheimen. Zudem können wir auf ausländische Waffenhilfe zählen.»

Gespannt nahm Niggeler des Professors Worte auf. Ob der letzte Satz mit dem nächtlichen Geheimnis Emilies zu tun hatte?

Wilhelm Snell erwähnte jedoch mit keinem Wort Mazzinis Besuch und setzte seinen Bericht fort: «Immer mehr Kantone sprechen sich für die Ausweisung der Jesuiten aus und wollen, dass die Tagsatzung die Jesuitenfrage zur Bundesfrage erklärt. In Schaffhausen ist der Entscheid bereits gefallen. Im Kanton Waadt hat man in den Dörfern Freiheitsbäume aufgepflanzt. Auch der Grosse Rat im Tessin hat sich mit gewaltiger Mehrheit für die Jesuitenfrage als Bundessache ausgesprochen.»

«Unsere Sache wird den Sieg davontragen», sagte Stämpfli überzeugt. «Allerdings müssen wir hoffen, dass die ausländischen Mächte nicht intervenieren.»

«Nicht einmal eine Änderung der Bundesverfassung könnten die fremden Staaten beanstanden», rief Niggeler aus. «Erst recht dürfen sie nicht eingreifen, wenn wir einen inländischen Feind vertreiben.»

«Da habt ihr völlig Recht», meinte Snell. «Aber in Österreich denkt man nicht gleich wie hier in liberalen Kreisen. Eine Einmischung Wiens fürchte ich immer mehr.»

«Weshalb gerade Österreich?», fragte Niggeler und erinnerte sich der Warnung, die Mazzini ausgesprochen hatte.

Snell erklärte unumwunden: «Wir wissen, dass Metternich an der Berufung der Jesuiten nach Luzern mitbeteiligt war, da er sich von der Gesellschaft Jesu wohl eine Stärkung der konservativen katholischen Partei erhofft. Es ist auch kein Geheimnis, dass der österreichische Kanzler Luzern schriftlich zum Sieg gegen den Freischarenzug im Dezember beglückwünscht hat. Wir müssen daher befürchten, dass vor allem Österreich an eine Intervention denkt.»

«Ja», warf Stämpfli ein. «Zumal wir Preussens Standpunkt kennen, der mit dem österreichischen nicht übereinstimmt. Ihr wisst alle, dass der preussische Geschäftsträger Mitte Januar in einer Loge des Berner Stadttheaters vor Zeugen erklärt hat, die Vertreibung der Jesuiten aus der Schweiz sei eine Notwendigkeit.»

«Frankreich scheint keine klare Haltung einzunehmen», fuhr Snell fort. «Einerseits ist man in Paris für die Ausweisung der Jesuiten, weil man sie für einen Zankapfel hält, anderseits pocht man dort auf die Einhaltung unseres Bundesvertrags von 1815 und will nichts von Freischaren wissen.»

«Um nochmals auf Österreich zurückzukommen», erkundigte sich Stämpfli, als der Professor eine Atempause machte. «Welcher Art sollen wir eine Intervention erwarten?»

«Geldhilfe? Waffenhilfe?», mutmasste Snell. «Wahrscheinlich beides. Die direkte Hilfe an Luzern ist jedoch nicht alles. Ich glaube, dass Metternich im Innern der Kantone Unruhe schaffen und die Sache der konservativen Katholischen durch geheime Agitation fördern will. Das ist noch gefährlicher als der offene Kampf.»

«Was ist mit unserem Informanten in Österreich? Der sollte in Wien die Ohren für solche Pläne offen halten.»

«Ich habe seit Wochen keine Depesche mehr bekommen. Von den Berichten, die ich bei ihm bestellt habe, ist nicht ein einziger hier in Bern eingetroffen. Schade, die ‹Berner Zeitung› würde gerne Artikel über die politische Stimmung in Wien publizieren.» Stämpfli schwieg einen Augenblick und fügte hinzu: «Einer von uns muss nach Wien reisen und die Berichte selber verfassen. Der dortige bernische Gesandte könnte uns behilflich sein. Er ist unser Freund, seit wir zusammen Ihren Vorlesungen gelauscht haben. Erinnern Sie sich, Herr Professor?»

Bevor Snell antworten konnte, pflichtete Niggeler bei. «Die Idee ist gut. Bei dieser Gelegenheit könntest du auch abklären, weshalb unser Informant so hartnäckig schweigt.»

«Ja, nach Wien reisen, in die Stadt der Bälle und des gesellschaftlichen Glanzes!», schwärmte Stämpfli und schüttelte dann den Kopf. «Elisa würde sicher protestieren.»

Der Professor und Stämpfli wandten sich Niggeler zu. «Sie als Junggeselle müssten eine Reise nach Wien schätzen», meinte Snell. «Ausserdem haben Sie doch oft Rechtsfälle, die das Ausland tangieren. Könnte Wien Sie nicht interessieren?»

«In der Tat habe ich einen Klienten, der Warenlieferungen nach Wien spediert und sein Geld nie bekommen hat», sagte Niggeler. «Er möchte, dass ich seine Klage vertrete. Aber ich habe ihn an andere Anwälte und an die österreichische Gesandtschaft verwiesen.»

«Ist die Sache nun gelöst?», bohrte Stämpfli.

«Nein, auch die anderen Advokaten wollen sich nicht mit den Gerichten in Wien herumschlagen. Die Gesandtschaft schiebt die Sache auf die lange Bank. Das weisst du so gut wie ich, Jakob! Du hast ja gleich nach mir den Auftrag abgelehnt.»

Stämpfli lachte auf: «Ja, aber da dich keine Braut in Bern festhält, wirst du fahren müssen.»

«Warten Sie noch mit Ihren Reisevorbereitungen», warf Snell ein. «Sie können Bern nicht verlassen, solange unser politisches Eisen so heiss ist. Was immer in Österreich geplant wird, wir müssen hier unseren Weg weitergehen.»

«Das stimmt», pflichtete Stämpfli bei. «Kann die Tagsatzung trotz der Stellungnahme zahlreicher Kantone das Jesuitenproblem nicht lösen, schwindet unsere letzte Hoffnung auf eine gesetzliche Bereinigung der Frage. Dann ist die Volkserhebung eine Notwendigkeit, um den Bund wieder herzustellen.»

«Bald werden wir es wissen», verkündete Snell seine letzte Neuigkeit. «Bei Fürsprech Ochsenbein findet morgen eine Versammlung statt. Untersuchungsrichter Rupp, Polizeidirektor Häuselmann und andere Gleichgesinnte werden dabeisein. Ihr werdet sehen, bei Ochsenbein wird die Entscheidung fallen.»

Ohne ein weiteres Wort eilte der Professor aus der Redaktionsstube und überliess die beiden Redaktoren ihren Zeitungsberichten. Niggelers Gedanken schweiften ab nach Wien, und beim Gedanken an den Glanz der Kaiserstadt kam ihm Emilie Snell in den Sinn.

9

«Pack dein Nähzeug zusammen, Elisa», rief Emilie Snell ihrer Schwester zu. Elisa sass mit ihrem Stickrahmen neben dem Fenster und arbeitete am zartrosafarbenen Monogramm einer Serviette. Das «E» und das «S», gekonnt ineinander verschlungen, machten sich vornehm aus auf dem weissen Stoff. «Eigentlich sehr hübsch», fuhr Emilie fort und nahm eine bereits gefaltete Serviette zur Hand. «Schade, dass ich nicht deine Geduld habe! Aber bis zu deiner Heirat im nächsten Winter wirst du so viele Servietten, Tisch- und Betttücher genäht und gestickt haben, dass die Aussteuer auch für mich reichen wird.»

«Ah, du hast einen Verehrer!»

«Ach was! Ich habe das nur gesagt, weil wir die gleichen Initialen haben.» Sie schob Elisas Stickrahmen sanft zur Seite. «Nun komm aber, Elisa! Wir wollen in die Stadt gehen. Bei Madame Thière sind heute morgen die Frühlingsroben aus Paris eingetroffen.»

Als Elisa zögerte, fügte Emilie bei: «Wir müssen uns etwas Abwechslung verschaffen, Schwesterherz! Manchmal halte ich es nicht mehr aus in diesem Haus der politischen Diskussionen. Die Männer sind ernst und gespannt, einfach unerträglich. Komm Elisa, wenigstens wir wollen uns etwas zerstreuen!»

Elisas Begeisterung war nicht gross. «Was soll uns das interessieren. Du weisst ja, dass wir uns solche Kleider nicht leisten können. Es ist besser, du schickst die Schneiderin hin, damit sie sich die Modelle anschaut und für uns eine erschwingliche Version näht.» Sie lächelte Emilie freundlich zu. «Weshalb setzt du dich nicht ans Klavier und spielst mir etwas vor? Du hast eine wundervolle Begabung für die Musik.»

Aber Emilie liess sich nicht von ihrer Idee abbringen, und eine halbe Stunde später waren sie unterwegs zum Stadtzentrum.

Der Kornhausplatz sah im Nachmittagslicht bezaubernd aus. Überall unter den Lauben waren Menschen unterwegs. Vor dem Modesalon hielt die ältere Snell-Schwester sich zurück. «Wir können nicht einfach hineingehen, wenn wir nichts kaufen.»

«Ach was!», entgegnete Emilie unbekümmert. «Wir sind elegant gekleidet und können uns sehr wohl erlauben, einzutreten. Schliesslich ist unser Vater Professor und bezieht ein gutes Gehalt.» Emilie nahm ihre Schwester beim Arm und zog sie in den Modesalon. Dabei warf sie einen flüchtigen Blick auf einen gut aussehenden jungen Mann, der bei seiner Kalesche wartete.

Madame Thière war damit beschäftigt, drei aufgeputzte kaum zwanzigjährige Damen durch ihren Salon zu führen. Mit warmen Worten pries sie die modischen Details der soeben aus Paris eingetroffenen Roben an.

«Wer ist das junge Mädchen neben Natalie Moosmann?», fragte Emilie ihre Schwester im Flüsterton. Wie jedermann kannte sie Natalie, die Tochter des reichen Privatiers Robert Moosmann.

«Angelika von Nufer», gab Elisa zurück und hielt ihren Handschuh vor die Lippen. «Ihr Grossonkel ist vor kurzem verstorben, und nun ist ihr Vater sagenhaft reich.»

«Das weiss ich ja», sagte Emilie ungeduldig und zog Elisa ans andere Ende des Salons. Die beiden Schwestern interessierten sich für einige Stoffballen, und dann flüsterte Emilie: «Regierungsrat von Nufer und Angelika kennt doch jeder in Bern! Ich meine nicht sie, sondern das andere junge Mädchen.»

Als Elisa die Achseln zuckte, meinte Emilie entschlossen: «Das können wir ja herausfinden!»

Die Schwestern traten in die Mitte des Salons, und Emilie liess sich einen verblüfften Ausruf entfahren: «Liebe Natalie, welch ein Vergnügen, dich wiederzusehen!» Strahlend begrüsste sie Natalie Moosmann. «Weisst du, dass wir bei derselben Klavierlehrerin Unterricht haben? Wir sollten zusammen vierhändig spielen.»

«Das wäre mir eine grosse Freude», gab Natalie höflich zurück. «Ob ich es so gut kann wie du, ist allerdings fraglich.»

Emilie und Elisa begrüssten auch Angelika von Nufer.

«Mein Gott, ist das die kleine Angelika, die eben noch in Kinderkleidern herumgesprungen ist», rief Emilie aus und lächelte dem sechzehnjährigen Mädchen freundlich zu. Dann wandte sie sich wieder an Natalie Moosmann: «Möchtest du uns nicht deiner neuen Freundin vorstellen?»

«Elisabeth, Elisa und Emilie Snell möchten dich gerne kennen lernen», sagte Natalie gehorsam. «Das ist Elisabeth Antonie von Sasikl. Ihr Vater wirkt als neuer Mitarbeiter des Gesandten aus Wien. Wir haben uns vorgestern bei einem Hauskonzert kennen gelernt.»

Emilies Augen blitzten interessiert auf. Sie schenkte der jungen Österreicherin ein charmantes Lächeln und bemerkte gut hörbar zu Elisa: «Wir sollten Elisabeth Antonie zu einer Schokolade einladen. Schliesslich sind wir alle drei Fremde in Bern.»

Elisabeth strahlte und bekundete ihre Freude, zwei so hübsche junge Mädchen kennen gelernt zu haben, die zudem die deutsche Sprache beherrschten wie kaum eine Einheimische.

«Wir sind eigentlich Norddeutsche», erklärte Emilie. «Unsere Eltern sind aus Nassau in die Schweiz gekommen.»

«Professor Snell unterrichtet Rechtsgeschichte an unserer Universität», warf Natalie ein, und Elisabeth meinte spontan: «Es würde mir Freude machen, eine Tasse Schokolade mit euch zu trinken. Ich kenne noch kaum jemanden in Bern.»

«Wir könnten auch zusammen sticken», beteiligte sich die sonst schweigsame Elisa am Gespräch.

«Nun müssen wir aber weiter», entschuldigte sich Natalie Moosmann. «Wir wollten nur rasch einen Blick auf die neue Mode werfen. Elisabeths Bruder wartet mit der Kalesche auf uns.»

Als sie den Heimweg antraten, war Emilie zu ihrer Schwester Erstaunen aussergewöhnlich still. Die junge Snell war in ihre Gedanken versunken.

«Du bist so schweigsam, Schwesterherz», sagte Elisa. «Sinnierst du etwa über Elisabeths Bruder nach? Ich habe deinen Blick in seine Richtung bemerkt, als wir auf dem Kornhausplatz waren.»

«Ach was!», winkte Emilie ab. «Du kannst immer nur an die Liebe denken, Elisa. Aber du hast recht, der junge Mann könnte mich tatsächlich interessieren.»

Zuhause setzte sich Emilie eine Viertelstunde für ihre Schwester ans Klavier. Elisa liebte ihr Vaterhaus nie mehr, als wenn Emilies zarte Melodien durch die Räume klangen.

10

Niklaus Niggeler eilte durch die stillen Gassen dem Treffpunkt zu. Er spürte, dass die entscheidende Besprechung bevorstand und man danach nicht mehr reden, sondern handeln und kämpfen würde. Seine innere Spannung war in den letzten Wochen von Tag zu Tag gestiegen und schien an diesem kühlen Frühlingsabend ihren Höhepunkt erreicht zu haben. Wie weggeblasen war sein Interesse für die laufenden Gerichtsfälle und die polizeiliche Untersuchung. Er verrichtete seine berufliche Pflicht fast mechanisch, seine Gedanken galten Berns Schicksal und damit dem Schicksal der Schweiz. Er wusste, dass andere Radikale gleich dachten und auf eine rasche Lösung hofften wie er. Die Gemüter nicht nur der aktiven Radikalen, sondern auch der zahlreichen Sympathisanten aus dem Volk waren so erregt, dass nur noch offene Waffengewalt denkbar war.

Seit dem 20. März 1845, als die Tagsatzung zwar keinen Beschluss zur Ausweisung der Jesuiten gefasst, jedoch ein generelles Verbot der Freischarenzüge in der Schweiz beschlossen hatte, traf man im Bernbiet, im Freiburger- und Waadtland, in Solothurn, Baselland, Aargau, Zürich und anderen Kantonen Vorbereitungen für einen bewaffneten Kampf gegen Luzern.

Vergeblich blieb das Tagsatzungsverbot, und vergeblich blieben auch die Erklärungen der Gesandten aus Frankreich, England, Russland und Österreich, welche zur Ruhe und zum Einhalt des Freischarenverbots aufforderten.

Niggeler trat durch die Tür eines stattlichen Patrizierhauses und begrüsste die versammelten Männer, die gemeinsam das «Luzerner Komitee» bildeten und an diesem Abend zusammenkamen, um den Tag zum Einmarsch in den Kanton Luzern festzusetzen. Nur wenige der radikalen Führer waren zugegen, denn die Details sollten bis zum letzten Moment geheim bleiben.

«Nun gilt es ernst, wir können unsere Hoffnung nicht mehr auf Tagsatzungsentscheide setzen», eröffnete Generalstabshauptmann Ulrich Ochsenbein die Versammlung der entschlossenen Männer. Sie nickten. Luzern musste mit Gewalt vom «Pfaffenregiment» befreit werden!

«Wir sind gezwungen, ohne die Berner Regierung zu handeln», warf Jakob Stämpfli ein. «Der Regierungsrat hat in der heutigen Sitzung zur Bekräftigung des Tagsatzungsentscheids die Bildung von Freischaren nochmals ausdrücklich verboten!»

«Diese Haltung unserer Regierung ist Verrat», meinte ein anderer. «Noch an der Tagsatzung sprach sich unser Regierungsvertreter gegen ein Freischarenverbot aus, solange die Jesuiten nicht entfernt seien. Nichts ist von der Tagsatzung gegen die Jesuiten unternommen worden, und doch erlässt nun die Berner Regierung selber ein Freischarenverbot. Schultheiss Neuhaus hat seine Meinung nach dem Wind geändert, und das wird ihn teuer zu stehen kommen.»

«Diesen Verrat prangere ich mit meinem morgigen Leitartikel in der ‹Berner Zeitung› an», sagte Niklaus Niggeler. «Die Regierung müsste in diesem Augenblick hinter dem Volk stehen. Aber leider ist dem nicht so. Wohl dem Freischarenzug, wenn er siegt. Wehe ihm, wenn er unterliegt. Diese Stellungnahme der Regierung mag klug sein, aber fürs Volk ist sie schmerzlich.»

«Gestern sind die radikalen luzernischen Scharfschützen aus dem Bernbiet ausgewiesen worden», übernahm Ochsenbein das Wort. «Die Regierung ist also sofort gegen diese sogenannte Gebietsverletzung der luzernischen Flüchtlinge eingeschritten. Als unsere Feinde aber heimlich die Grenzen überschritten und Kriegsmaterial und Kanonen nach Luzern wegschleppten, hat sie nur lau protestiert.»

«Dieser Verlust von bernischem Kriegsmaterial ist seltsam», warf Stämpfli ein. «Wie konnten die Feinde vom ge-

heimen Standort der Regierungstruppen und dem Aufbe-
wahrungsort des Kriegsmaterials überhaupt erfahren? Ich
habe den Verdacht, dass wir von Spitzeln umgeben sind.»

«Ja, das glaube ich auch», gab der Kommandant zurück.
«Immerhin brauchen wir des Kampfmaterials wegen nicht
zu verzweifeln. Es sind uns aus Frankreich und Italien Geld-
mittel und Waffen für unsere Expedition zur Verfügung gestellt worden. Sogar hier in unserem lieben Bern können wir
uns einfach bedienen.»

Als die Runde ihn ungläubig anblickte, holte Ochsenbein
weiter aus und genoss die ungeteilte Aufmerksamkeit. «Ich
weiss, es schmerzt, dass die Regierung sich in den Zeitungen
von uns distanziert. Wir müssen aber trotzdem schätzen,
dass sie uns heimlich hilft.» Er schmunzelte und verkündete
klar und berndeutsch die letzte Neuigkeit: «Wir können uns
in den bernischen Zeughäusern mit Gewehren, Munition und
Kanonen ausrüsten! Offiziell will die Regierung natürlich
nichts davon wissen, man wird uns aber in der entscheidenden Nacht nicht daran hindern, uns mit bernischem Material
einzudecken.»

Die Stimmung war euphorisch, als man zu den organisa-
torischen Details überging. Der befehlsgewohnte Generalstabshauptmann übernahm die Führung, obwohl auch andere Offiziere mit von der Partie waren.

«Am 31. März geht es los», erklärte er der Versammlung.
«Von allen Seiten werden bereits am 30. Scharen abziehen,
um am Kampf teilzunehmen. Wir gross die Masse sein wird,
lässt sich schwer bestimmen, doch erwarten wir zwischen
6000 und 8000 Männer.»

Der Freischarenzug gegen Luzern nahm am letzten Märztag
seinen Lauf.

Mit Freudenrufen stiessen die beiden von Huttwil und Zofingen kommenden Kolonnen bei Ettiswil aufeinander. Wie
Ulrich Ochsenbein vorausgesagt hatte, waren die zusam-
mengewürfelten Truppen mit Gewehren, Munition und sogar

mit Kanonen ausgerüstet. Niklaus Niggeler und Jakob Stämpfli gingen in der vordersten Reihe gleich hinter Ulrich Ochsenbein. Eine Mischung aus Hass und Begeisterung steigerte sie in eine intensive Stimmung hinein, die durch die Anwesenheit gleichgesinnter Männer multipliziert wurde.

«Du wirst sehen, wir werden in Luzern sein, ehe man dort etwas von unserem Aufbruch vermutet», rief Stämpfli schwer atmend seinem ebenfalls kräftig ausschreitenden Freund zu. «Ich war beim ersten Freischarenzug im Dezember dabei. Dies hier ist aber etwas ganz anderes. Ich spüre es, die Entscheidung wird heute fallen.»

Die beiden Anwälte waren Teil der vereinigten Macht, die nach der Emmenbrücke unterwegs war, nachdem zur Täuschung des Feindes der Kopf der Kolonne auf der Strasse nach Sursee vorgeschoben worden war.

Plötzlich durchpeitschten Schüsse die Luft. Wenige Sekunden später ertönten zwei Kanonenschüsse. Die Freischärler hatten den ersten luzernischen Widerstand ausserhalb von Ruswil überwunden! Die Feinde liefen Hals über Kopf Richtung Emmenbrücke davon. Das Freudengeschrei des Freikorps war gewaltig, als man die in der Eile vom Feind zurückgelassenen Waffen und Habersäcke behändigte. Die Begeisterung wurde allerdings gedämpft, als ein Schütze aus dem Hinterhalt einen Trainsoldaten von Baselland vom Pferd schoss.

Auf einer Anhöhe befahl Ochsenbein einen Halt und erklärte den Truppen mit knappen Worten seinen Operationsplan.

«Eine Abteilung rückt auf der Hauptstrasse nach der Emmenbrücke vor, um dort einen Scheinangriff zu machen. Die Hauptkolonne mit der Artillerie schwenkt rechts ab und zieht auf Nebenwegen nach der Emmenvertiefung und setzt über den Fluss.»

Als die Hauptkolonne bei Littau ankam, hatten die Luzerner mit dem Abdecken der Brücke begonnen, wurden aber durch die Schützen daran gehindert. Mit der Artillerie setzten auch die beiden Fürsprecher hinter Ochsenbein über die Brücke. Nunmehr Herren der Strasse Luzern–Entlebuch, rückten die Freischärler nach der Hauptstadt vor, die Artillerie voraus, das Fussvolk auf den Fersen. Ungefähr 300 Mann unter Oberst Eduard Rothpelz erstiegen den Gütsch, um sich dort versteckt zu halten.

Die zwei Freunde standen hinter Kommandant Ochsenbein, als die Hauptkolonne vor Luzern anlangte. Noch bevor die Geschütze aufgeführt werden konnten, tauchte aus der finsteren Nacht eine Delegation der Luzerner Regierung auf und verlangte zu verhandeln. Zahlreiche entschlossene Freischärler in den vordersten Reihen der Hauptkolonne rieten zum Angriff.

Hauptmann Ulrich Ochsenbein zögerte, die Stadt Luzern mit seiner Artillerie zu bombardieren, und schliesslich überwogen in seiner Nähe Stimmen, die zum Verhandeln rieten.

Niggeler und Stämpfli sassen auf einem Baumstamm und warteten ratlos mit der Hauptkolonne, als Ochsenbein nach langen zwei Stunden wieder erschien.

«Ich habe es ja gewusst», machte Niggeler seiner Wut Luft. «Sicher war die luzernische Regierung bereits entschlossen, die Stadt zu übergeben. Die Verhandlungen haben sie natürlich von unserer Schwäche überzeugt.»

Tatsächlich verkündete Ochsenbein: «Luzern hat die Übergabe der Stadt abgelehnt. Wir werden nun angreifen müssen.»

Er befahl, ein Biwak für die Nacht einzurichten, Proviant auszuteilen und ordnete den Rückzug der Artillerie auf die Anhöhen an. Kaum waren die Kanonen gewendet, ertönte von der rechten Flanke lebhaftes Feuer. Die Luzerner, unterstützt von Scharfschützen aus Unterwalden, waren aus der Stadt gerückt, um vor der schon beschlossenen Übergabe der Stadt einen Angriff auf die Freischaren zu wagen. Der Versuch gelang. Hungrig, müde vom Marsch und ausgelaugt von den zermürbenden Wartestunden, liessen sich die Truppen überrumpeln und zogen sich in grösster Verwirrung mitsamt der Artillerie auf der Hauptstrasse nach den Höhen von Littau zurück.

Niggeler und Stämpfli liefen inmitten des Korps, als ein Freischärler von der Stadt her kam. Atemlos rief er: «Die Luzerner sind mit zwei Kanonen und einer grossen Mannschaft ausgerückt und werden uns umgehen und den Weg abschneiden.»

Auf diese Nachricht hin suchten die Kämpfer nach ihrem Kommandanten, von Ochsenbein jedoch keine Spur. Auch von den anderen militärischen Anführern liess sich kein Einziger blicken. Die Abteilung beschloss spontan den Rückzug, und auch andere Gruppen trafen in der Verwirrung denselben Entscheid. Obwohl vor allem die Basellandschäftler protestierten und zum Sturm auf die Stadt riefen, fand sich kein Anführer bereit, gegen Luzern zu marschieren. Abteilungen und Artillerie zogen sich zurück.

Weil der Rückzug ohne allgemeinen Befehl stattfand, verlief er ungeordnet, und viele Freischärler blieben nach der ersten Marschstrecke in den umliegenden Häusern zurück und versteckten sich.

Jakob Stämpfli befand sich bei diesen Truppenresten und war besorgt, weil er Niklaus Niggeler in der Dunkelheit aus den Augen verloren hatte. Seine Angst wuchs, als er Schüsse hörte und das Gefecht zwischen den Luzernern und den im Rückzug begriffenen Freischärlern erahnen konnte. Er versteckte sich hinter einem Baum und beobachtete im Mondlicht die vorbeimarschierenden Kampfgenossen, die Richtung Bernbiet strebten. Als er drei Berner erkannte, wagte er sich aus seinem Versteck hervor und fragte nach dem Gang der Dinge.

«Es ist schrecklich», sagte ein leicht verwundeter Soldat. «Die Luzerner haben Dutzende von den unsrigen getötet und zahlreiche in die Gefangenschaft geführt.»

«Was ist mit Niggeler?», erkundigte sich Stämpfli.

«Er ist verwundet und in Gefangenschaft nach Schüpfheim gebracht worden.»

«Ist das ganz sicher?», bohrte Stämpfli weiter.

«Ganz sicher ist in dieser Verwirrung nichts, mein Freund. Wir müssen sehen, dass wir weiterkommen!»

Wie besessen rannte Stämpfli von Menznau zurück gegen das Entlebuch. Er vermied die Hauptverkehrswege und durchquerte die Wälder. Überall begegnete er Flüchtlingen, die der bernischen Grenze zustrebten …

Niklaus Niggeler war von den fliehenden Truppen Richtung Entlebuch mitgerissen worden. Als er begriff, dass Stämpfli nicht mehr neben ihm lief, war es zu spät. Von der Fluchtwelle weitergetragen, geriet er mit anderen Kampfgenossen in einen Hinterhalt. Schüsse wurden auf die überrumpelten Berner abgefeuert.

Der Anwalt stöhnte auf vor Schmerz, als er an Schulter und Arm getroffen wurde. Er wankte in ein Wäldlein und versteckte sich hinter einem Gebüsch. Es gelang ihm, ein Tuch um die Wunde zu binden und den Blutverlust zu hemmen. Dann blieb er ermattet liegen, musste aber noch einmal an die luzernischen Angreifer denken. Irgendetwas stimmte nicht mit der Schar. Imitten der Feinde hatte er ein Gesicht erblickt, das nicht dorthin passte. Er wunderte sich und versuchte die bekannten Gesichtszüge unterzubringen. Dann flimmerte es vor seinen Augen, und er sank ohnmächtig auf den Waldboden.

Stämpfli eilte weiter. Mehrmals musste er seinen Laufmarsch unterbrechen, weil er Geräusche hörte. Da er nie wusste, ob sich Freunde oder Feinde näherten, versteckte er sich stets, bis die heranziehenden Männer vorbei waren.

Oberhalb von Schüpfheim traf er wieder auf Kämpfer aus Ochsenbeins Hauptkolonne und fragte verzweifelt nach seinem Freund.

«Niggeler ist knapp der Gefangenschaft entgangen», erfuhr er zu seiner Freude. «Wahrscheinlich ist er Richtung Lauperswil geflüchtet.»

Von neuer Hoffnung getrieben, rannte Stämpfli weiter. Immer wieder begegnete er Bernern und bekam widersprüchliche Berichte zu hören.

Als er wieder vom Hauptweg abweichen und sich in einem Wäldchen verstecken musste, stiess er unvermutet auf Niggeler. Ermattet vom grossen Blutverlust, lag der friedlich schlafend unter einer Tanne. Vom rauhen Geschrei Stämpflis aufgeschreckt, umarmte Niggeler seinen Freund, und gemeinsam kehrten sie auf einem Karren nach Bern zurück.

Dort hatte man sie bereits zu den Gefangenen oder Gefallenen gezählt. Als Niggeler und Stämpfli dies hörten, gingen sie freudetrunken dem Stadtzentrum entgegen mit dem Ruf: «Wir leben! Wir leben und wir werden handeln!»

11

Niggeler stürzte sich in seine Anwaltstätigkeit und erzielte auch einige Prozesserfolge. Nichts vermochte ihm aber über die Enttäuschung hinwegzuhelfen, welche der misslungene Freischarenzug Ende März hinterlassen hatte. Als die erste Euphorie über ihre heile Heimkehr nach Bern verflogen war, wurden sich Niggeler und Stämpfli des Ausmasses der Katastrophe erst richtig bewusst.

Weit über hundert Freischärler verloren an jenem 31. März 1845 ihr Leben. Viele während des Gefechts vor Luzern, andere, weil sie nachher vom aufgebrachten Landvolk erschlagen wurden. Fast 1800 Männer gerieten in luzernische Gefangenschaft. Der nach dem ersten Freischarenzug geflüchtete und mit dem zweiten in seine Heimat zurückgekehrte luzernische Radikale Dr. Steiger wurde in einem Wägelchen in die Stadt eingefahren und vom Pöbel beschimpft. Er wartete zusammen mit anderen Anführern auf die Vollstreckung seines Todesurteils, während über 600 Freischärler aus Luzern zu hohen Geld- und Kerkerstrafen verurteilt werden sollten.

Jakob Stämpfli erzählte immer wieder, wie er die Misshandlungen der Gefangenen seitens der siegreichen Luzerner hatte mit ansehen müssen. Gebunden und geknebelt, viele barfuss und mit zerrissenen Kleidern und fast alle mit blutig geschlagenen Köpfen, wurden sie in die Stadt geführt. Die eskortierenden Soldaten riefen jeweils im Triumph aus, ob es Berner, Basellandschäftler, Aargauer, Solothurner, Zürcher oder eigene Flüchtlinge waren.

Die Radikalen fassten jedoch bereits Anfang April neuen Mut. Der Tagsatzungsvorort Zürich befand sich wieder in liberalen Händen! Die Neuwahlen führten zu einer entschieden radikal zusammengesetzten Regierung. Das war ein Fingerzeig, dass die liberale Sache mit den Ereignissen in Luzern nicht untergehen musste.

Eine Woche später aber wühlte die Enttäuschung über die eigene Kantonsregierung die bernischen Radikalen erneut auf. Der Regierungsrat verkündete, dass alle am Freischarenzug beteiligten Staatsbeamten in ihren Funktionen eingestellt seien. Oben auf der Liste standen Stämpfli als Suppleant des Justiz- und Polizeidepartements und Niggeler als Mitglied des Prüfungskollegiums für die Notarien.

Schliesslich beunruhigte auch die wirtschaftliche Lage. Handel und Gewerbe stockten. Man befürchtete, im Sommer würde der Tourismus fast ganz ausbleiben, weil die Fremden die von inneren Unruhen aufgewühlte Schweiz meiden würden. Dies konnte die Handelsbilanz vieler Kantone aus dem Gleichgewicht bringen.

Niklaus Niggeler erhob sich, als der Portier Heimegger in seine Kanzleistube geführt wurde. Der Hausmeister berichtete von der Rückkehr der Witwe von Simon und ihrer Tochter an die Junkerngasse.

Niggeler schob seine trüben Gedanken beiseite und beschloss, Sophie von Simon und ihrer Mutter nach dem Mittagessen seine Aufwartung zu machen. Er wusste, dass er damit das Verbot des Stadtpolizeidirektors, weitere Ermittlungen im Fall Hubler anzustellen, in den Wind schlagen würde. Aber die Neugierde war stärker.

Er zog sich sorgfältig um und betrachtete sein Spiegelbild. Das gut geschnittene Gesicht gewann durch den Zylinder noch an Bedeutung. Niggeler trug ein Hemd mit gestärktem Kragen, eine Seidenhalsbinde mit Nadel und darüber eine braune Jacke. Ja, er konnte sich in der guten Gesellschaft blicken lassen.

Über dem Tor des Herrschaftshauses an der Junkerngasse bemerkte er kunstvoll geschwungene Steinwappen. Er liess sich in den ersten Stock führen, legte seine Karte auf ein silbernes Tablett und wartete im Vorraum.

Die Dame, die ihn nach wenigen Minuten begrüsste, musste Fräulein Sophies Mutter sein.

Der Anwalt erklärte den Zweck seines Kommens und wurde freundlich zu einer Tasse Kaffee eingeladen.

«Frau von Simon», wandte er sich an die Dame. «Sie haben sicher vernommen, dass ein Unglücksfall Ihren Nachbarn, Herrn Hubler, das Leben gekostet hat. Das geschah am Abend nach Ihrer Abreise.»

«Ja, es ist schrecklich. Wir mochten ihn gern.»

«Sein Freund, Herr Keller, hat am Tag Ihrer Abreise Urlaub bekommen und ist abgereist. Da die Umstände von Herrn Hublers Tod immer noch nicht ganz klar sind, möchte ich Ihnen einige Fragen stellen.»

«Bitte!», forderte die Witwe Niggeler auf.

«Sie haben nicht zufällig während der vergangenen Wochen von Herrn Keller gehört oder ihn gar gesehen?»

«Nein, wir waren bei Verwandten im Kanton Zürich und haben unsere Adresse hier niemandem hinterlassen.»

«Ich weiss natürlich nicht, ob Sie mir die nächste Frage beantworten können. Trotzdem möchte ich sie stellen. Besass Herr Hubler eine Pistole und konnte er an jenem Januarabend vor seinem Tod gar irgendeinen Grund haben, bewaffnet auszugehen?»

«Da habe ich wirklich keine Ahnung.» Die Dame machte eine Pause und fuhr fort: «So genau kannte ich unseren Nachbarn nicht. Er besuchte uns nur gelegentlich und begleitete uns zuweilen ins Theater.»

«Könnte Ihre Tochter vielleicht mehr wissen?»

«Ich glaube nicht. Aber wenn Sie es wünschen, lasse ich sie rufen.»

Nach wenigen Minuten erschien eine dunkelhaarige junge Dame im Salon. Sie war einfacher, aber genauso geschmackvoll gekleidet wie ihre Mutter.

«Sophie», sagte die Witwe von Simon. «Fürsprech Niggeler macht eine Untersuchung über Herrn Hublers Unfall. Er möchte dir einige Fragen stellen.»

«Guten Tag, Herr Fürsprech.» Sophies Stimme war leise. Sie blickte unschlüssig ihre Mutter an und wandte sich dann mit fragendem Blick dem Besucher zu.

«Guten Tag, Fräulein von Simon. Es tut mir leid, dass ich Sie mit einigen unangenehmen Fragen behelligen muss.»

Als Sophie nickte, fuhr Niggeler fort: «Haben Sie eine Ahnung, ob Josef Hubler in der letzten Zeit vor seinem Tod spezielle Befürchtungen hegte und deshalb eine Pistole bei sich getragen haben könnte?»

«Nein, das weiss ich wirklich nicht.»

«Ist Ihnen in der letzten Zeit vor Ihrer Abreise etwas Ungewöhnliches an ihm aufgefallen?»

«Josef Hubler war … ich meine, er …»; sie unterbrach sich errötend und senkte den Kopf.

«Willst du uns sagen, dass er ein gewisses Interesse für dich hatte, mein Kind? Genauso wie sein Freund Keller?», half ihr die Mutter und lächelte Niggeler zu: «Ich glaube kaum, dass meine Tochter die beiden Bewerber ernsthaft in Betracht gezogen hat.»

«Es ist nicht nur das», sagte Sophie. «Er …», sie zögerte, nahm all ihren Mut zusammen und fuhr fort: «Er war mir tatsächlich nicht ganz gleichgültig und …»

«Hubler stand mit beiden Beinen auf der Erde», schaltete sich erneut die Mutter ein, «und wusste genau, dass er mit seinem Beamtengehalt wohl kaum in unsere Kreise würde einheiraten können.»

«Ja», pflichtete Sophie bei. «Er meinte resigniert, er würde einer Frau wie mir niemals den gewohnten Lebensstandard bieten können. In den letzten Tagen vor unserer Abreise änderte er jedoch seine Meinung.»

«Was meinen Sie damit?», warf Niggeler interessiert ein. Er wandte sich ganz der Tochter zu und ignorierte die ausgiebige Musterung, welcher die Mutter ihn unterzog.

«Josef Hubler sagte mir nach Weihnachten, er werde in Kürze um meine Hand anhalten können.» Sophie warf einen scheuen Blick auf ihre Mutter und fuhr mutig fort: «Er vertraute mir an, er werde bald zu Geld kommen und mir ein angenehmes Leben als seine Ehefrau bieten können.»

«Weshalb dieser Meinungsumschwung?»

«Ich weiss es nicht. Ich fragte ihn, ob er eine Erbschaft in Aussicht hätte. Aber er lächelte nur.»

Sophie von Simons Angaben ermutigten den Fürsprech zu einer weiteren Frage: «Ich weiss nicht, ob Sie mir antworten wollen. Für meine weiteren Abklärungen wäre es wichtig zu wissen, ob Sie einen der beiden Verehrer ernsthaft in Betracht gezogen haben.»

«Herrn Keller sicher nicht, er war viel zu ungestüm und machte mir so intensiv den Hof, dass ich ihn beinahe fürchtete», antwortete sie offen. «Josef Hubler war ... ja, er war mir sehr sympathisch.»

Als Niggeler sich verabschiedete, bat ihn die Witwe von Simon, ihnen bald wieder seine Aufwartung zu machen. Sophie lächelte zum ersten Mal freundlich und fügte bei: «Ja, Ihr Besuch würde uns sehr freuen.»

Der Fürsprech beschloss, die eben beendete Unterredung vorerst für sich zu behalten. Er vermutete, dass der verschwundene Keller nach Sophie von Simons Rückkehr nicht lange auf sich warten lassen würde.

12

Kaum zehn Tage nach Sophie von Simons Rückkehr tauchte der Finanzbeamte Franz Keller wieder in Bern auf.

Es war ein milder Frühlingstag Anfang Mai. Niklaus Niggeler war guter Laune. Er hatte Franziska Snell und ihren Töchtern versprochen, sie am Nachmittag mit der Kalesche über Land zu fahren. Eigentlich hätte der künftige Schwiegersohn Jakob Stämpfli den Kutscher spielen sollen. Dieser aber war seit dem zweiten Freischarenzug für keine Zerstreuung zu haben. Seine Enttäuschung über den Fehlschlag war nach Wochen immer noch lebendig, und er kämpfte umso verbissener weiter. In Zusammenarbeit mit den Redaktoren der anderen liberalen Zeitungen der Schweiz stürzte er sich in die politische Propaganda. Nur wenn noch mehr Kantone im Schlepptau von Zürich radikale Regierungen wählen würden, konnte die Waagschale kippen und die Abstimmung in der Tagsatzung zur gesamteidgenössischen Ausweisung der Jesuiten und zur Revision des Bundesvertrags führen. Niggeler spürte, dass Stämpfli politisch immer mehr die Führung übernahm. Er selber war weiterhin bereit für ein Engagement, hatte aber nach Wochen düsteren Brütens beschlossen, sein Leben nicht ausschliesslich in den Dienst seiner demokratischen Ideale zu stellen. Vielleicht weil er damals im Entlebuch dem Tod ins Antlitz geblickt hatte, wollte er fortan auch die schönen Seiten des Lebens geniessen. Diese ersten warmen Frühlingstage schienen ihm am besten geeignet, ein etwas beschaulicheres Dasein zu beginnen. Deshalb hatte er mit Freuden zugesagt, seine Gerichtsakten schon am Mittag zu schliessen und sich für die Kutschenfahrt vorzubereiten.

Der Fürsprech wollte eben von der Kanzleistube zur Wohnung hinaufsteigen, als ihm der Finanzbeamte Franz Keller gemeldet wurde. Er begrüsste den Besucher mit der unverbindlichen Freundlichkeit des Anwalts.

«Heimegger hat mir mitgeteilt, dass Sie mich dringend sprechen wollen», erklärte Keller ohne Umschweife. «Womit kann ich Ihnen dienen?»

«Haben Sie von Ihrem Hausmeister auch erfahren, dass Ihr Freund Josef Hubler verstorben ist, oder wussten Sie das schon?»

«Nein, ich habe erst gestern Abend davon gehört», gab Keller verstört zurück. Niggeler sah, dass der Beamte offenbar eine schlaflose Nacht verbracht hatte.

«Nun sagen Sie mir aber, wie Josef gestorben ist!»

«Das wissen Sie nicht?»

«Nein, sonst würde ich ja nicht fragen.»

«Er ist am Morgen nach Ihrer Abreise tot aufgefunden worden. Glatter Herzschuss.»

«Wie ist das geschehen?»

«Es sieht nach einem Unfall beim ungeschickten Hantieren mit der Pistole aus», sagte Niggeler vorsichtig.

«Und weshalb sollte er mit einer Pistole hantiert haben?»

«Weshalb nicht?»

«Weil mein Freund Hubler gar keine Pistole besass, deshalb. Er hatte Angst vor Feuerwaffen.»

«Angst vor Feuerwaffen? Weshalb denn?»

«Das kann ich Ihnen genau sagen. Als Knabe sah er eines Tages zu, wie sein Onkel das Jagdgewehr reinigte. Dabei ging ein Schuss los, und der fünfjährige Josef musste miterleben, wie die Kugel seinen Grossvater tötete. Seither hat er eine tiefe Abneigung gegen Feuerwaffen.»

Niggeler war verwirrt durch die Offenheit Kellers und sagte spontan: «Wir sind allein, was wir jetzt besprechen, bleibt unter uns. Wollen Sie sich ehrenwörtlich verpflichten, Stillschweigen zu wahren über diese Unterredung und in Ihrem Departement nichts darüber verlauten zu lassen?»

«Ja, da gebe ich Ihnen gern mein Ehrenwort», entgegnete der sympathische Keller ohne jedes Zögern.

«Dann kann ich Ihnen anvertrauen, dass die Todesumstände Herrn Hublers etwas seltsam waren. Er wurde in seinem Abendanzug und mit schlammverschmutzten Stiefeln
gefunden. Ausserdem hatte er eine Verletzung am Kopf.»

«Haben Sie Pulverspuren auf der Kleidung entdeckt?»,
wollte Keller wissen.

«Ja, er hätte sich theoretisch selbst erschiessen können,
als er mit der Pistole hantierte.»

«Wenn er eine besessen hätte», warf Keller ein.

«Ja, nach dem, was Sie mir über seine Abneigung gegen
Feuerwaffen gesagt haben, könnte die Sache nun natürlich
anders aussehen.»

«Sie glauben an Mord?»

Niggeler bremste Kellers Elan. «Halt, rennen Sie mit
Ihren Vermutungen nicht davon! Er könnte sich die franzö-
sische Pistole ja von jemandem ausgeliehen haben, von
Ihnen zum Beispiel.»

Keller verneinte energisch: «Ich besitze keine französische
Pistole, und dass jemand anders ihm eine Waffe gab, halte
ich für unwahrscheinlich. Ich habe Ihnen ja gesagt, dass er
eine Abneigung gegen Waffen hatte und kaum freiwillig eine
angefasst hätte.» Er schwieg einen Augenblick und stellte
dann fest: «Sie sehen, es bleibt nur die Möglichkeit des Mordes.»

«Sind Sie sich eigentlich klar, dass Sie sich selbst beschul-
digen?»

«Mich selbst?» Keller war ehrlich verblüfft.

«Ja. Haben Sie sich nicht mit Herrn Hubler ernsthaft
überworfen? Sind Sie nicht nach einem Streit aus dem Haus
gerannt und für Monate verschwunden?»

«Das stimmt. Aber ich habe ihn nicht ermordet. Josef war
mein Freund.»

«Und Rivale in der Liebe.»

«Ja, wegen Sophie von Simon haben wir uns häufig ge-
zankt. Aber deshalb würde ich doch nicht meinen besten Jugendfreund erschiessen.»

«Sie scheinen jedoch der einzige Verdächtige zu sein. Wer beweist mir, dass Sie nicht in der gleichen Nacht in Ihr Haus zurückgekehrt sind, um Ihren Rivalen zu ermorden?»

«Ich, ich selbst!», gab Keller etwas verärgert zurück. «Ich kann es beweisen, denn ich habe ein einwandfreies Alibi.»

«Dann spannen Sie mich nicht länger auf die Folter!»

«Gut. Aber ich muss etwas weiter ausholen.»

«Ich bin ganz Ohr», entgegnete Niggeler und hatte seine nachmittägliche Kaleschenfahrt vergessen.

«Sie wissen, dass wir beide uns in Fräulein Sophie verliebt haben. Ich meinem Temperament entsprechend stürmisch und Josef Hubler eher ruhig und ohne allzuviel von seinen Gefühlen zu reden. Das Schlimme war, dass sie sich nicht entscheiden konnte. Sie war freundlich mit uns beiden, machte aber keinem ernsthafte Hoffnungen. Diese Ungewissheit tut mehr weh als die Entscheidung der geliebten Frau für einen anderen.»

Als die Witwe von Simon mit ihrer Tochter abreiste, wusste Keller, dass er es keine Minute länger in Bern aushalten würde.

«Wochenlang warten und hoffen. Nein, das war nichts für mich», seufzte er in Erinnerung jener Tage. «Zudem war das Arbeitsklima im Militärdepartement so gespannt, dass ich einen doppelten Grund hatte zu verreisen.»

«Und Ihr Alibi?»

«Ich bekam Urlaub und begab mich noch am selben Nachmittag zum Cousin meiner Mutter, der in der Matte ein Transportunternehmen leitet. Da er häufig Fahrten ins Ober-Simmental durchführen muss, war es einfach, einen Platz zu erhalten.»

«Kann ich das nachprüfen?»

«Ja, natürlich», erwiderte Keller und gab Niggeler Namen und Adresse des Transportbetriebs. «Onkel Hans und auch der Fuhrmann werden Ihnen bestätigen, dass ich Bern mit meinem Gepäck um vier Uhr nachmittags verlassen habe. Da ich keinen Augenblick mehr zu Hause bleiben wollte, ging ich bereits um drei Uhr weg und wartete an der Matte auf die Abfahrt des Fuhrwerks.»

«Ihr Alibi scheint überzeugend zu sein», gab Niggeler offen zu. Er sagte nicht, dass er im Rahmen seiner Untersuchung im Januar bereits die Klavierlehrerin im gleichen Haus befragt und erfahren hatte, dass sie an jenem Tag keinen Unterricht erteilt hatte und mit ihrer Schwester aufs Land gefahren war. Es war also nicht wahrscheinlich, dass Hubler an einem ruhigen Freitagnachmittag in seiner Wohnung erschossen worden war, ohne dass die anwesenden Bewohner den Schuss gehört hätten.

«Wer sonst könnte auf der Liste der Verdächtigen stehen? Sie als sein Freund müssten doch wissen, ob er sich bedroht fühlte.»

«Feinde hatte er bestimmt keine», beteuerte der Beamte spontan, fügte dann aber leiser hinzu: «So genau kann ich dies allerdings nicht sagen. Vor meiner Abreise standen wir wirklich nicht gut miteinander und wichen uns aus, wo es nur ging. Natürlich könnte er sich in dieser Zeit Feinde zugelegt haben, von denen ich nichts weiss.»

«Obwohl er ein sehr zurückgezogenens Leben führte?»

«Sie haben recht. Josef Hubler und Todfeinde? Undenkbar!»

Niggeler liess sich von Keller eine Liste der wenigen Bekannten Hublers geben und fragte: «Hatte Ihr Freund Verwandte in der Stadt Bern?»

«Nein. Seine einzige Schwester Amalia Blatter-Hubler wohnte in Erlach, bis ihr Mann vor einigen Monaten verunglückte. Nun lebt sie bei ihrer Mutter im Ober-Simmental.»

«Jetzt müssen Sie mir aber noch verraten, wo Sie die Zeit seit Mitte Januar verbracht haben und weshalb Sie wenige Tage nach Sophie von Simons Rückkehr ebenfalls hier aufgetaucht sind.»

«Ich war im Veltlin, wo Verwandte von mir ein Weingut führen.» Die ungeduldige Spannung wich aus seinem Gesicht, und er lächelte lausbübisch. «Was meine Rückkehr betrifft, so ist das ganz einfach. Ich bat die Fuhrleute meines Onkels, regelmässig an der Junkerngasse vorbeizufahren und mir eine Nachricht zu senden, sobald die Fensterläden des Hauses von Simon wieder geöffnet waren. Sie überbrachten auch das Mietgeld.»

Die beiden Männer waren bereits bei der Kanzleitüre angelangt, als Niggeler eine weitere Frage aufwarf: «Hatte Herr Hubler eine Erbschaft in Aussicht?»

«Nein, weiss Gott nicht», antwortete Keller verblüfft. «Wir stammen beide aus Bauernfamilien. Diese müssen froh sein, wenn sie alle hungrigen Mäuler stopfen können. Reichtümer können da keine hinterlassen werden. Ich selbst habe jahrelang gearbeitet, um Geld für einige Wertpapiere beiseite zu legen. Ein Vermögen wird aber niemals daraus!»

«Hat Josef Hubler in anderer Form angetönt, er werde bald zu Geld kommen?»

«Nein, weshalb sollte er?»

«Es war nur so eine Vermutung», gab der Fürsprech vage zurück und verabschiedete seinen Besucher.

Niggeler versorgte seine schriftlichen Notizen in der Schublade und beschloss, den Polizeidirektor über die unerwartete Entwicklung des Falls Hubler zu informieren. Dann zog er seine Uhr aus dem Gilettäschchen, warf einen Blick darauf und erschrank. Er musste sofort losfahren, wenn er zeitig in der Lorraine sein wollte.

«Ich verstehe einfach nicht, weshalb Jakob nie Zeit für mich hat.» Die sonst so geduldige Elisa Snell überliess sich ihrem Selbstmitleid. «Du hast recht, Emilie! Immer nur die Politik!»

Ihre Schwester trat mit den zierlichen Zeugstiefelchen auf die Strasse hinaus und hielt nach Niggelers Kalesche Ausschau.

Wenige Minuten später half der Anwalt der Professorsgattin und ihren Töchtern galant in die Kutsche. Ungeniert betrachtete er die auffallend hübsch gekleidete Emilie. Die knapp sitzende hellbraune Jacke mit der Knopfleiste betonte ihre schmale Taille. Den Faltenrock trug Emilie nach der neuesten Mode über zahlreichen Unterröcken und der Krinoline. Ihre blonden Locken wurden nicht von einem Hütchen gebändigt, sondern von einem winzigen Etwas, bestehend aus Seidenbändern und einem Blumensträusschen.

«Sie haben zwei prachtvolle Töchter», sagte der Fürsprech zur strahlenden Franziska Snell. «Wohin soll die Fahrt denn gehen?»

«Wir wollen gleich von hier aus über Land fahren», sagte Franziska Snell in so bestimmtem Ton, dass Emilie nicht zu widersprechen wagte.

Nach einer gemütlichen Fahrt machte die kleine Gesellschaft bei einer mit Feldblumen übersäten Wiese Halt.

«Wie kommt es, dass der Herr Fürsprech mitten am Tag Zeit für uns findet?», wandte sich Emilie in leicht spöttischem Ton an Niggeler, als ihre Mutter und Elisa einige Zeit später damit beschäftigt waren, den Picknickkorb wieder zur Kalesche zu tragen.

«Ich habe gemerkt, dass das Leben auch andere Seiten haben kann als nur Arbeit und Politik», gab der Anwalt zu ihrer Verblüffung zurück.

«Weshalb dieser plötzliche Meinungsumschwung?»

«Sehen Sie, Emilie!», sagte Niggeler in vertraulichem Ton. «Ich habe am 31. März vor Luzern Schreckliches erlebt und gesehen. Das prägt einen Menschen.»

«Und lässt einen begreifen, dass das Leben auch zum Geniessen da ist?» Emilie errötete und drehte den Kopf zur Seite.

«Ja, schauen Sie nur die Kirschblüten an und den blauen Himmel …!»

Emilie musste lächeln über seine poetische Stimmung und bat den gut gelaunten Fürsprech, bei der Heimkehr eine Runde im Stadtzentrum zu drehen.

«Ah, die hübsche Dame möchte ihre Garderobe vor Zuschauern spazieren führen!», meinte er belustigt, nahm ihren Arm und führte sie weg von den anderen. «Emilie, erinnern Sie sich an unsere Unterhaltung im Café?»

«Natürlich.»

«Es ist wichtig, dass Sie Ihr Geheimnis weiterhin bewahren. Wenn der Freischarenzug geglückt wäre, würde die Sache anders aussehen. So aber müssen wir vermeiden, dass irgendjemand von Mazzinis Besuch bei Ihrem Vater so kurz vor dem zweiten Freischarenzug erfährt. Das könnte dem Professor schaden.»

«Ich werde schweigen wie ein Grab.» Sie lächelte ihn komplizenhaft an und bestieg die Kalesche.

Bei der Fahrt durch die Kramgasse und über den Kornhausplatz genoss Emilie die bewundernden Blicke der Passanten. Die Kutsche musste im Schritttempo fahren, weil Warenkarren immer wieder den Verkehr stauten. Einmal hielt Niggeler kurz an, um eine Dame und deren Tochter zu begrüssen, welche unter den Lauben des Weibermarkts hervortraten.

«Frau von Simon, Fräulein von Simon», rief er erfreut und hob den Zylinder. Emilie beobachtete die dunkelhaarige junge Dame und sah, dass sie den Blick senkte. Die Professorentochter hatte ein seltsames, fast schmerzliches Gefühl, das sie nicht kannte. Sie hob stolz den Kopf und drehte ihn zur anderen Seite. Gespielt fröhlich wandte sie sich an Elisa, um sie auf ein Kleid in einem Modegeschäft aufmerksam zu machen.

13

«Du weisst, dass ich nicht mit dir kommen kann», sagte Elisa Snell. «Es hat also keinen Sinn, dass du immer wieder davon anfängst. Vater würde es nicht wollen und Jakob erst recht nicht.»

«Aber wir möchten doch nur einer Freundin einen Besuch abstatten», wandte Emilie ein. «Was sollte daran falsch sein?»

«Du weisst, dass die Österreicher mit der Berufung der Jesuiten zu tun hatten und damit für die ganzen Streitigkeiten in der Schweiz mitverantwortlich sind», gab Elisa fest zurück. «Vater und Jakob würden es niemals zulassen, dass wir ausgerechnet in österreichischen Häusern ein und aus gehen.»

Emilie gab es auf und beschloss, ihre neue Freundin Elisabeth Antonie von Sasikl allein aufzusuchen. Nachdem Emilie in Madame Thières Modesalon die Tochter des österreichischen Gesandtschaftsmitarbeiters von Sasikl kennen gelernt hatte, war Elisabeth einmal zur Nachmittagsschokolade in die Lorraine gekommen. Emilie und das ungefähr gleichaltrige Mädchen aus Wien hatten sich spontan angefreundet, und seither waren Elisa und Emilie zweimal bei ihr und ihrem Bruder Alexander zu Besuch gewesen. Jakob Stämpfli hatte davon erfahren und seine Braut gebeten, nicht in den Kreisen seiner politischen Gegner zu verkehren. Dem Professor verriet er nichts vom neuen Umgang seiner Töchter.

Nun hatte Elisa ihrem Verlobten also Recht gegeben, und Emilie war zum ersten Mal allein auf dem Weg zu Elisabeths Wohnung im Herzen der Stadt Bern.

Die brünette Österreicherin mit der Stupsnase und den freundlichen blauen Augen war hocherfreut über Emilies zeitiges Erscheinen.

«Ich habe eine Überraschung für dich», begrüsste sie ihre Freundin. «Wir wollen heute in einem der schönsten Patrizierhäuser Berns Schokolade trinken. Erinnerst du dich an Angelika von Nufer?»

«Natürlich.»

«Ich habe Mitleid mit ihr. Sie ist so schüchtern und hat gar kein Talent, Freundschaften zu schliessen. Deshalb lade ich sie am Nachmittag manchmal ein oder gehe sie besuchen. Angelika hat mich gebeten, mit dir vorbeizukommen. Sie findet dich sympathisch, weil du so offen und freundlich bist.»

«Wir gehen zu Regierungsrat von Nufer?», fragte Emilie ungläubig.

«Ja, oder ist dir das nicht recht?»

«Und wie es mir recht ist, liebe Elisabeth.»

Sie traten in die Sonne hinaus und schlenderten der Kramgasse zu. Elisabeth genoss es, ohne Gouvernante und ohne ihren Bruder mit einer Freundin spazieren zu gehen.

«Emilie, da uns jetzt niemand zuhört, möchte ich dir ein Geheimnis anvertrauen», sagte Elisabeth. «Du weisst ja, dass ich dich gut mag. Aber hast du auch gemerkt, dass Alexander sehr viel für dich übrig hat?»

«Dein Bruder?»

«Ja. Wir beide haben dich sehr gern, Emilie. Es kommt mir fast vor wie eine jener Seelenverwandtschaften, von welchen die Dichter sprechen.» Als Emilie lächelte und nichts entgegnete, fuhr Elisabeth fort: «Du weisst ja, dass wir Diplomatenkinder nie mehr als einige Jahre in der gleichen Stadt leben.»

«Mir ist es bisher nicht anders ergangen. Zuerst in Basel, dann in Zürich und nun in Bern.»

«Ja eben. Dieses Herumziehen prägt die Menschen und zwingt sie, flexibel und verständnisvoll zu sein. Deshalb sind wir alle so kontaktfreudig und uns irgendwie ähnlich.»

Sie gingen eine Weile schweigend nebeneinander her, bis Elisabeth herausplatzte: «Ich glaube, Alexander hat sich in dich verliebt!»

«Ich dachte, Nathalie Moosmann sei die Auserwählte», entgegnete Emilie leise und fühlte, wie sich ihre Wangen röteten.

«Nein, du täuschst dich. Wie findest du meinen Bruder?»

Emilie überlegte einen Augenblick. Der grossgewachsene Alexander von Sasikl sah aus wie der junge Held eines Romans. Dunkles Haar, ein fast klassisch schönes Gesicht mit mandelförmigen braunen Augen, einer leicht geschwungenen Nase und vollen Lippen. Er war galant und geistreich, wie man dies von einem vornehmen Österreicher erwartete. Trotzdem entschloss sich Emilie zu einer unverbindlichen Antwort: «Er ist sehr sympathisch und witzig.»

Elisabeth sah ihre Freundin erwartungsvoll an. Als diese schwieg und die Auslagen eines Modegeschäfts musterte, respektierte sie Emilies Zurückhaltung.

Die beiden jungen Mädchen waren vor dem schönsten Haus an der Kramgasse angelangt. Noch vor wenigen Monaten hatte dort der greise von Nufer sein Junggesellendasein zu Ende gelebt. Als nach seinem Tode der einzige Neffe, Regierungsrat Karl von Nufer, einzog, erwachte das Prunkhaus zu neuem Leben.

Emilie war Angelika dankbar, dass sie ihr die wichtigsten Räume zeigen wollte. Die englische Gouvernante, welche bei der jungen von Nufer gesessen und ihr ein Gedicht vorgelesen hatte, wollte sie begleiten. Angelika aber lächelte sie freundlich an und sagte in korrektem Englisch: «Weshalb ruhen Sie sich nicht für ein Stündchen in Ihrem Zimmer aus, Miss Brown? Und weisen Sie bitte Antoinette an, uns im kleinen Salon Schokolade zu servieren!»

Als die Gouvernante sich zurückgezogen hatte, begannen sie den Rundgang.

«Hast du immer hier gelebt, Angelika?», fragte die junge Snell und bewunderte die prachtvolle Holzbohlendecke, die bestimmt schon zweihundert Jahre alt war. Die Balken teilten die Decke in verschiedene mit roter und brauner Temperamalerei verzierte Felder.

«Nein, ich war einige Jahre lang in Paris», antwortete das sechzehnjährige Mädchen leise.

«Angelikas Mutter ist gestorben, als sie noch ganz klein war», fiel Elisabeth ein.

«Du bist bei deinem Vater in Paris aufgewachsen?», erkundigte sich Emilie interessiert.

«Bis ich zehn war, lebte ich hier im Hause meines Grossonkels. Erst die letzten drei Jahre, die mein Vater in Paris verbrachte, war ich bei ihm. Aber eigentlich haben mich die Gouvernanten grossgezogen.»

Emilie sah sie liebevoll an und konnte sich nun Angelikas nicht nur schüchternes, sondern auch trauriges Wesen erklären. Die junge Snell, die in einer glücklichen Familie mit Geschwistern aufgewachsen war, hatte Verständnis für die Halbwaise.

Sie traten in einen grossen Repräsentationsraum. Säulen mit korinthischen Kapitellen und Reliefbalken darüber zierten die Saalwände. Dazwischen hingen Ölbilder. Über dem Kamin befand sich das grösste Gemälde, offensichtlich ein Ahne der uralten Patrizierfamilie von Nufer.

«In diesem Raum will Vater im Herbst einen Ball für mich geben», verriet Angelika. «Er möchte, dass ich viele Bekanntschaften schliesse …» Sie zögerte und nahm ihren ganzen Mut zusammen: «Vater ist enttäuscht, dass ich seit unserer Rückkehr aus Paris noch nicht haufenweise vornehme junge Leute kennen gelernt habe.»

Das konnten Angelikas Freundinnen sich gut vorstellen. Im Gegensatz zur scheuen Tochter war der verwitwete von Nufer ein gesellschaftlicher Draufgänger. Er liebte rauschende Feste und stellte seinen neuen Reichtum gern zur Schau.

Als sie wenig später aus goldverzierten Porzellantassen ihre Schokolade schlürften, war Angelika glücklich. Nun, da sie Elisabeth und Emilie besser kannte und deren Sympathie spüren konnte, verlor sie ihre Zurückhaltung und plauderte ohne Hemmungen drauflos.

«Ich möchte, dass ihr an meinem ersten Ball teilnehmt», sagte Angelika. Bekannte Gesichter würden ihr an jenem noch in weiter Ferne liegenden Abend helfen, sich in der Gästemenge nicht ganz verloren vorzukommen.

«Ja, natürlich», beteuerte Elisabeth, und als Emilie nichts entgegnete, fuhr die Österreicherin fort: «Zögerst du, weil du keinen Kavalier hast, Emilie?»

«Ehrlich gesagt, ja. Ich glaube nicht, dass mein Bruder für einen Ball zu begeistern wäre. Sonst habe ich keinen Begleiter.»

«Komm doch einfach zusammen mit mir und meinem Bruder Alexander.»

«Ihr könntet mich ja schon vor dem Ball beraten wegen der Frisur», warf Angelika freudig ein. «Dann seid ihr einfach schon da, und niemand wird merken, ob ihr nun mit oder ohne Anstandsdame gekommen seid.» Sie strahlte über ihren Einfall und bot den Freundinnen Törtchen an.

Die junge Snell griff zu und freute sich, dass sie es geschafft hatte, im schönsten Patrizierhaus Berns empfangen zu werden.

14

Der Fall Hubler wurde wieder aufgenommen. Polizeidirektor Häuselmann konnte die neuen Fakten nicht in den Wind schlagen.

«Dann ermitteln wir nun also wegen mutmasslichen Mordes», erklärte er entschlossen. «Eigentlich müsste angesichts der neuen Lage die Polizei in Aktion treten. Ich ziehe es jedoch vor, weiterhin nicht amtlich vorzugehen. Es wirbelt weniger Staub auf, wenn ein privater Fürsprech Fragen stellt, und ausserdem wissen Sie bereits mehr über den Fall Hubler als jeder andere.»

Niggeler war einverstanden. Längst betrachtete er den Tod Hublers als seinen persönlichen Fall und hätte seine Neugierde kaum bezähmen können, selbst wenn Häuselmann ihm die Untersuchung weggenommen hätte.

«Sie begreifen, was nun wichtig ist», meinte der Polizeidirektor. «Wir müssen zeitlich den ganzen Nachmittag, Abend und vielleicht auch die Nacht bis zu Hublers Tod rekonstruieren. Fangen wir doch gleich damit an. Wer hat ihn zum letzten Mal gesehen?»

«Bis jetzt weiss ich nur, dass er um die Mittagszeit Streit mit Franz Keller hatte und dann etwa um ein Uhr aus dem Haus lief.»

«Erschien er am Nachmittag am Arbeitsplatz?»

«Sie haben mir ja ausdrücklich untersagt, im Finanzamt Fragen zu stellen», erinnerte ihn Niggeler.

«Dann tun Sie es jetzt. Gehen Sie jeder Spur nach, finden Sie heraus, wie Hubler den letzten Tag seines Lebens verbracht hat und mit wem. Ich sage Ihnen allerdings schon jetzt, dass dies nicht einfach sein wird. Es sind fast vier Monate vergangen, und das Erinnerungsvermögen der Menschen ist beschränkt.»

Niggeler beschloss, am nächsten Morgen mit dem Ausweis, den Häuselmann für ihn unterzeichnet hatte, im Finanzamt vorzusprechen.

Anstatt vom Büro des Polizeidirektors gleich zu seiner Kanzlei zurückzugehen, schlug er den Weg zur Brunngasse ein, um seinen Freund Stämpfli aufzusuchen.

Der Redaktor der «Berner Zeitung» war damit beschäftigt, einen leidenschaftlichen politischen Artikel zu verfassen. Seine fieberhaft geröteten Wangen belebten das blasse Gesicht mit dem buschigen Schnauz.

«Ich breche wieder einmal eine Lanze für die Demokratie», verriet er seinem Freund und nahm ein dicht beschriebenes Blatt zur Hand. «Hör, wie der Titel lautet: ‹Die Petition der Schullehrer für politisches Stimmrecht›.»

«Geht es um das Zensuswahlrecht?»

«Ja. 1150 Primarlehrer leben in unserem Kanton und haben unter anderem die Aufgabe, bei den Heranwachsenden die Liebe zu Vaterland, Verfassung und Gesetz zu wecken. Kaum ein Zehntel davon ist jedoch in der eigenen Burgergemeinde angestellt. Alle anderen arbeiten auswärts und haben damit kein Stimm- und Wahlrecht. Um wählen zu können, müssten sie laut der bernischen Verfassung entweder ein Grundkapital von 500 Franken besitzen oder einen Pacht- oder Mietzins von 200 Franken bezahlen.»

«Es ist eine Schande, dass der Kanton die Petition der Lehrer noch immer nicht beantwortet hat», warf Niggeler ein.

«Ja, allerdings. Den Erziehern der heranwachsenden Generation wird das politische Stimm- und Wahlrecht vorenthalten, nur weil sie zu schlecht bezahlt werden und den verlangten Zensus nicht erreichen.»

«Da siehst du wieder, wie wichtig die Revision des Bundesvertrags ist. Wenn wir in der ganzen Schweiz einheitliche Gesetze hätten, könnte der Zensus endlich abgeschafft und das allgemeine Stimm- und Wahlrecht eingeführt werden.»

«Ja, aber solange die liberalen Kantone keine Tagsatzungsmehrheit erreichen, ist daran überhaupt nicht zu denken.» Stämpfli war umso resignierter, als sich die Position der katholischen Kantone zuzuspitzen schien. «Metternich hat die Luzerner zum Sieg gegen den zweiten Freischarenzug schriftlich beglückwünscht. Das ermutigt die reaktionären Kantone, uns die Stirn zu bieten.»

«Ich weiss», stimmte Niggeler zu. «An der ausserordentlichen Tagsatzung im April haben Luzern, Uri, Unterwalden, Schwyz und die anderen konservativen Kantone offen mit Krieg gedroht. Sie wollen bewaffneten Widerstand leisten, wenn die Tagsatzung die Jesuiten ausweisen sollte. Sicher haben sie diese Erklärung abgegeben, weil sie hoffen, von Österreich unterstützt zu werden.»

«Die Frage ist nur: Wie weit wird Metternich gehen? Wird Österreich direkt eingreifen? Siehst du, Niklaus. Gerade in diesem Moment wären klärende Nachrichten unseres Berichterstatters in Wien wichtig. Er hat sich jedoch seit Monaten nicht mehr gemeldet.» Stämpfli erinnerte Niggeler an die Reise nach Österreich. «Du musst einfach die Zeit dazu finden, Niklaus. Zumal wir im Moment politisch fast nichts anderes tun können als zuwarten und Propaganda machen für Demokratie und Freiheit.»

«Nicht jetzt, Jakob», bat der Fürsprech. «Wenn wir bis im Herbst nichts von Korrespondent Rustinger hören, werde ich fahren. Ich verspreche es dir. Im Moment aber halten mich dringende Ermittlungen in Bern fest.»

Der Gang zum Finanzamt fiel Niklaus Niggeler nicht leicht, denn der vorstehende Regierungsrat war kein anderer als Karl von Nufer. Der Patrizier hatte sich in den letzten Monaten politisch immer mehr von der Linie der Liberalen zurückgezogen. Im Chor mit Schultheiss Neuhaus und mit Vizeschultheiss von Tavel war er entscheidend beteiligt an den jüngsten Beschlüssen des Grossen Rates. Er hatte für ein Freischarenverbot seitens der Republik Bern gekämpft und sich auch für die Bestrafung und Amtsentsetzung jener Freischärler eingesetzt, die für den Kanton arbeiteten.

Der Fürsprech nahm sich vor, die Politik für einmal beiseite zu lassen, und trat über die Schwelle des Finanzdepartements. Da von Nufer an einer Sitzung des Grossen Rates teilnahm, wurde Niggeler zu einem Amtsvorsteher geführt.

«Ich muss Ihnen einige Fragen stellen», sagte er, nachdem er seinem Gegenüber den Brief des Polizeidirektors gezeigt hatte.

Der Amtsvorsteher stellte sich als Ernst Müller vor. Er lud Niggeler ein, Platz zu nehmen.

«Sie wissen, dass im Januar einer Ihrer Beamten, Josef Hubler, überraschend den Tod fand. Ich bin mit den Nachforschungen betraut worden. In diesem Zusammenhang möchte ich Ihnen und jenen Mitarbeitern, die Hubler am besten kannten oder beruflich am meisten mit ihm zu tun hatten, einige Fragen stellen.»

«Was möchten Sie wissen?»

«Können Sie kontrollieren, ob Herr Hubler am Nachmittag des 10. Januar hier im Finanzdepartement war?»

Der Amtsvorsteher liess sich ein Verzeichnis bringen, schlug nach und antwortete ohne Zögern: «Zu Ihrem Glück führen wir genau Buch über die Arbeitsleistungen der Beamten. Ja, Hubler kam um zwei Uhr, und da nichts weiter vermerkt wurde, blieb er wohl bis fünf Uhr nachmittags.»

«Gut, vielen Dank. Jetzt sind wir bereits einen Schritt weiter», sagte Niggeler freundlich. «Können Sie sich vielleicht an irgend etwas erinnern, was jenen Freitag im Januar betrifft? Wissen Sie, wo Herr Hubler nach Arbeitsschluss hinging oder was er an jenem Abend vorhatte?»

Der Beamte dachte angestrengt nach und rief aus: «Das war ein besonderer Freitag, ich erinnere mich genau! Meine Frau und ich besuchten mit einem weiteren Finanzbeamten, mit Herrn Jahn, das Konzert der Schwestern Milanollo im Stadttheater. Nachher waren wir eingeladen zu einer Soirée bei Moosmanns.»

«Ist es üblich, dass Beamte des Finanzdepartements bei der Familie Moosmann ein und aus gehen?»

«Üblich gerade nicht. Da Regierungsrat von Nufer jedoch
gut befreundet ist mit Herrn Moosmann und wir uns alle
kennen, kommt es tatsächlich vor, dass höhere Beamte zu
dieser oder jener Soirée eingeladen werden.»

«Josef Hubler aber war nicht mit von der Partie?»

«Doch. Im Theater war er nicht bei uns, aber beim Empfang danach sah ich ihn kommen, als meine Frau und ich
weggingen. Das war um zehn Uhr abends. Meine Gattin war
plötzlich unpässlich.»

Niggeler freute sich, wenigstens ein Rätsel gelöst zu
haben. Mit Hublers Besuch bei Moosmann war dessen
Abendkleidung hinreichend erklärt. Nach kurzem Überlegen
stutzte er aber, sah sein Gegenüber aufmerksam an und
wandte ein: «Herr Hubler war weder Patrizier noch ein
höherer Beamter!»

«Ja, das stimmt. Aber daran ist nichts Ungewöhnliches.
Auch Regierungsrat von Nufer selbst hat Hubler und andere
gleichgestellte Beamte schon eingeladen. Vielleicht hat der
Verstorbene während eines Besuchs bei Herrn von Nufer die
Moosmanns kennen gelernt. Immerhin handelt es sich bei
unseren Beamten um gebildete Männer, die sich durchaus in
guter Gesellschaft zu bewegen verstehen.»

«Sie wissen also, dass Herr Hubler ungefähr um zehn Uhr
bei Moosmanns erschien, als Sie weggingen», stellte Niggeler
fest. «Demnach können Sie mir nicht sagen, wann er das Fest
verlassen hat.»

«Nein, da habe ich natürlich keine Ahnung.»

«Ich werde im Hause Moosmann vorsprechen müssen.
Nun habe ich noch eine andere Frage an Sie. War Herr Hub-
ler in der letzten Zeit vor seinem Tod irgendwie anders?
Fürchtete er sich vor etwas?»

«Das könnte ich nicht sagen. Sie müssen allerdings wissen, dass ich wenig Kontakt mit ihm hatte. Er betreute sein
spezifisches Aufgabengebiet selbstständig und war Regierungsrat von Nufer direkt verantwortlich.»

«Um welches Aufgabengebiet handelt es sich?»

«Ich bin leider nicht befugt, Ihnen hierüber Auskunft zu geben. Das kann nur der Departementsdirektor selbst.» Der Amtsvorsteher zog seine Kettenuhr unter dem Revers hervor und warf einen Blick darauf. «Die Sitzung des Grossen Rates wird in kurzer Zeit beendet sein. Wenn Sie hier warten wollen, können Sie Herrn von Nufer gleich selbst fragen.»

«Ist es möglich, dass Sie inzwischen jene Beamten rufen, die Herrn Hubler am besten kannten?»

«Ja, natürlich. Ich werde zwei Hubler gleichgestellte Beamte sowie den ihnen unmittelbar vorgesetzten Funktionär herbestellen.»

Karl von Nufer war teuer gekleidet und machte trotz seiner kleinen und schwammigen Statur einen imposanten Eindruck. Der verwegene rötlichblonde Walfischschnauz kompensierte die blassblauen Augen und gab seinem Gesicht eine Wichtigkeit, die durch die stolze Haltung noch unterstrichen wurde.

«Ich habe gehört, dass Sie sich über Josef Hubler informieren», begrüsste der Regierungsrat Niggeler mit der Freundlichkeit des Politikers. Der Amtsvorsteher wiederholte fast wortgetreu das Gespräch, das zwischen ihm und Niggeler stattgefunden hatte.

Der Regierungsrat hörte aufmerksam zu und wandte sich an Niggeler: «Was wollen Sie also von mir wissen?»

«Zunächst möchte ich Ihnen die gleiche Frage stellen wie vorhin dem Herrn Amtsvorsteher Müller. War Josef Hubler in der letzten Zeit vor seinem Tod irgendwie anders? Fürchtete er sich gar vor etwas?»

«Nein, ich könnte mich nicht erinnern. Er war allerdings ein eher verschlossener Mensch.»

«Haben Sie Herrn Hubler am Abend des 10. Januar im Hause Moosmann gesehen?»

«Ja, natürlich. Ich habe mit ihm und zwei anderen Finanzbeamten gesprochen.»

«Erinnern Sie sich, um welche Zeit er die Soirée verliess?»

Von Nufer überlegte, schüttelte dann jedoch den Kopf. «Tut mir leid. Es ist zu viel Zeit vergangen seither. Sonst noch etwas?»

«Ja. Können Sie mir sagen, welches Aufgabengebiet Herr Hubler in den Wochen vor seinem Tod betreut hat?»

«Natürlich. Da Sie im Auftrag Häuselmanns da sind, nehme ich an, dass Sie diese Auskünfte vertraulich behandeln werden.»

«Einzig dem Polizeidirektor gegenüber werde ich die Ermittlungen erwähnen. Sie haben mein Wort als Fürsprech.»

«Gut. Josef Hubler betreute einen ganz bestimmten Sektor selbstständig und war mir persönlich verantwortlich. Er befasste sich mit Finanzierungen innerhalb des Militärdepartements.»

«Des Militärdepartements? Können Sie etwas genauer sein?»

«In erster Linie unterstanden ihm die festen Kosten wie zum Beispiel der Personal- und Materialaufwand. Aber auch Kredite für Neuanschaffungen von Waffen oder Verteidigungsanlagen gingen durch Hublers Büro. Mehr darf ich Ihnen allerdings nicht sagen. Da müssten Sie im Militärdepartement nachfragen, und dort gilt es schwerwiegende Gründe vorzubringen, um Antworten zu erhalten.»

«Es scheint mir seltsam, dass ausgerechnet ein Mann, der eine Abneigung gegen Feuerwaffen hat, sich beruflich damit befassen muss.»

«Eine Abneigung gegen Feuerwaffen?», fragte von Nufer und fügte sofort hinzu: «Wie dem auch sei. Was er hier tat, zwang ihn ja nicht dazu, Feuerwaffen zu gebrauchen. Er hatte mit Zahlen, Plänen, Finanzierungen zu schaffen. Die Begutachtung und die technische Seite der Waffen oder Verteidigungsanlagen jedoch unterstehen der Militärdirektion.»

«Ein letzter Wunsch, Herr Regierungsrat. Ich möchte jenen drei Beamten, die Herrn Hubler am besten kannten, einige Fragen stellen. Ich glaube, sie warten bereits im Vorraum.»

«Gut, dann lassen Sie sie hereinführen», wandte sich der Finanzdirektor an den Amtsvorsteher. Dieser kam mit zwei jüngeren Herren und einem etwas älteren Beamten zurück und stellte vor: «Die Herren Anton Jahn, Herbert Schneider und Heinrich Schärz.»

Der Fürsprech wiederholte den Beamten gegenüber jene Fragen, die er bereits ihrem Vorgesetzten gestellt hatte. Auch sie bestätigten, wo Hubler den letzten Abend seines Lebens verbracht hatte. Der höhergestellte Beamte wusste aber ebenso wenig, um welche Uhrzeit Hubler die Soirée im Hause Moosmann verlassen hatte.

«War Herr Hubler in den letzten Wochen seines Lebens irgendwie anders als sonst?», fragte Niggeler. «Fürchtete er sich vielleicht vor etwas?»

Einer der jungen Beamten begann unsicher: «Ich kann es natürlich nicht mit Bestimmtheit sagen … Aber ich hörte damals, dass …» Er unterbrach sich, schaute Niggeler unsicher an und fuhr fort: «Man sagte, er …, er hätte ein besonderes Interesse für …»

Als er erneut schwieg, forderte der Anwalt ihn auf: «Sprechen Sie es doch aus, jetzt, wo Sie damit begonnen haben.»

«Nun, es schien, als habe er Interesse für eine höher gestellte junge Dame. Man sagte auch, deshalb sei er manchmal etwas launisch und aus demselben Grund habe er sich mit seinem besten Freund gestritten. Aber ich weiss natürlich nicht, ob dies für Sie wichtig ist.»

«War das Herr Keller vom Militärdepartement?», fragte Niggeler.

«Ja, genau.»

«Diese Fakten kenne ich bereits. Ich danke Ihnen trotzdem.» Sein Blick streifte die Herren, und er wiederholte: «Können Sie sich sonst noch an spezielle Vorkommnisse erinnern? Oder vielleicht an Handlungen, die für Herrn Hubler ungewöhnlich waren?»

«Ich weiss nicht, ob dies von Bedeutung ist», meldete sich Anton Jahn. «An jenem Freitag, am 10. Januar, kam Josef

Hubler in mein Büro.» Er zögerte und fuhr fort: «Natürlich ist mir klar, dass dies vermutlich gar nicht wichtig ist ... Nun, er trat also ein und übergab mir einige amtliche Unterlagen. Dabei war auch ein Umschlag. Er bat mich, diesen ...» Jahn kam nicht weiter, denn in diesem Augenblick wurde an die Tür geklopft. Von Nufer sprang auf und rief gebieterisch: «Herein!»

Zu Niggelers Überraschung kam Jakob Stämpfli hereingestürzt, grüsste mit einem Kopfnicken den Regierungsrat und die Beamten und wandte sich an den Anwalt: «Mit der Erlaubnis des Herrn Regierungsrats muss ich dich bitten, unverzüglich mitzukommen. Es ist etwas Unfassbares passiert. Professor Snell ist abberufen worden.» Stämpfli kümmerte sich nicht um von Nufers Reaktion, denn er war überzeugt, dass der Patrizier genau wie Neuhaus und von Tavel am Komplott gegen seinen künftigen Schwiegervater beteiligt war. Fast unhöflich zog er seinen Freund aus dem Büro.

Niggeler befreite seinen Arm, ging einige Schritte zurück und verabschiedete sich. Dabei schaute er in von Nufers wasserblaue Augen. «Bitte entschuldigen Sie mich, aber wir müssen unser Gespräch hier unterbrechen. Darf ich in einigen Tagen nochmals vorbeikommen?»

Er war dankbar, dass der Patrizier nicht ungehalten reagierte, sondern in gleichgültigem Ton antwortete: «Kommen Sie, wann Sie wollen.»

Stämpfli sprang in die Kutsche, die vor dem Finanzdepartement wartete. Niggeler folgte ihm. Normalerweise bewegten sich die Fürsprecher innerhalb der Stadt zu Fuss, da beide Wohnung und Kanzlei im Herzen Berns hatten. Im Gegensatz zur ausserordentlichen Ausdehnung des Kantons war die Stadt klein geblieben. Auch bevölkerungsmässig hatte sich die Republik Bern rasch entwickelt und war mit den über 400'000 Einwohnern mit Abstand der grösste Kanton der Eidgenossenschaft, während die Stadt nur ungefähr 26'000 Seelen zählte.

Als der Einspänner vor dem Haus der Familie Snell in der

Lorraine anhielt, stand Ulrich Ochsenbein unter dem Eingangsportal. Die beiden eilten mit ihm in die Bibliothek, wo der Professor und andere Gleichgesinnte sie erwarteten.

Wilhelm Snell sass gelassen in seinem Lehnstuhl und liess sich seine innere Erregung nicht anmerken. Gestählt durch ähnliche Vorkommnisse im Laufe seiner Universitätskarriere wusste er, dass der Kampf für die Demokratie nie schmerzlos verlaufen kann. Snell nickte den Neuangekommenen freundlich zu und wartete, bis der hitzige Stämpfli das Wort ergriff.

«Es ist unfassbar», wetterte dieser und umarmte seinen künftigen Schwiegervater. «Wie kann in der Republik Bern ein Mann, der über zehn Jahre mit Erfolg an der Hochschule lehrt, einfach aus seinem Beruf gestossen werden? Nur in Ländern, wo die Freiheit noch unterdrückt ist, wird man auf disziplinarischem, das heisst, auf barbarischem Weg so verurteilt: ohne Ankläger, ohne Zeugen, ohne Einsicht in die Akten und ohne Gründe. Nur auf eine Inquisition hin, die im Geheimen begonnen und zu Ende geführt worden ist, genau wie in Spanien oder in Venedig.»

Niklaus Niggeler konnte sich nicht länger zurückhalten. Vergessen war sein Vorsatz, das Leben von der gemütlicheren Seite zu betrachten und sich nicht mehr hinreissen zu lassen von den politischen Stürmen.

«Wir kennen die wahre Ursache für Professor Snells Abberufung», sagte er aufgebracht. «Der Freischarenzug ist missglückt. Das und nichts anderes ist der eigentliche Grund. Wäre die Expedition gelungen, so hätte man Professor Snell freundlich die Hand gedrückt. Jetzt aber, da sie fehlgeschlagen ist, muss er entlassen werden. Damit sich die Aristokraten in und ausserhalb der Regierung über dem Opfer die Hand reichen können.»

«Der ‹Volksfreund› publiziert seit Tagen Schmähungen gegen Sie», wandte sich Ulrich Ochsenbein an den Professor. «Der Redaktor hat offen geschrieben, dass die Hetze gegen Sie eigentlich Ihren Lehren gilt.»

Alle Köpfe drehten sich zu Snell. «Ich kann euch nicht mehr sagen, als ihr schon wisst, meine Freunde. Offenbar sind Untersuchungen gegen mich angestellt worden, weil ich am Tage nach dem Freischaren-Gemetzel Tränen des Schmerzes vergossen und aufreizende Worte gesprochen haben soll. Aber es ist natürlich klar, dass es sich dabei nur um einen Vorwand handelt. In Wirklichkeit wirft man mir vor, durch meine Lehren die jungen Leute zu Anarchisten heranzubilden und dadurch die Ursache des Freischarenzugs gewesen zu sein.»

«Wir wussten ja längst, dass etwas gegen Sie im Gange war», fiel Jakob Stämpfli ein. Seine Wut hatte sich etwas gelegt, er sprach ruhiger. «Schon Anfang April beauftragte der Regierungsrat das Statthalteramt, eine Untersuchung gegen Sie einzuleiten. Es wurden zahlreiche Zeugen vernommen, die widersprüchliche Aussagen machten.»

Der Redaktor beschloss, die Akten, die er am frühen Morgen teilweise schon studiert hatte, in der «Berner Zeitung» abzudrucken. Tatsächlich sagten zwei Zeugen aus, Snell sei am Abend des 1. April im «Bären» gewesen und habe in trunkenem Zustand gepoltert, wenn er in Luzern gewesen wäre, so hätte er gleich die Stadt angezündet. Er bereue es, nicht mit den Freischaren in den Kampf gezogen zu sein. Andere Zeugen konnten sich nur an Snells empfindsame Worte erinnern. Als die Verhörakten der Justizdirektion zum Rapport gesandt wurden, stellte diese den Antrag, von einer gerichtlichen Verfolgung des Professors abzusehen.

«Das ist das Absurde an der Sache», kritisierte Niggeler. «Die Aussagen der Zeugen reichen nicht aus für eine gerichtliche Verfolgung von Professor Snell. Aber anstatt die Anklage fallen zu lassen, geht man auf disziplinarischem Weg gegen ihn vor und schaltet die Erziehungsdirektion ein. Nichts anderes als ein Komplott gegen die Sache der Freiheit.» Er machte eine Pause und sagte triumphierend: «Erinnert ihr euch, dass der Kanton Bern die am Freischarenzug beteiligten Beamten suspendierte, jedoch von einer strafrechtlichen Verfolgung absah? Wir wurden nicht bestraft, weil der Regierungsrat erklärte, es bestehe kein bernisches Gesetz, welches den bewaffneten Einfall von Freischaren in den Kanton Luzern unter Strafandrohung verbietet. Ja, aber gilt das gleiche Gesetz nicht auch für Sie, Herr Professor? Ist denn nicht eine Untersuchung gegen Sie eingeleitet worden wegen Aufhetzung zum Freischarenzug? Wenn die bernischen Gesetze nicht einmal die Teilnahme verbieten, wie können sie dann die Aufhetzung dazu bestrafen? Nein, es gibt absolut keine Gründe für Ihre Abberufung.»

«Was mir am meisten weh tut an der ganzen Sache», sagte der Professor resigniert, «ist die Tatsache, dass ich ein Gegner bin von jeder Gewalt. Ich leite das Recht nicht von äusserer Willkür, nicht vom Zufall ab und nicht von der Gewalt, sondern aus dem geistig sittlichen Wesen der Menschheit. Ich halte Recht und Unrecht für Begriffe, die sich nie vereinigen lassen und zwischen welchen sich nicht vermitteln lässt. Ich stelle das Recht über die Gewalt und verdamme jede Gewalt, die nicht mit den Geboten der Gerechtigkeit übereinstimmt, und selbst die Staatsgewalt ordne ich dem Recht und dem Gesetz unter.» Als Snell den aufmerksamen Blicken seiner Freunde begegnete, wurde er sich bewusst, dass er ins Dozieren verfallen war. Er sah, dass Stämpfli sich an den Schreibtisch gesetzt und seine Worte aufzuschreiben begonnen hatte. Langsam sprach er weiter: «Erinnert ihr euch, wer das gesagt hat? ‹Wenn die Gerechtigkeit untergeht, so hat es keinen Wert mehr, dass Menschen auf Erden leben.›» Der Professor wartete nicht erst eine Antwort ab, sondern fuhr fort: «Ich bin mit Kant einverstanden. Ich suche die jungen Leute für Gesetz und Recht zu begeistern und ihnen gegen Willkür, List und rohe Gewalt Abscheu einzuflössen. In einem freien Staat anerkenne ich nur die Majestät von Verfassung und Gesetz. Diesem Souverän muss alles dienen, die Behörden wie die Bürger, ja das Volk selbst, damit nicht Despotismus oder Anarchie entstehen.»

Bis in die tiefen Nachtstunden hinein wurde in der Lorraine politisiert. Es erschienen Juristen und Studenten, um

Snell ihre Solidarität zu bekunden. Als die Diskussion gegen Mitternacht wieder hitzig wurde, stand Jakob Stämpfli auf, ballte die Faust und stellte sich an das der Stadt zugewandte Fenster. Theatralisch rief er: «Und jetzt, ihr Herren, die ihr den verdienten Professor mit Hass verfolgt habt, glaubt ihr ruhig zu sein? Hofft ihr, dass die Freiheit plötzlich Fesseln bekommen hat? Oh, ihr Dummköpfe! Glaubt ihr denn, dass mit dem Mann auch der Geist vernichtet werden kann, den er in seinen Schülern und Freunden geweckt hat? Dieser Geist kann nicht abberufen werden.»

15

In den Tagen nach Snells Entlassung vergassen Niggeler und Stämpfli, dass sie Anwälte waren. Alle Rechtsverfahren wurden aufgeschoben, und mit Polizeidirektor Häuselmanns Einverständnis nahm Niggeler auch gleich Urlaub von seiner Untersuchung.

«Wir haben vier Monate zugewartet, jetzt kommt es auf einige Tage nicht an», meinte Häuselmann, als er in der Redaktionsstube der «Berner Zeitung» vorsprach. «Wichtiger ist es, dass Sie die öffentliche Meinung zu beeinflussen suchen. Professor Snells Abberufung muss rückgängig gemacht werden.» Der Polizeidirektor setzte sich und studierte einige Zeitungsartikel aus anderen Kantonen, die fast ausnahmslos das Verhalten der Regierung kritisierten und bereits von einem gefährlich reaktionären Kanton Bern sprachen.

«Übrigens», sagte Häuselmann und zog einen dicht beschriebenen Papierbogen aus der Tasche, «habe ich auf Umwegen einen Blick in den Bericht des Erziehungsdepartements werfen können. Hier haben Sie eine Abschrift, meine Freunde.»

«Sie haben überall Ihre Spione, Herr Stadtpolizeidirektor», lächelte Stämpfli ironisch und schüttelte dem älteren Gesinnungsgenossen dankbar die Hand. «Weshalb arbeiten Sie nicht für die ‹Berner Zeitung›?»

Gespannt beugten sich die beiden Redaktoren über das Papier und konnten nachlesen, «dass die Schüler des Herrn Professor W. Snell meist anmassende Leute sind und über Andersdenkende einen Meinungsterrorismus ausüben».

«Da kann ich nur lachen», empörte sich Stämpfli. «Wir und Meinungsterroristen. Unser einziges Anliegen ist die Freiheit des ganzen Schweizervolkes, und nur deshalb hasst man uns. Die bernische Regierung hat doch einfach Angst vor Professor Snells Rechtsschule. Er begeht das Verbrechen, junge Männer heranzuziehen, die sich ihr eigenes Urteil bilden und den Mut haben, ihre Ansichten selbst Höchstgestellten gegenüber zu verteidigen.»

Mitte Mai wurde Professor Dr. Wilhelm Snell aus dem Kanton Bern ausgewiesen. Als dem Rechtsgelehrten das Schreiben des Regierungsrats ausgehändigt wurde, sassen Niggeler und Stämpfli im Garten des Pachthauses in der Lorraine. Sie besuchten den Professor und seine Familie in dieser Zeit der Rastlosigkeit häufiger als sonst. In den vergangenen drei Tagen hatte man vergeblich auf eine Widerrufung der Entlassung des Professors gewartet, und nun traf sie alle gemeinsam der neueste Schlag.

Snell faltete das Papier sorgfältig auseinander. Schon nach dem ersten Satz wurde er blass und konnte einen ungehaltenen Ausruf nicht zurückhalten. Er las die Kopie des amtlichen Schreibens laut vor:

«Herr Regierungsstatthalter!

Nachdem wir den Herrn Professor Dr. W. Snell wegen des öffentlichen Ärgernisses, das er durch seine im Zustand der Trunkenheit ausgesprochenen Äusserungen gegeben hat, und wegen des schädlichen Einflusses, den ein solches Betragen für die Studenten haben muss, von der Stelle eines ordentlichen Professors der Rechtswissenschaft der Hochschule abberufen haben, sind wir überzeugt, es gebiete das Staatsinteresse, dem Herrn Professor Snell den weiteren Aufenthalt in diesem Kanton zu untersagen.

Wir erteilen Ihnen, Herr Regierungsstatthalter, den Auftrag, den Herrn Professor Dr. Snell als Kantonsfremden innert vierzehn Tagen aus der Republik Bern fortzuweisen.

Bern, den 16. Mai 1845. Der Schultheiss: C. Neuhaus.»

Als Elisa den Inhalt des Schreibens begriff, stürzte sie sich schluchzend in die Arme ihrer Mutter. Jakob Stämpfli warf einen besorgten Blick auf seine Braut und wandte seine Aufmerksamkeit dann Emilie zu, die wütend ausrief:

«Mehr als zehn Jahre meines Lebens habe ich in Bern verbracht. Ich habe diese Stadt mehr geliebt als jeden anderen Ort. Wie kann die Regierung es wagen, uns einfach fortzujagen?»

«Leider kann sie es», schaltete sich Niggeler teilnahmsvoll ein und drückte Emilies Arm. «Herr Professor Snell ist Bürger von Baselland. Als 1819 der Vertrag über die Niederlassungsverhältnisse zwischen den meisten Kantonen der Schweiz unterzeichnet wurde, trat Basel dem Konkordat nicht bei. Da sich der Kanton Baselland aus einem Teil von Basel entwickelt hat, gilt dies nun auch für die neue, selbstständige Basellandschaft: ihre Bürger sind Fremde in den Konkordatskantonen und haben kein Niederlassungsrecht. Daher kann rechtlich kein Einspruch erhoben werden, auch wenn die Gründe lächerlich sind.»

«Wisst ihr was, meine Lieben?», sagte der Professor in einem Anflug unerwarter Euphorie. «Ich möchte gar nicht hier bleiben. Genauso wie es damals meinem Bruder erging, zieht es mich jetzt weg aus einem Kanton, der mich so kleinlich behandelt. Auf nach Liestal, Franziska!»

Die Professorsgattin lächelte über den plötzlichen Optimismus ihres Mannes.

Wie die anderen wechselte Stämpfli zu einem Augenblick unerklärlicher Hochstimmung über. «Jetzt werden Sie unsere politische Schlagkraft erst richtig kennen lernen, Herr Schultheiss Neuhaus. Nicht nur die Jesuiten und die Reaktion in den katholischen Kantonen, sondern auch unsere eigene antiliberal gewordene Berner Regierung wollen wir wegfegen und für eine neue Schweiz kämpfen. Jetzt gilt es ernst, Niklaus.» Er umarmte seinen Freund, und über dessen Schulter hinweg sah er das traurige Bild seiner Braut. Innert Sekunden verwandelte Stämpfli sich vom politischen Draufgänger zum zärtlichen Verlobten.

«Komm, Elisa. Wir haben etwas zu besprechen», flüsterte er ihr ins Ohr und führte sie am Arm ans andere Ende des Gartens.

Emilie blieb neben der Mutter sitzen und machte sich laut Gedanken über ihr Schicksal: «Ist dir klar, Mutter, dass ich hier liebe Freundinnen gefunden habe? Bern ist meine Heimat. Und wovon sollen wir denn überhaupt leben im Kanton Baselland?»

«Du hast den Nagel auf den Kopf getroffen», seufzte der Professor. «Sie werden mir keinen Franken mehr bezahlen. Aber irgendwie werden wir uns schon durchschlagen. Schliesslich gibt es auch in der Basellandschaft Zeitungen und interessierte Jurastudenten. Weshalb sollen die nicht bei mir anstatt in Basel lernen?»

Emilie war nicht überzeugt, wurde jedoch abgelenkt, als Elisa strahlend zu ihnen zurückkehrte.

«Jakob meint, dass wir noch vor eurer Abreise heiraten sollten.» Sie lachte und weinte gleichzeitig und wischte sich mit ihrem Spitzentaschentuch die Tränen ab. «Was meinst du, Vater?»

Der Professor legte seine Arme um Elisa und Stämpfli. «Der Fürsprech hat ja längst um deine Hand angehalten, und ich könnte mir keinen besseren Ehemann für dich wünschen. Ob ihr nun im Winter oder schon im Sommer heiratet, spielt doch keine Rolle.»

Die Tage vor der Abreise vergingen wie im Flug. Die Sympathiebezeugungen der Radikalen und auch des einfachen Volkes machten Professor Snell klar, wie sehr ihm die Stadt Bern ans Herz gewachsen war. Vielleicht hing es mit dem Alter zusammen, dass dieser Abschied ihm schwerer fiel als alle anderen. Die zahlreichen Zeitungsartikel, die in der Schweiz und im Ausland über seinen Fall publiziert wurden, gaben ihm die Gewissheit, dass man ihn nicht so bald vergessen würde.

Am eindrücklichsten beschrieb die «Mannheimer Abendzeitung» Professor Snells Abberufung. Obwohl der Gelehrte längst Bürger eines Kantons der Schweiz war, empfand man seine Entlassung von der Berner Hochschule als Affront gegen die Fremden und besonders natürlich gegen die Deutschen. «Die Regierung von Bern opfert einen verdienten deutschen Lehrer dem Fremdenhass, um den Unwillen der Bevölkerung über ihr eigenes Benehmen zu beschwichtigen», hiess es im deutschen Blatt. «Ein ähnliches Schicksal traf vor neun Jahren den Bruder Professor Wilhelm Snells, den Professor Ludwig Snell. Beide Männer haben sich um die regenerierten([9]) Kantone die grössten Verdienste erworben. Dies schützt sie aber nicht gegen die Regel: Sobald eine Kantonsregierung mit der öffentlichen Meinung zerfallen ist, lädt sie die Schuld auf ein paar Deutsche, entsetzt sie ihrer Stellen oder jagt sie aus dem Lande.»

Franziska Snell und ihr Mann hatten in den letzten Tagen vor der Abreise alle Hände voll zu tun. Die Möbel wurden verkauft und nur die persönlichen kleineren Stücke und natürlich der ganze Hausrat mit dem Silber und die Garderobe für die Reise verpackt. In letzter Minute führte der Professor Verhandlungen, um die Familienkalesche gegen einen grösseren Landauer einzutauschen, liess es dann aber bleiben.

Man war gerüstet für die Reise, als im kleinen Rahmen Elisas Hochzeit mit Jakob Stämpfli gefeiert wurde.

Nach der Trauung liess Franziska im Garten in der Lorraine eine Mahlzeit servieren. Elisa war wehmütig über den bevorstehenden Abschied von der Familie und glücklich über ihren neuen Ehestand. Diese wechselhafte Stimmung, die sich auf ihrem Gesicht spiegelte, machte sie zu einer faszinierenden Braut.

«Du siehst aus wie eine Prinzessin, liebe Elisa», sagte Emilie immer wieder. «Wirklich, du bist unglaublich hübsch, so distinguiert.»

«Ich bin glücklich, trotz allem», antwortete Elisa schlicht. Als sie bemerkte, dass ihre Schwester noch etwas auf dem Herzen hatte, fragte sie: «Was ist, Emilie? Bist du traurig über eure Abreise?»

«Ja, natürlich. Meinst du, dass ich dich bald besuchen kann?»

«Du kannst kommen, wann immer du willst. Wenn du Lust hast, sitze einfach mit Mutter in die Kutsche und fahre zu uns. Oder will die Regierung euch selbst Besuche in Bern verbieten?»

Trotz der Aussicht auf häufige Reisen nach Bern wandte Emilie sich traurig ab. Was hatte sie erwartet? Hatte sie etwa gehofft, ihre Schwester würde sie bitten, ganz bei ihr zu wohnen? Emilie wusste keine Antwort auf ihre Fragen und spazierte gedankenverloren ans Ende des Gartens.

«Nun, Emilie, amüsieren Sie sich?», hörte sie plötzlich die angenehm tiefe Stimme Niggelers hinter sich. «Oder haben Sie in diesen Tagen keine Freude an mondänen Vergnügungen?»

Da sein Ton spöttisch war, gab sie maliziös lächelnd zurück: «Wer weiss, welche Soupers und Tanzabende mich in Basel erwarten?»

Niggeler ging schweigend neben ihr her. Nach einigen Minuten sagte er zu Emilies Verblüffung leise: «Weshalb machen Sie es nicht wie Elisa? Heiraten Sie mich und bleiben Sie hier.»

«Soll das ein Antrag oder ein Scherz sein?», fragte Emilie unsicher.

«Nehmen Sie es, wie Sie wollen», gab Niggeler zurück und versuchte, seiner Stimme einen ungezwungenen Ton zu geben.

Emilie war überzeugt, dass er sich wieder über sie lustig machte wie damals im Café und meinte leicht verärgert: «Wer sagt Ihnen, dass ich überhaupt heiraten will? Ganz bestimmt werde ich mich nicht trauen lassen, nur um in Bern zu bleiben. Wenn schon, müsste es die grosse Liebe sein.»

«Die grosse Liebe, wie Sie sie aus Ihren Romanen kennen?»

«Ja, genau. Sicher werde ich mich nicht aus Mitleid heiraten lassen. Was könnte ich mit einem Ehemann anfangen, der mich nur zum Altar führt, weil er mir den Gefallen tun möchte, mich zur Bernerin zu machen?»

«Aus Mitleid würde bestimmt niemand ein junges Mädchen wie Sie heiraten», rief er spontan aus und näherte sein Gesicht Emilies Wange. Sie schaute aber nicht zu ihm auf und wandte sich ab. Niggeler drehte sich um und ging dem Hochzeitspaar entgegen, das in der Nähe des Eingangsportals stand. Als er die strahlende Braut küsste, war der leicht traurige Ausdruck wieder aus seinem Gesicht verschwunden.

16

Die vierplätzige Reisekalesche stand seit einer halben Stunde bereit. Da die Sonne schien, legte der Kutscher das Verdeck nieder und bestieg den Bock. Franziska Snell warf einen besorgten Blick auf den Transportwagen, der ihnen folgen sollte, und machte einen letzten Rundgang durch das Haus. Vor dem Kachelofen im Esszimmer sah sie die ratlose Elisa stehen.

«Was ist, mein Kind, bist du nicht so glücklich, wie du dir erhofft hast?», fragte sie zärtlich.

Die junge Frau Fürsprech Stämpfli errötete und schüttelte den Kopf. «Nein Mutter, du verstehst meine Tränen falsch. Ich bin die glücklichste Ehefrau, die du dir denken kannst, aber eben auch die traurigste Tochter und Schwester. Wie kann ich über mein Eheleben strahlen, wenn meine ganze Familie fortgejagt wird?»

«Ich freue mich, dass Jakob dich glücklich macht», sagte ihre Mutter leise. «Und dein Schmerz über unsere Trennung ist nur ein Beweis für deinen mitfühlenden Charakter.» Sie schob die Tochter sanft von sich und meinte ungezwungen: «Nun werdet ihr ja einige Tage nach Büren fahren zu Jakobs Eltern. Die Landluft wird euch gut tun.»

Draussen bei der Kutsche wartete Emilie in einem dunkelgrünen Reisekleid und hielt ihren Strohhut mit dem gleichfarbigen Band unschlüssig in der Hand. Der Abschied fiel ihr genauso schwer wie Elisa, und als im letzten Moment Niggeler auftauchte und sich herzlich von der Familie verabschiedete, verstärkte sich das schmerzliche Gefühl in ihrer Brust.

«Sie werden mir doch schreiben, Niggeler», bat sie den Fürsprech und fügte rasch hinzu: «Ich muss nämlich weiterhin wissen, was in Bern so läuft.»

«Natürlich, und wenn Jakob und Elisa Sie besuchen kommen, werde ich sicher auch mit von der Partie sein», beruhigte er sie. Er schaute der verletzlich wirkenden Emilie fast zärtlich in die Augen, küsste sie auf beide Wangen und wollte weitersprechen, als eine Studentenschar von der Stadt zur Lorraine gezogen kam und für den Professor ein Abschiedsständchen sang.

So erfolgte die Abreise der Familie Snell weder in aller Stille noch unbemerkt, wie die bernische Regierung sich hätte wünschen können. Bereits drei Tage vorher hatte die studierende Jugend sich in einem Fackelzug vor den «Bären» begeben und Snell mit einer Gesangsdarbietung überrascht. Ein Student hielt eine Rede und nahm kein Blatt vor den Mund. Er kritisierte das Benehmen der bernischen Regierung gegenüber einem Gelehrten, der sich für Freiheit und Recht einsetzt. «Auf den geliebten Leiter und Vater der studierenden Jugend», rief der Redner auf den Platz hinaus, und die Versammlung junger Leute stimmte lautstark ein.

Nach dem Abschiedsessen am Donnerstagabend war die Atmosphäre noch geladener. Pfarrer Bähler verabschiedete sich öffentlich vom Freund und «geächteten, aber geachteten Mann» und bedankte sich für die Lehren, die Snell seinem Sohn mitgegeben hatte. «Jetzt, da einer der Baumeister der Freiheit weggeht, müssen sich die Gesellen, die er herangebildet hat, fleissig ans Werk machen und selbst Baumeister werden.»

Als die Wagen sich in Bewegung setzten, marschierten die Studenten ein Stück weit mit und versetzten die Familie Snell trotz allem in eine glückliche Stimmung.

«Nun wirst du endlich Zeit haben, uns deine Lebensgeschichte zu erzählen, Vater», rief Emilie, als die Studentenschar zurückgeblieben war. Sie beugte sich vor, um das Rasseln der Kutschenräder zu übertönen. «Weisst du noch, Rudolf? Als wir klein waren, hat uns Vater fast jeden Abend aus seinem Leben erzählt. Aber das ist so lange her, dass ich die Details längst vergessen habe.»

«Ich will euch gerne mit meinen Erlebnissen unterhalten», antwortete der Professor aufgekratzt. Er war guten Mutes, denn irgendwie würde er seine Familie durchbringen, und was das politische Engagement in Bern anging, so waren Niggeler, Stämpfli und Ochsenbein längst reif, an seiner Stelle weiterzukämpfen. «Aber lass uns jetzt einfach ruhig die Landschaft betrachten, Emilie. Wir reisen heute ja nur bis Murten. Es wird in den nächsten Tagen viele Erzählstunden geben.»

Als die Kutsche aus seinem Blickfeld verschwunden war, stand Niggeler mit Stämpfli und Elisa vor dem Garten des leeren Pachthauses.

«Nun werdet auch ihr verreisen», seufzte er. «Da bleibt mir nichts anderes zu tun, als mich in die Arbeit zu stürzen.»

«Glaube nur nicht, dass ich auf dem Land untätig dasitzen werde», verteidigte sich Stämpfli. «Beim Gepäck steht ein Aktenberg bereit, den ich in Büren durcharbeiten muss.»

«Worum geht es denn?», fragte sein Freund neugierig.

«Du weisst doch, dass vor einigen Tagen in Fraubrunnen 400 Männer als Vertreter der zehntpflichtigen Gemeinden des Seelandes und des Oberaargaus zusammenkamen. Man hat mich in die Kommission gewählt, welche die Auflösung des Zehnten im ganzen Kanton vorantreiben soll.»

«Aber du warst doch gar nicht dort. Fand die Versammlung in Fraubrunnen nicht am Tag nach Professor Snells Abberufung statt?»

«Ja, du hast recht. Aber da ich an allen früheren Zusammenkünften teilnahm, hat man mich trotz meiner Abwesenheit in die Kommission gewählt.»

«Das freut mich für dich. Dann will sich die Regierung also einen modernen Anstrich geben, wenn sie die Sache offiziell fördert.»

«Ja, sie hat seit dem Freischarenzug Ansehen verloren und sucht sich so neue Beliebtheit zu verschaffen. Sei es, wie es wolle. Ich bin froh für die arme Landbevölkerung, dass endlich etwas geschieht in dieser Angelegenheit.»

«Wie soll die Sache denn im Einzelnen vor sich gehen?», fragte Elisa interessiert. Das Zusammensein mit Jakob Stämpfli hatte ihre Anteilnahme am öffentlichen Geschehen geweckt.

«Der Staat soll alle Zehnten, Bodenzinse und Ehrschätze von Privaten kaufen», erklärte Stämpfli und bedachte Elisa mit einem Lächeln, das gleichzeitig Zärtlichkeit und Achtung ausdrückte. «Er erstattet Loskaufsummen von bereits abgelösten Zehnten und Grundzinsen. Schlussendlich hebt der Staat die Zehnten und Grundzinsen unentgeltlich auf. Damit wird ein unsinnig hoher finanzieller Druck von der bäuerlichen Bevölkerung genommen.»

«Ich sehe, dass du als Politiker ein Anwalt geblieben bist, ein Anwalt des einfachen Volkes.» Niggeler umarmte seinen Freund zum Abschied. «Ich wünsche euch beiden eine schöne Hochzeitsreise.» Er wollte sich bereits abwenden, drehte sich aber nochmals zu Elisa um. «Seien Sie so lieb, Frau Fürsprech Stämpfli, und lassen Sie sich von der Schwiegermutter in die Zubereitung einiger alter Speiserezepte aus dem Seeland einweihen. Wenn ihr zurückkommt, möchte ich, dass euer Hausmädchen für euren künftigen Lieblingsgast eine währschafte Seeländermahlzeit zubereitet.»

Elisa versprach freudig, in Büren Küchenrezepte zu sammeln und nahm stolz den Arm ihres Gatten. Niggeler bestieg den Einspänner, ergriff energisch die Zügel und fuhr Richtung Stadt.

17

Der Termin um elf Uhr beim Kriminalgericht war alles andere als geeignet, Niggelers trostlose Stimmung zu überwinden. Es handelte sich um eine erste Besprechung mit dem Staatsanwalt, die bevorstehende Verhandlung jedoch machte dem Fürsprech Sorgen. Zwei Knechte waren angeklagt, ein betagtes Ehepaar im Schlaf erschlagen und beraubt zu haben. Ein anderer Anwalt hätte den von vornherein verlorenen Fall abgelehnt, Niggeler aber hatte den verzweifelten Eltern der Angeklagten zugesagt, zusammen mit seinem Partner Dr. Emil Vogt die Verteidigung zu übernehmen. Im Falle der erwiesenen Schuld erwartete die Täter die Todesstrafe, und Niggeler und Vogt waren strikte Gegner dieser unmenschlichen Institution. Vogt hatte die beiden Angeklagten bereits befragt. Sie würden versuchen, wenigstens Zweifel an deren Schuld aufkommen zu lassen, um die Kapitalstrafe zu vermeiden.

Da Vogt alle Unterlagen aus der Kanzlei zum Kriminalgericht mitnehmen würde, blieben dem Fürsprech nach dem Abschied von der Familie Snell noch gute zwei Stunden Zeit. Er beschloss, im Hause Moosmann an der Kramgasse vorzusprechen.

Zu seiner Überraschung wurde er vom Hausdiener unverzüglich in ein Studierzimmer geführt und von einem unerwartet freundlichen Robert Moosmann begrüsst.

«Ich habe von Ihnen gehört und freue mich, Sie persönlich kennen zu lernen», sagte der ungefähr fünfzigjährige Patrizier. Offenbar hatte er sich zu seinen Stallungen aufmachen wollen, denn er trug einen Reitanzug mit zweireihigem Schwalbenschwanz und schräg eingesetzten Taschen.

«Es tut mir leid, dass ich Sie von Ihrem Ausritt abhalte», beteuerte der Anwalt mit der gleichen Freundlichkeit.

«Ah, da machen Sie sich nur keine Sorgen.» Moosmann fuhr sich mit der Hand durch das gewellte dunkle Haar. «Wie Sie ja wissen, privatisiert meine Familie, und da kommt es auf ein paar Minuten nicht an.»

Niggeler zeigte dem Patrizier das von Polizeidirektor Häuselmann unterzeichnete Legitimationsschreiben und sagte: «Ich möchte Ihnen einige Fragen im Zusammenhang mit dem Todesfall des Finanzbeamten Josef Hubler stellen. Sicher haben Sie erfahren, dass er in der Nacht verstorben ist, nachdem er an Ihrer Soirée zu Ehren der Konzertistinnen Milanollo teilgenommen hat.»

«Ja, und natürlich verrate ich Ihnen gerne, was ich weiss», meinte Moosmann. «Lassen Sie mich aber zuvor die Gelegenheit ergreifen, Ihnen zur Entlassung Professor Snells einige Worte zu sagen.» Moosmann wandte sich zu einem geschnitzten Schrank um, nahm zwei Gläser hervor und schenkte Niggeler ungefragt etwas Portwein ein. «Sie wissen, dass ich weder als Liberaler noch gar als Radikaler bekannt bin, sondern mich wenn immer möglich von der Politik fern halte. Aber was zu viel ist, ist zu viel. Wenn Bern unter Europas Städten Wichtigkeit erlangen will, so dürfen derartig kleinliche Episoden nicht vorkommen. Unsere Stadt braucht eine Hochschule mit fähigen Dozenten, und was immer Ihr Professor am Abend nach dem Freischarenzug bei einem Schluck Wein gesagt haben mag, ist nicht Grund genug für seine Entlassung und Vertreibung.»

Niggeler folgte den Worten seines Gegenübers mit Erstaunen. Während Moosmann weitersprach, strahlte er eine natürliche Würde aus, die Niggeler beeindruckte.

«Sie sind verblüfft über meine Worte», beantwortete Moosmann die Frage, die er auf Niggelers Gesicht lesen konnte. «Wissen Sie, man macht sich etwas falsche Vorstellungen von den alteingesessenen Patrizierfamilien. Es stimmt, wir führten die Regierungsgeschäfte bis 1831, und mein Vater war einer der Ersten, der infolge der liberalen Welle beschloss, der Politik zu entsagen. Das heisst aber nicht, dass wir noch im Mittelalter leben und die Zeichen der Zeit nicht erkennen. Mir ist klar, dass die Zukunft der Demokratie und der Gleichberechtigung gehören wird und dass die Vorrechte der Aristokraten der Vergangenheit angehören.»

«Dann sind Sie also ein heimlicher Sympathisant unserer Ideen?»

«Verstehen Sie mich nicht falsch», stellte Moosmann klar. «Ich weiss, dass die Entwicklung nicht aufgehalten werden kann. Sehen Sie, Herr Fürsprech, meine Geschäfte werden von einem fähigen Finanzexperten geführt, der sogar an der Börse von Paris gearbeitet hat. Seinen Beziehungen verdanke ich übrigens meinen französischen Fechtmeister, den Gärtner und die Gesellschafterin meiner Tochter Natalie. Durch ihn wird mein Vermögen vermehrt, ohne dass ich einen Finger rühren muss, und daher habe ich viel Zeit zum Lesen. So habe ich in den letzten Jahren auch einige Aufsätze Professor Snells mit Interesse zur Kenntnis genommen. Ich schätze den Gelehrten und seine konsequente Einstellung in Sachen Freiheit und Menschenrechte.»

«Ich werde ihm schreiben und Ihre Worte erwähnen», sagte Niggeler erfreut.

«Erlauben Sie mir, noch etwas beizufügen, bevor wir zu Ihren Fragen übergehen?» Als Niggeler ihm interessiert in die Augen blickte, fuhr der Patrizier fort: «Ich bin kein Freund eines radikalen Umschwungs. In diesen Momenten der Unsicherheit und der Missverständnisse jedoch möchte ich wünschen, eine mutigere Regierung in Bern zu wissen, welche ihre Grundsätze ohne jede Abweichung verwirklicht. Eigentlich ist es schade, dass fähige Leute wie Sie und Stämpfli nicht etwas gemässigter vorgehen. Unsere Republik braucht entschiedene Männer, und theoretisch wären Sie die richtigen. Aber Sie sind mir, entschuldigen Sie die Offenheit, allzu stürmische Draufgänger und laufen Gefahr, eines Tages über das Ziel hinauszuschiessen.»

«Muss nicht auch die Waage sich zuerst auf die andere Seite neigen, ehe sie im Gleichgewicht steht? Wir sind Draufgänger, das stimmt. Aber ohne uns würde alles beim Alten bleiben. Die Radikalen der Schweiz gemeinsam werden es schaffen, aus unserem Land einen einheitlichen demokratischen Staat zu machen.»

«Und sind Sie sicher, dass die Eidgenossenschaft zu einem einheitlichen Staat umfunktioniert werden kann, vielleicht gar zu einem Zentralstaat nach Frankreichs Beispiel? Denken Sie an unseren Kanton Bern. Er hat sich im Laufe von Jahrhunderten von der kleinen Zähringerstadt zum heutigen Ausmass und zur heutigen Identität entwickelt.» Er machte eine Pause, nahm einen weiteren Schluck Portwein und lehnte sich im Sessel zurück. Während Moosmann weitersprach, wurde Niggeler bewusst, wie stark dieser alteingesessene Berner hier verwurzelt war und welch tiefe Liebe und Besorgnis ihn mit seiner Stadt verband. «Sind Sie sicher, dass diese Eigenart Berns und auch die Besonderheiten Zürichs und Basels und Genfs sich in einem Einheitsstaat verlieren sollen und dass dies für unser Volk gut ist?»

Niggeler sah Moosmann offen an und schwieg. Dann erwiderte er: «Ihre Überlegungen sind sicher richtig. Ich glaube aber nicht, dass die Eigenheiten der Kantone verloren gehen, wenn der Bundesvertrag revidiert und im ganzen Land ein demokratisches System mit gerechten Gesetzen für alle eingeführt wird.»

«Ja, Sie werden weiterkämpfen», lächelte der Patrizier wehmütig und doch voller Achtung für sein Gegenüber. «Und für die Schweiz wird dies vielleicht sogar gut sein.» Er machte eine Pause und forderte den Fürsprech auf: «Nun stellen Sie mir aber Ihre Fragen, sonst versäume ich Sie zu lange.»

«Es handelt sich nur um wenige Auskünfte, die ich von Ihnen benötige. Können Sie bestätigen, dass Herr Hubler am Abend des 10. Januar an Ihrer Soirée teilgenommen hat?»

«Ja, das kann ich.»

«Haben Sie ihn öfters eingeladen? Waren Sie mit ihm befreundet?»

«Nein, eigentlich nicht. Um ehrlich zu sein, ich kannte ihn vor jenem Abend überhaupt nicht. Aber ich gebe gern Feste, und oft kommen auch Freunde von Bekannten, die ich nicht persönlich kenne.»

«Ihre Bekannten wissen von Ihrer Gastfreundschaft und bringen manchmal noch weitere Besucher mit?»

«Ja, genau so ist es. Einige Leute haben sich uns an jenem Freitagabend im Januar spontan nach dem Theater angeschlossen.»

«Können Sie sich erinnern, wer Herrn Hubler mitgebracht hat?»

Moosmann überlegte einen Augenblick angestrengt und schüttelte den Kopf. «Nein, es ist zu viel Zeit vergangen seither! Ich weiss nur, dass er mit anderen Angestellten des Finanzamts gesprochen hat und auch mit Regierungsrat von Nufer. Es ist auch möglich, dass er Karten gespielt hat, aber ich bin mir nicht mehr ganz sicher.»

«Aber Sie wissen, wie er aussah?»

«Ja, natürlich. Er wurde mir vorgestellt. Ich habe ein gutes Gedächtnis für Gesichter, und da einige Tage später die Nachricht von seinem Unglücksfall bekannt wurde, ist er mir natürlich in Erinnerung geblieben.

«Haben Sie eine Ahnung, um welche Zeit er Ihr Haus verlassen hat?»

«Das ist eine schwierige Frage», gab Moosmann zurück. «Die Schwestern Milanollo waren *das* Ereignis des Abends. Dauernd kamen Leute. Wie soll ich da wissen, wann jeder Einzelne wegging? Ich kann Ihnen nur sagen, dass um ein Uhr in der Nacht die letzten Gäste das Haus verliessen. Ich brachte sie persönlich zum Portal, und Hubler war nicht dabei, wohl aber mein Freund von Nufer und einer seiner Beamten.»

Als Robert Moosmann seinen Gast hinausbegleitete, führte er ihn durch einen elegant eingerichteten Raum und sagte: «Sehen Sie, hier hat der Empfang für die Konzertistinnen stattgefunden.» Er schaute sich im Saal um, und plötzlich blieb sein Blick an einem Fenster neben dem Kachelofen hängen. Niggeler beobachtete erstaunt den eigentümlichen Gesichtsausdruck des Patriziers. Moosmann hatte die Augen geschlossen. Dann rief er aus: «Jetzt erinnere ich mich genau an den Moment, als Hubler meiner Frau und mir vorgestellt wurde. Ein höherer Finanzbeamter, Anton Jahn, den ich gelegentlich einlade, weil Karl von Nufer ihn gut leiden kann, präsentierte ihn. Ich weiss, dass ich irgendwie erstaunt war über Hublers seltsamen Gesichtsausdruck. War es Schüchternheit? Oder Ängstlichkeit?»

«Es ist möglich, dass Sie sich an weitere Vorkommnisse erinnern werden. Dann wäre ich natürlich froh, wenn Sie mich sofort informieren würden», sagte Niggeler und war beim Portal angelangt.

Gedankenverloren ging er zu Fuss Richtung Kriminalgericht. Dabei schossen ihm Fragen durch den Kopf, die er am Nachmittag in der Kanzlei zu Papier bringen musste: Wer hatte Josef Hubler zur Soirée bei Moosmann eingeladen oder ihn dorthin mitgebracht? Regierungsrat von Nufer sagte, Moosmann hätte Hubler zu seinem Fest eingeladen. Moosmann jedoch kannte Hubler nicht und hatte ihn daher bestimmt nicht in sein Haus gebeten. Von Nufer selbst konnte ihn unmöglich mitgebracht haben, denn sonst hätte er dies gesagt, als Niggeler ihn vor einigen Tagen befragte. Amtsvorsteher Müller war weggegangen, als Hubler beim Fest erschien. Es verblieb also nur der höhere Finanzbeamte Anton Jahn. Dieser würde ihm möglicherweise auch sagen können, wann Hubler die Soirée verlassen hatte. Niggeler beschloss, nochmals im Finanzamt vorbeizugehen. Ausserdem war es auch an der Zeit, bei der Militärdirektion einige Fragen zu stellen.

18

«Gut, dass Sie sofort gekommen sind, Niggeler», begrüsste Polizeidirektor Luzius Häuselmann den Fürsprech. «Ich habe Ihnen etwas Wichtiges mitzuteilen.»

Häuselmanns dramatischer Ton liess seinen Besucher das Schlimmste befürchten. Niggeler wartete gespannt und vergass den turbulenten Morgen mit der Abreise der Familie Snell und der nervenaufreibenden Besprechung beim Kriminalgericht.

«Der Finanzbeamte Anton Jahn wurde am 22. Mai vermisst gemeldet.»

«Jahn vermisst?», fragte Niggeler erstaunt. «Ich muss ihm dringend weitere Fragen stellen.»

«So hören Sie doch weiter», unterbrach ihn der Polzeidirektor. «Jahn ist am Dienstag, dem 13. Mai, zu einer drei- oder viertägigen Geschäftsreise aufgebrochen. Als Delegierter des Finanzamts sollte er an der ersten Versammlung zur Vorbereitung der Zehntenliquidation teilnehmen.»

Niggeler nickte, sein Freund Stämpfli hatte bereits von den Bestrebungen zur Aufhebung des Zehnten gesprochen.

«Als er am Montag der folgenden Woche immer noch nicht zur Arbeit erschien», fuhr Häuselmann fort, «schickte das Finanzamt einen Boten zu Jahns Eltern, die in der Nähe von Fraubrunnen einen Bauernhof besitzen. Dort hätte er das Wochenende des 17. und 18. Mai verbringen sollen. Da er nie dort ankam, sandte das Finanzamt einen weiteren Boten nach Fraubrunnen. Die Initianten der dortigen Zehntliquidationsversammlung sagten aus, man habe Anton Jahn am 13. Mai erwartet. Er sei aber den ganzen Tag nicht gesehen worden und habe auch an den Sitzungen der nachfolgenden Tage nicht teilgenommen. Als der Bote dem Finanzamt Meldung erstattete, entschloss sich Regierungsrat von

Nufer persönlich, bei der Stadtpolizei eine Vermisstenanzeige aufzugeben. Das war am 22. Mai.»

«Heute haben wir den 30. Seither sind acht Tage vergangen. Und Jahn wird immer noch vermisst?»

«Nein, er wird nicht mehr vermisst. Er ist gestern in der Nähe eines Weilers vor Fraubrunnen von spielenden Kindern tot aufgefunden worden. Erschlagen und ausgeraubt.»

Niggeler schnappte nach Luft und konnte einen erstaunten Ausruf nicht unterdrücken.

Der Polizeidirektor liess sich nicht unterbrechen. «Es scheint nun, lieber Niggeler, dass Sie eine der letzten Personen waren, die Jahn am 12. Mai, am Vortag seiner Abreise nach Fraubrunnen, gesprochen haben.»

«Ja, natürlich. Ich habe Ihnen ja einen Rapport über die Befragung von Hublers Kollegen beim Finanzamt erstellt.»

Häuselmann zögerte, dann sagte er leise: «Glauben Sie, dass dies Zufall ist? Glauben Sie, dass sich im Januar ein Finanzbeamter aus Versehen eine Kugel ins Herz schiesst und Ende Mai ein Beamter des gleichen Departements von einem Strassenräuber erschlagen wird? Ich habe da meine Zweifel.»

Niggeler war der gleichen Ansicht. «Es sieht fast so aus, als hätten die beiden Beamten etwas Verhängnisvolles gesehen oder gewusst. Aber nehmen wir für einen Moment an, man hätte sie deshalb getötet. Weshalb den einen im Januar und den anderen erst vier Monate später?» Er dachte angestrengt nach und versuchte sich seinen Besuch beim Finanzamt in Erinnerung zu rufen. «Ich habe das ungute Gefühl, als ob diese beiden Todesfälle irgendwie mit dem Militärdepartement zu tun haben. Hubler hatte beruflich mit Finanzierungen innerhalb der Militärdirektion zu schaffen. Ist es möglich, dass er zufällig einer Sache auf die Spur kam und dies seinem Bekannten anvertraute, der zugleich auch ein Vorgesetzter war?»

«Das wäre natürlich eine Möglichkeit», pflichtete Häuselmann bei.

«Ich erinnere mich genau, dass Jahn mir noch etwas mitteilen wollte, als Jakob Stämpfli ins Finanzdepartement gerannt kam und mich wegen des Professors Abberufung mit sich fortriss. Er sprach von verschiedenen Unterlagen und einem Umschlag, den Hubler ihm übergeben hatte. Da sich dieser ausschliesslich mit Finanzierungen innerhalb der Militärdirektion beschäftigt hat, müssen wir annehmen, dass es sich um Akten handelte, die jenes Departement betrafen.»

«Die Sache ist heikel. Es bleibt uns jedoch nichts anderes übrig: Sie müssen im Militärdepartement Fragen stellen. Aber dort werden Sie auf eine Mauer des Schweigens stossen, wenn ich Sie nicht begleite. Wir wollen uns offiziell zu einem Besuch anmelden. Halten Sie sich bereit, Niggeler!»

Stadtpolizeidirektor Häuselmann und Niklaus Niggeler mussten mehr als drei Wochen auf die Besprechung im Militärdepartement warten. Ohne die Einwilligung des Direktors wollte niemand sie empfangen, und dieser befand sich auf Visite in anderen Kantonen.

Als Niggeler sich auf den Weg machte, um mit Häuselmann beim Departementsdirektor vorzusprechen, war er eigentümlich erregt. Ohne sich darüber klar zu sein, erwartete er von dieser Unterredung eine Wende im Fall Hubler. Der tatsächliche Lauf der Dinge war wirklich entscheidend, aber von ganz anderer Art, als der Fürsprech dies erwartet hatte.

Niggeler überliess dem Polizeidirektor das Wort, als die beiden ins geräumige Büro Regierungsrat Ferdinand von Tilliers geführt wurden. Er war gross und schlank und hatte ein markantes Gesicht. Die Uniform stand dem Departementsvorsteher ausgezeichnet. Er begrüsste seine Besucher freundlich und kam sofort zur Sache. «Ich habe gehört, dass Sie seit Tagen auf ein Gespräch mit mir warten. Was kann ich für Sie tun?»

«Wir arbeiten an der Aufklärung eines Todesfalls, der sich im Januar ereignet hat», erklärte Häuselmann. «Der Finanzbeamte Josef Hubler wurde mit einer Kugel im Herzen aufgefunden. Es ist heute noch nicht klar, ob es sich um einen Unfall oder um ein Verbrechen handelt.»

«Wie kann die Militärdirektion Ihnen behilflich sein?», fragte von Tillier vorsichtig.

«Hubler beschäftigte sich von Amts wegen mit Finanzierungen innerhalb der Militärdirektion.»

«Ja, und?»

«Nun, Sie haben sicher erfahren, dass Mitte Mai ein weiterer Finanzbeamter, Anton Jahn, in einem Weiler vor Fraubrunnen den Tod fand. Offiziell untersteht die Aufklärung dieses zweiten Todesfalls nicht der Stadtpolizeidirektion. Da Jahn jedoch erschlagen wurde und nicht auszuschliessen ist, dass Hubler ermordet wurde, zählen wir natürlich zwei und zwei zusammen. Haben Sie vielleicht aus Ihrer Perspektive Grund zu vermuten, dass diese beiden Todesfälle zusammenhängen? Könnten Sie sich gar ein Motiv für zwei Gewaltverbrechen denken?»

«Es tut mir leid, dass ich unserem Gespräch eine andere Richtung geben muss, als Sie erwartet haben», gab der Regierungsrat zur Verblüffung seiner Besucher zurück. «Ich möchte, nein, ich muss Sie bitten, in dieser Sache keinerlei Ermittlungen mehr anzustellen. Der Fall untersteht ausschliesslich unserer Kompetenz.»

«Dann haben wir den Nagel also auf den Kopf getroffen. Wenn Sie von einem einzigen Fall sprechen, dann hängen die Todesfälle von Hubler und Jahn zusammen.»

Der Militärdirektor ging nicht auf Häuselmanns Bemerkung ein. «Sie werden spätestens übermorgen eine vom Regierungsstatthalter unterzeichnete Anweisung erhalten, sich nicht weiter mit diesen Todesfällen zu befassen. Sie wissen, dass jeder von der Regierung unterzeichnete Entscheid auch vom Kantonalen Justiz- und Polizeidepartement, welchem Sie unterstehen, respektiert wird.»

«Gut, wie Sie wollen», war der einzige Kommentar, den der erstaunte Häuselmann herausbrachte, während Niggeler schwieg.

Von Tillier wurde plötzlich freundlicher. «Das war der offizielle Teil unseres Gesprächs. Nun rede ich nicht mehr als Departementsvorsteher, sondern als Sympathisant Ihrer Ideen.»

Als seine Besucher ihr Erstaunen nicht verbergen konnten, fügte er bei: «Nein, machen Sie sich keine Illusionen. Ich bin kein Radikaler, aber trotzdem ein Gegner der gefährlichen Macht der Jesuiten. Deshalb habe ich mich, wie Sie sicher von Ochsenbein wissen, im Hintergrund für den zweiten Freischarenzug eingesetzt und die kantonalen Arsenale Ihren Truppen geöffnet.»

«Wir haben das zu schätzen gewusst, auch wenn hinterher der Rückzieher der Regierung schmerzlich war», beteiligte sich Niggeler zum ersten Mal am Gespräch.

«Damit hatte ich nichts zu tun, ich wurde überstimmt. Wenn ich A sage, dann sage ich auch B. Obwohl von anderer Herkunft, bin ich aus dem gleichen Holz geschnitzt wie Ochsenbein, das sollten Sie eigentlich wissen.»

Als Häuselmann und Niggeler nickten, fuhr er fort: «Da ich schätze, wie Sie sich für die Freiheit der Schweiz und für ein Fernhalten aller fremden Mächte einsetzen, möchte ich Ihnen ganz im Vertrauen etwas sagen.»

Seine Zuhörer beugten sich gespannt vor, denn von Tillier sprach leiser. «Seit dem letzten Januar befürchten wir, dass geheimste Informationen ihren Weg ins Ausland finden. Wir wissen nicht, wer dafür verantwortlich ist und ob die Auskünfte an Luzern oder an Österreich weitergegeben werden.»

«Auch Ochsenbein hat von Spitzeln gesprochen», erinnerte sich Niggeler an die Unterredung vor dem Freischarenzug.

«Ja, das ist es ja. Damals wussten die Luzerner über geheime Waffendepots Bescheid und führten sogar einen Teil der bernischen Kanonen weg. Wir befürchten aber noch viel Schlimmeres …» Er hielt inne und sagte dann: «Mehr darf ich Ihnen im Moment nicht sagen. Ich kann Ihnen aber versichern, dass wir daran arbeiten, das Loch in unserem Geheimhaltungsnetz zu entdecken. Möglicherweise werden wir gleichzeitig auch für den Tod der beiden Finanzbeamten eine Erklärung finden. Es ist nicht auszuschliessen, dass sie zufällig einem heissen Eisen auf die Spur kamen und dies mit dem Leben bezahlen mussten.»

Als jemand an die geschlossene Tür klopfte, rief der Regierungsrat: «Einen Augenblick, bitte!» und fügte leise bei: «In jedem Fall ist es von grosser Bedeutung, dass der oder die Verantwortlichen nicht ahnen, dass wir von ihnen wissen. Deshalb dürfen Sie keine Fragen mehr stellen über den Tod eines Finanzbeamten, der sich mit Militärangelegenheiten befasste. Wenn wir tatsächlich von Spitzeln umgeben sind, so würden diese durch Ihre Nachforschungen aufgeschreckt und künftig umso vorsichtiger vorgehen. Wir wollen aber, dass sie sich unbeobachtet glauben und vielleicht eines Tages selbst verraten.»

Von Tillier erhob sich, um seine Besucher zur Türe zu begleiten, vor welcher jener Beamte wartete, der vorher geklopft hatte.

«Ah, Lanz, ich komme gleich zu Ihnen», wandte er sich an den ungefähr fünfunddreissigjährigen, gut aussehenden Amtsvorsteher.

Niggelers Blick streifte das Gesicht des blonden Beamten nur einen Augenblick. Eine eigentümliche Ahnung durchzuckte ihn. Er war sicher, diesen Mann schon gesehen zu haben. Er dachte intensiv nach, konnte das blasse Gesicht mit der Hakennase aber nicht identifizieren.

Als er unter den Lauben der Gerechtigkeitsgasse zur Kanzlei zurückging, verspürte Niggeler Enttäuschung. Die Fälle Hubler und Jahn waren ihm also endgültig entzogen. Dies hätte ihm Erleichterung verschaffen und ihn von einem gewaltigen Druck befreien sollen. Doch nun fühlte er nur Leere.

Der Fürsprech war kaum über die Schwelle seiner Kanzleiräume getreten, als ihm der Bürodiener eine Nachricht überbrachte. Stämpfli forderte ihn auf, unverzüglich in der Redaktion an der Brunngasse vorbeizuschauen.

«Dr. Steiger ist frei», rief ihm der euphorische Jakob Stämpfli auf der Eingangstreppe entgegen. «Er ist aus dem luzernischen Kerker entflohen.»

Die Nachricht machte einen überwältigenden Eindruck auf Niggeler. Der Anführer der luzernischen Radikalen, der seit dem zweiten Freischarenzug im Gefängnis war, befand sich in Freiheit!

«So sag mir schon, wie ihm die Flucht gelungen ist.»

Stämpfli berichtete: «Man wollte Dr. Robert Steiger zum Tode verurteilen. In den letzten Tagen waren Verhandlungen im Gang, um ihn nach Sardinien zu transportieren. Dort hätte er, vergessen von der Welt, bis an sein Lebensende schmachten sollen.»

«Ja, das weiss ich alles schon», unterbrach ihn Niggeler. «Aber wie kam es zu seiner Flucht?»

«Der Plan zu Steigers Befreiung wurde vor drei Wochen von ihm selbst entworfen. Ein Wachtmeister, ein Korporal und ein Jäger, die regelmässig Nachtwache bei ihm hatten, liessen sich bewegen, bei seiner Flucht behilflich zu sein. Vorgestern war es so weit. Der Wachtmeister öffnete mit einem Dietrich die Zelle Steigers und übergab ihm eine Landjägeruniform. Die Helfer geleiteten ihn in ein an den Gefängnisturm stossendes Nebengebäude. Dort befand sich ein Loch in der Mauer, durch welches Steiger und ein Helfer entweichen konnten. In seiner Landjägeruniform passierte Steiger einen wachhabenden Offizier und die Schildwache vor dem Postgebäude. Keiner bemerkte etwas. Ausserhalb des Löwendenkmals warteten in einer Remise drei Wagen, welche ihn mit seinen Fluchthelfern nach Zürich brachten.»

«Das ist ja wunderbar», rief Niggeler, «und fast noch schöner ist die Tatsache, dass die luzernischen Gefängnisse nicht so sicher sind, wie wir befürchtet haben. Die Jesuitenfreunde haben in ihren eigenen Reihen Leute, die anders denken und ihr Leben im Interesse der Freiheit riskieren.»

«Die Fahrt durch Zürich war ein Triumphzug», verkündete Stämpfli. «Steiger wurde von der begeisterten Menge fast erdrückt. Als er nach Winterthur und Frauenfeld weiterreiste, war die Freude des Volkes genauso gross. In Winterthur gaben Sängerverein und Harmoniemusik ihm ein Ständchen, und aus dem Stegreif wurde ein Willkommensessen mit zweihundert Gedecken organisiert.»

«Diese Flucht wird grosse Wellen schlagen und unserer Sache neuen Auftrieb geben. Auch wir selber müssen uns politisch mehr engagieren und Bern zu einem radikalen Umschwung zwingen.»

«Hört, wer hier so spricht», meinte der Redaktor der «Berner Zeitung» spöttisch. «In den letzten Wochen hast du dich wenig um unser Blatt und die politischen Versammlungen gekümmert. Deine Untersuchung und die Gerichtsfälle schienen dich voll mit Beschlag zu belegen. Weshalb dieser Umschwung?»

«Die polizeilichen Ermittlungen habe ich einstellen müssen», antwortete Niggeler und sagte nichts von seiner Unterredung mit dem Militärdirektor.

Stämpfli verstand, dass sein Freund ihn nicht einweihen konnte und unterliess es, weitere Fragen zu stellen. «Nun hast du wieder Zeit für die Politik?»

«Es ist nicht nur das. Die Haltung Luzerns und der anderen konservativen Kantone ist in den letzten Wochen extrem geworden. Ich glaube, dass fremde Mächte ihnen helfen wollen und man vor nichts zurückschrecken wird, um die Stellung der liberalen Kantone zu schwächen. Deshalb müssen wir die Massen für die Sache der Freiheit gewinnen. Wenn das Volk hinter uns steht, haben wir gesiegt. Ein radikaler Umschwung in Bern und in anderen Kantonen könnte ausserdem Professor Snells Rückkehr beschleunigen.» Scheinbar ohne Zusammenhang fügte Niggeler bei: «Im Herbst will ich nach Österreich fahren. Ich muss mir Klarheit verschaffen über Rustingers Schweigen. Oder hat sich unser Informant in Wien inzwischen gemeldet?»

«Nein, keine Nachricht.»

Dann auf nach Wien, dachte Niggeler und verriet seinem Freund nicht, dass er das Gefühl hatte, in Österreich die Antwort auf mehr als eine Frage zu finden.

Er half Stämpfli bis in die Nachtstunden hinein, Zeitungsberichte über Dr. Steigers Flucht zu verfassen.

Als er gegen zehn Uhr in der Dunkelheit von der Brunngasse zur Gerechtigkeitsgasse ging, hatte er das unangenehme Gefühl, verfolgt zu werden. Er schaute sich aufmerksam um, konnte jedoch niemanden erblicken. Niggeler schüttelte lachend den Kopf über sich selbst und verscheuchte die ängstliche Spannung, die seinen Körper erfasst hatte.

19

Emilie Snell spazierte durch die blühende Wiese vor ihrem neuen Heim im basellandschaftlichen Liestal. Sie fand ihren Bruder wie immer in den letzten Wochen vor der Staffelei. Gedankenverloren zauberte er die Farben der Natur auf die Leinwand.

«Du bist ein Künstler, Rudolf», sagte sie anerkennend. «Kein Wunder, dass du dich in Bern nie wirklich für die Politik interessiert hast und nur Vater zuliebe im Freischarenzug mitmarschiert bist. Offenbar ist die Malerei deine wahre Liebe.»

«Du hast recht», gab ihr älterer Bruder zurück und legte den Pinsel zur Seite, um sich mit Emilie auf einen Baumstamm zu setzen. «In Bern habe ich studiert und zu politisieren versucht, aber ohne grosses Interesse. Hier, inmitten der herrlichen Natur, hat mich das Zeichen- und Malfieber gepackt. Ich glaube, ich werde mein Leben lang nur malen.»

«Wenn du weiter solche Fortschritte machst, wirst du deinen Lehrmeister bald überflügeln», meinte Emilie. «Du könntest deine Bilder verkaufen oder Zeichenlehrer werden.»

«Nur nicht so hastig, Schwesterherz», lachte Rudolf. «Verdirb mir diesen wunderschönen Moment des unbeschwerten Debütantendaseins eines Künstlers nicht. Wenn man noch keinen Namen hat, kann man viel sorgloser und schöpferischer arbeiten.»

«Du sprichst schon wie ein echter Kunstmaler.» Emilie liess ihren Bruder allein bei der Staffelei zurück. Sie schlenderte zum Landhaus, das ihr Vater bei Liestal gepachtet hatte. Die warmen Sommertage und die herzliche Aufnahme, die ihre Familie im Kanton Baselland erfahren hatte, trösteten die junge Snell über den Abschied hinweg. Aber verglichen mit dem bäuerlichen Liestal blieb Bern in ihrer

Erinnerung eine Weltstadt. Je mehr sie über das Leben und die Bekanntschaften nachdachte, die sie dort zurückgelassen hatte, desto schmerzlicher wurde das Heimweh.

Emilie verbrachte den Rest dieses Julinachmittags mit dem Schreiben von Briefen an ihre Freundinnen in Bern. Dann war es bereits Zeit für das Abendessen. In Liestal speiste man früh, und die Familie Snell hatte sich der lokalen Gewohnheit angepasst.

«Grosse Neuigkeiten, meine Lieben», verkündete Professor Snell, als er sich zusammen mit seiner Familie an den Esstisch setzte. «Seit ich vor einigen Wochen unserem Nachbarn zugesagt habe, ihn vor Gericht zu vertreten, bin ich ein gesuchter Anwalt. Ausserdem hat mich Pfarrer Walser gebeten, Artikel für sein ‹Basellandschaftliches Volksblatt› zu schreiben.»

«Es ist unglaublich, wie rasch wir uns eingelebt haben», kommentierte seine Gattin Franziska die guten Nachrichten. «Alle Welt scheint sich zu erinnern, welch grosse Dienste ihr Ehrenbürger der Basellandschaft geleistet hat. Die flüchtigsten Bekannten oder Sympathisanten deiner Ideen sind zu unseren Freunden geworden.»

«Du fühlst dich überall wohl, wo Vater ist», seufzte Emilie. «Und Rudolf hat seine Landschaftsmalerei. Ich aber langweile mich zu Tode und sehne mich nach Bern zurück.»

«Du langweilst dich?», fragte Snell und zwang sich zu einem enttäuschten Gesichtsausdruck. «Obwohl wir hier nur wenig über Politik sprechen? In Bern hatte ich immer den Eindruck, als ob dich die politischen Tischgespräche langweilen würden.»

«Du hast recht, Vater», gab Emilie zu. «Während der letzten Monate in Bern war euer fanatisches Politisieren einfach unausstehlich. Und doch war die Atmosphäre angenehm. Auch wenn unsere jetzigen Gesprächsthemen anregender sind, ich muss es offen zugeben.»

«Die Stimmung gefiel dir besser, weil du immer Bewunderer um dich hattest, Emilie», warf Rudolf belustigt ein.

«Wart nur ab, bis Vater im Herbst seine Vorlesungen hält. Dann werden sich wieder Studenten genug um dich scharen.»

Emilie liess sich nicht beirren, bedachte Rudolf mit einem strafenden Blick und fuhr fort. «Ich habe gesagt, dass unsere jetzigen Tischgespräche mir besser gefallen, Vater.»

«Ja, Emilie, ich habe verstanden und nehme das Stichwort auf», entgegnete der Professor, und sofort waren alle Augen auf ihn gerichtet. Auch Franziska Snell, welche die turbulente Lebensgeschichte ihres Mannes fast genauso gut kannte wie er, genoss die Erzählstunden. Ihr Gatte besass ein mitreissendes Talent zum Dramatisieren.

«Wo sind wir stehen geblieben?», fragte Snell und gab sich gleich selber die Antwort: «Ah ja, bei unserer wilden Fahrt nach Russland.»

Die Flucht in den Osten war nur eine von vielen abenteuerlichen Etappen im Leben des engagierten Gelehrten gewesen, der ständig Gefahr lief, seine politischen Ideen mit dem Verlust der persönlichen Freiheit zu bezahlen. Es begann, als er Student der Rechte war und den Hass der deutschen Jugend gegen die Unterdrückung seiner Heimat teilte. Snell war Mitglied einer Verbindung zum Umsturz der napoleonischen Regierung, und nach ihrem Fall beteiligte er sich an der Gründung der «Deutschen Gesellschaft», die republikanisch gefärbt war und freiere Verfassungen bezweckte. Als die Reaktion eintrat, geschah dies am schnellsten in den kleinen Staaten. In seiner Heimat, dem Herzogtum Nassau, wurden die Freisinnigen vor allem vom dortigen Regierungspräsidenten verfolgt. Snell, damals Kriminalrichter in Dillenburg, leitete eine Untersuchung über die Rechtmässigkeit der Privatgüter des Herzogs ein, die nach Ansicht des kritischen Beamten dem Staat gehörten. Ohne Verhör oder Untersuchung wurde er aber unvermittelt aus seinem Amt entlassen und musste mit der Familie zu seinem Bruder Ludwig flüchten, der Direktor des Preussischen Gymnasiums in Wetzlar war. Wilhelm Snell verfasste dort seine Aufsehen erregende Schrift «Beiträge zur Kriminalpsychologie» und wurde dafür von der Universität Giessen mit der Ehrendoktorwürde ausgezeichnet. Bereits stand seine Berufung als Professor für Kriminalrecht an die neu gegründete Universität Bonn fest, als der nassauische Regierungspräsident ins Schicksal der Familie eingriff und den Gelehrten der Mitgliedschaft eines geheimen Bundes beschuldigte, der den Umsturz der bestehenden Regierungen anstrebte. Im Jahre 1818 schwankte das politische System in Preussen zwischen den bisherigen liberalen Staatslenkern und dem späteren Polizeistaat von Kamptz, und in mehreren Ländern hatten die demagogischen Untersuchungen schon begonnen. Das Kultusministerium fand in dieser Situation nicht den Mut, Snells Berufung an die Universität Bonn zu bestätigen. Einer seiner Gönner, von Stein, verschaffte ihm jedoch eine Stellung an der russischen Universität Dorpat.

«Der menschenfreundliche Charakter Zar Alexanders liess uns hoffen, in Ruhe leben zu können, wenn auch weit weg von der Heimat», erzählte der Professor sein östliches Abenteuer. «Regierungspräsident Ibel aus Nassau aber liess uns nicht einmal in Frieden nach Russland ziehen. Von den Regierungen der Staaten, die wir durchreisen mussten, verlangte er meine Verhaftung. Wir wechselten aber dauernd die Kutschen und bewegten uns so schnell, dass wir allen Gefahren entkamen.» Snell unterbrach seinen Bericht, als er Tränen in den Augen seiner Frau glänzen sah. «Ja, Kinder», fuhr er fort und drückte liebevoll Franziskas Arm. «Damals war euer ältester Bruder Wilhelm noch am Leben und ein kleines Kind. Die Flucht aus Deutschland war für eure Mutter ein aufreibendes Erlebnis, denn sie musste auch für das Leben unseres nicht sehr robusten Kleinkindes fürchten.»

Es gelang der Familie, in Lübeck das Schiff zu erreichen. Ein Sturm auf der Ostsee machte die Überfahrt zum Alptraum, schliesslich aber kamen sie heil nach Riga. Im russischen Dorpat begann Snell unverzüglich mit seinen Vorlesungen.

«Der deutschen Jugend des Zarenreichs kamen meine Lehren von den ewigen und unvergänglichen Menschenrechten wie Klänge aus einer anderen Welt vor. Die Studenten hörten mit grosser Aufmerksamkeit zu, und sogar junge Leute aus anderen Fakultäten besuchten meine Vorlesungen.»

Der Friede dauerte nicht lange. Das Auslieferungsbegehren aus Preussen erreichte das ferne Russland. Wie überall, hatte Snell auch in Dorpat Freunde und Feinde. Ein Gönner, der Gouverneur von Riga, wollte dem Zaren ein wohlwollendes Gesuch zugunsten des Professors zustellen, Feinde verhinderten aber, dass es ausgehändigt wurde. So erfolgte Snells Entlassung und Ausweisung aus Russland.

«Allerdings war man dort grosszügiger als dieses Jahr in Bern», sagte er bitter. «In Dorpat stellte man mir immerhin ein ganzes Jahresgehalt und das nötige Reisegeld zur Verfügung.» Von einer Auslieferung wollte Zar Alexander nichts hören. Der Gouverneur von Riga riet Snell, Deutschland künftig zu meiden. Der Gelehrte aber schlug alle Warnungen in den Wind und begab sich geradewegs in die Höhle des Löwen. Er reiste mühselig auf dem Landweg nach Berlin und verlangte beim Polizeiminister vorzusprechen, um sich gegen die vorgebrachten Anklagen verteidigen zu können.

«Kamptz hörte mich an, sprach von einem unparteiischen Gericht und liess mir einen Pass zu Ludwig nach Wetzlar ausstellen. Von einer Rechtfertigungsmöglichkeit aber keine Spur. Erst später begriff ich, dass Kamptz längst eine Falle für mich vorbereitet hatte.»

Der Erzähler wurde von einem Klopfen an die Haustür unterbrochen. Ohne eine Antwort abzuwarten, trat als später Gast unverhofft Niklaus Niggeler in die Stube des Pachthauses.

«Niggeler, welche Überraschung», freute sich der Professor und umarmte den jungen Freund. Nachdem der Fürsprech die Familie begrüsst hatte, drängte Emilie: «So sprechen Sie schon, Niggeler! Was ist passiert in Bern, dass Sie zu so später Stunde in Liestal ankommen?»

«Das ist sicher eine lange Geschichte und hat bis morgen Zeit», unterbrach Franziska Snell ihre Tochter. «Geh und weise Marie an, die Gästestube herzurichten. Vorher soll sie aber Käse, Wurst und Brot und ein Glas Wein für unseren Gast bringen.»

Niggeler lächelte ihr dankbar zu und war froh, dass sich Rudolf unaufgefordert um den Einspänner und das Pferd kümmerte. Er setzte sich, ass still einen gehäuften Teller leer und sah dann verlegen auf. «Was soll das Schweigen, nur weil ich esse? Darf ich wissen, wovon man im Familienkreis gerade gesprochen hat?»

«Ach, Vater hat nur von seinen alten Reisen erzählt», informierte ihn Emilie und setzte dort an, wo die Mutter sie unterbrochen hatte. «Aus Bern ist sicher viel Aktuelleres zu berichten. So erzählen Sie schon, bitte, Niggeler!»

Der Fürsprech wollte Emilie zufrieden stellen, besann sich aber anders. «Wenn ich hier übernachten darf, würde ich meinen Bericht lieber bis auf das Mittagessen verschieben. Es sind im übrigen Neuigkeiten dabei, die nur für des Professors Ohren bestimmt sind.»

Snell bezähmte seine Neugierde. «Hier auf dem Land lernt man, sich in Geduld zu üben. Ich glaube, wir können alle bis morgen warten.»

«Dann fahren Sie doch fort mit Ihrer Erzählung», sagte Niggeler. «Es wird mir gut tun, etwas anderes zu hören als immer nur Berns und meine eigenen Probleme. Ausserdem berichten Sie wie ein Dramatiker.» Er schwieg und fügte hinzu:» «Ich habe mir gerade überlegt, dass wir uns seit Jahren kennen und Sie mich während einiger Zeit sogar in Pension hatten. Es war mir aber nie vergönnt, Ihre abenteuerliche Lebensgeschichte im Detail kennen zu lernen.»

«Wir hatten eben immer Neuigkeiten zu besprechen und die politische Zukunft zu planen», gab Snell zurück. «Als Student waren Sie überdies hauptsächlich an Rechtsfragen interessiert.» Der Professor nahm einen Schluck Wein und lehnte sich gemütlich im bequemen Sessel zurück. «Ich habe euch berichtet, dass ich in Berlin vom herzlosen Polizeimann Kamptz empfangen wurde. Sein Lächeln war genauso falsch wie seine Worte. Meine Reise nach Wetzlar zu meinem Bruder Ludwig sollte seine längst gestellte Falle zuschnappen lassen.» Von Berlin reiste die Familie Snell vorsichtig weiter, denn der Professor erinnerte sich der Warnung des Gouverneurs von Riga. Er liess seine Familie bei einem Freund in der Nähe von Homburg zurück und ging zu Fuss weiter. «Während einer stürmischen Nacht einige Tage vor Neujahr kam ich in Wetzlar an. Ludwig hatte von einem Freund erfahren, dass die Polizei bereits einen Haftbefehl für mich hatte und mich nach Nassau ausliefern sollte. Er liess die Strasse vor seinem Wohnhaus Tag und Nacht beobachten, und als ich dort ankam, fing mich einer seiner Freunde ab und brachte mich zu einem Bekannten in Sicherheit.» Heimlich verliess Snell in der folgenden Nacht Wetzlar, ging zu Fuss nach Weilburg, wo sein Vater als Oberschulrat wirkte, und sagte seinen Eltern Lebwohl. Dann wanderte er zu Fuss durch die Schneefelder des Taunus nach Frankfurt und stellte bei seinem Gönner, dem preussischen Bundestagsgesandten von Stein, ein Gesuch um unparteiliche gerichtliche Untersuchung seines Falls. «Von Stein hielt Wort», fuhr Snell fort. «Er reichte mein Gesuch ein und stellte sich öffentlich auf meine Seite. Als er auf eine Mauer der Ablehnung stiess, klagte er die Versammlung an, die letzte Zierde Deutschlands, die Unparteilichkeit seiner Justiz, mit Füssen zu treten und verliess zornig den Saal. Für mich aber konnte er nichts weiter tun, als mir einen Pass auszustellen.» Dank seiner ungewöhnlichen körperlichen Kräfte gelang es dem Professor, bis nach Strassburg zu marschieren, wo er mit zwei weiteren politischen Flüchtlingen zusammentraf. Während der eine in Deutschland zu bleiben beschloss und dem Ultramontanismus([10]) zum Opfer fiel, wanderten Snell und sein neuer Freund Karl Follen Richtung Schweiz.

«Auch die Eidgenossenschaft durchlief damals kritische Zeiten», erinnerte sich Snell. «Wir wanderten über Zürich nach Chur, denn die Regierung von Graubünden bewies in jenen Tagen Widerstand gegen die vom Ausland verlangten Auslieferungen.»

Obwohl seine Zuhörer gespannt der Erzählung gefolgt waren, erhob sich der Gelehrte, wünschte eine gute Nacht und wandte sich an seinen Gast: «Morgen werden Sie erzählen, Niggeler. Meine Lebensgeschichte ist bald beim Aufenthalt in Basel und in Zürich angelangt und daher in ruhigere Bahnen geraten. Sie kann warten, bis meine Tochter mich bittet, weiterzuerzählen.»

Emilie lächelte. Ein eigentümliches Glücksgefühl stimmte sie heiter, und sie war im Stillen dankbar, Teil einer so lebendigen Familie zu sein.

20

Am nächsten Morgen wurde Emilie durch leises Stimmengewirr geweckt. Es war noch nicht sieben Uhr, und doch sah sie durch den Spalt in den Fensterläden ihren Vater und seinen Gast Niklaus Niggeler aus dem Garten zum Pfad am Waldrand spazieren. Sie kleidete sich rasch an, steckte die blonde Lockenflut mit einigen Nadeln hoch und eilte hinunter in die Küche und von dort auf die Wiese.

«So wartet doch, ich möchte auch wissen, was sich in Bern ereignet hat», rief Emilie atemlos, als sie die beiden Männer erreicht hatte.

Niggeler machte keinen Versuch, seine unterbrochene Erzählung wieder aufzunehmen, sondern zog ein Päcklein aus der Tasche.

«Das ist für Sie, Emilie», lächelte er. «Eine kleine Erinnerung an Bern.»

Sie löste das Geschenklein aus der Verpackung und brachte eine Souvenirbrosche mit der Ansicht der Stadt Bern zum Vorschein.

«Diese Broschen sind jetzt grosse Mode», rief sie erfreut aus. «Vielen Dank, Niggeler.» Sie bewunderte das Anstecksouvenir und forderte ihn auf: «Lassen Sie sich nicht mehr vom Erzählen abhalten. Was ist passiert in Bern?»

Snell und Niggeler wechselten einen vielsagenden Blick. «Es ist eine Neuigkeit von grosser Tragweite, Emilie. In der Nacht vom 19. auf den 20. Juli ist der Führer der luzernischen Konservativen, Joseph Leu, erschossen worden.»

Der Professor konnte einen überraschten Ausruf nicht unterdrücken. Eine solche Nachricht hatte er nicht erwartet. «Weiss man, wer es getan hat?»

«Nein, das ist ja das Schlimme. Die Konservativen in Luzern klagen offen die Radikalen an. Wir jedoch haben beste

Verbindungen zu allen Radikalen der Schweiz, auch zu den geflüchteten Luzernern und zu Dr. Steiger, und wissen doch nichts von diesem Mord. Offenbar die Tat eines Einzelgängers, die nun allerdings das politische Klima noch mehr vergiften wird.»

«Das ist der Tropfen, der das Fass zum Überlaufen bringen wird, Sie werden es sehen, Niggeler», rief Snell. «Die Ermordung Leus zeigt uns, welchen Grad die Leidenschaften und der Hass in den Volksmassen erreicht haben. Ich glaube nicht, dass Luzern dies tatenlos hinehmen wird. Wir müssen das Schlimmste befürchten.»

«Was bedeutet das Schlimmste, Vater?», mischte sich Emilie in das Männergespräch ein.

«Die konservativen katholischen Kantone könnten sich gegen den Rest der Schweiz zusammenschliessen», gab ihr Vater zurück. «Im dramatischsten Fall würde dies zum Bürgerkrieg und vielleicht sogar zur militärischen Einmischung fremder Mächte führen.»

«Was können wir tun?» Niggeler sah Snell ratlos an. «Wir haben es mit unserer ganzen Überzeugungskraft versucht, die Fronten sind jedoch allzu verhärtet.»

«Wir müssen unseren Weg weitergehen. Ich sollte sofort mit Stämpfli sprechen. Nun gibt es kein Zurück mehr. Die Radikalen müssen vorwärtsstürmen und ein starkes Gegengewicht gegen die konservativen Kantone bilden. Nur so können sie ihren Willen durchsetzen und die Einheitlichkeit der Schweiz durch einen neuen Bundesvertrag fördern.»

Als Wilhelm Snell bemerkte, dass seine Tochter der politischen Diskussion interessiert zuhörte und keine Anstalten machte, die Männer wieder zu verlassen, sagte er: «Emilie, sei so gut und bitte deine Mutter, ein währschaftes Bauernfrühstück für die ganze Familie vorbereiten zu lassen.» Als Emilie protestieren wollte, fügte er bei: «Du willst doch Franziska sicher deine neue Brosche zeigen.»

«Das Geschenk könnte Mutter auch später sehen», gab Emilie mit einer Stimme zurück, die verraten sollte, was sie dachte. Sie hatte es satt, wie ein Kind behandelt zu werden. «Wenn ihr jedoch ungestört sein möchtet, um wichtige Angelegenheiten zu besprechen, so lasse ich euch gern allein.»

Als die junge Snell dem Haus zuspazierte, folgten die Blicke der Männer ihr mit Anerkennung, die diesmal nicht ihrer Schönheit galt, sondern ihrer immer wieder erstaunlichen Persönlichkeit.

Ohne Zögern nahm Niggeler die von Emilie unterbrochene Erzählung auf. «Ich weiss, dass ich über diese Sache Stillschweigen bewahren müsste. Ich habe es Stadtpolizeidirektor Häuselmann und auch dem Finanz- und dem Militärdirektor versprochen. Nun handelt es sich jedoch nicht mehr nur um einen kriminalistischen Fall, den ich untersuchen soll. Ich stecke selber mitten drin!»

«Es muss Ihnen Schlimmes widerfahren sein, dass Sie so wirr sprechen, lieber Niggeler. Versuchen Sie, Journalist zu sein und die Geschichte von Anfang an zu erzählen.» Da der Fürsprech zögerte, fügte Snell bei: «Sie wollen, dürfen aber nicht sprechen? Betrachten Sie mich als Ihren zum Stillschweigen verpflichteten Anwalt! Sie wissen, dass ich ein Spezialist in Kriminalistik und Kriminalpsychologie war und als Kriminaldirektor arbeitete, ehe ich Deutschland verlassen musste. Hier in Liestal habe ich wieder angefangen, Klienten vor Gericht zu vertreten. Sie sind also doppelt gerechtfertigt, wenn Sie sich mir anvertrauen.»

Niggeler gab seine Zurückhaltung auf. In raschen Worten berichtete er dem Professor von seinen Nachforschungen im Zusammenhang mit dem Todesfall des Finanzbeamten Hubler. Er liess auch die Befragung der Witwe von Simon und ihrer Tochter Sophie sowie die Unterredungen bei Finanzdirektor von Nufer und bei Militärdirektor Ferdinand von Tillier nicht aus. Mit Freude erwähnte er seinen Besuch beim Patrizier Moosmann und dessen Bewunderung für Snells Schriften über das Naturrecht.

«Nach dem Tod des Finanzbeamten Anton Jahn wurde ich angewiesen, die Untersuchung niederzulegen und der

Militärdirektion zu überlassen», beendete der Anwalt seinen Bericht. «Von Tillier gab offen zu, dass man Spione im Dienste fremder Mächte in Bern vermutet und die Todesfälle damit in Zusammenhang stehen könnten.»

«Dann sind Sie nun also die ganze Geschichte los», stellte der Professor fest. «Weshalb die Aufregung?»

«Weil ich jetzt persönlich darin verwickelt bin», rief Niggeler aus. «Am Abend nach der Unterredung mit dem Militärdirektor bin ich spät von der Redaktionsstube an der Brunngasse nach Hause gegangen. Ich bin sicher, dass mir ein Schatten gefolgt ist. Seither weiss ich, dass ich beobachtet werde.»

«Sie haben keine Ahnung, wer dahinter steckt?»

«Nein, aber diese Beschattung ist nicht alles. Das Schlimmste habe ich Ihnen noch gar nicht erzählt. Als ich gestern Morgen die Treppe zur Anwaltskanzlei hinunterstieg, sah ich sofort, dass in der Nacht die Tür aufgebrochen worden war», brachte der Fürsprech atemlos hervor. «In den Archivräumen herrschte ein wahres Chaos. Jemand hat alle Unterlagen durchwühlt.»

«Fehlt irgend etwas?», fragte Snell.

«Nein. Ich habe genau kontrolliert. Offenbar haben die Einbrecher nicht gefunden, was sie suchten.»

Niggeler griff zu seiner Tasche, öffnete sie und liess den Professor einen Blick auf ein dickes Aktenpaket werfen.

«Ich weiss, was sie zu finden hofften. Diese Unterlagen! Es handelt sich um meine gesamten Notizen, die ich während der Befragungen im Fall Hubler angefertigt habe. Auch Schlussfolgerungen meinerseits sind dabei. Ausserdem alles, was auf dem Schreibtisch Hublers gefunden wurde. Häuselmann gab mir die Bewilligung, diese Blätter, Bücher, Zeitungen und anderen schriftlichen Aufzeichnungen zu behändigen.»

«Weshalb haben die Einbrecher die Unterlagen nicht mitgenommen?»

«Weil sie nicht in der Kanzleistube waren», antwortete Niggeler. «Ich habe einige Tage vorher das ganze Material in die Wohnung hinaufgenommen, da ich mich in den Abendstunden dem Fall Hubler widmen wollte.»

«Dann werden die Einbrecher zurückkehren und auch Ihre Wohnung durchstöbern», stellte der Professor fest. «Gut, dass Sie weggefahren sind.»

«Ja, allerdings. Hören Sie, wie abenteuerlich meine gestrige Flucht aus Bern war.»

Als Niggeler seine durchwühlten Büros kontrolliert hatte und kein Fehlen irgendwelcher Dokumente oder Wertsachen feststellen konnte, brachte er den Einbruch in Zusammenhang mit dem Umstand, dass er verfolgt wurde. Da er den Schatten erstmals am Abend nach seiner Besprechung beim Militärdepartement bemerkt hatte, zählte er zwei und zwei zusammen. Die Einbrecher suchten sicher die Unterlagen zum Fall Hubler. Da sie diese in der vergangenen Nacht nicht gefunden hatten, würden sie wiederkehren.

Die Aufzeichnungen brannten Niggeler plötzlich in den Händen wie glühende Kohle. Er musste sie loswerden. Als sein Kanzleidiener am Arbeitsplatz erschien, gab er diesem sofort Instruktionen, alle Termine der nächsten Tage abzusagen.

«Ich muss Richtung Zürich fahren», umschrieb er vage seinen Reisegrund. Da er plötzlich das Gefühl hatte, niemandem mehr trauen zu können, fügte er bei: «Sie wissen doch vom Fall Marti und seinen Verwicklungen mit Affoltern und Wetzikon im Kanton Zürich. Ich glaube, die Sache muss vor Ort durchleuchtet werden.»

Der Bürodiener war bereits mit seiner Reisetasche unterwegs zur Remise, als der Fürsprech seine Wohnung verliess. Während Niggeler demonstrativ Richtung Junkerngasse spazierte, führte der Angestellte seinen Einspänner ans Aareufer. Der Anwalt merkte nach den ersten Schritten, dass sich unter den Lauben auf der anderen Strassenseite ein Schatten parallel zu ihm bewegte. Er ging schneller, betrat plötzlich eine Remise und verliess diese auf der anderen Seite wieder. Sein Verfolger durchschaute den Trick. Niggeler sah zurück und bemerkte den schnell in seine Richtung laufenden, unauffällig gekleideten Mann. Noch lag dieser vier Häuser zurück. Als eine Schar diskutierender Studenten aus dem Hochschulgebäude trat, mischte Niggeler sich unter sie und landete in einer der beliebtesten Trinkstuben an der Herrengasse. Er kannte das Lokal aus seiner Studentenzeit und wusste, dass der Keller hinten eine Verbindungstür zu einem anderen Untergeschoss hatte, dessen Treppenaufgang zu den Gärten am Aareufer führte. In wenigen Minuten eilte er hinunter ans Flussufer und erreichte seinen Einspänner. Er war sicher, die Untertorbrücke zu überqueren, ehe der Unbekannte seinen Plan, die Stadt zu verlassen, erraten konnte. Um ganz ruhig zu sein, folgte Niggeler ein Stück lang der Hauptstrasse nach Zürich und schlug erst dann auf Nebenstrassen den Weg nach Liestal ein.

«Nun bin ich hier und habe alle Unterlagen zum Fall Hubler mitgebracht», beendete Niggeler seine Erzählung. «Was soll jetzt geschehen?»

«Ich werde für Ihre Dokumente ein sicheres Versteck finden», löste Snell das dringendste Problem. «Nicht hier im Haus, denn man könnte ja auf die Idee kommen, dass Sie sich mir anvertraut haben.»

«Und dann?»

«Es gibt nur eine Möglichkeit», stellte der Professor sachlich fest. «Wir müssen das Rätsel lösen, auch wenn die Militärdirektion die Sache selber in die Hand genommen hat. Nur wenn Sie Ihre Verfolger entlarven können, werden Sie sicher sein.»

«Ja, deshalb habe ich mich Ihnen anvertraut. Aber ich weiss nicht, wo anfangen.»

«Wir sind auf Vermutungen angewiesen. Wer beweist uns, dass eine Spionagegeschichte des Rätsels Lösung ist?»

«Es ist unser einziger Anhaltspunkt», beharrte Niggeler auf Militärdirektor von Tilliers Idee. «Wenn Hubler ermordet wurde, so sicher deshalb, weil er militärische Geheimnisse kannte oder einem Spion auf der Spur war.»

«Ja, so scheint es», bemerkte Snell vorsichtig. «Nun wollen wir methodisch vorgehen: Gibt es für Sie eine Möglichkeit, die Geschichte in Bern selbst aufzuklären?»

«Nein, ich glaube nicht. Offiziell darf ich keine Fragen mehr stellen und mich in keiner Art um die Angelegenheiten des Militärdepartements kümmern.»

«Hat von Tillier Ihnen gesagt, in welchem Dienst diese vermeintlichen Spione stehen könnten?»

«Nein. Er mutmasste, was ja logisch ist. Entweder die Konservativen aus Luzern oder die Österreicher.»

«Ich glaube, ich habe eine Möglichkeit, in Luzern einige Abklärungen vornehmen zu lassen», sagte der Gelehrte. «Ludwig steht mit dem geflohenen Dr. Steiger in Kontakt, und Steiger hat zahlreiche Verbindungen in Luzern.»

«Und wenn Metternich dahinter steckt?»

«Das müssen Sie selbst abklären. Suchen Sie Rustinger in Wien, Niggeler! Das war ja längst Ihre Absicht. Nehmen Sie Kontakt auf mit dem bernischen Gesandten in Österreich.»

Als Niggeler ihn verwirrt anblickte und Anstalten machte, gleich auf das Haus loszueilen, um seine Sachen zu packen, nahm Snell ihn beim Arm. «Nein, übernehmen Sie sich nicht. Sie sind völlig erschöpft und brauchen Erholung. Wenn Sie sich sofort in ein neues Abenteuer stürzen, wird nichts Gutes herauskommen.» Als der Fürsprech lediglich nickte, fügte Snell mit leiser, beruhigender Stimme bei: «Ruhen Sie sich einige Tage bei uns aus. Machen Sie mit Emilie und Rudolf Spaziergänge und folgen Sie abends meinen Erzählungen aus den alten Zeiten.» Er dachte einen Augenblick nach und sagte dann: «Haben Ihre Eltern Sie diesen Sommer nicht nach Hause eingeladen?»

«Natürlich, ich bin dort immer willkommen, das wissen Sie. Ich wollte jedoch nicht sofort nach Ottiswil fahren und die Meinen beunruhigen. Aber Sie haben recht. Ich werde auf dem Land ausspannen. Eine Sommerpause haben wir in der Kanzlei immer eingelegt. Im September oder Oktober werde ich dann nach Wien reisen.»

Und ich will Hublers Unterlagen so genau unter die Lupe nehmen, wie dies selbst Niggelers Einbrechern nicht in den Sinn gekommen wäre, dachte Snell und geleitete seinen entspannter wirkenden Gast in die heimelige Stube seines Pachthauses, wo sie ein reichhaltiges Frühstück erwartete.

21

Der Anwalt aus Bern verbrachte überraschend unbeschwerte Tage in Liestal. Anfang August gesellten sich Jakob Stämpfli und Elisa zu ihnen. Da der Platz knapp wurde, beschloss Niggeler, zu seinen Eltern ins bernische Seeland weiterzureisen. Snell protestierte: «Sie wollten meine Lebensgeschichte hören. Jetzt müssen Sie sich auch den Rest erzählen lassen. Morgen werden wir drei uns wieder der Politik widmen.»

Die Erlebnisse des Rechtsgelehrten in der Schweiz waren nicht so aufregend wie die Abenteuer in Deutschland und in Russland; für ihn gehörten die in Basel und Zürich verbrachten Jahre jedoch zu den schönsten seines Lebens. Mit einem Blick auf seinen Schwiegersohn Jakob Stämpfli, der den Anfang von Snells Geschichte von Elisa kannte, begann der Professor zu erzählen: «In Chur konnte ich ein angenehmes Leben führen. Bei meinen Wanderungen am Calanda kamen mir die Schicksalsschläge der Vergangenheit fast wie ein Traum vor. Vergessen waren der Sturm auf der Ostsee, die Katastrophe in Dorpat, die schauerliche Winterreise nach Berlin und die zweite Winterflucht aus meinem Vaterland. Das Städtchen Chur inmitten der Gebirgswelt bot mir eine prächtige Erholung.» Snell wanderte bis in die höchsten Täler und genoss die Gastfreundschaft und die unkomplizierte Freundlichkeit der Bergbevölkerung. Sein Leben bestritt er mit Aushilfestunden an der Kantonsschule.

«Die Lage der Schweiz unter der Vormundschaft der Restauration[11] war heikel», berichtete Snell. «Es gab allerdings einige Kantone, die ihre Unabhängigkeit mit Elan behaupteten. Dazu gehörte auch Basel. Deshalb war ich glücklich, dass man mich bereits 1820 zusammen mit anderen politischen Flüchtlingen aus Deutschland an die Universität Basel berief.»

Zwischen 1820 und 1833 dozierte er Naturrecht und Kriminalrecht an der Hochschule von Basel und engagierte sich nebenbei ebenso für die Freiheit Griechenlands wie für die Probleme der Basellandschaft und die vielen, nach ihm in die Schweiz eingereisten Flüchtlinge. Zahlreichen Opfern der ausländischen Gewalt half Snell weiter, so auch dem italienischen Revolutionär Filippo Buonarotti nach dessen Wegweisung aus Genf und dem Nazionalökonomen Friedrich List. Dank Snells Hilfe gelang es List, dem späteren Gründer des deutschen Zollvereins, die Mittel für seine Reise nach Nordamerika zusammenzubringen. Was dem gut etablierten und zweimal zum Rektor der Universität Basel gewählten Professor schliesslich wiederum in die Quere kam, war sein leidenschaftliches Engagement gegen die politische und menschliche Ungerechtigkeit. Im Zuge der baslerischen Verfassungsrevision unterdrückte die städtische Partei die Landschaft, und Snell griff ein.

«Als ich mit eigenen Augen sehen musste, wie die mit Stricken gefesselten Landbürger in die Stadt geführt wurden, konnte ich nicht länger schweigen», erinnerte sich Snell. «Ich unterstützte die Landschäftler mit meinem juristischen Rat und half ihnen bei der Verfassung ihrer Petitionen an die eidgenössischen Behörden. Das brachte uns das Ehrenbürgerrecht des neuen Kantons Baselland ein; meine Situation in der Stadt Basel aber war unhaltbar geworden. Daher folgte ich dem Ruf an die neue Hochschule von Zürich.»

Das Jahr an der Limmat blieb Snell in lebhafter Erinnerung. Zürich war damals das Zentrum des liberalen Lebens und eine unerschöpfliche Quelle geistiger Anregung. Mit seinen Freunden Orelli, Schönlein, Hodes, Nägeli und Ulrich traf er sich fast allabendlich auf der Platte, der Versammlungsstätte der radikalen Partei.

«Aller Reiz, den höchste wissenschaftliche Bildung, Lebenserfahrung, Witz, Humor und politische Ambitionen einer Unterhaltung geben können, war dort vereinigt», schwärmte Snell. «Jeder gesellschaftliche Zwang war verschwunden. Neben dem Bürgermeister, dem Oberrichter und dem Professor sassen der Schreiner und Dreher gemütlich bei einem Glas Rebensaft. Die Macht der Menschlichkeit und des demokratischen Gedankens warf alle konventionellen Schranken nieder. Es herrschte eine einzigartige Stimmung im Plattenverein, die ich nie und nirgends in meinem Leben wiedergefunden habe.»

Trotz der anregenden Zeit in Zürich zögerte Wilhelm Snell keinen Augenblick, als er an die neu gegründete Hochschule nach Bern berufen wurde. Für die Aarestadt sprachen das höhere Gehalt, vor allem aber der Umstand, dass der mächtige Kanton Bern in der republikanischen Entwicklung weit hinter Zürich zurückstand. Snell hoffte, durch seine Lehrtätigkeit zwischen Zürich, Bern und Basel eine Verbindung der liberalen Ideen zu schaffen und so indirekt die Reform des Bundes voranzutreiben.

«Das ist Ihnen gründlich gelungen», warf Niggeler ein. «Ausser Jakob und mir gibt es zahlreiche radikale Jünger Ihrer Schule, und unsere Chancen stehen im Moment so ausgezeichnet, dass wir innert kurzer Zeit eine demokratische Schweiz schaffen werden.»

«Ja, das glaube ich auch», gab Snell zu und erhob sich. «Doch verschieben wir die Politik auf morgen. Wir haben noch so viel zu besprechen.»

Am nächsten Morgen führten Snell, Stämpfli und Niggeler ein politisches Gespräch, das mehrere Stunden dauerte. Wortführer war Jakob Stämpfli.

«Vorgestern habe ich als Redner an der Feier zur Erinnerung an die Verfassung von 1831 teilgenommen», berichtete der Redaktor der «Berner Zeitung». «An diesem 31. Juli war die Atmosphäre allerdings geladener als in den vergangenen Jahren. Dafür hat meine Rede gesorgt.»

Stämpfli klagte die Berner Regierung an, der liberalen Sache, in deren Namen sie gewählt worden war, immer mehr den Rücken zu kehren. Vor allem bezichtigte er sie der Unentschlossenheit und sogar der Feigheit seit dem zweiten Freischarenzug.

«Die Stimmung war derart gut und der Applaus für meine Worte so enorm, dass ich die Situation ausnützen musste», erzählte Stämpfli freudig erregt. «Ich verlangte also die Erneuerung der Verfassung der Republik Bern und sagte offen, dass ich mir davon einen radikalen Umschwung verspreche.»

«Das Echo war gewaltig, wir haben es gehört», kommentierte Snell. «Nun müssen wir die Gelegenheit beim Schopf packen und unser politisches Vorgehen programmieren.»

Nach langen staatsrechtlichen Diskussionen kamen die drei überein, die Änderung der Verfassung nicht durch die kantonale Legislative, sondern durch einen eigens ernannten Verfassungsrat zu verlangen.

«Wenn die Legislative die Revision vornimmt, so wird nicht viel dabei herauskommen, denn sie wird sicher die Richtlinien der Regierung befolgen», meinte Stämpfli. «Ein speziell gewählter Verfassungsrat dürfte besser in unserem Sinn wirken.»

Snell warf dem Schwiegersohn einen anerkennenden Blick zu. «Die Idee des Verfassungsrats ist ausgezeichnet.»

«Sie stammt nicht von mir, tut mir leid. Ulrich Ochsenbein hat den Vorschlag gemacht.»

«Wir müssen die Sache rasch durchziehen», warf Niggeler ein. «Wenn wir dem Volk mit Artikeln in der ‹Berner Zeitung› genügend einheizen, könnte die Verfassungsrevision schon im nächsten Jahr Wirklichkeit werden.»

«Ja, diesen Herbst werde ich systematisch über die Notwendigkeit der Revision berichten und engagierte Persönlichkeiten zu Wort kommen lassen», bestätigte Stämpfli. «Wichtig ist, dass wir die Stimmung ausnutzen. Das Volk und auch ein Teil des Grossen Rates ist mit der Regierung nicht mehr einverstanden.»

22

Mühsam schleppte sich der Postwagen die Bergstrasse hinauf Richtung Arlberg. Niggeler erwachte aus seinem Mittagsschlaf und schaute zum Fenster hinaus. Die Landschaft hatte sich verändert, seit sie am frühen Morgen Bludenz verlassen hatten. Er sah kaum noch Häuser, nur vereinzelte Berghütten und Tannenwald.

«Hoffentlich kommen wir zeitig in Innsbruck an», sagte eine Dame mittleren Alters, die dem Fürsprech schräg gegenüber sass und mit ihrer Tochter reiste. Dem Gespräch der beiden Österreicherinnen aus Feldkirch hatte er entnommen, dass die junge Dame nach Innsbruck unterwegs war, um dort einen Bauunternehmer zu heiraten. Niggeler lehnte sich zurück und versuchte, nicht auf das belanglose Gespräch der übrigen Kutscheninsassen zu achten. Er wollte in Ruhe nachdenken. Doch das war nicht einfach. Die Stimmen der Reisenden wurden mit dem Gerassel der Wagenräder immer lauter, und es gab dauernd Unterbrüche. Bei jeder Station machte der Postillon seine Runde und kassierte das gesetzliche Trinkgeld ein sowie von einzelnen Insassen auch ein Schmiergeld. Niggeler hatte seinen Geldbeutel mit Gulden und Kreuzern gefüllt und bezahlte gern für ein Maximum an Bequemlichkeit. Die Fahrt rüttelte ihn genauso durcheinander wie die übrigen Reisenden, immerhin aber hatte er sich einen Fensterplatz erkaufen können. Der erste Teil seiner Reise war einigermassen bequem gewesen, hatte er doch zwei Tage in Zürich bei Professor Snells Bruder ausgespannt. Nach der Schiffahrt bis ans obere Ende des Zürichsees war Niggeler über die holprigen Hügelstrassen des Toggenburgs und des Appenzells bis nach Herisau und Feldkirch gereist.

Nun fühlte er sich entspannt. Vergessen waren die hektischen Tage vor seiner Flucht nach Liestal. Seine Verfolger waren weder in der Basellandschaft noch später in Ottiswil im bernischen Seeland aufgetaucht. Offenbar hatte seine von Snell angeregte List die unbekannten Gegner getäuscht. Niggeler hatte einige Tage nach seiner Abreise aus Bern den Bürodiener brieflich beauftragt, mit einer auffälligen Aktentasche mitten am Nachmittag zur Stadtpolizeidirektion zu spazieren. Der Angestellte überreichte Polizeidirektor Häuselmann Niggelers Mitteilung, worauf dieser ihm ein Paket fingierter Dokumente gab. Mit der schwerer gewordenen Tasche ging der Bürodiener geradewegs zur Militärdirektion und deponierte sie an einem abgemachten Ort. Mit leeren Händen kehrte er zur Gerechtigkeitsgasse zurück und berichtete anschliessend Jakob Stämpfli, er sei bei seinen Botengängen beschattet worden. Wer immer die Verfolger waren, sie mussten nun denken, Niggeler habe seine Unterlagen über den Fall Hubler im Militärdepartement deponiert. Wenn es dort einen Spion gab, würde sich dieser nun den Kopf darüber zerbrechen, wie er die offenbar abgelieferten Akten aufstöbern könnte.

Nach den anregenden Tagen in Liestal bei der Familie Snell waren die Augustwochen in Ottiswil auf dem Bauernhof seiner Eltern eine Entspannung anderer Art gewesen. Niggeler half seinem Bruder Jakob bei der Feldarbeit, genoss die wundervolle Küche seiner Mutter und tollte mit der zwölfjährigen Schwester Anne Marie und dem kleinsten Bruder Johann auf den Wiesen umher. Maria war mit ihren einundzwanzig Jahren zu einer hübschen jungen Dame herangewachsen und versuchte, ihrem Bruder Niklaus die besten Partien aus der Nachbarschaft schmackhaft zu machen. Er fuhr Maria zum Tanz, aber keine der Seeländerinnen vermochte ihn ernsthaft zu interessieren.

Nach seiner Rückkehr in die Stadt widmete sich Niggeler den wichtigsten Gerichtsfällen, die sein Kanzleikollege nicht für ihn erledigt hatte. Er empfand jene Zeit wie die Stille vor dem Sturm und witterte überall Gefahren. So war er froh, sich Mitte Oktober endlich auf die Reise nach Wien begeben zu können. Er ahnte nicht, was ihn in der österreichischen Hauptstadt erwarten würde.

Niggeler erwachte aus seinen Gedanken, als die Kutsche für die Nacht bei einem Berggasthof auf dem Arlberg anhielt. Am nächsten Tag kaufte er sich des strahlenden Wetters wegen einen Fahrplatz am Bock. Er genoss die warme Herbstsonne und war in ein Gespräch mit dem Kutscher vertieft, als dieser plötzlich einen umgekippten Baumstamm vor sich sah und die Pferde kaum zu zügeln vermochte

Unvermittelt traten zwei Briganten mit Pistolen im Anschlag hinter einem Felsen hervor und richteten ihre Waffen auf den Postillon und Niggeler. Ein dritter Wegelagerer mit buschigem schwarzem Schnauz öffnete die Kutschentür und bat die Insassen mit gespielt galanter Geste auszusteigen.

«Keine Angst, Damen und Herren», sagte er mit unverkennbar italienischem Akzent. «Niemandem wird ein Haar gekrümmt. Was wir suchen, gehört keinem der Reisenden.»

Während die beiden bewaffneten Männer die Fahrgäste in Schach hielten, bestieg der dritte den Postwagen, betätigte einen Mechanismus unter der vorderen Sitzbank und hob eine schwere Kassette empor. Als er den Deckel öffnete, waren aller Augen gebannt auf den Inhalt gerichtet. Die Kassette war randvoll gefüllt mit Gulden und Goldstücken. Niggeler benutzte diesen Augenblick, um unbemerkt zum Gepäckwagen zu schlüpfen. Glücklicherweise war seine Reisetasche am äussersten Rand befestigt und mit einem einzigen Handgriff geöffnet. Er nahm seine Pistole, die er in weiser Voraussicht geladen im Gepäck verstaut hatte, aus einem Nebenfach und schlich zurück zur Gruppe der Reisenden. Leise trat er hinter den nächsten Briganten, drückte ihm den Lauf seiner Lepage in den Rücken und flüsterte einige Worte in dessen Ohr. Da zwei Damen zwischen ihm und seinen Kumpanen standen, zog der Italiener es vor, Niggelers Anweisungen zu befolgen und senkte seine Pistolen. Ein vornehm gekleideter Reisender von ungefähr 45 Jahren hatte Niggelers Vorgehen beobachtet, ohne mit der Wimper zu zucken. Nun trat er rückwärts aus der Reisegruppe und neben den Wegelagerer. Als Niggeler ihm zunickte, behändigte er die beiden gesenkten Schusswaffen des Briganten. Gemeinsam wandten sie sich den anderen über die Kassette gebeugten Angreifern zu. Gleichzeitig stürzten auch die übrigen männlichen Reisenden vorwärts, und im Durcheinander gelang es den drei Italienern, sich jenseits des umgekippten Baumstamms in Sicherheit zu bringen. Einer schrie: «Evviva l'Italia, evviva la libertà», und das Hufgeklapper verklang in der Ferne.

Der Postillon und die Damen konnten Niggeler nicht genügend zu seinem unerschrockenen Eingreifen beglückwünschen. Die Kassette wurde wieder unter dem Sitz verstaut, der Kutscher rief zum Einsteigen, und bald war der Postwagen erneut unterwegs. Bei der nächsten Station drückte Niggeler dem Postillon einige Kreuzer in die Hand und verlangte einen Fensterplatz unter Dach. Er kam dem elegant gekleideten Herrn, der ihm zu Hilfe geeilt war, gegenüber zu sitzen. Der Fremde trug einen figurbetonten dunkelblauen Überrock, dazu eine Seidenhalsbinde und dunkelrote enge Hosen.

«Darf ich mich präsentieren? Christoph von Elvert, Anwalt aus Wien.»

Hocherfreut gab sein Gegenüber zurück: «Niklaus Niggeler, Fürsprech in Bern.»

Von Elvert strahlte und schüttelte seinem Berufskollegen aus der Schweiz die Hand. «Wenn Sie aus Bern sind, dann werden Sie wohl liberaler oder gar radikaler Gesinnung sein.»

Niggeler liess sich nicht anmerken, dass der andere den Nagel auf den Kopf getroffen hatte. «Gibt es denn in Ihrem Kaiserreich keine Liberalen?»

«Natürlich, doch dürfen sich diese nicht zu erkennen geben.» Elvert begleitete seine Worte mit einem sibyllinischen Lächeln.

«Wissen Sie, weshalb die Briganten uns nicht ausrauben, sondern lediglich die Kassette behändigen wollten?», fragte Niggeler, vorsichtshalber das Gesprächsthema wechselnd.

«Ja, natürlich. Haben Sie ihren Ausruf denn nicht verstanden?»

«Nein, ich war anderswie beschäftigt.»

«Die drei Wegelagerer schrien: ‹Evviva l'Italia! Evviva la libertà!»

«Was hat das zu bedeuten?»

«Es lebe Italien! Es lebe die Freiheit! Die drei Burschen sind keine gewöhnlichen Briganten. Sie wussten offenbar von der Goldkassette und wollten sie behändigen, um sich Waffen damit zu beschaffen. Es handelt sich um Vorkämpfer der italienischen Einigung und der Unabhängigkeit von Österreich.»

Ich habe mitgeholfen, Mazzinis Mitkämpfer für ein geeinigtes, freies und demokratisches Italien zu entwaffnen, dachte der Fürsprech und war nur mehr halb so stolz auf seine mutige Handlungsweise. Er schob die Gedanken an die Wegelagerer beiseite, weil sein Gegenüber weitersprach.

«... müssen Sie unbedingt mein Gast sein. Ich werde Sie in den besten Häusern Wiens einführen, mein Freund. Hier, nehmen Sie meine Karte. Es wird mir ein Vergnügen sein, Sie zu beherbergen, solange Sie in der Hauptstadt zu tun haben.»

«Das ist sehr freundlich von Ihnen», gab Niggeler zurück. «Ich werde jedoch bei einem Freund wohnen, den ich seit Jahren nicht mehr gesehen habe. Aber ich werde Sie gern besuchen.»

«Sie werden einen jener Herbstbälle erleben, von welchen man in Ihrer kleinen Stadt Bern träumt», schwärmte von Elvert, und Niggeler musste an Emilie denken und ihre Sehnsucht nach der grossen Gesellschaft. Er blickte zum Kutschenfenster hinaus und sah sie vor sich, wie er sie vom Abschied in Liestal in Erinnerung hatte. Sie strahlte über das ganze Gesicht und bot in ihrem hellgelben Sommerkleid und mit dem Strohhut über dem offenen goldgelockten Haar ein bezauberndes Bild. Ein Gefühl der Zärtlichkeit und Wärme durchflutete ihn.

23

Je länger Niklaus Niggeler Österreich durchquerte, desto stärker wurde ihm die Ausdehnung dieses Vielvölkerstaates bewusst. Mit seinen nahezu 40 Millionen Einwohnern war das Kaiserreich nach Russland der grösste Staat Europas. Der nördlichste Punkt des von Deutschen, Slawen, Italienern, Magyaren, Rumänen und Juden bewohnten Landes lag in Nordböhmen, der südlichste in der Lombardei und der östlichste in der Bukowina. Metternich hielt die Länder des Marionettenkaisers Ferdinand mit fast einer halben Million Soldaten zusammen und unterdrückte alle demokratischen und nationalen Kräfte.

Niggeler wusste, dass er sich in der österreichischen Hauptstadt mit Vorsicht bewegen musste. Wie man in Wiens Strassen witzelte, beruhte Metternichs Herrschaft nicht nur auf einem stehenden Heer von Soldaten und einem sitzenden Heer von Beamten, sondern auch auf einem schleichenden Heer von Denunzianten.

So war der Fürsprech froh, dass er offiziell als Anwalt, der die Interessen eines bernischen Klienten vertrat, von seinem neuen Freund Christoph von Elvert bei Gericht eingeführt wurde. Er bezog Quartier in einem Gasthof gleich hinter dem Schottenstift und fühlte sich in seinem geräumigen Zimmer mit dem Spitzbogenplafond ausgesprochen wohl.

Niggeler hatte sich vorgenommen, gleich am Morgen nach seiner Ankunft in Wien Lorenz Rustinger aufzusuchen, den jungen Berichterstatter der «Berner Zeitung». Es bereitete ihm allerdings Mühe, die schmale Gasse in der Nähe des Praters zu finden. Die Wiener gaben dem Schweizer jedoch bereitwillig Auskunft. Ein älterer Herr in einem nicht mehr ganz neuen Frack begleitete ihn vorbei am imposanten Kaiser-Ferdinand-Nordbahnhof zur gesuchten Adresse. Der

Fürsprech konnte nicht widerstehen, bei der Hauptstation einen Zwischenhalt einzuschalten, um dem Einfahren der geräuschvollen Dampflokomotive zuzuschauen. Seit einigen Monaten gab es auch in der Schweiz eine kurze Strecke Eisenbahn, denn die französischen Züge fuhren von Mühlhausen über die Landesgrenze bis nach Basel. Niggeler hatte jedoch nie Gelegenheit gehabt, ein solch dampfendes Monstrum zu besteigen.

Lorenz Rustinger bewohnte an der fünften Stiege eines unscheinbaren Steingebäudes eine kleine Wohnung. Sicherheitshalber liess Niggeler sich vom Hausmeister führen und landete vor einer nicht beschrifteten Wohnungstür.

«Sie werden vergeblich anklopfen», teilte ihm der Portier mit, als sie noch auf der Treppe waren. «Ich habe Herrn Rustinger seit Monaten nicht mehr gesehen. Vermutlich ist er ausgezogen, ohne mir eine Nachricht zu hinterlassen. Da er die Miete für ein Jahr im Voraus bezahlt hat, geht es mich aber nichts an, wo er sich aufhält.»

«Sie wissen nicht, wo er verblieben sein könnte?», fragte Niggeler, nachdem er mehrfach geklopft hatte.

«Ich habe keine Ahnung.»

Vom Lärm im Treppenhaus alarmiert, öffnete eine ältere Frau ihre Wohnungstür. Nach Rustinger befragt, gab sie die gleiche Antwort wie der Hausmeister, forderte Niggeler dann aber auf: «Kommen Sie herein und wärmen Sie sich in meiner Wohnstube.» Dann wandte sie sich brüsk an den Hausmeister. «Sie können gehen. Der Herr braucht Sie nicht mehr.»

Widerwillig musste der Portier zusehen, wie die Frau Niggeler am Arm ins Wohnungsinnere zog und die Tür abschloss.

«Er ist ein Polizeispitzel», verkündete sie leise. «Wir müssen aufpassen. Ich weiss vielleicht, was Sie interessiert.»

Sie wartete und musterte Niggelers tadellos sitzenden Überrock und den dunklen Zylinder, den er in der Hand hielt.

Der Besucher verstand und zog einige Kreuzer aus der Tasche. «Sie hatten sicher viel Umtriebe mit Rustingers Abwesenheit», rechtfertigte er sein Schmiergeld. «Ich möchte mich gerne für meinen Freund erkenntlich zeigen.»

«Was ich Ihnen zu sagen habe, ist mehr wert als einige Kreuzer», sagte die Mieterin und steckte das Geld ungeniert in ihre Schürzentasche. Nachdem Niggeler zwei Gulden aus der Tasche gezogen hatte, wollte sie gierig danach greifen. Er legte aber seine Hand auf die Geldstücke. «Sagen Sie mir, was Sie wissen, und die Gulden gehören Ihnen.»

«Rustinger ist ein sehr gebildeter junger Mann», begann sie. «Er schreibt Berichte für ausländische Zeitungen.» Als Niggeler die Hand auf den Geldstücken liess, fuhr sie fort: «Er lebt seit Monaten nicht mehr hier. Ich erinnere mich, wann ich ihm zum letzten Mal begegnet bin. Es war im letzten Januar.»

«Das wissen Sie noch so genau, nach all den Monaten?», fragte Niggeler zweifelnd.

«Ja. Ich sah ihn an einem düsteren Januarnachmittag auf der Treppe. Am selben Abend hörte ich Geräusche in seiner Wohnung und trat auf den Treppenabsatz, um Rustinger zu grüssen. Er war jedoch nicht bei den zwei Männern, die seine Wohnung verliessen.»

«Haben Sie sich nicht über die Fremden im Appartement meines Freundes gewundert?»

«Doch. Sie sagten mir, er sei abgefahren, um einen Reisebericht über das winterliche Russland zu verfassen. Sie wollten ihm einige Kleidungsstücke nachbringen und mit ihm zusammen verreisen.»

«Sahen sie aus wie Russen?»

«Nein, sie sprachen wienerisch, waren allerdings dick in Pelze eingehüllt. Wenn ich so nachdenke, hätte es sich sehr wohl um Fremde handeln können.»

«Seit seiner Abreise ist Rustinger nicht mehr zurückgekehrt?

«Nein.»

«Vielleicht sind Sie einander einfach nicht begegnet.»

«Sie meinen, dass ich ihn nicht gesehen haben könnte, obwohl er weiterhin hier ein und aus ging? Nein, das wäre unmöglich.»

«Ist das alles, was Sie wissen?»

«Ja, bei meiner Ehre als anständige Frau.»

Nachdem sie die Gulden in die Tasche gesteckt hatte, fuhr die Frau fort: «Ich weiss nicht mehr, als ich Ihnen gesagt habe. Möchten Sie vielleicht Herrn Rustingers Wohnung sehen?»

Niggeler schaute ihr interessiert in die schlauen Augen und nickte. Als sie zuwartete, zog er ein weiteres Geldstück aus der Tasche. «Nun habe ich keine Münzen mehr.»

«Schon gut. Sie müssen wissen, dass ich bei Herrn Rustinger den Haushalt besorgte. Ich habe einen Schlüssel.» Sie öffnete die Wohnungstür, und als sie den Hausmeister nirgends erblicken konnte, schloss sie rasch Rustingers Appartement auf und liess Niggeler eintreten. «Wenn Sie die Studierstube sehen möchten, sie ist hinten, wo die Tür leicht offen steht.»

Der Fürsprech begann systematisch den ganzen Raum unter die Lupe zu nehmen. Er fand Kopien von alten Zeitungsartikeln und studierte sie genau. Es handelte sich aber um unverfängliche Berichte, die im vergangenen Jahr publiziert worden waren. Als er im Kasten und im Schreibtisch nichts Interessantes entdeckte, suchte er nach geheimen Öffnungen unter den Vorhängen und im Fussboden. Dann nahm er sich den Rest der Wohnung vor. Nichts, absolut nichts. Rustinger war spurlos verschwunden und hatte nichts zurückgelassen, was auch nur im geringsten auf den Grund seines Wegbleibens hinweisen konnte.

Niggeler verabschiedete sich und ging zum bernischen Gesandten in Wien.

Roland von Aarburg bewohnte den ersten Stock in einem Altstadthaus an der Dorotheergasse. Von seinem Wohnzimmer aus genoss man einen herrlichen Blick auf den nahen Stephansdom. Als schweizerischer Geschäftsträger in Wien musste er sich oft in der grossen Gesellschaft sehen lassen und hatte die Verpflichtung, vornehme Gäste einzuladen. Niklaus Niggeler allerdings wurde ganz formlos empfangen.

«Mein lieber Niklaus», rief von Aarburg aus und umarmte seinen Studienfreund spontan. Niggeler war der Sohn eines einfachen Rechtsagenten, Gemeindeschreibers und Landwirts, während von Aarburg einer bernischen Patrizierfamilie angehörte. Professor Snell aber hatte mit seinen Rechtsvorlesungen eine Brücke zwischen ihnen geschlagen. Alle gesellschaftlichen Schranken wurden niedergerissen, als von Aarburg und Niggeler Ellbogen an Ellbogen in der Hochschulbank sassen und fasziniert Snells Zukunftvisionen einer demokratischen Schweiz lauschten. Von Aarburg entfernte sich damals meilenweit von der festgefahrenen Mentalität seines Vaters und schloss sich heimlich den Radikalen an. Sein Rechtsstudium und die vornehme Herkunft ebneten ihm den Weg zur Diplomatenlaufbahn. In allen seinen Wirkungsbereichen aber versuchte er, auf die Schaffung einer liberaleren Schweiz hinzuarbeiten.

«Mein Gott, Niklaus. Jahre sind vergangen, seit wir uns zum letzten Mal gesehen haben. Und doch schlägt mein Gefühl Wellen, als ob wir uns erst gestern getroffen hätten.»

«Mir geht es nicht anders, mein Freund», strahlte Niggeler und setzte sich mit dem Gesandten an einen mit verschiedenen Hölzern eingelegten Tisch.

«Du musst bei mir wohnen, ich werde gleich das Gästezimmer richten lassen», sagte der Diplomat.

«Nein, ich werde im Gasthaus bleiben. Von dort aus kann ich mich besser ungestört bewegen.»

«Ungestört bewegen?», fragte von Aarburg. «Was hat dich überhaupt zu dieser langen Reise angeregt?»

«Ich bin aus mehreren Gründen hier. Offiziell vertrete ich den Rechtsfall eines bernischen Unternehmers.»

«Und inoffiziell?»

«Das ist eine lange Geschichte, und ich weiss nicht, wo ich beginnen soll.»

«Du kannst mir voll vertrauen. Ausserdem kennst du sonst niemanden in Wien.»

«Doch, Lorenz Rustinger und den einheimischen Anwalt Christoph von Elvert.»

Der Geschäftsträger überhörte Rustingers Namen. «Du bist kaum in Wien und kennst bereits von Elvert? Das ist ja kaum zu fassen.» Als Niggeler ihn erstaunt anblickte, fuhr von Aarburg fort: «Das ist ein Geheimnis, das ich sonst niemandem anvertrauen würde. Komm näher zu mir, denn manchmal glaube ich, dass hier in Wien selbst die Wände Ohren haben.»

Der Fürsprech hörte sein Gegenüber flüstern: «Elvert ist ein überzeugter Liberaler. Er wirkt in einer geheimen Gesellschaft, die Metternichs Sturz und eine moderne Verfassung bezweckt. Du, ich, Professor Snell, von Elvert und seine Freunde …, wir arbeiten alle auf dasselbe Ziel hin. Da hast du genau den richtigen Mann getroffen. Unsere Herzen schlagen sozusagen im gleichen Takt.»

«Er hat mir versprochen, in Wien mein Führer zu sein.»

«Ja, das kann er. Offiziell ist von Elvert ein gern gesehener Gesellschaftslöwe, der sich in den vornehmsten Kreisen bewegt und auf keinem Herbstball fehlen darf.»

Niggeler schickte sich an, dem Studienfreund den wahren Grund seines Kommens anzuvertrauen, als es klopfte und ein Eilbote hereingeführt wurde, der von Aarburg ein Billett überreichte.

«Es ist kaum zu glauben», sagte der Gesandte, als sie wieder allein waren. «Du bist einen Tag da, und schon wird eine Einladung für dich gebracht, die zahlreiche Österreicher ein Leben lang vergeblich erwarten. Hör zu, Niklaus. Wie ein Lauffeuer hat sich die Geschichte jenes mutigen Schweizers verbreitet, der auf dem Arlberg drei bewaffnete italienische Revolutionäre in die Flucht geschlagen hat. Da unser Kaiser Ferdinand sich lieber mit Brigantengeschichten die Zeit vertreibt als mit Regieren, möchte er dich zum für übermorgen angesagten Empfang bei Hofe einladen. Mich hat man beauftragt, die Adresse des couragierten Schweizers ausfindig zu machen.»

Niggeler schämte sich seines Eingriffs gegen die drei Italiener, die in Wirklichkeit genauso edle Ziele hatten wie Snell und Stämpfli, wie Ochsenbein, von Aarburg, von Elvert und er selbst.

«Sei dankbar für diesen Irrtum», redete der Diplomat ihm zu. «Nun stehen dir alle Türen Wiens offen.»

Als erneut angeklopft wurde, wandte von Aarburg sich mit der gewohnten Offenheit an seinen Freund: «Mein lieber Niklaus. Ich muss mich noch mit einigen dringenden Geschäften befassen, ehe wir uns unterhalten können. Es ist besser, wenn wir unser Gespräch auf das Abendessen verschieben. Du bist selbstverständlich mein Gast.»

Niggeler benutzte die Nachmittagsstunden, um sich mit der bei Hofe vorgeschriebenen Kleidung einzudecken. Keinen Augenblick dachte er daran, der Einladung des Kaisers nicht zu folgen. Ferdinand mochte ein Marionettenregent sein, immerhin aber war er Kaiser. Wer seinen Schutz genoss, konnte sich in Wien wohl unbesorgter auf die Suche nach einem Bekannten machen. Niggeler wollte seinen neuen Einfluss ausnutzen, um hinter das Geheimnis von Rustingers Verschwinden zu kommen.

Als der Anwalt mehr als eine Stunde zu früh wieder bei Roland von Aarburg erschien, kam ihm dieser freudig entgegen.

Sie liessen sich in einem kleinen Salon nieder, und Niggeler teilte dem Studienfreund seinen wahren Reisegrund mit.

«Jakob Stämpfli und ich arbeiten mit einem fähigen Berichterstatter namens Lorenz Rustinger zusammen. Er lebt seit Jahren in Wien und liefert seit der Gründung der ‹Berner Zeitung› auch uns Berichte. Es handelt sich jedoch nicht nur um harmlose Artikel über das Gesellschaftsleben, das Reisen oder die Wirtschaft.»

Niggeler schwieg einen Augenblick und fuhr dann leiser fort: «Kurz und im Vertrauen gesagt, Roland, der draufgängerische Berner sollte in Wien die politische Stimmung studieren und uns über Metternichs Pläne der Schweiz gegenüber informieren. Notizen solcherart waren natürlich nicht zur Publikation bestimmt, sondern sollten unserer politischen Schule dienen.»

«Ich verstehe. Rustinger hatte für euch herumzuhorchen und geheime Informationen zu liefern.»

«Ja, so ungefähr. Wir haben ihn konkret auch um Zeitungsberichte über die politische Stimmung gebeten. Es ist jedoch seit Monaten keine Nachricht von ihm in Bern eingetroffen. Wir haben uns wiederholt brieflich erkundigt, aber stets ohne Antwort.»

«Und nun hast du ihn persönlich aufgesucht?»

«Ja, heute morgen, gleich bevor ich zu dir kam.»

«Hast du ihn gefunden?»

«Nein. Seine Wohnung ist seit Monaten nicht mehr benutzt worden. Da er aber die Miete auf ein Jahr im Voraus bezahlt hat, ist sie nicht anderweitig vermietet worden. Ich habe sie durchsucht, jedoch keinen Hinweis auf Rustingers Verschwinden finden können.»

«Und da hast du gehofft, als schweizerischer Geschäftsträger wüsste ich vielleicht mehr?», fragte von Aarburg. «Er hat sich leider nie bei mir gemeldet und offenbar in anderen Kreisen bewegt. Hast du ihm überhaupt mitgeteilt, dass wir gleicher politischer Gesinnung sind?»

«Nein. Deine Position hier in Wien ist so exponiert, dass ich euch nicht in Verbindung bringen wollte.»

«Natürlich könnte ich jetzt Nachforschungen anstellen», fuhr der Gesandte fort. «Ich habe jedoch eine bessere Idee. Wir laden von Elvert zum Abendessen ein. Er kennt halb Wien und auch die meisten ausländischen Korrespondenten. Es wäre also nicht verwunderlich, wenn er über das Verschwinden eures Journalisten etwas wüsste oder in kurzer Frist herausbringen könnte.»

Zum ersten Mal konnten sich Christoph von Elvert und Roland von Aarburg vor den Augen aller Welt treffen und mussten keine versteckten Zusammenkünfte arrangieren, um Informationen auszutauschen. Halb Wien wusste inzwischen über das Abenteuer der Postkutsche am Arlberg Bescheid. Es war also nur natürlich, dass der schweizerische Gesandte den Anwalt aus Bern und dessen ebenso mutigen Kollegen aus Wien gemeinsam zum Abendessen einlud. Zumal beide von Kaiser Ferdinand eine Einladung erhalten hatten, bei Hofe zu erscheinen.

«Freut mich, dich ganz offiziell kennen zu lernen, mein lieber Christoph», sagte der Gesandte mit gespielter Galanterie, und von Elvert gab zurück: «Nun werden wir uns nicht mehr verstecken müssen, und ich werde künftig einen Grund haben, wenn immer nötig beim schweizerischen Geschäftsträger ein und aus zu gehen. Sehen Sie, lieber Kollege», wandte er sich Niggeler zu. «Unser Eingriff gegen die italienischen Revolutionäre hat doch seinen Nutzen gebracht, auch wenn wir uns gehütet hätten, einen Finger zu rühren, wenn wir sie nicht für Briganten gehalten hätten.»

24

Der perfekt sitzende Frack und der seidene Zylinder gaben Niklaus Niggeler eine gewisse Sicherheit, als er zusammen mit Christoph von Elvert durch die Gänge der Hofburg geführt wurde. Die sündhaft teuren Lederstiefel und die Handschuhe verliehen seiner Erscheinung den letzten Schliff. Der Fürsprech hielt sich dicht hinter seinem neuen Bekannten, denn von Elvert würde dafür sorgen, dass er dem Hofzeremoniell wenigstens in groben Linien gerecht werden konnte. Niggeler war dem Anwaltskollegen aus Wien doppelt dankbar. Einmal, weil sie Kaiser Ferdinand gemeinsam gegenübertreten würden, und dann, weil der Österreicher seit dem Abendessen beim bernischen Geschäftsträger in Wien keine Zeit verloren hatte.

«Ich glaube nicht, dass Ihr Freund nach Russland abgereist ist», hatte er während der Kutschenfahrt zur Hofburg gesagt. «Natürlich kann ich keine Namen nennen, meine Informanten sind sich jedoch einig: Rustinger hat Wien nie verlassen. Einer seiner Kollegen von der französischen Presse erinnert sich, dass Ihr Korrespondent ein heisses Eisen im Feuer hatte, und zwar in Wien.»

«Das haben wir vermutet.»

«Wenn es ein politisches heisses Eisen war, kann sein Verschwinden nur eines bedeuten: Man hat ihn zum Schweigen gebracht.»

«Sie meinen, Rustinger sei ermordet worden?»

«Nein, das glaube ich nicht. Ihr Freund sitzt irgendwo in der Versenkung.»

«In der Versenkung?»

«Ja. Metternichs Agenten führen nicht selten Leute zu Verhören ab, die dann Monate in irgend einem Verliess verschwinden.»

«Vermuten Sie, dass Rustinger in Wien eingekerkert ist?»

«Ich vermute es nicht, ich weiss es.»

Niggeler war ehrlich verblüfft. «So rücken Sie doch mit der Sprache heraus.»

«In einem Land wie Österreich, das von Polizeispitzeln Metternichs unter Kontrolle gehalten wird, müssen sich auch die liberalen Kräfte organisieren. Kurz gesagt, die unterdrückte Presse und Metternichs politische Gegner unterhalten ein fast ebenso ausgeklügeltes Spitzelsystem wie der Kanzler selbst. Natürlich funktioniert dieses auch in den Gängen der Gefängnisse.»

«Ja, und?»

«Zwei Gefängniswächter haben sich vor uns wohlgesinnten Ohren über einen seit Monaten inhaftierten Schweizer unterhalten, der keinen Kontakt zur Aussenwelt haben darf. Auf Befehl Metternichs.»

Niggeler war noch in die Erinnerung an seine Unterhaltung mit von Elvert versunken, als ihn der Glanz des prunkvollen Audienzsaals blendete. Magisch angezogen vom Baldachin am anderen Ende des mit Spiegeln und glitzernden Leuchtern ausgestatteten Raums wollte der Fürsprech darauf zusteuern. Von Elvert schob ihn aber diskret auf die linke Seite des Saals, wo sie hinter zwei Reihen Damen und Herren zu stehen kamen. Botschafter und Gesandtenfrauen in voller Gala, Kavaliere des Hofstaats und Generäle warteten darauf, von Kaiser Ferdinand begrüsst zu werden. Später würde von Elvert den Schweizer aufklären: In einer Monarchie, die ohne den Kaiser allein von Metternich geführt wurde, war das höfische Zeremoniell besonders wichtig, um den Schein des Kaisertums zu wahren.

Als der offizielle Empfang zu Ende war, atmete Niggeler auf. Er war es satt, als Held bewundert zu werden. Die versteckten Blicke der Hofgesellschaft erinnerten ihn an sein Scharmützel mit den italienischen Freiheitskämpfern, dessen er sich immer noch schämte. Er war erleichtert, als ein Hofdiener zu ihnen trat und sie aus dem Audienzsaal hinausführte. Ein Labyrinth von Gängen wurde durchquert, bis sie ein Vorzimmer mit Wachen passierten und sich unvermittelt in einem kleinen Kabinett befanden.

«Da wir nun unter uns sind, erzählen Sie mir im Detail Ihr Abenteuer mit den Briganten», hörten von Elvert und Niggeler eine tiefe Stimme vom anderen Ende des Raums.

«Eure Majestät», rief von Elvert überrascht aus, und Niggeler hatte keine Ahnung, wie er sich verhalten sollte.

«Treten Sie näher und lassen wir das ganze Zeremoniell», rettete der als geistesschwach bekannte Kaiser Ferdinand die beiden Freunde aus ihrer heiklen Situation. «Mein Bruder Franz Carl hier ist ebenso erpicht auf Heldengeschichten.»

Als das Lachen verklungen war, machte der wie hypnotisierte Niggeler keine Anstalten, den Mund aufzutun. Von Elvert sprach für ihn und beschrieb ihr Abenteuer in den buntesten Farben. Mit Vergnügen folgten der Kaiser und der Thronfolger und selbst der abseits stehende Kammerdiener seiner Erzählung.

«Eigentlich hätten Sie jene Goldkassette selber verdient, die durch Ihre Courage gerettet werden konnte», meinte Ferdinand der Gütige, erhob sich aus seinem Lehnstuhl und klopfte Niggeler freundschaftlich auf die Schulter.

Sein Bruder Franz Carl doppelte nach: «Eine Belohnung müssen Sie bekommen, sei es, was es wolle.»

Niggeler vergass plötzlich jegliche Scheu und das ganze Hofzeremoniell und wandte sich an den Kaiser: «Eure Majestät. Ich möchte keine Belohnung. Aber eine Bitte hätte ich.»

Als der Monarch ihm wohlwollend zulächelte, fuhr der Fürsprech fort: «Ich bin nach Wien gekommen, um einen seit Monaten vermissten Freund aus Bern zu suchen. Heute weiss ich, dass er aus Versehen und unschuldig im Gefängnis sitzt. Wenn ich ihn sprechen dürfte, könnte das Missverständnis vielleicht geklärt werden.»

Der Kaiser beugte sich zu seinem Bruder hinüber und flüsterte diesem etwas ins Ohr. Ebenso unverständlich für die beiden Besucher war die Antwort des Thronfolgers. Lediglich die letzten, kichernd hervorgebrachten Worte Franz Carls wurden etwas lauter gesprochen: «… müssen wir Metternich eben ein Schnippchen schlagen.»

«Wissen Sie denn, wo Ihr Freund gefangen gehalten wird?», fragte Franz Carl anstelle des Kaisers.

Niggeler nannte die Einzelheiten, die ihm von Elvert am Ende der Kutschenfahrt zur Hofburg verraten hatte. Er wusste nicht nur den genauen Standort von Rustingers Kerker, sondern sogar den Namen des Gefängnisaufsehers, der für ihn zuständig war.

Eine halbe Stunde später ereignete sich jene unvergessliche Episode, die Niggeler stärker in Gefahr brachte, als er ahnen konnte. Der Fürsprech wurde auf schriftliche Order des Kaisers, der es sonst längst verlernt hatte, Befehle zu erteilen, durch die dunklen Gefängnisgänge zu einer unscheinbaren Zelle geführt.

«Besuch», verkündete der Gefängniswächter, als der verblüffte Rustinger sich aufrichtete. «Sie haben fünf Minuten Zeit, mehr nicht.»

Neugierig blickte Lorenz Rustinger auf den Herrn im Frack. Er selber trug ein einfaches Hemd und eine Hose. Das lange dunkelblonde Haar wurde im Nacken von einem Band zusammengehalten. Sein im Gefängnis gewachsener rötlichblonder Bart machte das Gesicht verwegen. Rustinger sprang von seiner Pritsche auf, die praktisch das einzige Mobiliar der kleinen, aber trockenen Gefängniszelle bildete. Freudig umarmte er Niggeler und betrachtete den Journalistenfreund eingehend. Er lächelte noch immer, und mit seinem Mund lachten auch die Augen, die durch viele Fältchen noch faszinierender wirkten.

«Niggeler, und in welcher Aufmachung!», rief er.

Der nickte freundlich und sagte: «Lorenz, wir haben nur fünf Minuten. Erzähl ganz kurz, weshalb du hier festgehalten wirst und was ich für dich …»

Der Korrespondent unterbrach ihn hastig: «Wie bist du hierhergekommen? Wer hat dir diesen Besuch erlaubt?»

«Der Kaiser persönlich und ohne dass sonst jemand davon weiss. Ich werde in Wien als Waffenheld gefeiert … doch das tut nichts zur Sache. Nun sag schon, weshalb sitzt du im Gefängnis?»

«Ich bin einer Spionagegeschichte auf die Spur gekommen. Im bernischen Militärdepartement sitzen Spitzel Metternichs. Was immer in Bern geplant wird oder auch auf eidgenössischer Ebene, wird sofort nach Wien gemeldet.»

«Seit wann weisst du das?»

«Seit Januar. Ich habe einige brisante politische Berichte für die ‹Berner Zeitung› verfasst und mehrmals ein Notizblatt mit meinen Vermutungen über ein Spionagenetz beigelegt. Ich weiss aber, dass meine Post nie bei euch angekommen ist. Stämpflis Aufforderungen, mich endlich zu melden, haben mich erreicht, jeder meiner Briefe ist aber offenbar abgefangen worden. Und zwar nicht hier in Wien, sondern vermutlich in Bern.»

«Wieso bist du dir so sicher?»

«Weil ich meine Briefe immer an einem anderen Ort und einmal sogar in einer weit entfernten Gemeinde aufgegeben habe. Es ist nicht möglich, dass hier alle Briefe von schweizerischen Reisenden in ihre Heimat abgefangen werden.»

«Aber in Bern alle Briefe aus Österreich?»

«Ja, denn ich bin überzeugt, dass der Spion im Militärdepartement Helfer hat.»

Sie hörten das Gerassel der Gefängnisschlüssel, und schnell fragte Niggeler: «Sag mir den Namen des Spions.»

«Den weiss ich nicht. Aber Metternich glaubt, dass ich ihn kenne. Deshalb hält er mich in Einzelhaft, ohne Kontakt zur Aussenwelt. Ich musste zahlreiche Verhöre überstehen, und das wird so weitergehen. Doch sag mir, wie hast du …»

Niggeler unterbrach Rustingers Frage und flüsterte: «Hast du wenigstens eine Vermutung, wer dahinter stecken könnte?»

«Nein. Aber ihr müsst versuchen, das Rätsel zu lösen.» Rustingers Stimme wurde beschwörend, und seine Augen funkelten dramatisch. «Sobald die Fronten in der Schweiz sich verhärten und fremde Mächte ins Geschehen eingreifen, wird Metternich euch immer einen Schritt voraus sein, wenn er auf Spione im Militärdepartement zählen kann. Das könnte die liberale Schweiz die Freiheit kosten.»

Als der Anwalt brüsk wieder aus Rustingers Gefängniszelle auf den Gang hinaus geschubst wurde, traten aus der Nebenzelle zwei Gestalten und stellten sich vor und hinter den Besucher. Ohne Erklärungen wurde er wiederum durch zahlreiche Gänge geführt, bis der Begleiter vor ihm eine Tür öffnete. Niggeler trat in ein mit Büchern überhäuftes Kabinett, wo er erleichtert den wartenden von Elvert entdeckte. Dieser gab ihm mit einer kaum sichtbaren Geste zu verstehen, dass die Situation absolutes Schweigen erforderte.

Niggelers Blick ruhte auf dem österreichischen Kollegen, als sie wenige Minuten später in den Nebenraum gelangten. Von Elverts Gesichtsausdruck sprach Bände, und der erschrockene Berner begriff, wen er vor sich hatte. Er fühlte Wellen von Hitze und Kälte gleichzeitig in seinem Körper aufsteigen, bemühte sich jedoch, nichts von seiner Gemütsbewegung zu verraten. Scheinbar ruhig liess er seine Augen zu ihrem Gegenüber wandern. Die imposante Gestalt mit dem langen eiförmigen Gesicht, den stechenden Augen und der Adlernase war niemand anders als der mächtigste Mann Österreichs, der die Geschicke des Vielvölkerstaats seit über viereinhalb Jahrzehnten mit eiserner Hand lenkte: Fürst Klemens von Metternich.

«Es ist mir ein Vergnügen, die Helden des Scharmützels gegen die italienischen Freiheitskämpfer persönlich zu beglückwünschen», sagte der Kanzler und kräuselte ironisch seinen Mund. «Die Episode hat Anekdotenwert, und deshalb habe ich dem auf Witze erpichten Kaiser empfohlen, Sie persönlich kennen zu lernen.» Die letzten Worte hatte er allein zu Niggeler gesprochen. Der Fürsprech erfasste die Tragweite von Metternichs Worten in Sekundenschnelle. Der Kanzler trieb das Katz-und-Maus-Spiel weiter und wurde noch deutlicher: «Ich habe auch verfügt, dass Ihr Wunsch, einen gewissen Gefangenen aus Bern zu besuchen, sofort erfüllt wurde.»

Niggeler war erschlagen vor Verblüffung. Der Kaiser und sein Bruder hatten ihm in der irrigen Annahme, dem Kanzler ein Schnippchen zu schlagen, einen Freibrief für seinen Gefängnisbesuch bei Rustinger gegeben. Und dabei hatten sie alle wie Marionetten an Metternichs Fäden getanzt. Der Staatsmann hatte jedes Detail von Niggelers Besuch in der Hofburg und im Gefängnis im Voraus geplant!

«Ihr Journalistenfreund versucht mit seinen Zeitungsartikeln das Kaiserreich und seine Regierung zu diffamieren», sagte der Kanzler. «In einem derart heiklen Moment der internationalen Verwicklungen können wir ihn nicht frei lassen ohne die Gewissheit, dass er derartige Attacken künftig bleiben lässt.»

Mehr aus der Haltung und der Stimme des Politikers als aus dessen generell gehaltenen letzten Worten erkannte Niggeler, dass sein Leben und dasjenige Rustingers vor einigen Minuten an einem Faden gehangen hatten. Wenn der Korrespondent den Namen des Spions gekannt und genannt hätte, so würden sie beide wohl jahrelang in einer Gefängniszelle schmachten oder noch schlimmer …

«Was Sie angeht», wandte sich Metternich ausdruckslos an von Elvert, «so war es mir ein Vergnügen, Sie kennen zu lernen. Ich werde Sie nicht so bald vergessen.»

Während der entlassene von Elvert aus dem Raum schritt, versuchte Niggeler in Gedanken die letzten Worte zu entschlüsseln. Ich werde Sie nicht so bald vergessen, sinnierte er. Was wohl bedeuten soll: Ich bin mir nicht im Klaren über Ihre Gesinnung, werde Sie aber unter Kontrolle halten. Seien Sie auf der Hut, Ihrem Kanzler zuwiderzuhandeln, von Elvert!

Als Niggeler dem mächtigen österreichischen Politiker allein gegenübersass, hatte er alle Angst verloren. Er war ein freier Schweizer und würde bald aus Wien abreisen. Was immer Metternich ihm noch zu sagen hatte, konnte daran nichts ändern.

Der Kanzler heftete seinen stechenden Blick auf Niggeler. «Ich weiss, wer Sie sind und welche Stellung Sie in Ihrer Heimat einnehmen. Deshalb möchte ich Sie warnen. Ich spreche diese Warnung offen aus, denn ich will, dass Sie sie Wort für Wort an Ihre radikalen Gesinnungsgenossen weitergeben. Luzerns Fall wäre eine Katastrophe, und die europäischen Folgen überhaupt nicht zu berechnen. Denken Sie daran, ehe Sie zusammen mit Ihren politischen Freunden über Ihr Ziel hinausschiessen. Wollen Sie die territoriale Einheit der Schweiz riskieren, nur um Ihre radikalen Ideen durchzusetzen?» Metternich erhob sich und entliess den Anwalt mit einer Geste, als wollte er eine Fliege verscheuchen.

Als er in den Gang hinausgeführt wurde, fühlte Niggeler sich wie erschlagen. Der Feind hatte sich offen zu erkennen gegeben. Er würde die Sache der konservativen katholischen Kantone bis zum bitteren Ende verteidigen. Bis zum bitteren Ende der territorialen Einheit der Schweiz.

25

«Meine Schneiderin hat es geschafft. Ich habe gewusst, dass sie es fertigbringen würde», frohlockte Angelika von Nufer vor Emilie und ihrer österreichischen Freundin Elisabeth von Sasikl.

Emilie betrachtete sich kritisch im Spiegel. Das elegante Ballkleid, das sie zehn Minuten vorher erstmals zu Gesicht bekommen hatte, sass wie angegossen und stand ihr bezaubernd. Es war nach der neuesten französischen Mode geschnitten und liess die Schultern bis fast zum Brustansatz frei. Der Rock mit den weiten Puffärmeln war in einem zarten Altrosa gehalten. Die seidene Stoffflut ergoss sich von Emilies schmaler Taille über Unterröcke und Krinoline bis zu den Ballschuhen. Ausser der Schneppentaille war der gestickte weisse Brusteinsatz ein weiterer Blickfänger. Die beiden in dunklerem Rosa gearbeiteten Mäschchen auf den Schultern gaben Emilies sonst damenhafter Erscheinung wiederum etwas zart Mädchenhaftes. Die junge Snell liess ihren Blick vom Kleid nach oben gleiten. Ihr Haar war auf dem Kopf hochgetürmt und mit Blumen verziert.

«Angelika, ich weiss, welche Mühe sich deine Coiffeuse gegeben hat», seufzte Emilie bei ihrem Anblick und schenkte der kleinen von Nufer ihr strahlendstes Lächeln. «Aber ich möchte nicht gar so streng aussehen. Wie wäre es, wenn mir ein Teil des Haars hinten über die Schultern fallen würde? Der Lockenturm könnte ruhig etwas weniger hoch sein.»

«Aber Mademoiselle», rief Angelikas Coiffeuse entsetzt aus. «Eine solche Frisur gibt es ja gar nicht!»

«Dann werden wir sie eben erfinden.» Emilie begann die obersten Haarnadeln herauszuziehen. Die Coiffeuse gab nach und machte sich von neuem an die Arbeit. Während Emilie im Spiegel zusah, wie die Haarkünstlerin ihr feingeschnittenes

Gesicht mit jener Lockenpracht umzauberte, die sie so liebte, schweiften ihre Gedanken zurück nach Liestal.

Bereits im Oktober hatten die Freundinnen sie in ihren Briefen bestürmt, zu Angelikas Ball nach Bern zu kommen. Emilie musste alle ihre Überredungskünste aufbringen, um ihre Mutter mitten im kaltfeuchten Monat November von der Notwendigkeit eines Besuchs bei Elisa und Jakob in Bern zu überzeugen. Schliesslich hatte sie es geschafft. Natürlich wusste ihre Mutter nichts vom Ballbesuch und hatte keine Ahnung, weshalb eines von Emilies bestgeschnittenen Kleidern plötzlich verschwunden war. Die junge Snell hatte es nach Bern geschickt, denn von Angelika war das Angebot eingetroffen, ein modisches Ballkleid auf ihre Masse zuschneidern zu lassen.

Einige Tage vor der Abreise lag einem Brief Elisabeths ein zweites Schreiben bei. Es war von ihrem Bruder Alexander und umfasste wenige Sätze: «Liebe Freundin Emilie. Meine Schwester hat mir mitgeteilt, dass ich an Angelikas Ball Ihr Kavalier sein darf. Mein Herz schlägt Sturm seit dieser Nachricht. Ich kann es kaum erwarten, mit Ihnen zu tanzen und zu sprechen. In aufrichtiger Freundschaft. Alexander von Sasikl.»

Beim Gedanken an den Österreicher, der ihr seit Monaten den Hof machte, überzog Emilies Gesicht sich mit einer sanften Röte.

Als sie zwei Tage zuvor in Bern eingetroffen waren, hatte sich Elisa ehrlich erfreut, aber auch überrascht gezeigt.

«Du musst mir helfen, Elisa», überfiel Emilie ihre Schwester bei der ersten Gelegenheit. «Ich bin zum Herbstball im Hause von Nufer eingeladen. Aber Mutter darf nichts davon wissen. Sie würde mich nie gehen lassen. Du weisst doch, dass Vater und Jakob den Finanzdirektor für einen der antiliberalen Drahtzieher der Regierung halten.»

«Ist er es denn nicht?», fragte Elisa skeptisch.

«Das mag schon sein. Es spielt aber keine Rolle. Ich will ja nicht politisieren, sondern endlich einen Ball besuchen.»

Die ältere Schwester hatte ein schlechtes Gewissen, als sie Emilie am frühen Abend mit einer angeblichen Unpässlichkeit zu Bett brachte.

Das Hausmächen begleitete Emilie heimlich zum Hause von Nufer, wo Angelika sie ungeduldig erwartete. Nun sass sie im Saal des schönsten Patrizierhauses der Stadt Bern und wartete mit Elisabeth und Angelika auf die ersten Gäste. Emilie war nervös, denn Alexander würde bald zu ihnen gelangen und sie zum Tanz auffordern. Ihre Gedanken wanderten ungewollt vom jungen Österreicher zu Niklaus Niggeler, den sie bei den Abendmahlzeiten im Hause Stämpfli vermisst hatte. Er war immer noch in Österreich und hätte doch schon vor Wochen nach Bern zurückkehren sollen. Jakob und Elisa waren besorgt um ihn. Emilie verscheuchte ihre Gedanken und sah erwartungsvoll den eintretenden Ballgästen entgegen. Sie stellte mit Vergnügen fest, dass Angelika von Nufer als hübsch gekleidete Debütantin einen Erfolg hatte, der das Mädchen fast verwirrte. Das schwarze Haar mit dem Madonnenscheitel war nach hinten gekämmt. Eine Blume in der glänzenden Lockenflut gab dem klassischen Gesicht mit den traurigen Augen eine heitere Note. Emilie wandte den Blick von Angelika ab und beobachtete die anderen Ballgäste.

Plötzlich war der adelige Österreicher da und wirbelte sie über das Parkett. «Ich habe stets an Sie gedacht, Emilie», sagte Alexander und führte sie nach den ersten Tänzen in einen Salon, wo die Walzerklänge nur noch schwach zu hören waren. Einige ältere Damen, die ebenfalls einen ruhigen Aufenthaltsort gesucht hatten, blickten interessiert auf und unterbrachen ihr Gespräch.

Alexander dämpfte seine Stimme. «Es ist unmöglich, hier ungestört ein paar Worte zu wechseln. Weshalb treffen wir uns nicht morgen und trinken eine Tasse Schokolade im Café Kaiser?»

«Aber wir können uns doch unterhalten genauso wie alle anderen Gäste.»

«Was ich Ihnen zu sagen habe, ist nicht für fremde Ohren bestimmt, Emilie.» Alexander nahm ihre Hand. «Wirst du morgen ins Café kommen?»

«Ja, wenn ich kann», erwiderte sie leise und erhob sich. «Nun wollen wir aber zurückkehren in den Ballsaal. Ich habe seit Monaten von diesem Augenblick geträumt und möchte jetzt einfach nur tanzen.» Sie glitten einen weiteren Walzer lang über die Tanzfläche, und die junge Snell genoss die bewundernden Blicke, die ihr folgten. Ihre Augen wichen denjenigen ihres Kavaliers aus, und sie verstand sich selbst nicht mehr. Sie war am Ziel ihrer Wünsche, im vornehmsten Patrizierhaus Berns beim Ball des Jahres. Ein eleganter Tänzer, der jener Gesellschaftsschicht angehörte, von der sie immer geträumt hatte, machte ihr den Hof.

Emilie fühlte sich plötzlich seltsam leer und einsam inmitten der glänzenden Ballgesellschaft.

26

«Stellt euch vor! Eine mehrheitlich aus Radikalen zusammengesetzte Kommission bereitet die Verfassungsrevision vor. Der Abstimmungstag steht bereits fest.» Jakob Stämpfli prostete seinen aus Wien heimgekehrten Gästen am weihnächtlich geschmückten Tisch zu. «Am 1. Februar stimmen die Bürger über die Notwendigkeit der Revision der Berner Kantonsverfassung ab.»

Niklaus Niggeler strahlte, und Lorenz Rustinger hob sein Glas. Er trug das Haar kurz nach hinten gekämmt. Vom rötlichblonden Bart waren nur die Backenbärtchen und der verwegene Schnauz zurückgeblieben. Der junge Berner war im Kerker abgemagert, und Elisa forderte ihn auf, kräftig zuzugreifen.

«Lassen wir die Politik nun aber beiseite», fuhr Stämpfli fort. «Erzählt eure Abenteuer! Was ist passiert in Wien?»

Rustinger warf einen Seitenblick auf Elisa und zögerte.

Stämpfli begriff und lächelte dem Journalisten offen ins Gesicht. «Wir haben vor Elisa keine Geheimnisse. Du weisst doch, dass sie Professor Snells Tochter ist.»

«Gut, dann fang du an», sagte Rustinger mit einer entschuldigenden Geste.

Alle Blicke waren auf Niggeler gerichtet. Die Geschichte von der Postkutschenfahrt bis zum Abendessen beim bernischen Geschäftsträger in Wien und die Abenteuer in der Hofburg wurden wieder lebendig. Als Niggeler bei seiner Unterredung mit Metternich angelangt war, wirkte Stämpfli nervös und gespannt und sagte: «Nun siehst du es. Metternich weiss alles. Wenn wir weitermachen und Bern eine radikale Verfassung und Regierung geben, werden andere Kantone folgen. Schliesslich werden wir Radikalen die Mehrheit in der Tagsatzung erreichen und verfügen, dass die Jesuiten aus Luzern weggewiesen werden. Aber was nützt das alles, wenn wir jetzt schon wissen, dass sich Österreich auf die Seite der konservativen Kantone stellen wird? Bis zum Ende der territorialen Einheit der Schweiz!»

Niggeler verstand Stämpflis plötzliche Mutlosigkeit und zeigte umso offener seinen Optimismus: «Was Metternich will, muss nicht unbedingt Wirklichkeit werden. Er hat Probleme im eigenen Land. Ich habe die Situation intensiv studiert, als ich in Wien zum wochenlangen Warten verurteilt war. Auch von Elvert ist meiner Meinung. Des Kanzlers Lage ist viel zu heikel, als dass er sich offen in innerschweizerische Angelegenheiten mischen könnte. Ich glaube nicht, dass er etwas unternehmen wird, wenn nicht Frankreich, Preussen und England am gleichen Strick ziehen.»

Der letzte Satz klang überzeugter, als er gemeint war, aber Stämpfli fasste neuen Mut. «Wir haben ja auch gar keine andere Wahl», meinte er. «Wir müssen vorwärtsstürmen und dürfen das Ziel einer modernen, einheitlichen Schweiz nie aus den Augen verlieren. Die Geschichte wird uns recht geben, denn es ist Metternich, der hinter der Zeit zurückhinkt.»

«So gefällst du mir, Jakob.» Niggeler liess sich von der neuen Zuversicht des Freundes anstecken. «Auch Rustingers Freilassung beweist, dass der Kanzler nicht alles tun kann, was er gerne möchte.»

«Erzählt doch endlich! Ich warte seit zwei Stunden auf diesen Moment», mischte sich Elisa ein und schob dem erfreuten Rustinger eine Platte mit Dessertcreme zu.

«Ich ging meinen Anwaltsgeschäften in Wien nach, und gleichzeitig setzte ich alle Hebel in Bewegung für Lorenz' Freilassung», ergriff Niggeler das Wort. «Als Erstes informierte ich den bernischen Geschäftsträger in Wien. In Windeseile verbreitete sich in Diplomatenkreisen die Nachricht, ein Schweizer sitze seit Monaten grundlos in Untersuchungshaft. Schliesslich fragten der französische, der preussische und der englische Gesandte in offiziellen Schreiben nach dem Grund für unseres Freundes Inhaftierung.»

«Da konnte Metternich einfach nicht anders», fiel ihm Rustinger ins Wort. «Er stand unter Druck, die Augen der Öffentlichkeit und vor allem diejenigen seiner immer stärker werdenden innenpolitischen Gegner waren auf den Fall des unschuldig im Kerker sitzenden Berners gerichtet.»

Eines Morgens, Niggeler und Rustinger waren zermürbt vom wochenlangen Warten, gab Metternich auf. Mit der Erklärung, bei der Inhaftierung habe es sich um eine Personenverwechslung gehandelt, wurde Rustinger an einem Dezembermorgen aus seiner Zelle herausgeholt und auf freien Fuss gesetzt, mit der Auflage, Österreich innert achtundvierzig Stunden zu verlassen. Das musste Niggeler und Rustinger nicht zweimal gesagt werden.

Die reichhaltige Kost und die angenehme Gesellschaft während der Rückreise brachten den Korrespondenten langsam aus seiner verzagten Haltung heraus. Als wieder neues Leben in seinen Körper und seine Seele zurückgekehrt war, erwachte auch sein Hass, und der brannte in der Freiheit stärker als zuvor im Kerker.

«Wie immer Metternich meine Spionagegeschichten als Phantasie abtun will, ich glaube daran», erklärte er an jenem Dezemberabend am stämpflischen Familientisch. «Ich werde meine ganze journalistische Feinfühligkeit einsetzen, um den Spitzeln auf die Spur zu kommen. Das verspreche ich euch.»

Niggeler wich dem Blick des Freundes aus, denn noch hatte er Rustinger nichts von seiner Unterredung mit Militärdirektor von Tillier erzählt. Er würde es vermutlich auch nie tun. Rustinger würde subtiler vorgehen, solange er sich mit seinem Verdacht allein glaubte. Einen Draufgänger konnte man im Moment nicht brauchen in Bern. Das sagte er beim nächsten Besuch in Liestal auch seinem väterlichen Freund Snell.

Der Professor war einverstanden. «Seien Sie froh, dass Sie persönlich die ganze Mord- und Spionagegeschichte los sind. Wenn ein Spion im bernischen Militärdepartement existiert, so weiss er sicher von Metternich, dass man von ihm Kenntnis hat. Daher wird er sich in der nächsten Zeit vorsichtig verhalten, Rustingers Drohungen, ihn zu entlarven, hin oder her.»

«Wir leben in einer verrückten Zeit», bemerkte Niggeler. «Zwei Morde sind passiert, und niemand darf sie aufklären. Ein Spion wütet im Militärdepartement, und man kriegt ihn nicht zu fassen. Wir sind gleich weit wie nach dem ersten Freischarenzug, als Häuselmann mich mit der Untersuchung des Falls Hubler betraute.»

«Ja, es scheint so», sagte Snell vorsichtig. Er hing seinen Überlegungen nach, dann bemerkte er: «Keine Angst, Niggeler. Ob Spione oder sonstige Mörder, irgendwann werden sie einen Fehler machen. Irgendein Ereignis wird sie oder ihn aufschrecken, und dann sind wir bereit, die Spur wieder aufzunehmen. Denken Sie und Stämpfli inzwischen nur daran, Bern politisch vorwärtszubringen. Mit einer Umwälzung wird allerhand aufgewühlt und dabei vielleicht auch unser Spion und Mörder aufgeschreckt …»

27

Obwohl Emilie am Tag nach Angelikas Ball nicht zum Treffen mit Alexander von Sasikl im Café Kaiser erschien, sondern Hals über Kopf Bern verliess, betrachtete der junge Österreicher sie mehr und mehr als seine Braut. Aber je intensiver und bittender seine Briefe wurden, desto mehr wuchs Emilies Zurückhaltung. Sie hielt ihre Antworten allgemein, teilte ihm ihre Ideen und Standpunkte zu verschiedenen Themen mit und versuchte seine Denkweise kennen zu lernen. Nach monatelanger Korrespondenz aber wusste sie nicht mehr von ihrem Verehrer als am Abend des Balls.

«Du sprichst von unserer verschiedenartigen Herkunft und Nationalität und Religion, liebe Emilie», schrieb Alexander. «Ist dies alles nicht nebensächlich, wenn zwei Menschen sich tief lieben? Wenn Du mich heiratest, wirst Du an meiner Seite zur Österreicherin werden. Aber das kann doch keine Rolle spielen für Dich. Wenn eine Frau ihren Mann liebt, so folgt sie ihm überallhin …»

Die junge Snell nahm die Briefe aus Bern immer wieder zur Hand und versuchte, zwischen den Zeilen zu lesen. Was fesselte Alexander so stark an sie, wenn er doch über alle ideellen Fragen, ihre Überzeugungen und ihre Denkweise stillschweigend hinwegging, um immer wieder einfach von seiner Liebe zu sprechen? Und was war mit ihren Gefühlen? Keiner der Studenten und jungen Anwaltskollegen ihres Vaters verehrte sie derart glühend wie Alexander, keiner war so hübsch, galant und von gesellschaftlichem Glanz umgeben. Seine Verehrung schmeichelte ihrer Eitelkeit, aber war das Liebe?

Dann erzwang Alexander im Mai plötzlich ihre Entscheidung. «Mein Vater wird nach Wien zurückversetzt, und wir müssen ihm folgen», schrieb er Emilie in einem Eilbrief. «Er hat bereits alles in die Wege geleitet, um mir den Einstieg in die Diplomatenlaufbahn zu ermöglichen. Aber ich will nicht ohne dich reisen, Emilie! Verloben wir uns hier in Bern, und eine glanzvolle Hochzeit in Wien soll die Krönung unserer Liebe sein!»

Da Alexander von einer baldigen Heirat sprach, vertraute Emilie sich ihrer Mutter an.

«Einen Österreicher heiraten?», rief Franziska verblüfft. «Dazu noch den Sohn eines kaisertreuen Aristokraten? Bist du sicher, dass Vater dir seine Erlaubnis gibt?»

«Nein, natürlich nicht. Aber weshalb soll ich ihn fragen, wenn ich meiner Gefühle selbst nicht sicher bin? Was ist überhaupt die Liebe, Mutter?»

«Wenn du einen Mann wirklich liebst, Emilie, stellst du diese Frage nicht. Dann fühlst du es. Als ich mich in deinen Vater verliebte, klopfte mein Herz Sturm, wenn ich ihn sah. Geht es dir denn so mit Alexander, mein Kind?»

«Ich glaube schon, dass ich mich freue, ihn zu sehen. Aber ich weiss nicht … Ich bin sicher, dass er alles darstellt, was ich mir vom Leben erträumt habe. Kann dies nicht auch Liebe sein, Mutter, wenn er mich innig liebt und auf Händen tragen will?»

«Du musst selbst herausfinden, was du wirklich willst, Emilie. Wenn ihr euch nur Briefe schreibt, kannst du dir über deine Gefühle aber nie richtig klar werden.» Franziska dachte nach und fuhr fort: «Versteh mich nicht falsch. Ich bin ganz und gar nicht für eine solche Heirat. Dein Vater würde sich dagegen sträuben … aber ich möchte nicht, dass du Alexander aus diesen Gründen aufgeben musst. Du würdest ihm womöglich jahrelang nachtrauern oder ihn aus Trotz doch heiraten. Ich kenne dich, Emilie. Wenn du dir etwas in den Kopf gesetzt hast …»

«Aber ich habe mir nichts in den Kopf gesetzt. Ich weiss ja gar nicht, was ich will.»

Franziska beendete das Gespräch mit einem Vorschlag, den ihr der gesunde Menschenverstand eingab. «Lass uns für einige Zeit nach Bern zu Elisa fahren. Dort kannst du mit Alexander sprechen und herausfinden, ob er dir wirklich etwas bedeutet.»

Emilies Augen leuchteten, als sie an ihre geliebte Stadt Bern dachte, die im Mai schöner war als zu jeder anderen Jahreszeit.

Im lebendigen Heim Elisas wurden Franziska Snell und ihre Tochter wie immer sofort in den Strudel der Ereignisse hineingezogen, und der eigentliche Reiseanlass trat in den Hintergrund. Als Emilie am ersten Abend in ihrem lindengrünen Frühlingskleid ins Speisezimmer trat, schien es ihr, als hätten sie Bern nie verlassen. Zwar fehlte ihr Vater, dafür waren Jakob Stämpfli, Niklaus Niggeler sowie der Zeitungskorrespondent Lorenz Rustinger mit von der Partie. Emilie wurde sich bewusst, dass ihr die politischen und weltanschaulichen Gespräche, die sie einst so gelangweilt hatten, nun hochwillkommen waren. Sie musste sich eingestehen, dass sie ihr richtig gefehlt hatten, zumal die Gäste am snellschen Familientisch in Liestal hauptsächlich rechtliche Fragen besprechen wollten.

«Ja, Emilie», lächelte Niggeler ihr freundlich zu. «Seit jenen Sommertagen in Liestal hat sich einiges ändern. Wir sind längst aus der Phase des Planens und Diskutierens hinaus und daran, einen neuen Kanton Bern aus der Taufe zu heben.»

«Das heisst mit anderen Worten, dass ich meinen Gatten nur selten sehe», warf Elisa mit einem stolzen Seitenblick auf ihren Ehemann ein. «Jakob hat sich in den politischen Kampf gestürzt wie noch nie. Es kann sein, dass ich sogar Frau Regierungsrat werde.»

«Eigentlich kann nun nichts mehr schief gehen», wandte sich Stämpfli an Niggeler und ignorierte Elisas letzten Satz. «Am 1. Februar haben sich die Stimmbürger für die Revision der Berner Verfassung ausgesprochen. Mehr als 26'000 Berner haben die radikale Parole und nur 11'000 den Antrag der Regierung gutgeheissen. Dem Grossen Rat ist nichts anderes übrig geblieben, als die Wahl eines Verfassungsrates zu beschliessen.»

Da der Verfassungsrat direkt von allen über zwanzig Jahre alten Stimmbürgern gewählt wurde, trugen die Radikalen wiederum einen triumphalen Sieg davon.

«Stellen Sie sich vor, Emilie», wandte sich Niggeler an seine Tischnachbarin. «Als am 2. März zu den Urnen gerufen wurde, lag noch Schnee auf den Matten. Viele Leute, vor allem die Bauern vom Lande, mussten bis fünf Stunden zum Wahllokal marschieren. Und doch kamen sie. 33'000 Bürger stimmten ab, zwei Drittel davon für uns Radikale.»

Stämpfli dachte an die Vorbereitungskommission für die neue Verfassung, der er angehörte. Trotz der hitzigen Debatten im Rathaus des Äusseren Standes kam man gut voran. Ende Juli würde das Volk über die neue, nach radikalen Grundsätzen redigierte Verfassung der Republik Bern abstimmen können. «Ich glaube kaum, dass viele Mitglieder der alten Regierung im Sattel bleiben werden», mutmasste Stämpfli. «Die meisten sind dem Volk derart verhasst, dass man sich allgemein freut, sie wegzuwählen.»

Er gab seiner Gattin ein unauffälliges Zeichen, das Emilies wachsamen Augen nicht entging. Zwei Minuten später erhob sich Elisa, nahm ihre Mutter beim Arm und forderte auch die Schwester auf: «Wollen wir uns zurückziehen, Mutter? Kommst du mit uns, Emilie? Ich glaube, die Diskussion der Herren wird immer politischer.»

Emilie verliess gehorsam den Raum, beschloss aber beim Hinaufgehen, sich das offenbar geheime Gespräch der Männer nicht entgehen zu lassen. Als Elisa und Franziska ihre Zimmertüren geschlossen hatten, schlich sie wieder hinunter, genauso, wie sie es beim Besuch des Italieners Mazzini getan hatte. An Elisas Speisezimmer grenzten die Küche und eine kleine Vorratskammer, hinter deren Türe sie sich im Dunkeln versteckte.

Mein Gott, wie konnte ich früher die Männergespräche nur so verabscheuen!, dachte sie. Dabei gibt es nichts Spannenderes als die politischen Geheimnisse der Radikalen in Bern.

«Nun erzähl schon, Lorenz, wie ist es dir in Luzern ergangen?», hörte sie Niggeler fragen. «Hast du Erfolg gehabt als Kundschafter?

«Weit mehr als das», gab Rustinger zurück. «Ich habe Dinge herausgefunden, die ihr kaum glauben werdet.»

«So erzähl schon!», forderte Stämpfli, der sich wie die zwei anderen lebhaft an jenen Abend im Februar erinnerte, an welchem Rustingers Abreise nach Luzern beschlossen worden war. Damals wurde die Hetze in den Luzerner Zeitungen immer schlimmer, die feindliche Haltung gegenüber den nichtkatholischen Kantonen spitzte sich mehr und mehr zu. Dann sickerte das Gerücht durch, in Luzern sei man dabei, zu rüsten.

«Wir müssen mehr wissen», entschied Stämpfli auf diese Nachricht hin. «Es geht nicht, dass die konservativen Stände heimlich Kriegsrat halten und wir Liberalen nur dasitzen und auf die letzten Tagsatzungsstimmen zur Ausweisung der Jesuiten warten.» Spontan kam ihm der Einfall: «Wieso gehst du nicht nach Luzern, Lorenz? Du warst so viele Jahre lang im Ausland, dass man dich in Luzern gewiss nicht kennt.» Ausserdem, aber das dachte Stämpfli nur bei sich, würde man Rustinger auf diese Weise von Bern wegbringen können, wo er Gefahr lief, mit seinen Nachforschungen Staub aufzuwirbeln.

Lorenz Rustinger bezog ein Quartier in Luzern. Den neuen Nachbarn stellte er sich als Bürolist vor, und da er täglich zur gleichen Zeit das Haus verliess und wieder heimkehrte, stellte niemand Fragen. Mit seinem sympathischen Wesen schuf er sich rasch einen Bekanntenkreis. Abend für Abend liess er sich in den einschlägigen Wirtschaften sehen und begann unaufgefordert mitzudiskutieren. Natürlich machte er keinen Hehl aus seiner streng katholischen und jesuitenfreundlichen Gesinnung, und so gewöhnte man sich daran, ihn auch von den hitzigsten politischen Diskussionen nicht auszuschliessen.

«Ich kann euch nicht im Detail erklären, wie ich zu diesen Informationen gekommen bin», erzählte Rustinger vor Emilies gespitzten Ohren. «Ihr könnt mir aber glauben, dass mein Leben wirklich in Gefahr war. Doch hört, was ich herausgefunden habe! Ihr erinnert euch doch daran, dass der österreichische Kanzler Luzern zum Sieg gegen den zweiten Freischarenzug beglückwünscht hat? Nun, der Luzerner Schultheiss Konstantin Siegwart-Müller fasste diese Gratulationen so wörtlich auf, dass er eine Vertrauensperson nach Wien sandte, um mit Metternich zu verhandeln.»

«Mein Gott!» Stämpfli war empört. «Das grenzt an Verrat an unserem Staatenbund. Worüber wurde denn gesprochen?»

«So genau weiss ich das nicht. Offenbar kam im Frühling des vergangenen Jahres nicht viel dabei heraus. Im Juli jedoch löste die Ermordung des luzernischen Konservativenführers Joseph Leu, eben jenes Mannes, der die Jesuitenberufung damals durchgesetzt hatte, neue Aggressionen aus und eine konkretere Zusammenarbeit der katholischen Kantone mit Österreich.»

Rustinger gab seiner leisen Stimme einen dramatischeren Ton. «Ich habe einen Mann kennen gelernt, der mit einem Bürodiener Siegwart-Müllers verwandt ist. Er hat dem konservativ-katholisch denkenden Rustinger», der Kundschafter setzte bei diesen Worten ein freches Grinsen auf, «anvertraut, dass jener ein wichtiges Dokument gesehen hat. Das vom Schultheissen an Metternich gerichtete Gesuch für eine unverzinsliche Anleihe zum Ankauf von Waffen!»

«Ist ihm stattgegeben worden?», fragte Stämpfli.

«Vermutlich ist noch nichts entschieden. Aber passt auf, das Schlimmste kommt erst. Es scheint, der Schultheiss habe den österreichischen Aussenminister aufgefordert, sich an einer Art geheimem luzernischem Kriegsrat zu beteiligen. Es soll ein Feldherr, vielleicht sogar ein General, nach Luzern delegiert werden.»

«Luzern rüstet, und wir sitzen hier und politisieren», warf Niggeler verstört ein. «Die Tagsatzung muss sofort von dieser neuesten Entwicklung unterrichtet werden.»

«Ja, aber zuerst müssen wir herausfinden, was die Luzerner konkret planen und wie Österreich ihnen helfen soll», meinte Rustinger. «Ich will zurückkehren und genauere Nachforschungen betreiben.»

Als die drei Männer aufstanden, versteckte sich Emilie in der dunkelsten Ecke der Vorratskammer. Sie verspürte ein angenehmes Gefühl des Triumphs und hatte im Gegensatz zu ihrem letzten nächtlichen Horcherlebnis kein schlechtes Gewissen. Sie fühlte sich als Teil dieses aufregenden Abenteuers.

28

Das Café Kaiser war halb leer, als Emilie am nächsten Morgen ihren ganzen Mut zusammennahm und auf Alexander von Sasikls Tischlein zustrebte. Der hübsche Österreicher sprang auf, nahm Emilie bei der Hand und führte sie zu einem zierlichen Metallstuhl. Als die Schokolade serviert war, fragte er ungeduldig: «Was sagst du zu meinem Heiratsantrag, Emilie?»

«Ich weiss nicht, Alexander», entgegnete sie, wie immer überrumpelt von seiner Offenheit. «Ich habe einfach das Gefühl, dass wir uns noch zu wenig kennen.»

«Wir korrespondieren doch seit Monaten!»

«Ja, aber alles, was ich von dir weiss, ist …»

«… dass ich dich liebe», fiel ihr Alexander ins Wort. «Ist es denn nicht die Liebe, welche die beste Grundlage für eine glückliche Ehe bildet?»

«Sicher. Aber ich weiss eben nicht sicher, ob ich dich liebe. Ich habe keine Ahnung, was du denkst, was dich interessiert, wofür du kämpfst.»

«Ich kämpfe für gar nichts», gab er gut gelaunt zurück. «Mir gefällt die Jagd, ich gehe gern tanzen, lese immer die neuesten Bücher und möchte dir ein glanzvolles Leben als Gattin eines Diplomaten bieten. Ausserdem will ich dich auf Händen tragen, deine Schönheit Tag für Tag bewundern und mindestens drei Kinder haben. Eines müsste ein Mädchen sein, genauso hübsch wie du.»

Emilie musste lächeln. Sie war geschmeichelt. «Gehen wir doch etwas spazieren», schlug sie statt einer Antwort vor und nahm seinen Arm. Als sie das Café Kaiser verliessen, erkannte Emilie schräg gegenüber das hölzerne Portal von Niklaus Niggelers Büro- und Wohnhaus. Sie wandte ihren Blick ab und drückte Alexanders Arm in die andere Richtung. «Komm, wir wollen dem Weibermarkt zu spazieren. Dort in der Nähe befindet sich die österreichische Gesandtschaft, nicht wahr?»

«Du willst in die Botschaft mitkommen, Emilie? Soll das heissen, dass du einwilligst, mich zu heiraten? Möchtest du meinem Vater vorgestellt werden?»

«Nein Alexander, bestimmt nicht auf diese Art. Sind deine Eltern überhaupt da?»

«Nein, sie sind für einige Tage nach Zürich verreist, ich habe es ganz vergessen. Da siehst du, Emilie, wie du mich verwirrst.»

«Dann könnte ich ja ganz ungezwungen einen Blick in die Gesandtschaft werfen, als ob ich eine gewöhnliche Besucherin wäre.»

«Selbstverständlich, wenn dies dein Wunsch ist.»

Natürlich verbot es der Anstand, dass Emilie Alexanders Wohnung besichtigte, er konnte ihr aber die Repräsentationsräume im unteren Stock zeigen.

«Lass uns hier Platz nehmen und plaudern, Emilie», sagte Alexander, als sie in einen mit dunkelgrau und beige gestreiften Canapés ausgestatteten Salon traten. Die Vorhänge aus feinstem Stoff passten im Ton genau zum Mobiliar. Er bemerkte Emilies Blick und meinte: «In Wien werden wir ein wunderschönes Haus mit Park bewohnen. Du wirst es ganz nach deinem Geschmack einrichten können, mein Schatz.»

Alexander stellte sich vor sie. «Jetzt sind wir ganz allein», flüsterte er. «Nun sag mir, dass du mich heiraten willst.»

Emilie schaute ihm in die Augen, entgegnete aber nichts. Da schob er zwei Finger unter ihr Kinn und hob es sanft an. Sein Mund näherte sich ihren Lippen und berührte sie. Als Emilie sich nicht zurückzog, umschlang Alexander sie heftig und erforschte mit einem leidenschaftlichen Kuss ihren Mund. Emilie liess ihn einen Augenblick lang gewähren, dann schob sie ihn sachte weg und lief aus dem Salon.

Alexander rief ihr nach: «Du kannst jenen Teil der Gesandtschaft nicht betreten, Emilie! Die Räume sind für Besucher ...»

Aber sie hörte ihn nicht mehr und eilte durch mehrere Räume. Dann lehnte sie sich einen Moment an eine Wand und versuchte, sich zu beruhigen. Sie fühlte sich aufgewühlt, aber nicht Alexanders draufgängerischer Umarmung wegen. Sie war sich vielmehr klar geworden, dass sie nichts empfunden hatte. Seit dem Vortag war sie informiert über die Gefühle, welche ein Kuss hervorrufen sollte.

«Schwesterherz, du musst mir eine indiskrete Frage offen und klar beantworten», hatte sie an ihrem ersten Nachmittag in Bern Elisa überfallen.

«Eine indiskrete Frage? Mein Gott, Emilie, was willst du denn wissen?»

«Was fühlt man, wenn man verliebt ist?»

«Ach, das …», rief Elisa erleichtert aus. «Man fühlt sich glücklich, im siebenten Himmel.»

«Ja, das hat mir Mutter auch gesagt, und ausserdem steht es in allen Romanen. Aber ich will etwas anderes wissen. Was fühlt man … körperlich?»

Sie sah, wie Elisas Wangen sich färbten. «Jetzt hast du mich verstanden, Schwesterherz! Sag mir, was man körperlich empfindet.»

Die junge Ehefrau wurde noch röter, denn sie musste an jene nächtlichen Wirbelstürme denken, die Jakob und sie mit Leib und Seele vereinten und immer tiefer aneinander banden. Zu Emilies Ärger aber fasste sie sich sofort und meinte: «Du solltest ein Buch lesen über die Ehe, Emilie. Vor wenigen Tagen habe ich ein Inserat gesehen in der ‹Berner Zeitung›. Es handelt sich um eine Bildungsschrift, von Braun hat sie verfasst. Sie heisst ‹Die Glückliche oder Gedanken über die Ehe›.»

«Theoretische Bücher nützen mir jetzt nichts!», unterbrach Emilie die Schwester ungehalten. «Ich muss es sofort wissen, und zwar von dir.»

Elisa seufzte. «Nun gut, so hör zu. Wenn Jakob mich küsst und umarmt, bin ich nicht nur in Gedanken glücklich. Mein ganzer Körper wird erfasst von einem Sturm der köstlichsten

Gefühle. Wenn ich ihn loslasse, werde ich wie von einem Magnet zu ihm hingezogen, muss ihn von neuem erfassen und küssen. Dabei verspüre ich immer prickelndere Gefühle im ganzen Leib ...» Elisa merkte, wie sich ihr Gesicht dunkelrot überzog. «Mein Gott Emilie! Was habe ich dir da gesagt. Über solche Empfindungen sollte keine Frau sprechen, und schon gar nicht zu ihrer ledigen Schwester. Ich müsste mich schämen, dass ich sie überhaupt erlebe.» Mit diesen Worten eilte Elisa aus dem Zimmer. Emilie aber wusste, was sie wissen wollte.

Als sie jetzt im Vorraum der österreichischen Gesandtschaft an der Wand lehnte und sich besann, war ihr klar, dass sie Alexander nicht heiraten konnte. Keine Spur eines körperlichen Wirbelsturms hatte ihren Leib und ihre Seele aufgewühlt, während er sie hingebungsvoll geküsst hatte.

Sie wollte wieder zur Türe hinausgehen, durch welche sie eingetreten war, als sie am Ende des Gangs ein Geräusch hörte. Emilie näherte sich vorsichtig und erkannte, dass es sich um gedämpfte Stimmen handelte. Sie zögerte. Wenn man sie hier beim Horchen erwischen würde, konnte dies mehr als eine Schelte bedeuten. So stark Emilie aber die Gefahr der Situation empfand, sie zog sich nicht zurück, sondern ging leise vorwärts und blieb neben der angelehnten Türe stehen.

«... wird sich der Kanzler entscheiden müssen», hörte sie eine tiefe Stimme sagen, und eine andere ertönte: «Wir sprechen fast täglich über die Schutzvereinigung und glauben, dass sie geheim bleiben wird, nur weil sie weder schriftlich noch urkundlich niedergelegt wurde. Was ist, wenn die sieben zusammengeschlossenen Stände zu lange auf Österreichs Hilfe warten müss...» Die Stimme im Innern des Büroraums wurde vom Rutschen eines Stuhls unterbrochen. Offenbar waren die Männer dabei, aufzubrechen.

Emilie zögerte keinen Augenblick. Rasch verliess sie ihren Standort, öffnete die Tür des nächsten Zimmers und trat ein. Sie war bereit, eine Entschuldigung zu murmeln. Aber der

Raum war leer bis auf einen unbenutzten Schreibtisch und einen Aktenschrank. Emilie wartete hinter der Türe, bis die beiden Gesprächspartner den Nebenraum verliessen und an ihr vorbei auf den hinteren Teil der Gesandtschaft zuschritten. Erst als sie einige Meter weit entfernt waren, schaute sie ihnen durch den Türspalt nach. Der eine der Männer, ein ungefähr fünfunddreissig Jahre alter Blonder, drehte den Kopf zum anderen um. Dabei konnte sie sein Profil sehen. Er hatte eine merkwürdig geformte Nase.

Als Emilie wenige Minuten später den Salon wieder erreichte, setzte sie sich auf ein Canapé und wartete.

Alexander kehrte nach erfolgloser Suche in zahlreichen Räumen ebenfalls an den Ausgangspunkt zurück. Untröstlich nahm er ihre Hand und stammelte: «Es tut mir leid, Emilie. Ich hätte dich mit meiner Leidenschaft nicht erschrecken dürfen.»

«Alexander», sagte sie leise und erhob sich. «Ich kann dir auf deine Frage jetzt keine Antwort geben. Ich brauche Zeit zum Nachdenken.»

«Wir haben aber keine Zeit.»

«Wenn ich mich sofort entscheiden müsste, so wäre es ein Nein, Alexander.» Nun war es heraus, und Emilie fühlte sich erleichtert.

«Vielleicht werde ich für alle Zeiten eine alte Jungfer bleiben», vertraute sie keine halbe Stunde später ihrer Mutter an. «Aber es ist mir egal. Ich weiss jetzt, dass ich Alexander nicht liebe.» Mit diesen Worten ging Emilie in ihr Zimmer und versank in Selbstmitleid. Jede andere an ihrer Stelle hätte sich in einen hübschen, reichen und gebildeten Mann wie Alexander verliebt. Weshalb musste nur sie, Emilie Snell, so kompliziert sein?

Lange bevor die ersten Gäste an Stämpflis Tafel erschienen, wartete Emilie fertig angekleidet auf der Sitzbank vor der Haustür und passte Niklaus Niggeler ab.

«Das kann ja nicht wahr sein, Emilie», strahlte der Fürsprech und nahm ihre Hand. «Haben Sie auf mich gewartet?»

«Ja.» Um jedes Missverständnis zu vermeiden, fiel Emilie sofort mit der Tür ins Haus. «Ich habe wichtige Informationen für Sie.»

«Wieder ein Geheimnis, meine Liebe?», neckte er, merkte aber ihrem Gesichtsausdruck an, dass er den Nagel auf den Kopf getroffen hatte.

«Es darf uns niemand hören», sagte Emilie leise. «Gehen wir in den hinteren Garten.»

Niggeler folgte ihr und stellte fest, dass sie seit dem Sommer noch hübscher geworden war. Vor allem ihr Gang wirkte selbstsicher und fast damenhaft.

Plötzlich drehte Emilie sich um. Selbst ihre Augen lachten verschmitzt, als sie ihm zuflüsterte: «Ich habe wieder einmal gehorcht, und zwar gestern abend, nachdem Elisa Mutter und mich zu Bett befördern wollte.»

«Sie haben mein Gespräch mit Jakob und Rustinger belauscht?»

«Ja, ich war in der Vorratskammer versteckt.»

«Das hätten Sie nicht tun sollen, Emilie.»

«So hören Sie mir doch zu. Sie werden mit mir übereinstimmen, dass ich gut daran getan habe, Sie zu belauschen.»

Als er schwieg und sie erwartungsvoll anblickte, fuhr Emilie fort: «Ich habe heute Gelegenheit gehabt, die österreichische Gesandtschaft zu besuchen.»

Niggeler verschlug es bei dieser Mitteilung fast die Sprache. «Sie haben sich in die Botschaft eingeschlichen? Sind Sie denn total verrückt? Sie wissen doch, dass zwischen Bern und Österreich keine friedliche Stimmung herrscht.»

«Ich war eingeladen als Gast des Sohns eines Gesandtschaftsmitarbeiters.»

«Daher weht der Wind. Die Spatzen pfeifen schon vom Dach, dass Sie als Aristokratengattin nach Wien übersiedeln werden.»

Dr. Wilhelm Snell
(Lithographie. Schweizerische Landesbibliothek, Bern)

Dr. Ludwig Snell
(Lithographie. Schweizerische Landesbibliothek, Bern)

F. Schmied: Zeitglockenturm in Bern
(Aquatinta. Schweizerische Landesbibliothek, Bern)

Treffen und Niederlage der Freischaren am Emmenfelde ... den 31. März 1845

(Lithographie, Schweizerische Landesbibliothek Bern)

Die Vereidigung der Schweizer Tagherren bei der Eröffnung
der Tagsatzung in der Heiliggeistkirche zu Bern am 5. Juli 1847
(Holzstich. Schweizerische Landesbibliothek, Bern)

Tagsatzung 1847
(Holzstich. Schweizerische Landesbibliothek, Bern)

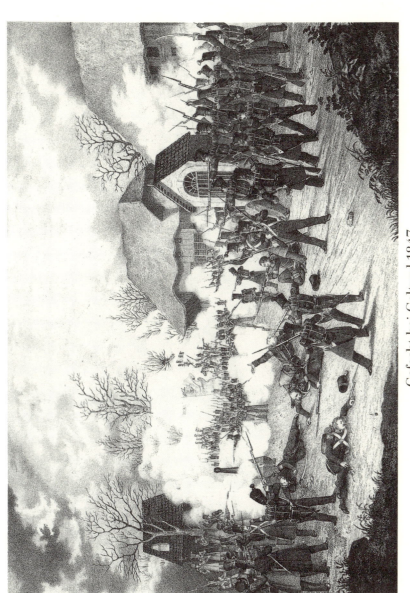

Gefecht bei Geltwyl 1847

(Lithographie. Schweizerische Landesbibliothek, Bern)

Der erste Bundesrat 1848

(Lithographie. Schweizerische Landesbibliothek, Bern)

«Wer hat Ihnen denn so etwas gesagt?»

«Ich habe Ihr Herzensgeheimnis zufällig von einer vornehmen jungen Dame gehört, die in ähnlichen Kreisen verkehrt wie die ausländischen Gesandten.»

«Das war wohl jene dunkelhaarige Schönheit, die Sie damals bei unserer Kutschenausfahrt so ehrerbietig gegrüsst haben.»

Als Niggeler sah, wie eine feine Röte ihre Wangen überzog und sie ob ihres spontanen Ausrufs ärgerlich den Kopf schüttelte, empfand er ein Gefühl der Freude und zeigte dies auch. «Wenn Sie sich jetzt noch an eine solche Nebensächlichkeit erinnern, dann …»

Emilie befürchtete, er werde sich wieder über sie lustig machen und gab dem Gespräch eine andere Wendung. «Wie gesagt war ich heute in der österreichischen Gesandtschaft. Um Ihre spöttischen Fragen im Voraus zu beantworten, kann ich Ihnen gleich verraten, dass ich Alexander von Sasikls Heiratsantrag abgelehnt habe.»

«Aber warum denn, Emilie? Wo Sie doch von der grossen Gesellschaft träumen.»

«Weil ich ihn nicht liebe.»

Er empfand ein seltsames Gemisch von Erleichterung und Wehmut. «Sie warten wohl immer noch auf einen Romanhelden.»

«Lassen wir die Liebesgeschichten. Ich habe wichtige politische Neuigkeiten für Sie. Ist es denn nicht das, was Sie und Jakob vor allem interessiert, Ihr politischer Kampf?»

Als Niggeler ihr entschuldigend zunickte, platzte Emilie mit ihrem Geheimnis heraus.

«Ich habe mich in der Gesandtschaft an einen Raum heranschleichen können, der sonst den Besuchern nicht zugänglich ist. Da ich allein war und aus dem Zimmer Stimmen hörte, konnte ich natürlich nicht widerstehen …»

«Fahren Sie fort, Emilie.»

«Ich versuche genau zu wiederholen, was gesprochen worden ist. Den Sinn der Worte verstehe ich jetzt noch nicht ganz. Vielleicht werden Sie daraus klug. Die beiden Männer sagten, der Kanzler müsse bald über etwas Wichtiges entscheiden. Sie sprachen von einer seit Monaten bestehenden Schutzvereinigung und ... ja, jetzt erinnere ich mich genau. Eine Stimme sagte, man spreche in der Gesandtschaft seit Wochen über nichts anderes als über diese Schutzvereinigung. Diese müsse geheimbleiben. Dann war noch die Rede von sieben Ständen, die Österreichs Hilfe benötigen ...»

«War das alles, Emilie?»

«Ich hörte einen Stuhl rutschen und musste mich in einem anderen Zimmer verstecken.»

Erschüttert von Emilies Mitteilung ermahnte er sie, mit keinem Menschen über ihren Besuch in der Gesandtschaft zu sprechen.

Noch an demselben späten Abend wurden einige radikale Führer zu Stämpfli bestellt, und man beriet über die Niggeler «zugetragenen geheimen Informationen».

«Dies kann nur bedeuten, dass die konservativen Kantone eine Art heilige Allianz geschlossen haben, um gemeinsam gegen die liberale Schweiz zu rüsten», befürchtete Häuselmann gleich das Schlimmste. «Die sieben Stände, das ist ja offensichtlich. Es handelt sich natürlich um die Urkantone und um Luzern, Zug, Freiburg und das Wallis.»

«Wir müssen die katholischen Kantone dazu bringen, ihr Geheimnis preiszugeben», warf Niggeler ein. «Was immer mit dieser Schutzvereinigung gemeint ist, wir kennen nun das Schlagwort, und das ist schon viel.»

«Ich weiss, was wir tun werden», rief Stämpfli dazwischen. «Wir zwingen unsere Gegner, öffentlich Farbe zu bekennen. Morgen informieren wir die radikal gesinnten Mitglieder des Landrats von Zug und des Grossen Rats von Freiburg. Sie müssen in ihrem Parlament Erklärungen über die Schutzvereinigung verlangen. Damit wird das Pulverfass gesprengt.»

Die konservative katholische Schweiz hatte sich bemüht, das am 11. Dezember 1845 zwischen Uri, Schwyz, Unterwalden, Luzern, Zug, Freiburg und dem Wallis abgeschlossene Sonderabkommen geheim zu halten. Jetzt konnte sie aber nicht mehr verhindern, dass die Schutzvereinigung gegenüber dem liberalen Katholizismus und der protestantischen Schweiz bekannt wurde. Zur Rede gestellt von den wenigen radikalen Mitgliedern, sah sich der Zuger Landrat im Juni gezwungen, öffentlich über den Sonderbund zu diskutieren. Als auch im Freiburger Rat hitzige Debatten stattfanden und der protestantische Bezirk Murten bei der Tagsatzung gegen die verfassungswidrigen Sonderabmachungen des eigenen Kantons protestierte, verlangte der Vorort([12]) Zürich von Luzern den Wortlaut des Vertrags. Obwohl Luzerns Vertreter Bernhard Meyer beteuerte, es handle sich lediglich um eine Übereinkunft zur Abwehr ungerechter Angriffe, war die liberale Schweiz empört. Der Hass den jesuitenfreundlichen Kantonen gegenüber erreichte einen neuen Höhepunkt und brannte in den Herzen von Zehntausenden von liberalen Schweizern noch unversöhnlicher als zur Zeit der Freischarenzüge. Diese antikonservative Welle trug zu allem entschlossene Männer wie Ochsenbein, Stämpfli und Niggeler nach oben und brachte den bernischen Radikalen bei den Wahlen am 31. Juli 1846 einen zwar erwarteten, nun aber wahrhaft sensationellen Erfolg ein.

29

Nicht ein einziger Bezirk der Republik Bern lehnte die neue radikale Verfassung ab. Auch die beiden Sitze der alten Aristokratie, Bern und Burgdorf, beugten sich ihr. Selbst im Oberland, wo ein grosser Teil der Bevölkerung Ende Juli auf den Alpen lebte, strömte man in Massen zur Urne. Die Verfassung wurde mit einer Einstimmigkeit angenommen, die alle Erwartungen übertraf. Den 34'063 Annehmenden standen lediglich 1280 Verwerfende gegenüber.

«Die Einigkeit hat sich auf imposante Weise gezeigt», schrieb Jakob Stämpfli im Leitartikel der «Berner Zeitung». «Wir weisen auf alle Verfassungsrevisionen in anderen Kantonen in den letzten zehn Jahren hin: Bei keiner ist die Minderheit so nichtssagend gewesen. Durch die Abstimmung vom 31. Juli ist die neue Ordnung auf eine feste Grundlage gestellt worden. Bern wird die Aufgabe, der Schild und Hort der liberalen Schweiz zu sein, wieder in vollem Masse erfüllen können.»

In Bern verkündeten am 31. Juli Kanonenschüsse und abendliche Freudenfeuer die Annahme der neuen Verfassung. Selbst auf dem zürcherischen Uetliberg loderte in jener Nacht ein gigantisches Feuer, das dem bernischen Umschwung galt. Am 9. August fand in Interlaken das Tauffest der Verfassung statt. Kanonendonner und Musik begleiteten den Einzug der bedeutungsvollen Festfahne mit der Inschrift: «Es lebe die Verfassung von 1846. Ausweisung der Jesuiten. Bundesrevision.»

Kurze Zeit später mussten die bernischen Radikalen jedoch die bittere Feststellung machen, wie wenig der politische Umschwung an der gesamtschweizerischen Situation zu ändern vermochte. An der dreissigsten Sitzung der Tagsatzung kam die Jesuitenfrage erneut eidgenössisch zur Abstimmung. Es gelang wieder nicht, die Angelegenheit zur Bundessache zu erklären. Auch zur Auflösung des Sonderbunds fehlten immer noch zwei Stimmen.

Blieb eidgenössisch alles beim Alten, so änderte sich umso mehr in Bern. In der Republik gab es keinen Schultheiss und keinen Landammann mehr, sondern lediglich einen Präsidenten des Regierungsrats und einen Präsidenten des Grossen Rates. Die radikale Welle hob fast sämtliche konservativen Männer aus dem Sattel und brachte eine liberale Regierung ans Ruder. Jakob Stämpfli wurde mit seinen nur sechsundzwanzig Jahren zum Regierungsrat gewählt und zum Direktor der Finanzen ernannt, während Ochsenbein die Militärdirektion anvertraut wurde. Da der Präsident des Grossen Rates sich an der Tagsatzung in Zürich befand, eröffnete an seiner Stelle der neunundzwanzigjährige Vizepräsident Niklaus Niggeler die erste Sitzung im Rathaus.

«Durch Nichtausführung und Nichtachtung der Volkswünsche, durch Unterlassen der Arbeit im Fache der Gesetzgebung ist die abtretende Regierung beim Volk unbeliebt geworden», redete er dem neuen Grossen Rat ins Gewissen. «Hüten wir uns daher, denselben Fehler zu begehen. Bemühen wir uns in jeder Beziehung, den Fortschritt anzustreben und das, was das Volk erwartet und die Verfassung uns zur Pflicht macht, möglichst bald zu erfüllen.»

Zum Freudenfest von Interlaken war heimlich auch die Familie Snell gereist. Im Begeisterungsrausch der siegreichen radikalen Verfassung fiel die Anwesenheit des ausgewiesenen Professors niemandem auf. So durfte er die Festreden seiner einstigen Lieblingsstudenten Jakob Stämpfli und Niklaus Niggeler anhören. Emilie genoss die magische Stimmung des Festabends und gratulierte Niggeler mit echter Herzlichkeit zu seiner Wahl.

«Wenn man bedenkt, dass Sie einen Teil Ihres Erfolgs meinem Lauscherlebnis verdanken», neckte sie ihn, als sie sich von den Musikklängen auf der Versammlungswiese entfernten.

«Ich weiss, Emilie. Wir alle werden Ihnen dies nie vergessen. Ohne Ihre Informationen wäre der Sonderbund immer noch ein Geheimnis. Die antikonservative Stimmung hätte niemals so grosse Wellen geschlagen und die neue Verfassung trotzdem, aber nicht mit so gigantischem Stimmenmehr gesiegt.»

Emilie zeigte ihr strahlendstes Lächeln und freute sich, dass er die Wichtigkeit ihrer Informationen offen zugab. Er bemerkte ihren Triumph. «Sehen Sie, meine Liebe. Es ist nichts Aussergewöhnliches, wenn eine Frau im politischen Geschehen eine Rolle spielt. Die Geschichte ist voll von Beispielen. Denken Sie nur an die Kaiser und Staatsmänner, die von ihren ebenso klugen wie diplomatischen Gattinnen beraten wurden. Das Frauenurteil ist oft verlässlicher als das der Männer, da es frei ist von Aggressionen und allzu stürmischem Draufgängertum.»

«Sie haben etwas angeschnitten, das mich interessiert», ging die selbstsichere junge Snell zu Niggelers Verblüffung auf sein Thema ein. «Sie, Jakob und mein Vater ... alle sprechen vom neu erreichten allgemeinen Stimm- und Wahlrecht. Es heisst, jeder über zwanzig Jahre alte Berner, ob arm oder reich, könne wählen. Aber sind die Frauen denn keine Menschen, keine Berner? Das Stimmrecht ist doch nicht allgemein, wenn nur die Hälfte der Menschen zur Urne darf.»

«Ihre Gedanken setzen mich in Erstaunen, Emilie», sagte Niggeler leise und blickte ihr in die ebenso schönen wie intelligenten Augen. Er besann sich aber, warf lachend den Kopf nach hinten und reagierte scherzhaft auf ihre Bemerkung: «Gnade der Männerwelt, wenn erst alle Familienväter ihre Töchter so politisch und zur Selbstbestimmung erziehen wie unser lieber Professor Snell.»

«Aber habe ich nicht recht?», bohrte Emilie weiter und liess sich von seiner spöttischen Stimmung nicht aus der Fassung bringen. «Haben wir Frauen denn kein Gehirn zum Nachdenken?»

«Ihr Einwand ist richtig, und Sie stehen nicht allein damit

da. Zwar haben es die meisten Frauen noch nicht gemerkt, aber es machen sich bereits verschiedene Männer Gedanken über ein mögliches Frauenstimmrecht. Kennen Sie den Briten Disraeli?»

Als Emilie verneinte, fuhr er fort: «Disraeli ist der Gründer des ‹Jungen England›. Erinnern Sie sich, dass wir im Zusammenhang mit Mazzini über ‹La Giovane Italia› und ‹Das Junge Europa› gesprochen haben? Nun, Disraeli vertritt im englischen Parlament Ideen, die für dortige Verhältnisse als radikal bezeichnet werden können. Er ist ein begeisterter Verfechter des Stimmrechts für die Frauen.»

«Dann sind Sie also mit ihm der Meinung, dass Frauen auch für anderes taugen als nur für die Pflege ihrer Schönheit, ihrer Garderobe und ihrer Kinder? Und dass sie ein Hirn haben zum Denken und nicht einfach blind wünschen müssen, was ihrem Vater oder Ehemann genehm ist?»

«Ja, Frauen wie Sie taugen bestimmt für mehr», meinte Niggeler ehrlich und fügte bei: «Sie wissen ja, dass ich ein Junggeselle bin, Emilie, weil Sie mir bei Elisas Hochzeit einen Korb gegeben haben. Aber ich bin sicher, dass für jeden Gatten der Ehestand sinnvoller ist, wenn seine Frau mitdenkt, ihn berät und ihn auch einmal kritisiert.»

«Selbst in politischen Fragen?»

«Ja, natürlich, da erst recht. Die Politik soll der ganzen Bevölkerung das Leben erleichtern, will mehr Gerechtigkeit und Wohlstand für alle schaffen. Da ist es besonders wichtig, wenn auch die Bedürfnisse der weiblichen Bevölkerung zur Sprache kommen.»

«Niggeler, ich habe ein politisches Problem, über das ich dann und wann nachdenke. Vielleicht könnten Sie meine Zweifel beseitigen.»

«Nur heraus mit der Sprache!», forderte er sie lächelnd auf. «Sind Sie sich bewusst, liebe Emilie, dass ein derartiges Gespräch vielleicht noch niemals in der Schweiz zwischen einem Mann und einer Frau stattgefunden hat? Seien Sie froh, dass Sie sich einem radikal denkenden Politiker anvertrauen können, denn ein Konservativer wäre Ihnen bei der ersten Bemerkung über den Mund gefahren.»

«Ja, ich weiss», gab Emilie lachend zurück. «Nicht nur ein Konservativer, sondern auch ein österreichischer Aristokrat. Diese wie jene wollen nur das äussere Bild der Frau verehren, ihre Persönlichkeit aber nicht zur Kenntnis nehmen.»

«Sie sind dumm», sagte Niggeler überzeugt. «Hohle Frauen, die nicht nachdenken, sind trotz der feinsten Gesichtszüge niemals wirklich hübsch. Sie selber beispielsweise sind von so aussergewöhnlicher Schönheit, weil Ihr Antlitz Ihre Persönlichkeit, Ihre Denkweise und Ihre Seele ausdrückt.»

«So hören Sie doch, was ich Sie fragen möchte», unterbrach Emilie seine Komplimente, die sie in Verlegenheit brachten. «Vater hat mir erklärt, dass Sie in den nächsten Monaten noch mehr Tagsatzungsstimmen zusammenbringen wollen, um den Sonderbund der katholischen Kantone aufzulösen und um die Jesuiten aus der Schweiz zu vertreiben. Weshalb soll diese Schutzvereinigung aufgehoben werden?»

Obwohl Niggeler Emilie in der euphorischen Stimmung jenes Abends lieber Komplimente gemacht hätte, ging er auf ihre Frage ein. «Weil sie dem Bundesvertrag widerspricht. Sonderabkommen zwischen einzelnen Kantonen sind gesetzeswidrig, wenn sie die Einheit der Schweiz in Gefahr bringen, Emilie.»

«Aber Vater hat gesagt, der Bundesvertrag erkenne den Kantonen eine grosse Selbstständigkeit zu. Wieso pochen Sie denn im Falle des Sonderbunds auf den Bundesvertrag und vergessen ihn, wenn es um die Jesuiten geht?»

«Wie meinen Sie das?»

«Wenn Sie die Jesuiten ausweisen wollen, so tangieren Sie die Religionsfreiheit der katholischen Kantone. Damit verletzen Sie den Bundesvertrag. Ob die Jesuiten kommen oder nicht, geht doch die Tagsatzung gar nichts an, sondern nur die einzelnen selbstständigen Kantone, die sie rufen wollen.»

«Mein Gott, Sie argumentieren schlimmer als ein Jurist», entfuhr es Niggeler unwillig. «In diesem Fall heiligt der

Zweck eben die Mittel. Die Jesuiten sind eine Gefahr für die Freiheit und Unabhängigkeit der Schweiz. Sie dürfen sich nicht in Luzern festsetzen, selbst wenn Sie dies mit Ihren haarspalterischen Beweisführungen zu legitimieren vermöchten.»

«Und die Männer sagen uns Frauen nach, wir seien nur fähig, mit den Gefühlen und nicht mit Fakten zu räsonieren», empörte sich Emilie. «Dabei lasst Ihr Herren jede Logik beiseite, wenn es darum geht, Eure radikalen Stürme noch stärker brausen zu lassen.»

«Ich bin besiegt, ehrlich, liebe Emilie. Es hat mich gefreut, an einem so einzigartigen Abend mit Ihnen zu diskutieren. Doch nun wollen wir tanzen. Kommen Sie!» Er zog sie mitten unter die fröhlichen Paare. Angeregt durch das Gespräch, glücklich, wieder im Kanton Bern zu sein und mit jenem Mann über die Wiese zu wirbeln, der eine Stunde zuvor eine stark bejubelte Rede gehalten hatte, genoss Emilie den Zauber des Augenblicks.

30

«Nie hätte ich erwartet, in der Finanzdirektion ein solches Chaos vorzufinden», vertraute Jakob Stämpfli seinem Schwiegervater an, als er sich das erste Mal seit seiner Wahl zum Regierungsrat den zeitlichen Luxus einer Reise nach Liestal leistete. «Offenbar hat niemand Wert auf Ordnung gelegt. Man hat sich immer nur den momentanen Finanzaufgaben gewidmet.»

«Das muss sich besonders gravierend auswirken, weil gegenwärtig das Zehnten-Liquidationsgesetz zur Ausführung gelangt», sagte Professor Wilhelm Snell und schenkte dem Schwiegersohn ein Glas Rotwein ein.

«Ja genau. Es freut mich, dass die arme Landbevölkerung von dieser uralten Steuerlast befreit wird. Praktisch aber ist die Durchführung des Gesetzes keine leichte Aufgabe. Der Staat kauft die Hälfte der Zehnten und befreit folglich alle Zehntpflichtigen von fünfzig Prozent ihrer bisherigen Steuerlast. Die andere Hälfte muss direkt von den Zehntpflichtigen an die Zehnten-Privatinhaber bezahlt werden, die sich mit einer in Raten erfolgenden Bezahlung der Schuld zufrieden geben müssen. So weit ist alles in Ordnung.»

«Was macht euch denn Sorgen?»

«Das Problem ist, dass nicht alle Ansprüche von Zehnten-Privatinhabern ohne weiteres berücksichtigt werden können. Wir müssen genaue Kontrollen durchführen. Jedes Begehren muss mit den Amtsbüchern verglichen werden, und es ist eine gigantische Arbeit, diese Unterlagen zu finden.»

«Wenn du eine derartige Misswirtschaft geerbt hast, wird es für deine Beamten schwierig sein, jeden einzelnen Fall zu Ende zu bringen.»

«Nicht nur das. Es gibt auch ungerechtfertigte Ansprüche. Oft sind die Bücher so unklar, dass wir nicht feststellen können, ob seitens eines Zehnten-Privatinhabers ein Versehen oder ein Betrug vorliegt.»

«Wahre Polizeiarbeit!»

«Ja, und einen Fall haben wir bereits dem Gericht übergeben.»

«Wird Anklage erhoben?»

«Natürlich. Ich glaube, die Sache wird viel Staub aufwirbeln, handelt es sich doch um einen angesehenen Ländereibesitzer aus dem Seeland. Der feine Herr hat jahrelang bei den Bauern den Zehnten einkassiert, obwohl er keinen Anspruch auf die Ländereien besitzt. Der rechtmässige Eigentümer, ein Nachbar des Angeklagten, verstarb vor vielen Jahren ohne Erben. Da teilte der Herr den Bauern einfach mit, der Zehnten sei von ihm übernommen worden.»

«Konnten die Zehntpflichtigen das alles denn nicht klarstellen?»

«Nein, offenbar wurde die Sache nie richtig in die Bücher eingetragen. Die Landwirte hatten wohl ihre Zweifel, wussten aber nicht, wie vorgehen.»

«Sie hätten sich an einen Fürsprech wenden können», warf Snell ungläubig ein.

«Du weisst doch, wie sich Pfarrer Bitzius, der sich nun Jeremias Gotthelf nennt, und andere seines Schlags gegen die Anwälte ereifern. Er wettert in seinen Büchern und in Zeitungsartikeln gegen die seiner Meinung nach ungenügend ausgebildeten und gewissenlosen Fürsprecher, die das Land in einen Sturm von Rechtshändeln ziehen, nur um daran zu verdienen. Viele Bauern können zwar nicht lesen, aber die Hetze gegen die Fürsprecher und Rechtsagenten ist ihnen zu Ohren gekommen. Da überlegen sie es sich eben hundertmal, ehe sie sich an einen gesetzeskundigen Ratgeber wenden.»

Jakob Stämpfli unterbrach seinen Redestrom, denn er hatte seinen Schwiegervater beobachtet. Snell hing seinen Gedanken nach und hörte Stämpflis letzte Worte nicht mehr.

«Tut mir leid, Jakob, dass ich dir nicht richtig zugehört habe», fasste sich der Professor. «Es ist mir etwas Wichtiges durch den Kopf gegangen. Aber das hat Zeit bis später. Erzähl mir nun, wie Niggeler sich als Redaktor bewährt.»

«Ich habe einige Ausgaben der ‹Berner Zeitung› mitgebracht. Am Ton hat sich nichts ändert, denn wir sind beide zu Recht als deine Schüler bekannt.» Stämpfli schmunzelte und zeigte Snell die Ausgabe vom 7. September, in der er seinen Rücktritt von der Redaktion der «Berner Zeitung» bekanntgab. «Meiner amtlichen Geschäfte wegen trete ich zurück», schrieb der frischgebackene Regierungsrat, «nicht aber von den Grundsätzen, welche ich darin verfochten habe.» Gleich darunter standen Niggelers Zeilen: «Bis die Gesellschaft der ‹Berner Zeitung› über die neue Redaktion entschieden haben wird, übernehme ich sie unter meiner Verantwortlichkeit. Niggeler, Fürsprech.»

«Er macht in unserem Sinn weiter, sei unbesorgt», sagte Stämpfli zu seinem Schwiegervater. «Als er die neue Regierung vorstellte, wetterte er gleich gegen die abtretende.»

«Schade, dass Niggeler uns so selten besuchen kommt», meinte Snell. «Ich unterhalte mich gern mit ihm, und ich habe das Gefühl, dass er auch Emilie fehlt.»

«Emilie? Emilie und Niklaus?»

«Was wäre daran so seltsam? Wo doch Jakob Stämpfli und Elisa so gut zusammen passen.»

«Ja, aber Emilie träumt von der Aristokratie, von rauschenden Bällen und viel Geld.»

«Ich glaube, damit ist es vorbei. Jedenfalls hat Franziska da so ein Gefühl …»

«Dann ist es schade, dass Emilie hier in Liestal lebt und er Bern nicht verlassen kann.»

«Dem werden wir schon irgendwie abhelfen. Und überhaupt … weshalb ist Niggeler in Bern festgenagelt?»

«Weil er nicht nur regelmässig die ‹Berner Zeitung› herausbringen muss, sondern immer noch Anwaltsfälle bearbeitet und das Vizepräsidium des Grossen Rats innehat. Ausserdem … Aber das wisst ihr ja noch gar nicht … Am 14. September hat der Regierungsrat die Gesetzgebungskommission gewählt. Alle Gesetzbücher der Republik Bern werden neu verfasst Die Redaktoren sind Niklaus Niggeler und Oberrichter Migy.»

«Da wird Niggeler von morgens bis abends hinter den Paragraphen sitzen.»

«Nein, er verpasst keine einzige Grossratssitzung, und dort wird momentan nichts anderes verhandelt als die Wiederzulassung eines gewissen Professors ...»

«Was, in so kurzer Zeit habt ihr das erreicht?»

«Ja, demnächst wird darüber abgestimmt. Niggeler erhitzt die Gemüter energisch mit seinen Zeitungsartikeln. Hier, du kannst es selber lesen: ‹Zwölf Schüler dieses Lehrers, von welchen mehrere kaum das fünfundzwanzigste Altersjahr zurückgelegt haben, wurden vom Volk in den Grossen Rat gesandt: einer davon zu seinem Vizepräsidenten, ein anderer zum Regierungsrat gewählt, und ein solcher Lehrer soll schlecht und verderblich auf die Jugend eingewirkt haben?› »

«Es wäre mir angenehm, für meine Entlassung eine finanzielle Entschädigung zu bekommen», kommentierte Snell die Neuigkeit. «Aber wieder eingestellt werden als Professor der Universität Bern? Nein, darauf kann ich verzichten. Was ich für Bern tun konnte, habe ich längst getan. Die Früchte sind mit der radikalen Verfassung ausgereift und werden bald der ganzen Schweiz in Form eines erneuerten Bundesvertrags serviert. Nun steht ihr, meine Schüler, in vorderster Linie und kämpft mit eurem jugendlichen Elan besser, als ich es tun könnte.»

Als Stämpfli und Elisa nach Bern abgereist waren, nahm Wilhelm Snell den Umschlag zur Hand, der sich im Schopf am Ende des Gartens befand. Er bereitete alle Unterlagen, die ihm Niklaus Niggeler vor mehr als einem Jahr nach seiner dramatischen Flucht aus Bern zur Aufbewahrung übergeben hatte, vor sich aus. Wie vermutet fand er zwischen den Briefen und Aufzeichnungen, die der Fürsprech im Auftrag von Polizeidirektor Häuselmann in der Wohnung des tot aufgefundenen Josef Hubler beschlagnahmt hatte, einige Zeitungsartikel.

«Ich hab's doch gewusst», dachte der altbewährte Kriminalist triumphierend. Als Stämpfli vom Zehnten-Liquidationsverfahren und den versuchten Betrügereien erzählt hatte, war plötzlich eine Erinnerung in Snells Gedächtnis aufgeblitzt. Ungeduldig las er die verschiedenen Zeitungsberichte, bis seine Augen an einem der ersten Vorschläge zur Zehnten-Liquidation hängen blieben. Auf weiteren Zeitungsblättern fand er Zeilen über dasselbe Thema.

Der Professor las die Stellen mehrmals durch und fragte sich, ob nun jener Zufall eingetroffen war, von welchem er mit Niggeler gesprochen hatte und der sie auf die Spur der in Bern fast vergessenen Kriminalfälle bringen würde. Schon im Winter hatte er angetönt, dass die Spione im Militärdepartement und die Mörder der Finanzbeamten nicht dieselben Personen sein mussten. Wäre dies eine Möglichkeit? Waren Hubler und später auch Jahn vielleicht einem jener Verbrecher auf der Spur gewesen, die schon seit Jahren Finanzbetrügereien im Zusammenhang mit den Zehnten-Privatrechten getätigt hatten? Snell sah die Zeitungsberichte erneut durch. Dabei machte er eine weitere Entdeckung. Jede der herausgeschnittenen Zeitungsseiten enthielt einen Artikel, der sich auf die bernischen Privatgesellschaften für die Korrektion der Gewässer bezog! Der eine Bericht handelte von der Gesellschaft für die Juragewässerkorrektur, der andere von der Gesellschaft zur Entwässerung des Sumpflandes im Amtsbezirk Erlach, ein weiterer von einem dritten Projekt.

«Wir wollen gleich zwei Fliegen auf einen Streich treffen», schmunzelte er bei sich, als er die Feder ins Tintenfass tauchte und in zügiger Schrift einen Brief an Niggeler verfasste, den Emilie nach Bern bringen sollte. Er forderte den Anwalt auf, Nachforschungen anzustellen und dabei kein Detail im Leben und Umfeld Hublers und Jahns ausser Acht zu lassen.

«Bitten Sie Stämpfli, Ihnen zu helfen», schrieb der Professor. «Er kann in der Finanzdirektion alle Überprüfungen in Auftrag geben, die er wünscht. Kontrollieren Sie auch alle Bekannten und Verwandten Hublers und Jahns. Lassen Sie abklären, ob in ihrer Heimat, auf ihren landwirtschaftlichen Besitzen oder auf denjenigen der Nachbarn oder Verwandten Unklarheiten im Zusammenhang mit Zehnten-Ansprüchen herrschen. Wenden Sie sich dann an Stämpflis neuen Kollegen, den Regierungsrat Zimmer. Er ist einer unserer vertrauten radikalen Freunde und wird Ihnen bei Nachforschungen innerhalb der Direktion für öffentliche Bauten behilflich sein. Er soll feststellen, ob irgendeine Person in Hublers oder Jahns Bekannten- oder Verwandtenkreis an einer Gesellschaft für Entwässerung oder Entsumpfung beteiligt ist.

Es besteht natürlich die Möglichkeit, lieber Niggeler, dass der verstorbene Hubler selber Aktionär dieser Gesellschaften war oder Zehnten-Ansprüche besass und deshalb die Zeitungsausschnitte aufbewahrt hatte. Aber das haben Sie rasch abgeklärt. Wenn Sie sehen, dass das nicht der Fall war, gehen Sie weiter. Finden Sie den Grund, der ihn zum Herausschneiden der Berichte veranlasste. Dieser Grund könnte mit seiner Ermordung zusammenhängen. Wer sagt uns, dass die Diebe in Ihrer Kanzlei nicht nach diesen Zeitungsausschnitten gesucht haben? Seien Sie aber vorsichtig bei Ihren Ermittlungen! Lassen Sie mit den Recherchen nur neue Beamte beauftragen, die durch die radikale Welle ins Finanz- und Baudepartement gekommen sind. Ich wiederhole: Seien Sie vorsichtig, Niggeler! Verbrennen Sie diesen Brief, sobald Sie ihn gelesen haben!»

31

Emilie war nicht bereit, auf ihres Vaters Wunsch hin sofort mit dem Hausmädchen nach Bern zu reisen.

«Der Brief kann einige Tage warten», gab sie dem verblüfften Snell zur Antwort, als er am Morgen nach Stämpflis Abreise die Kutsche für ihre Reise anspannen lassen wollte. «Oder du kannst ihn auf dem üblichen Weg schicken, Vater.»

«Aber Emilie, du schwärmst doch sonst so für Heimlichkeiten.» Der Professor konnte ein Lächeln nicht unterdrücken, denn natürlich wusste er, welche Rolle seine Tochter vor dem Bekanntwerden des Sonderbunds gespielt hatte. «Mein Brief an Niggeler ist wichtig, und er darf nicht in falsche Hände fallen.»

Als Emilie immer noch zögerte, fuhr er fort: «Es geht um Leben und Tod. Wird der Brief entdeckt, ist Niggelers Leben keinen Batzen mehr wert.»

«Du hast mich falsch verstanden, Vater. Ich werde nach Bern fahren, aber nicht jetzt, sondern erst in einigen Tagen.»

«Was hält dich denn in Liestal fest?»

«Meine Garderobe, Vater. Oder besser gesagt, die Garderobe, die ich nicht besitze. Ist dir eigentlich bewusst, dass du zwar wieder gut verdienst, wir aber äusserst sparsam leben? Stell dir vor, ich kenne keine einzige Schneiderin im Ort.»

Emilie war nicht umzustimmen. Sie wollte nicht in ihr geliebtes Bern zurückkehren, ohne sich zuvor mindestens ein für den Abend geeignetes Kleid, einen Reisemantel und ein modisches Tageskleid schneidern zu lassen.

Als sie sich Mitte Oktober mit Marie auf den Weg machte, zog sie eines ihrer neuen Tageskleider gleich für die Reise an. Franziska bewunderte ihre Tochter beim Abschied. Emilie trug das blonde Haar nach hinten gekämmt. Der modische Madonnenscheitel stand ihr. Das dunkelgrün-schwarze

Herbstkleid hatte zwei Reihen Volants, die bis zu den Stiefelchen reichten. Der Mantel und die Haube mit der fröhlichen Schlaufe wurden auf dem Kutschensitz deponiert. Emilie trat ihre Reise mit gemischten Gefühlen an und genoss die vorüberziehende Landschaft nur zeitweilen. Sie hing ihren Gedanken nach, und diese wanderten auch nach Wien zu den rauschenden Herbstbällen, bei denen Alexander nun wohl mit einer jungen Österreicherin tanzte.

Emilie kleidete sich am nächsten Morgen im Hause ihrer Schwester frühzeitig an, um den Brief ihres Vaters zur Gerechtigkeitsgasse zu bringen. Sie war immer noch erschöpft von der langen Fahrt, die im Morgengrauen begonnen und erst am späten Abend geendet hatte. Normalerweise schaltete man auf der Strecke von Liestal nach Bern einen Etappen-Nachthalt ein, um sich und den Pferden Ruhe zu gönnen. Da sie jedoch mit Marie allein reiste, wollte Emilie nirgends übernachten. Man begnügte sich lediglich mit einem guten Pferdewechsel und hielt bis Bern durch.

Während die hübsche Professorentochter im Hause Stämpfli mit ihrer Toilette beschäftigt war, spazierte der Pfarrherr von Lützelflüh mit einem Bekannten über den Weibermarkt. Es braute sich etwas zusammen in Bern, und das wollte sich Jeremias Gotthelf alias Albert Bitzius nicht entgehen lassen.

«Das Volk muss sich wehren», empörte sich Gotthelfs Begleiter. «Was hat es von den Versprechen der Radikalen? Soziale und wirtschaftliche Reformen? Nein, gar nichts. Nur noch mehr Hunger als zuvor.»

«Ja, die Preise steigen mehr und mehr. Gar nichts werden die Radikalen vollbringen. Sie sind nichts anderes als eine Rotte von Unruhestiftern. Man sollte ihnen die Türe weisen und ihre verlogenen Zeitungsblätter aus dem Hause werfen …»

Nichts, was Regierungspräsident Funk und Finanzdirektor Stämpfli in die Hand nahmen, fand die Gnade des Schriftstellers aus Lützelflüh. Gotthelf hasste die Radikalen.

Als im Jahre 1830 die Pariser Julirevolution auch in der Schweiz das Signal zum Widerstand gab, kämpfte er zwar noch auf der Seite der Stadtliberalen, die gemeinsam mit den freisinnigen Kräften der Landschaft den Staat Bern auf neue, demokratischere Grundlagen stellen wollten. Doch lehnte er die von den Radikalen propagierte unbeschränkte persönliche Freiheit vehement ab. Denn wie der Samen auf dem Acker eingeeggt und gewalzt werden muss, war Gotthelfs Meinung, so geht es nicht ohne Zucht und Druck, wenn das Edle und Gute im Menschen wachsen und gedeihen soll. Der bernische Rechtsstaat von 1846 war für Gotthelf der Ausdruck eines verwerflichen Zeitgeists und gründete sich auf das Naturrecht, wie es an der bernischen Hochschule durch Professor Wilhelm Snell gelehrt worden war. Snell und seine Schüler, die führenden radikalen Politiker Stämpfli und Niggeler, machte er für die überall im Staate Bern auftretenden Mängel verantwortlich. Besonders Stämpfli stiess gerne in Wortgefechten mit dem Dichter zusammen. Wie demokratisch die von Niggeler und Stämpfli und anderen Radikalen ausgedachten neuen Bestimmungen auch waren, wie sehr sie das Volk durch Einführung der politischen Rechte auch indirekt zu mehr Wohlstand bringen wollten, Gotthelf liess keinen guten Faden an ihnen. Denn sie widersprachen seinen Rechts- und Eigentumsbegriffen. Vehement bekämpfte er die Gleichberechtigung und «die materiellen Gelüste» der niederen Volksschichten.

Jeremias Gotthelf stand mit seinem Freund unter dem Eingangstor eines Stadthauses und beobachtete, wie sich eine Schar ärmlich gekleideter Menschen zusammenrottete. Gefolgt von einem Rudel wilder Buben protestierte die Gruppe lautstark gegen die Verteuerung der Lebensmittel. Eine Stimme überschrie alle anderen: «Wir wollen uns unser Recht selber verschaffen! Los, zeigen wir es den Wucherern!» Der erste Angriff richtete sich gegen die Fruchthändler an der Schauplatzgasse. Zunächst wurden nur Marktkörbe umgeworfen, dann ganze Fuhrwerke. Die Händler wurden mit den Fäusten bedroht und mit Äpfeln beworfen. Ermuntert durch den Erfolg, stürzte sich die Masse auf die Vorräte der Obsthändler, Wagen und Körbe voller Trauben wurden umgestürzt und in den Schmutz getreten. Das Stadtzentrum war voller Menschen, die meisten aber griffen nicht ein, sondern genossen das Schauspiel als Unbeteiligte. Das Berner Patriziat im vollsten Glanz umstand die Aufwiegler genauso wie das diplomatische Korps. Ob Attachés oder Sekretäre, niemand wollte sich die Gassenrevolte entgehen lassen. Auch Karl von Nufers Prunkwagen mit den silbernen Laternen stand am Rand des Marktplatzes. Der Patrizier verfolgte den Tumult fasziniert. Robert Moosmann sass am Fenster und konnte seine Augen nicht von den Geschehnissen vor seinem Haus in der Kramgasse lösen.

Während der Krawall weiterwütete und die Äpfel durch die Gassen flogen, wurde unter den Passanten eifrig diskutiert. «Sie haben schon Recht, die Leute. Seit Monaten kaufen fremde Händler und Fürkäufer gleich bei Eröffnung des Markts grosse Mengen Waren, um sie anderswo teuer anzubieten. Die Einheimischen kommen oft gar nicht zum Zug.» Jemand verlangte, der Kanton müsse Nahrungsmittel aufkaufen und billig abgeben. Auch forderte man die Abschaffung der Einfuhrzölle.

All dies hörte Niklaus Niggeler, als er dem Lärm folgte und von der Gerechtigkeitsgasse in die Kramgasse trat. Im Menschengewühl stiess er auf Polizeidirektor Häuselmann.

«Was ist denn los?»

«Offenbar ein organisiertes Vorspiel der reaktionären Kräfte. Aber keine Angst, Niggeler. Man hat die Ordnungshüter bereits gerufen.»

«Was will das Volk?»

«Es schreit nach tieferen Preisen und Ausfuhrzöllen.»

Niggeler wurde zusammen mit Häuselmann von der Volksmasse beiseite gestossen. Die Zeughauswache war angerückt und ging gegen die Aufrührer vor. Die ungefähr vierzig ungeübten Rekruten konnten jedoch nur einige besonders wilde Strassenkämpfer abführen, dann mussten sie dem Hagel von Äpfeln und Steinen weichen. Niggelers Blick richtete sich auf einen Bäckerladen, der mit Gewalt geöffnet und gestürmt wurde. Mit frischen Broten unter den Armen stürzten Menschen aus dem Laden. Eine ältere Frau hielt die Schürze hoch, um die erbeuteten Lebensmittel zu schützen. Niggeler beobachtete beunruhigt das turbulente Schauspiel und wusste nicht, wie er sich nützlich machen konnte. Plötzlich sah er zwei Häuser entfernt Emilie.

Als Emilie in der Kutsche von der Aarbergergasse auf den Zeughausplatz und von dort auf den Weibermarkt einbog, hörte sie das Geschrei. Aber da war es bereits zu spät. Marie konnte das von herumfliegenden Steinen aufgeschreckte Pferd kaum noch halten. Eine Horde junger Männer in abgetragenen Kleidern kam grölend auf sie zu. «Ah, die feine Dame hat wohl Geld in ihrem Beutel», rief ein Bursche und machte einen Knicks vor Emilie. «Helfen wir dem Dämchen doch aus dem Wagen!» Er schrie einen Befehl, und schon rüttelten zehn starke Männerarme an der Kalesche. Marie gelang es im letzten Moment, vom Wagen zu springen und sich hinter einer Hausecke in Sicherheit zu bringen. Die Kutsche stürzte in den Schmutz und Emilie mit ihr. Glücklicherweise milderte die steife Haube den Aufprall, so dass sie keinen Augenblick die Besinnung verlor. Schmutzige Männerhände zogen sie empor, und ein Halbwüchsiger zerrte an ihrem Beutel. Emilie wehrte sich mit einer Kraft, die keiner der Angreifer ihr zugetraut hätte. Die jahrelange Turnerei, der sich alle Snell-Kinder, auch die Töchter, jeden Morgen unterziehen mussten, machte sich bezahlt.

«Kein anderes Mädchen in Bern käme auf die Idee, zu turnen», hatten sich Emilie und ihre Schwestern gewehrt, als die Mutter sie an einem Wintermorgen der Dreissigerjahre zur ersten Gymnastiklektion aufforderte. Aber kein Protest half, Wilhelm und Franziska Snell liessen nicht locker. Der Professor hatte das Turnen in Deutschland kennen- und als einer gesunden menschlichen Entwicklung förderlich schätzen gelernt. Als die Gymnastik in den Zwanzigerjahren auch in der Schweiz langsam aufkam, gehörte Snell zusammen mit Orelli zu ihren Förderern. Und was er für die anderen wollte, verlangte er immer zuerst auch von seiner Familie.

Während Emilie einen weiteren Griff nach ihrem Beutel abschüttelte, entdeckte sie Niggeler, der sich durch die Meute auf sie zukämpfte. Es gelang ihr, sich mit aller Kraft vorwärtszuwerfen und aus dem Kreis der Angreifer auszubrechen. Sie bahnte sich einen Weg durch die Menge, rannte Niggeler entgegen und prallte mit derartiger Wucht auf ihn, dass sie fast in die Gasse gefallen wären.

Der Fürsprech hielt seine Arme um Emilie und drückte sie fest an sich. Als sie sich von ihm lösen, ihm sofort den Brief übergeben wollte, fühlte sie sich wie von einer magnetischen Kraft zu ihm hingezogen. Aufschluchzend vor Glück und Erleichterung umschlang sie seinen Hals, legte das Gesicht an seine Wange und genoss es, als er erneut beide Arme fest um sie legte. Ein nie gekanntes köstliches Gefühl durchbebte ihren Körper, und sie schmiegte sich noch enger an ihn.

Als Niggeler sie freiliess, blickte Emilie in seine strahlenden Augen, und eine unerschütterliche Gewissheit durchzuckte ihren Körper. Ihm hatte die Umarmung inmitten des bernischen Äpfelkrawalls genauso viel bedeutet wie ihr. Sie schämte sich ihrer Gefühlsaufwallung nicht, sondern hielt seinem Blick stand und offenbarte ihm in ihren leuchtenden Augen ihre frisch erwachte Liebe.

«Hast du jetzt deinen Roman mit dem stürmischen Kämpfer und der vor Liebe seufzenden Heldin?», fragte er zärtlich und führte sie aus dem Tumult hinaus Richtung Gerechtigkeitsgasse.

Emilie genoss seinen Arm um ihre Schulter und gab zurück: «Ich bin verrückt, du bist verrückt, und alles so plötzlich!»

«So plötzlich, Emilie?»

«Weisst du denn nicht, dass ich fast Alexander von Sasikl geheiratet hätte?»

«Ja, aber du hast es nicht getan. Ohne es zu wissen, hast du immer nur mich geliebt», strahlte er lausbübisch.

«Du hast recht, Niklaus. Obwohl du nichts von mir wissen wolltest.»

«Du verwechselst wohl die Rollen, liebe Emilie! Schon vor mehr als einem Jahr habe ich dich gebeten, mich zu heiraten.»

«Aber das war doch nur aus Mitleid.»

«Nein. Ich war damals schon bis über beide Ohren in dich verliebt. Das hat wohl begonnen, als wir in jenem Café über Mazzini sprachen.»

«Weshalb hast du nichts gesagt?»

«Das war ein zu grosses Risiko.» Niggeler griff nach ihrem Ellenbogen, um sie durch das Portal seines Wohn- und Kanzleihauses zu führen. Im Vorzimmer zu den Schreibstuben nahmen sie auf einfachen Holzstühlen Platz.

«Wenn ich dir meine Liebe gestanden hätte, so wärst du vielleicht erschrocken und hättest dein Herz für immer gegen mich verschlossen. Nein», sagte er leise und tastete nach ihrer Hand. «Heute, im Tumult am Markt, war genau der richtige Augenblick. Ein dickköpfiges Mädchen wie du muss von den Gefühlen überrumpelt werden.»

«Du hast recht, Niklaus. Ich habe mich selber erst verstanden, als ich in deinen Armen lag.» Da sie sich in einiger Distanz gegenübersassen, wurde sich Emilie plötzlich der Unschicklichkeit ihrer Feststellung bewusst. Sie senkte den Blick und fühlte, wie eine sanfte Röte ihr Gesicht überzog.

«Was hast du so tapfer gegen die Angreifer verteidigt?», fragte Niggeler, um ihr aus der Verlegenheit zu helfen. «Die Snell-Töchter haben doch sonst keine prall gefüllten Börsen.»

«Einen Brief. Er ist an dich gerichtet und von ausserordentlicher Wichtigkeit. Ausserdem muss er geheim bleiben. Vater sagt, du sollst ihn verbrennen, sobald du ihn gelesen hast.»

«Ich will ihn durchsehen, nachdem ich dich sicher zu den Stämpflis zurückgebracht habe.»

Sie nahmen ruhige Seitengassen, um dem Marktgetümmel nicht ein zweites Mal zu begegnen. Als Niggeler sich von ihr verabschiedete, nahm er sie erneut in die Arme.

«Bist du sicher, dass du es nicht bereust, Emilie? Ich bin kein Aristokrat und gehöre nicht der vornehmen Gesellschaft an. Auch kann ich keine Ahnenkette von Gelehrten vorweisen. Viel Geld besitze ich nicht, und ganz bestimmt fehlt mir die Zeit, um dich auf Bälle oder Jagden zu begleiten.»

Sie lächelte ihm schelmisch zu, ehe sie im Toreingang verschwand. «Du bist auch nicht ganz ohne Bedeutung, Herr Fürsprech. Immerhin könnte ich Frau Vize-Grossratspräsident werden.»

32

«Du musst mir weiterhelfen, Jakob. Die bisherigen Untersuchungen reichen nicht aus. Ich brauche eine Liste aller im Zehnten-Liquidationsverfahren suspekt gewordenen Fälle», überfiel Niggeler den Freund, als Stämpfli einen seiner seltener gewordenen Besuche in der Redaktion der «Berner Zeitung» machte. Er sagte ihm nicht, weshalb er die Informationen benötigte und dass er im grossen Stil die von Snell angeregten Ermittlungen betrieb. Verschiedene von Stadtpolizeidirektor Häuselmann direkt oder in anderen Kantonsgebieten indirekt beauftragte Beamte waren dabei, den weitesten Bekannten- und Verwandtenkreis der beiden Mordopfer Hubler und Jahn zu durchleuchten und eine Liste mit allen Namen und Funktionen aufzustellen. Da von Tilliers Nachfolger Ochsenbein keine Instruktionen bezüglich der beiden Kriminalfälle erlassen hatte, fühlten sich Niggeler und Häuselmann nicht mehr an den Befehl des Militärdepartements gebunden, sich aus dem Fall herauszuhalten.

«Stelle einige neue und radikale Beamte frei, um diese Liste auszuarbeiten. Teilt jede Ungereimtheit nur mir persönlich mit», mahnte Niggeler den Finanzdirektor.

«Ist das alles?»

«Nein. Erinnerst du dich an die erste Zehntenversammlung im Mai des letzten Jahres in Fraubrunnen?» Auch der Finanzbeamte Jahn hätte dabei sein sollen, erinnerte sich Niggeler. Er war aber vor seiner Ankunft in Fraubrunnen erschlagen worden. «Du musst mir eine Liste aller Männer erstellen, die an jener Tagung waren.»

«Sonst noch etwas?»

«Nicht, was dein Departement betrifft, Jakob. Den Rest werde ich heute Nachmittag Baudirektor Zimmer aufnötigen.»

«Dann können wir uns jetzt wieder der ‹Berner Zeitung› zuwenden. Dein Artikel über den Krawall auf dem Markt hat mir gefallen. Und dass du nichts von den Kanonen berichtet hast, die wir auf der Schützenmatte postiert hatten, erst recht.»

«Ist überhaupt ein Schuss gefallen?»

«Nein, und das gibt Ochsenbein etliche Rätsel auf. Obwohl am zweiten Krawalltag weder Kanonen- noch Gewehrschüsse fielen, fehlen 6000 Patronen. Niemand will wissen, wohin diese verschwunden sind.»

Ob da wieder der Querschläger, der Spion im Militärdepartement, tätig gewesen war? Da er dieses Thema vor Stämpfli nicht anschneiden wollte, ging Niggeler zu etwas anderem über. «Kennst du die letzten Neuigkeiten aus Genf?»

«Machst du Witze, Niklaus? Jedem Kind sind sie seit Tagen bekannt.»

Der revolutionäre Radikale James Fazy hatte im aristokratisch regierten Genf die Massen und vor allem die Arbeiter derart aufgewiegelt, dass es zu einem Barrikadenkampf gegen die Regierungstruppen gekommen war. Am 7. Oktober trat die Regierung zurück, zwei Tage später wurde die Ausarbeitung einer radikalen und demokratischen Verfassung beschlossen. Die elfte Standesstimme gegen den Sonderbund war den Radikalen sicher. Nun fehlte noch eine einzige Stimme zu ihrem Mehrheitssieg an der Tagsatzung.

«Ich spreche nicht vom Umsturz an sich», sagte Niggeler, «sondern von den Umständen. Es heisst, dass auf der konservativen Seite sogar Österreich und Luzern mitgeholfen haben, Fazys Aufständische zu bekämpfen. Der luzernische Schultheiss Siegwart-Müller soll höchstpersönlich in Genf gewesen sein, um die konservativen Aristokraten gegen die Radikalen zu unterstützen. Man weiss sogar, dass er sich unter falschem Namen in einem Gasthaus eingetragen hat.»

«Der würde sein Vaterland für einige Jesuiten verkaufen.»

Als Niggeler einige Stunden nach seiner Unterredung mit Stämpfli im Baudepartement vorsprach, wurde er sofort zugelassen. Regierungsrat Josef Zimmer war ein alter Freund des neuen Vize-Grossratspräsidenten Niggeler und gerne bereit, dessen nur vage präzisierte Untersuchungen zu unterstützen.

«Ich weiss, dass die Direktion für öffentliche Bauten seit Jahren die Kontrolle über die Gewässer-Sanierungsprojekte innehat», begann Niggeler. «Deshalb möchte ich dich bitten, eine Liste der daran beteiligten Mitarbeiter und der Gründungskomitees aufzustellen. Auch alle mit der Finanzierung verbundenen Leute brauche ich mit Vor-, Nachnamen und Funktion.»

«Aber es gibt viele Projekte. Das wird eine endlose Arbeit.»

«Ich benötige die Informationen nur in Bezug auf die Aktiengesellschaft für die Juragewässerkorrektion, die Entwässerungsgesellschaft Erlach und die Seeländer Torfgesellschaft.»

Einen Monat später überreichte ihm Zimmer alle Unterlagen. Jakob Stämpfli hatte ihm die Liste der Teilnehmer der ersten Zehntenliquidationsversammlung in Fraubrunnen gegeben. Da Niggeler keine besonderen Namen auffielen ausser den hinlänglich bekannten von Josef Zimmer und Ulrich Ochsenbein, legte er diese Liste beiseite. Ausserdem hatte sein Freund ihm einige Ungereimtheiten mitgeteilt, aber bis die Zehntenaufhebung abgeschlossen und alle suspekten Fälle schriftlich beisammen sein würden, sollten noch Monate vergehen. So war er froh, wenigstens über die Sanierungsprojekte, für welche sich der ermordete Hubler offenbar interessiert hatte, umfassende Informationen zu bekommen

«Der wichtigste Mann in der Juragewässergesellschaft ist Oberingenieur La Nicca aus Graubünden, der die Korrektionspläne ausgearbeitet hat», führte Zimmer aus, als er mit Niggeler allein in seinem Büro sass. «Unter seinem Namen findest du eine Liste mit Angaben über andere irgendwie Beteiligte.»

«Du hast gute Arbeit geleistet.»

«Nicht ich, meine Beamten. Der zweite Umschlag enthält Unterlagen über die Seeländer Torfgesellschaft. Der ehemalige Grossrat und Oberst Kurt Kohler war Initiant und präsidiert noch heute die Exekutionsgesellschaft. Was die Entwässerungsgesellschaft Erlach angeht, so ist der einstige Finanzdirektor Karl von Nufer Mitbegründer und Präsident.»

«Von Nufer?», wiederholte Niggeler interessiert.

«Ja, er wurde 1843 im Amtsbezirk Erlach zum Grossrat gewählt und half mit bei jenem Projekt, das der Bevölkerung am meisten am Herzen lag. Hier hast du eine Namenliste, Niklaus. Alle diese Männer standen oder stehen noch heute mit der Entwässerungsgesellschaft in Verbindung.»

Am späten Abend stellte Niggeler in seiner Kanzleistube fest, ob Josef Hublers Name auf irgend einer Liste figurierte. Als dies nicht der Fall war, fühlte er instinktiv, dass Snells Spur ihn in den Mordfällen weiterbringen würde. Wenn Hubler weder mit dem Zehnten noch mit den Sanierungsgesellschaften in Verbindung stand, warum hatte er dann die vielen Zeitungsberichte herausgeschnitten? Der Anwalt nahm die Unterlagen zur Hand, las die Namen wieder und wieder und verglich sie mit der Aufstellung der Bekannten und Verwandten der beiden Opfer. Natürlich traten einige Männer doppelt oder dreifach auf. So Oberst Kurt Kohler, der gleichzeitig Initiant der Seeländer Torfgesellschaft und als Mitarbeiter des Militärdepartements auch eine entfernte Bezugsperson Hublers war. Ochsenbein besass einige Aktien von Sanierungsgesellschaften und stand auf der Liste der Zehntenliquidationskommission. Karl von Nufer war damals Hublers und Jahns Vorgesetzter gewesen und zugleich Präsident der Entwässerungsgesellschaft Erlach. Auch Robert Moosmann und andere wohlhabende Patrizier figurierten als Aktionäre der verschiedenen Gesellschaften mehrmals und waren in Gründungskomitees vertreten. Zudem gehörte Moosmann zum weiten Umfeld Hublers und Jahns, waren doch beide Gäste seiner Soirée für die Schwestern Milanollo gewesen. Als Niggeler nichts Weiteres auffiel als diese offensichtlichen Parallelen, legte er die Unterlagen beiseite und ging zu Bett.

Am folgenden Abend nahm er nach einem aufreibenden Tag im Grossrat wiederum die Listen zur Hand. Aber es fehlte ihm an Konzentration, denn an jenem Freitag war etwas Unfassbares geschehen. Der Grossrat hatte über den Fall Wilhelm Snell beraten und abgestimmt. Der Antrag der Bittschriftkommission, welche die Aufhebung des Abberufungsbeschlusses und die Wiedereinstellung des Rechtsprofessors verlangte, wurde mit 81 zu 62 Stimmen verworfen. Damit war eine Rückkehr Snells abgelehnt worden, der Regierungsrat jedoch wurde beauftragt, den Gelehrten für seine Entlassung finanziell zu entschädigen. Was Niggeler am meisten enttäuschte, war Ulrich Ochsenbeins Haltung. Obwohl Regierungsräte bei Grossratsverhandlungen normalerweise nur das Wort ergreifen, um Bericht zu erstatten, wollte der Militärdirektor öffentlich seine Meinung zum Fall Snell mitteilen. Zu Niggelers Verblüffung nahm der radikale Ochsenbein nicht für den Professor Stellung, sondern er versuchte den damaligen Abberufungsbeschluss zu rechtfertigen. Snell könne auch deshalb nicht wieder eingestellt werden, weil damit seinem Nachfolger, dem Rechtsprofessor Pfotenhauer, Unrecht getan würde. Grossrat Seiler war so empört über Ochsenbeins Meinungsumschwung, dass er aufstand und in den Saal rief: «Professor Snell war ein Opfer des Freischarenzugs. Müssen jene Männer, die sich daraus gerettet haben, diesem Opfer noch zusätzliche Fusstritte versetzen?» Auch Anwalt Füssberger, der die Bittschrift zugunsten Snells offiziell vor dem Grossrat vertrat, nahm kein Blatt vor den Mund. Ochsenbein habe früher anders gedacht und selbst eine Petition zur Aufhebung des Entlassungsbeschlusses unterschrieben. Nein, Ochsenbein hatte keine gute Figur gemacht … Als er an die turbulente Sitzung zurückdachte, packte Niggeler erneut die Wut. Wenn es ihm gelingen würde, die Spur der Mörder aufzunehmen oder gar die Spione zu entlarven, konnte er dem neuen Militärdirektor Ochsenbein ein Schnippchen schlagen. Dieser würde vor der Öffentlichkeit eine kümmerliche Figur machen, wenn der Aussenseiter Niggeler das Loch im Geheimhaltungsnetz des Militärdepartements entdecken könnte!

Niggeler erstellte eine alphabetische Liste mit den Namen aller Informationsberichte Stämpflis, Zimmers und Häuselmanns. Bereits beim B stach ihm eine Parallele in die Augen. Maximilian Blatter, mit der Beibemerkung «Josef Hublers Schwager», wurde als Zweiter aufgeführt. An siebter Stelle figurierte der gleiche Mann als Buchhalter der Entwässerungsgesellschaft Erlach bis November 1844.

Dann stiess Niggeler auf zwei weitere interessante Fälle. Die Militärbeamten Franz Keller und Gustav Lanz gehörten zum Gründungskomitee der Entwässerungsgesellschaft Erlach und gleichzeitig zu Josef Hublers und Anton Jahns Bekanntenkreis. Als er beim Z angelangt war, legte Niggeler seine Unterlagen befriedigt beiseite. Er war auf drei Spuren gestossen und wollte allen nachgehen. Zunächst aber würde er nach Liestal reisen, um sich mit Snell zu besprechen und die alten Ermittlungsaufzeichnungen nochmals genau durchzulesen. Denn vage erinnerte er sich, einen der Namen schon damals gehört oder gelesen zu haben.

Als der Anwalt die Augen schloss, fühlte er sich trotz der Müdigkeit glücklich. So ungern er Snell über das Resultat der Grossratsverhandlungen informierte, zog es ihn doch ins Baselland. Er konnte Emilie wiedersehen, und sie würde in seinen Armen liegen wie am Tag des Äpfelkrawalls.

33

Spätabends sehnte sich Niggeler fast immer nach Emilie, und manchmal tauchte er trotz der Müdigkeit die Feder ins Tintenfass und schrieb ihr Briefe. Er liess seiner Phantasie und seinem journalistischen Talent freien Lauf und merkte an Emilies Antworten, dass er den richtigen Ton traf. Die Reise nach Liestal aber wurde erst nach Weihnachten möglich.

Mehr als die Anwaltsgeschäfte und die Verpflichtungen im Grossrat hielten ihn als Redaktor der «Berner Zeitung» die Tagesgeschehnisse in Atem. Gerade sass er über den Notizen, die er sich am Morgen beim Gespräch mit einem Mitglied der Lebensmittelkommission des Regierungsrats gemacht hatte. Es ging um Teuerung und Lebensmittelnot, die Mitte Oktober beim Äpfelkrawall die Hauptrolle gespielt hatten. Niggeler konnte es beim Gedanken an jenen Tag nicht vermeiden, an Emilie zu denken. Er schüttelte die Erinnerung an ihre zärtliche Umarmung und ihre strahlenden Augen mit einer energischen Kopfbewegung ab und liess die Feder über das Papier kratzen.

Schon Anfang Oktober hatte er über die Hungersnot berichtet, die vor allem im südöstlichen Irland wütete. Tausende waren in Bewegung und schrien nach Brot. Das praktisch einzige Lebensmittel von 85 Prozent der Bevölkerung, die Kartoffel, fehlte. Trotz Getreidezufuhr hungerten zahllose Familien. Inzwischen machten die Kartoffel-Krankheit und die damit verbundenen Missernten den meisten Ländern Europas zu schaffen. Auch in der Schweiz waren Lebensmittelknappheit und stark ansteigende Preise an der Tagesordnung. In Bern kostete das Brot bereits zehn Kreuzer oder zweieinhalb Batzen. Die Regierung versuchte, die Not durch Getreideeinkäufe aus dem Ausland zu lindern und durch günstige Brotabgabe ein Ansteigen der Preise zu verhindern. Die arme Landbevölkerung hatte der radikalen Verfassungsrevision in der Hoffnung zugestimmt, die Lebensbedingungen zu verbessern. Deshalb gab die Regierung gigantische Bestellungen auf. In der Lombardei wurde Mais eingehandelt. Die Spedition über den Gotthard ging jedoch langsam vor sich. Im französischen Le Havre kaufte der Regierungsrat Mehl ein, dessen Wert einem Fünfzehntel des gesamten Jahresdefizits der Republik Bern entsprach. Kein Wunder, dass die Lebensmittelkommission nun Delegierte an den Kanal und nach Lausanne sandte, um die Spedition zu überwachen. Aber dort wie auf dem Gotthard machte der Winter einen Strich durch die Rechnung. Man musste die schwere Fracht vom teilweise zugefrorenen Kanalwasser auf Transportwagen umladen, was die Reise natürlich verzögerte. Es war der bernischen Landbevölkerung ein geringer Trost, dass es den Bewohnern der Sonderbundskantone schlechter ging. Dort wartete man vergeblich auf Lebensmittelnachschub, denn die Regierungen gaben das Geld für die militärische Rüstung aus.

Niggelers spitze Feder beschäftigten speziell die Spekulanten, die in grosser Menge bernische Vorräte aufkauften, um sie viel teurer in jenen Nachbarkantonen anzubieten, deren Regierungen keine Getreide- und Früchtelieferungen im Ausland bestellt hatten. Er prangerte auch die unbefriedigende Realisierung des Arbeitsbeschaffungsprogramms und die Missbräuche der Arbeitsaufseher an. «In seiner letzten Sitzung hat der Grosse Rat beschlossen, in verschiedenen Teilen des Kantons öffentliche Arbeiten ausführen zu lassen, um dadurch der ärmeren Klasse Verdienst zuzuwenden», schrieb Niggeler. «Diese öffentlichen Arbeiter werden jedoch schlechter bezahlt als alle anderen Taglöhner. Sie erhalten pro Tag nur fünf und einen halben Batzen. Damit soll ein Mann seine Familie ernähren, wo der Ankauf eines einzigen Brotes ihm beinahe seinen Taglohn wegnimmt?» Bei all seinem Einsatz im Interesse der Armen wäre der Fürsprech aber nie auf die Idee gekommen, sich als engagierten Sozialisten zu bezeichnen. Er hätte sich entschieden dagegen gewehrt, als Kommunist beschimpft zu werden, denn ebenso wie Professor Snell hielt er die Aufhebung des individuellen Eigentums für Barbarei. Wenig später allerdings schrieb Friedrich Engels in einem Zeitungsbericht, Niklaus Niggeler sei ein guter Kommunist.

Der schlimmste Schnee war geschmolzen, als Niggeler die «Berner Zeitung» seinen Mitarbeitern überliess und die Postkutsche Richtung Baselland bestieg. Er traf erst in Liestal ein, als bereits die Lichter brannten. Emilie sass mit ihren Eltern um das Kaminfeuer und sprang nicht auf, um ihm um den Hals zu fallen. Hundertmal hatte er sich die Wiedersehensszene ausgemalt, und nun erhob sie sich nur zögernd und gab ihm die Hand. Niggeler war tief enttäuscht.

Wilhelm Snell zwinkerte Franziska zu. Beide hatten die Verlegenheit zwischen Emilie und Niggeler gesehen und gingen darüber hinweg. Der Professor legte seinem einstigen Lieblingsschüler den Arm um die Schulter. «Setzen Sie sich zu uns und trinken wir ein Gläslein Wein.»

Franziska Snell stand auf. Emilie machte keine Anstalten, ihr zu folgen.

«Wollen wir uns brennenden Neuigkeiten zuwenden?», fragte Niggeler. «Emilie kann ruhig hierbleiben. Ich glaube kaum, dass wir politische Geheimnisse vor ihr haben müssen.»

«Was hat sich denn in Bern ereignet?», fragte der Professor.

«In Bern nichts. Rustinger allerdings hat uns erneut Bericht über die Vorfälle in Luzern erstattet. Diese sind alles andere als beruhigend.»

«Rüstet man?»

«Nicht nur das. Wir wissen mit Bestimmtheit, dass Metternich bereits vor Monaten einen österreichischen Feldherrn nach Luzern geschickt hat. Sein Name ist Friedrich von

Schwarzenberg. Er hat an den Sitzungen des Kriegsrats teilgenommen, ist dann aber wieder nach Wien zurückberufen worden.»

«Die Episode beweist jedenfalls, dass man es ernst meint in Luzern», warf Snell ein.

«Ja, und leider meint man es in Österreich ernst und vielleicht auch in Frankreich, Preussen und Russland.»

«Mein Gott, in Europa braut sich etwas gegen unsere Schweiz zusammen!»

«Wir gehen mit der Zeit, und die öffentliche Meinung von halb Europa steht hinter uns. Aber die Völker sind von ihren Regierungen unterdrückt, deshalb nützt uns die geheime Sympathie Hunderttausender praktisch nichts.»

Am nächsten Morgen setzte sich Niggeler mit Snells Erlaubnis in dessen Studierzimmer und beschäftigte sich mit den Aufzeichnungen, die er nach der Ermordung Hublers und Jahns gemacht hatte. Er las jede Zeugenbefragung durch und widmete den Aussagen des Militärbeamten Franz Keller besondere Aufmerksamkeit. Endlich stiess er auf den Namen, der ihm in seiner alphabetischen Liste aufgefallen war und damit auf die Information, an die er sich unbestimmt erinnert hatte. Maximilian Blatter, gewesener Buchhalter der Entwässerungsgesellschaft Erlach und Schwager des ermordeten Josef Hubler, war im November 1844 verunfallt.

«Soll ich Franz Keller nach Blatters Tod fragen?», wandte sich Niggeler beim Morgenspaziergang an Emilies Vater.

«Es ist möglich, dass der Unfall Blatters etwas mit der Geschichte zu tun hat. Daher müssen Sie die näheren Umstände abklären. An Ihrer Stelle würde ich mich aber nicht an Franz Keller wenden.»

«Dann vielleicht an jenen anderen Militärbeamten, Gustav Lanz, der gleichzeitig mit Keller im Gründungskomitee der Gesellschaft sass, wie jener einige Aktien besitzt und zu seinem und Hublers und auch Jahns Freundeskreis gehörte?»

«Nein, vergessen Sie die Militärbeamten. Das ist in der gegenwärtigen politischen Situation zu gefährlich. Sie können sich immer noch an Keller und Lanz wenden, wenn andere Nachforschungen zu nichts führen. Inzwischen aber folgen Sie der einfachsten Spur.»

«Sie schlagen eine Reise nach Erlach vor?»

«Ja. Unterhalten Sie sich mit dem jetzigen Buchhalter. Es kann sein, dass er oder andere Angestellte der Entwässerungsgesellschaft schon zu Maximilian Blatters Zeiten dort beschäftigt waren. Versuchen Sie so viel wie möglich über die Aktiengesellschaft herauszufinden. Forschen Sie nach dem, was Blatter, Jahn und Lanz miteinander verbindet. Informieren Sie sich vor allem über die Todesumstände Blatters.»

«Sie vermuten einen weiteren Mord?»

«Ich vermute gar nichts. Sie sollten sich nicht von Phantasien hinreisssen lassen. Ein guter Kriminalist stellt erst Vermutungen an, wenn er keine Spuren mehr verfolgen kann. Sie jedoch haben zahlreiche Wege offen, allzu viele, wie mir scheint.»

Snell genoss das anschliessende Mittagessen in Gesellschaft Niggelers. Dann war es für den Gast bereits wieder Zeit, die Postkutsche für die erste Etappe nach Bern zu erreichen. Wilhelm und Franziska Snell verabschiedeten sich mit der Entschuldigung, dringende Aufgaben erledigen zu müssen.

Emilie, die während des Essens kein Wort gesprochen hatte, sagte immer noch nichts. Niggeler ging auf sie zu, stellte sich hinter ihren Sessel und legte zärtlich beide Arme um sie. «Was ist denn, Emilie? Hast du den Tag des Äpfelkrawalls vergessen?» Als sie schwieg, setzte er sich vor sie und ergriff ihre Hand. «Haben meine Briefe dich irgendwie verletzt?»

«Ein Wunder, dass der Herr Vize-Grossratspräsident überhaupt einige Minuten pro Woche findet, um einen Brief zu schreiben», gab sie kühl zurück.

«So sag mir doch, was los ist, Emilie. Die Zeit drängt. Ich muss die Postkutsche besteigen.»

«Das ist es ja! In Bern willst du mich nicht haben. Und wenn du einmal nach Liestal kommst, dann nur für einen halben Tag.»

«Aber du kennst doch meine Verpflichtungen. Du weisst, dass ich mehrere schwierige Aufgaben gleichzeitig bewältigen muss. Die Sitzungen im Grossrat und in der Gesetzgebungskommission können nicht meinetwegen aufgeschoben werden. Eigentlich hätte ich Bern überhaupt nicht verlassen dürfen.»

«Ja, aber …», begann Emilie, starrte dann aber traurig vor sich hin. Als er aufstand, fühlte sie einen stechenden Schmerz in der Brust. Die Sehnsucht, ihm in die Arme zu fallen, war fast mächtiger als ihr Wille, sich nichts anmerken zu lassen. Niggeler ging zur Tür, kehrte aber plötzlich zu ihr zurück, riss sie an sich und flüsterte ihr ins Ohr: «Entspricht der Held nicht mehr deinen Träumen, Emilie? Sollte er jede Minute der Geliebten widmen? Ist es das, was dich verletzt?»

Sie genoss seine Umarmung und sah ihm gerade in die Augen. «Wenn Emilie Snell sich verliebt, dann tut sie es ganz und ohne Reserven. Das möchte ich eben auch von dir, Niklaus.»

«Magst du mich trotzdem noch?»

«Lass mich nach Bern kommen! Ich halte es hier einfach nicht mehr aus.»

«Bald, Emilie. Erst muss ich einige Untersuchungen zu Ende führen.»

«Immer die Arbeit, da siehst du es selbst! Alles ist wichtiger als das Zusammensein mit mir.»

«Die Aufgabe ist gefährlich. Ich möchte keinesfalls, dass du zu diesem Zeitpunkt nach Bern kommst. Hab Geduld, Emilie. Wenn alles vorbei ist, werde ich bei deinem Vater um deine Hand anhalten.»

«Der hat es doch längst gemerkt, Niklaus. Ich glaube, Vater und Mutter haben es vor mir gewusst.»

«Du hast eben so ein gewisses Strahlen, wenn du mich ansiehst. Leuchten deine Augen auch so, wenn du an mich denkst?»

Emilie drängte sich fester in seine Arme und hob den Kopf, so dass ihre Lippen fast sein Kinn berührten.

«Mein Gott, Emilie», seufzte Niggeler. «Wie sehne ich mich Abend für Abend nach dir. Ich halte es manchmal nicht mehr aus beim Gedanken an deine Arme, die mich so zärtlich umschlingen können.»

Mit geschlossenen Augen genoss sie den tiefen Ton seiner Stimme und näherte ihre Lippen den seinen. Da wurde seine Umarmung drängender, er suchte ihren Mund und küsste sie. Alle Gefühle, welche Emilie in den Armen des jungen Österreichers vergeblich erwartet hatte, brachen mit voller Gewalt hervor. Tief erregt erwiderte sie seinen Kuss. Nach jeder Atempause suchte er erneut ihre Lippen, seine Leidenschaft wurde heftiger. Plötzlich riss er sich von ihr los, packte seine Reisetasche und lief in die Winterlandschaft hinaus.

34

Kaum hatte der Kanton Bern seine Aufgabe als neuer Tagsatzungsort der Schweizerischen Eidgenossenschaft übernommen, verstärkte sich der Druck der europäischen Mächte. Der Bundesvertrag von 1815 verlangte alle zwei Jahre einen Wechsel innerhalb von Zürich, Bern und Luzern. Anfang 1847 hatte Bern die Limmatstadt als Tagsatzungsort abgelöst. Bereits am 10. Januar trafen russische, preussische und österreichische Noten ein. Die ausländischen Geschäftsträger bei der Eidgenossenschaft forderten den Kanton Bern auf, sich als Vorort streng an den Bundesvertrag von 1815 zu halten. Auch eine versteckte Drohung der Grossmächte war herauszulesen. Man werde die freundschaftlichen Beziehungen mit dem Vorort Bern nur so lange aufrechterhalten, als der Bundesvertrag nicht angegriffen und in seinem Geiste zersetzt werde.

«Ich zittere beim Gedanken, dass auch Frankreich eine ähnliche Note schicken könnte», vertraute Niggeler seinem Freund Stämpfli an, als sie zusammen mit Ochsenbein und weiteren Radikalen die politische Lage berieten.

«Metternich hätte sich nie hervorgewagt, ohne Hoffnung, dass andere Staaten sich Österreich anschliessen würden», stimmte ihm Stämpfli zu. «Wir wissen von zuverlässigen Informanten, dass der Kanzler von Frankreich und England nicht nur ähnliche Noten verlangt hat, sondern auch die Bereitschaft zu einer gemeinsamen bewaffneten Intervention in der Schweiz im Falle eines Angriffs auf Luzern.»

«Laut Bundesvertrag von 1815 sind Sonderbündnisse nur verboten, wenn dadurch die ganze oder einzelne Teile der Eidgenossenschaft geschädigt werden», sagte Ochsenbein. «Nun behauptet Metternich natürlich, der Sonderbund der sieben Stände sei lediglich eine Schutzvereinigung zur Verteidigung jener Kantone und könne die Eidgenossenschaft keinesfalls schädigen. Dabei weiss die ganze Welt, dass Luzern rüstet und auf diplomatischem Weg nach ausländischer Hilfe schreit.»

Nach tagelangem Warten wurde der liberalen Schweiz mit Erleichterung bewusst, dass eine Erklärung Frankreichs ausbleiben würde. Die Überraschung aber war Englands Aussenminister Henry Palmerston. Er war zusammen mit dem österreichischen Kanzler Hauptdrahtzieher der internationalen Diplomatie und bekannt dafür, persönlichen Sympathien zu folgen. Der Lord setzte sich über die Meinung der Königin Viktoria hinweg und fragte die Mitglieder seines Kabinetts kaum um Rat, als er Anfang 1847 gegen Metternichs Interventionsversuche Stellung nahm. Und die Schweiz ermutigte … Die Eidgenossenschaft war vom Londoner Kabinett längst mit Wohlwollen behandelt worden und hatte nun in Lord Palmerston einen erklärten Schutzherrn. Über den Ärmelkanal und alle Länder Europas hinweg spielte die Solidarität der Liberalen!

Zur Feier dieses Ereignisses hatte Elisa Niggeler zu einer feinen Abendmahlzeit eingeladen. Stämpfli und sein Gast liessen ihrem Appetit freien Lauf und diskutierten das aktuelle Geschehen. Es herrschte Hochstimmung.

«Wir dürfen uns aber keine Illusionen machen», sagte der Hausherr, als sie alle positiven Seiten von Palmerstons Stellungnahme besprochen hatten. «Die einheitliche Kraft der Mächte ist zwar gebrochen, in einem Krieg zwischen der liberalen Schweiz und dem Sonderbund aber würden wir allein dastehen.»

«Ja, Lord Palmerstons Worte sind keine Waffen. Wir müssen weiterhin mit einer Intervention Österreichs, Preussens und Russlands rechnen.»

«Du hast recht. Ihre Regierungen fürchten Luzerns Fall, weil dann das liberale Lauffeuer in Europa noch stärker aufflammen würde. Die Mächtigen haben Angst um ihren eigenen Hals.»

Als Mitte Februar die fatale Meldung eintraf, war Niklaus Niggeler dabei, die Redaktion der «Berner Zeitung» zu verlassen, um seine Reise nach Erlach anzutreten. Trotz der Eile verfasste er einen kurzen Artikel für die Ausgabe des nächsten Tages. «Tessin. Die Entsendung österreichischer Truppen an die Grenze findet nun wirklich statt. Einige militärische Abteilungen sind an mehreren Grenzpunkten angelangt.»

Nach dem letzten Federzug nahm der Anwalt seine Reisetasche zur Hand und verliess die Redaktion. Es war beissend kalt, als er in die Gerechtigkeitsgasse hinaustrat; aber man erwartete für die nächsten Tage keinen Schnee. Da auch in der Reisekutsche tiefe Temperaturen herrschen würden, hatte Niggeler sich entsprechend eingekleidet. Zu gestreiften Wollhosen trug er eine dicke braune Jacke. Der zweireihige Mantel mit dem Schultercape und den Pelzaufschlägen würde ihn während der Fahrt warm halten.

In Erlach fand er bald die Adresse der Entwässerungsgesellschaft. Zu seiner Erleichterung wurde er als «Fürsprech aus Bern» sofort in die Schreibstube des geschäftsführenden Buchhalters Georg Wilhelm Struchen eingelassen. Der kaum dreissigjährige Angestellte machte keinen Hehl aus seiner Freude, den Vizepräsidenten des bernischen Grossrats persönlich begrüssen zu dürfen.

«Was immer ich für Sie tun kann … Ich stehe zu Ihrer Verfügung.»

Niklaus Niggeler schob einen harmlosen Rechtsfall als Grund für seine Nachforschungen vor. «Ich bearbeite in meiner Kanzlei einen Erbschaftsstreit. Natürlich verbietet mir das Anwaltsgeheimnis, Ihnen genauere Angaben zu machen. Ich muss Sie ausserdem bitten, über den Inhalt unsres Gesprächs mit niemandem zu sprechen.»

«Das liegt auf der Hand. Ich gebe Ihnen mein Wort.»

«Gut. Diese Erbschaft umfasst Bargeld, Grundeigentum und Aktien der Entwässerungsgesellschaft Erlach. Deshalb wäre ich Ihnen dankbar, Einsicht in das Register der Namenaktien zu erhalten.»

«Das ist kein Problem. Ich lasse es sogleich holen.»

Niggeler studierte das Register genau, machte sich Notizen über das Gründungskomitee und gewisse Aktien, eingetragen auf die Namen Gustav Lanz, Franz Keller, Robert Moosmann und Ulrich Ochsenbein. Dann wandte er sich an Struchen. «Arbeiten Sie schon lange bei der Entwässerungsgesellschaft?»

«Seit ihrer Gründung. Damals war ich allerdings buchhalterisch erst ein Lehrling.» Als Niggeler ihn fragend musterte, fügte er bei: «Die Entwässerungsgesellschaft wurde 1843 gegründet. Ich war damals schon sechsundzwanzig Jahre alt, hatte aber so wenig buchhalterische Erfahrung, dass man mich erst anlehren musste.»

«Hat Ihr Vorgesetzter das getan?»

«Ja, Maximilian Blatter. Natürlich unterstanden wir damals alle dem Präsidenten der Gesellschaft, Karl von Nufer. Das ist übrigens noch heute der Fall.»

«Ja, ich weiss. Können Sie mich kurz über die Gesellschaft informieren?»

«Da gibt es nicht viel zu sagen. Als Herr von Nufer im Amtskreis Erlach gewählt wurde, begann er sich für das Wohl der Bevölkerung zu interessieren. Was den Menschen hier am meisten am Herzen lag, war die Entwässerung des Sumpfgebiets. Wenn das Land durch Kanäle ausgetrocknet wird, dient das nicht nur der Landwirtschaft, sondern auch der Industrie.»

«Kommen wir zum springenden Punkt. Wir wissen beide, dass noch kein einziger Kanal gebaut worden ist. Wann rechnet man damit, den Aktionären erste Auszahlungen zu machen?»

«Wenn ich das wüsste!», rief der Buchhalter aus und seufzte. «Das Projekt steht immer noch in den Kinderschuhen. Obwohl alle Aktien Ende 1844 unerwartet gut verkauft werden konnten, stockt die Sache seit Monaten. Die Unterhandlungen mit den Besitzern der Ländereien ziehen sich in die Länge.»

«Ich verstehe. Sie wissen ausgezeichnet Bescheid, Herr Struchen. Jetzt ist mir klar, weshalb Sie an die Stelle des bisherigen Buchhalters befördert worden sind.»

«Nein, da täuschen Sie sich. Man hat Maximilian Blatter nicht entlassen, um mich zu ernennen. Mein Vorgänger ist mit nur neununddreissig Jahren verstorben.»

«Ja, die Lungenentzündung kostet laufend auch jungen Menschen das Leben.»

«Keine Lungenentzündung. Er ist im Fluss ertrunken.»

«Ertrunken? Wie ist das passiert?»

«Man hat Selbstmord vermutet und als offizielle Todesursache angegeben. Mein Vorgänger war kränklich, und seine Frau litt an Tuberkulose. Sein trauriges Ende hat niemanden verwundert. Ein stark depressiver Mensch. Aber ausserordentlich tüchtig und gewissenhaft bei der Arbeit. Obwohl unsere Bezahlung damals weiss Gott schäbig war.»

«Sie wurden schlecht bezahlt?»

Struchen stand auf, schloss die angelehnte Türe und setzte sich wieder an sein Schreibpult. Mit leiser Stimme antwortete er: «Ja, das aber nur im Vertrauen gesagt. Sie wissen, dass unser Präsident damals auch Finanzdirektor des Kantons war. Als solcher war er allmächtig und setzte tiefe Löhne an, wohl um der Gesellschaft Spesen zu ersparen. Aber was wollen Sie? In den meisten Teilen des Kantons Bern sind die Gesellschaften, welche schreib- und rechenkundige Kräfte anstellen könnten, dünn gesät. Sie wissen ja besser als ich, dass wir mit der industriellen Entwicklung hinter Zürich, St. Gallen, Glarus und dem Aargau herhinken. Wenn man nicht bauern will, muss man nehmen, was sich bietet.»

«Jetzt sind Sie hoffentlich besser dran», bemerkte Niggeler und liess seinen Blick über Struchens makellos geschnittene Wolljacke gleiten. «Ja. Das haben wir dem guten Verkauf der Aktien zu verdanken. Als Herr Blatter noch lebte, war kaum ein Viertel der Wertpapiere vergeben. Dann interessierte sich plötzlich jedermann dafür, und die Aktien waren unerwartet rasch verkauft. Anderseits begann sich der

Arbeitsbeginn hinauszuziehen. Natürlich wirft das einbe-
zahlte Aktienkapital Zinsen ab. So hat man unsere Löhne
angehoben.»

«Sie selbst besitzen keine Aktien der Gesellschaft?»

«Nein, leider nicht. Oder zum Glück, müsste ich heute
sagen. Ich glaube fast, Sie vertun mit diesem Aspekt Ihres
Erbschaftsfalls Ihre Zeit. Immer mehr Aktionäre verlieren
das Vertrauen in die Zukunft der Gesellschaft. Wer weiss, ob
die Papiere je etwas abwerfen.»

35

Der als Selbstmord in die Akten eingetragene Ertrinkungs-
tod des Buchhalters Maximilian Blatter stellte Niggeler vor
neue Rätsel. Die gewagtesten Mutmassungen waren möglich,
und er musste sich an Snells Worte erinnern, um seine Phantasie zu bremsen. Der Anwalt machte sich Vorwürfe, weil er
nicht bereits damals, als Keller ihm vom Tod von Hublers
Schwager erzählt hatte, dieser Spur gefolgt war. Weshalb
hatte er nicht selber daran gedacht, über den Sinn der verschiedenen Zeitungsausschnitte Hublers nachzudenken? Am
liebsten hätte Niggeler gleich den sympathischen Militärbeamten Franz Keller über die Todesumstände des Buchhalters
befragt. Keller war ein Jugendfreund Josef Hublers gewesen
und stammte auch aus dem Ober-Simmental. Niggeler befolgte aber den Ratschlag von Emilies Vater und beschloss,
gar nichts zu unternehmen, was irgend jemanden im Militärdepartement aufschrecken konnte. Die einzige logische
Spur musste ihn deshalb ins Ober-Simmental zu Maximilian
Blatters Witwe führen, Josef Hublers kränklicher Schwester
Amalia. An eine Reise nach Ried war jedoch nicht zu denken.
Im Ober-Simmental lag der Schnee meterhoch. Da der Vize-
Grossratspräsident und Redaktor der «Berner Zeitung» sich
höchstens drei Tage von Bern entfernen konnte, würde er die
weniger beschwerliche Reisezeit nach der Schneeschmelze
abwarten müssen.

Der Aufruhr um die Einstellung des Theologieprofessors
Eduard Zeller und der Mordprozess gegen Bendicht Ross
lenkten Niggelers Gedanken vom Fall Hubler ab. Eigentlich
hatte er beschlossen, seiner journalistischen und grossrätli-
chen Verpflichtungen wegen keine komplizierten Anwaltsfälle mehr anzunehmen. Als aber die verzweifelte Magdalena
Ross zu ihm gekommen war, hatten ihm die eigenen Gefühle

einen Strich durch die Rechnung gemacht. Die Bauersfrau war zusammen mit ihrem Ehemann des Mordes an ihrem Kind angeklagt. So sehr Niggeler auf eine harte Strafe für Bendicht Ross hoffte, der unschuldigen Frau wollte er helfen, freigesprochen zu werden.

Der Fürsprech bereitete spätabends die Unterlagen für die Verhandlung vor, ehe er sich in Gedanken wieder dem Radau um Professor Zeller zuwandte. Er war todmüde, denn an jenem Tag hatte er in Abwesenheit des Präsidenten den Vorsitz des bernischen Grossrats geführt.

In seiner Eröffnungsrede hatte er die Aufregung wegen der Berufung Dr. Zellers als Protestaktion gegen die Regierung bezeichnet. «Als vor anderthalb Jahren über die Anstellung des Theologieprofessors aus Tübingen verhandelt wurde, ertönte keine einzige Stimme gegen die Rechtsgläubigkeit des Gelehrten. Nun werfen Flugblätter ihm plötzlich vor, ein Gottesleugner zu sein, der die Unsterblichkeit der Seele abstreitet.»

Niggeler war seiner Worte sicher, als er dem Grossrat die Resultate seiner Nachforschungen mitteilte. Zusammen mit Stämpfli hatte er wochenlang über Professor Zeller und dessen Gegner recherchiert. Was die beiden radikalen Freunde am meisten ärgerte, waren die Missbräuche auf der Kirchenkanzel. Die Geistlichkeit, die Licht und Friede predigen sollte, machte die giftigsten Angriffe gegen Zeller. Am schlimmsten hetzte Albert Bitzius aus Lützelflüh. Obwohl er als belesener Mann wissen musste, dass sich der Theologieprofessor positiv zum historischen Jesus stellte und die christliche Religion als höchsten Ausdruck des Menschengeists betrachtete, befürchtete Gotthelf, Zeller habe eine unheilvolle Wirkung auf das Volk. Niggeler und Stämpfli gingen den Ursprüngen der negativen Aussagen über Zeller nach. Sie entdeckten, dass die erste Flugschrift gegen Zeller vom bernischen Vikar von Wattenwyl gedruckt worden war. Bald fand Niggeler heraus, dass die Darstellung der zellerschen Lehre nicht aus von Wattenwyls Feder stammte, sondern der Abdruck eines in

Deutschland geschriebenen Aufsatzes eines gewissen Hoffmann war.

Als er alle Informationen beisammen hatte, brachte Niggeler das Pulverfass mitten im Grossrat zum Platzen. Dabei kam ihm Grossrat Hebler ungewollt zu Hilfe. Dieser verteidigte die Flugschrift gegen Professor Zeller und bezeichnete den Aufsatzschreiber Hoffmann als einen der ausgezeichnetsten Theologen Deutschlands. Niggeler konnte beweisen, dass Hoffmann lediglich Kandidat der Theologie war und nie irgendwelche wissenschaftlichen Verdienste erworben hatte. Der Pietist Hoffmann wollte dem liberalen Professor Zeller einfach über die Grenzen hinweg eins auswischen. Nach Niggelers Rede wagte kein Gegner, das Wort zu ergreifen. Es wurde abgestimmt und die Berufung Professor Zellers mit 118 gegen nur 23 Stimmen beschlossen!

Als Vize-Grossratspräsident Niggeler am Abend nach der Sitzung den Fall Zeller gedanklich zur Seite schob, konnte er nicht wissen, dass in der gleichen Stunde die spitze Feder des Pfarrherrn von Lützelflüh über das Papier kratzte. Der Bauerndichter legte seine Empörung gegen die «radikalen Gottesleugner» in die Erzählung «Die Versöhnung des Ankenbenz und Hunghans, vermittelt durch Professor Zeller». In seinem Zorn beschrieb er die verantwortlichen Personen für die Berufung des Theologieprofessors so deutlich, dass die «Neuen Alpenrosen» sich nächstentags weigerten, das Pamphlet abzudrucken. So blieb es auf Jeremias Gotthelfs Schreibtisch liegen.

Der Prozess gegen Bendicht und Magdalena Ross erschütterte den Fürsprech mehr als erwartet. Seine Gefühle spielten mit, als er in seiner Verteidigungsrede schilderte, wie Magdalena Ross die Ehe mit Bendicht nur eingegangen war, um ihrem unehelichen Kind einen Vater zu verschaffen. Denn die Gemeinde verwaltete ein kleines Erbe der Bäuerin und wollte es erst nach ihrer Wiederverheiratung herausgeben. Ross, der es offensichtlich auf dieses Geld abgesehen hatte, behandelte das Kind brutal. Mit weicher Stimme beschrieb Niggeler den Morgen im Januar, als der Knabe tot in seiner Schlafkammer aufgefunden wurde. Der Autopsiebefund war eindeutig. Das Kind war vor Hunger und Kälte gestorben.

«Hansli musste in einer unheizbaren Nebenkammer auf einem durchnässten Spreusack schlafen», sagte Magdalena Ross vor dem Obergericht aus. Die Nachbarn bestätigten im Zeugenstand, der Knabe habe oft vor Kälfte, Hunger und wegen Ross' Rutenschlägen bitterlich geweint. Magdalena Ross habe dem Kind helfen wollen, ihm heimlich Essen gebracht, war aber deshalb bis aufs Blut geschlagen worden. «Wenn das Kind stürbe, könnte ich ein Stück Land mit dem Erbgeld kaufen», hatte der Stiefvater des Knaben mehrmals vor Zeugen gesagt.

Niklaus Niggeler war befriedigt, als das Obergericht in seinem Urteil von Mord durch Indizienbeweise sprach und Bendicht Ross zu elf Jahren Kettenstrafe verurteilte. Seine Klientin Magdalena Ross wurde nur mit einer Geldstrafe belegt, da sie die Grausamkeiten ihres Mannes nicht amtlich angezeigt, jedoch zu lindern versucht hatte.

Als Niggeler nach der Urteilsverkündigung aus dem Obergericht auf die Strasse trat, atmete er erleichtert die kühle Nachmittagsluft ein. Er wollte sich eine Ruhepause in einem Café gönnen. Ein halbwüchsiger Knabe folgte ihm wortlos durch die Lauben. Als sie allein nebeneinander hergingen, legte der Bursche einen Zettel in Niggelers Hand. Es war eine von Rustinger hingekritzelte Nachricht, die nur eine Zeile enthielt:

«Komm zu unserem Treffpunkt. Ru.»

Niggeler zerriss das Papier und steckte es in die Jackentasche. Er sah sich vorsichtig um, ehe er seine Richtung änderte und rasch auf die Brunngasse zuging. Als kein Mensch in der Nähe war, verschwand er in einem Hauseingang und stieg die Treppe hinauf bis zum obersten Stock. Seit Rustinger seine Spionagetätigkeit in Luzern aufgenommen hatte, traf man sich nicht mehr öffentlich. Keinesfalls sollte Rustinger in der Redaktion der «Berner Zeitung» aufkreuzen. Wer konnte wissen, ob und von wem Niggeler vielleicht noch immer bespitzelt wurde? So hatte man dieses Dachzimmer an der Brunngasse gemietet.

Lorenz Rustinger sass ungeduldig auf einem abgenützten Stuhl mit zu kurzen Beinen.

«Grüss dich, Niklaus.» Er sprang auf und umarmte den Fürsprech freundschaftlich. «Ich kann dir nicht sagen, wie lange ich in Luzern noch weitermachen kann. Die Lage wird immer heikler. Über Luzern braut sich ein Krieg zusammen. Jeder bespitzelt jeden. Wie soll es da einem Büroschreiber, der in Wirklichkeit gar keine Stelle hat, noch möglich sein, weiter unbemerkt zu spionieren?»

«Aber du bist doch schon so lange dort. Wer wird sich noch dafür interessieren, wo du arbeitest? Deine Nachbarn haben sich längst an den Büroschreiber gewöhnt, der täglich zur Arbeit abmarschiert.»

«Du hast Recht, Niklaus. Aber du denkst nicht daran, dass ich mich bewegen muss, dass ich an den einschlägigen Orten auskundschaften muss, auch nachts. Wenn ich irgendwo erwischt werde, wo ich nicht sein sollte, wird die Polizei rasch entdecken, wer ich wirklich bin.»

«Sind die Kontrollen denn so scharf?»

«Das ist es ja. Es werden immer mehr Mannschaften aufgeboten. Nachts ist die ganze Nobelgarde unter den Waffen. Die Tore werden frühzeitig verschlossen. Als vorgestern einige Leute von einer Hochzeitsfeier im nahen Kriens zurückkehrten, hiess man sie vor dem Tor warten, bis eine Verstärkung der Wache geholt war. Jeder Einzelne musste seinen Namen angeben. Patrouillen durchstreifen Tag und Nacht die Strassen, Niklaus.»

«Hast du dich nur aus Luzern herausgewagt, um zu klagen?»

«Nein, bestimmt nicht. Ich habe vom Schreiben des Vororts an den Luzerner Schultheiss und an die eidgenössischen

Stände gehört. Ihr wisst gar nicht, wie sehr Bern berechtigt war, diese Briefe zu verfassen.»

Niggeler hatte beide Briefe in einer Februarausgabe der «Berner Zeitung» abgedruckt: Der Vorort Bern beanstandete das Zusammentreffen von hohen Militärpersonen aus verschiedenen Kantonen in Luzern und lud den luzernischen Regierungsrat ein, über den Zweck dieses Generalstabs Bericht zu erstatten.

«Was ist denn noch Schlimmeres passiert?», fragte er.

«Ich habe einen Artikel verfasst, den du morgen abdrucken kannst. Durch Zufall habe ich in einer jesuitenfreundlichen Wirtschaft den bisherigen Redaktor der ‹Katholischen Staatszeitung› getroffen. Soeben fristlos entlassen, hat dieser Ulrich keinen Grund gehabt, dem verständnisvollen Rustinger sein Leid zu verschweigen …»

«Erzähl weiter, Lorenz!»

«Ulrich behauptet, aus zuverlässiger Quelle zu wissen, dass die angeschafften Kanonen, Waffen und Munition die Regierung bisher keinen Heller gekostet haben. Es ist im diesjährigen Staatsbudget nichts dafür angesetzt. Eines Tages, in vielen Jahren, werde man vielleicht ein Spottgeld dafür bezahlen müssen.»

«Das heisst, dass Luzern mehr Geld und Waffenhilfe aus dem Ausland erhalten hat als erwartet», kommentierte Niggeler. «Wir waren immer der Meinung, Luzern rüste vor allem aus eigenen Kräften und werde nur durch Lieferungen oder Kredite seitens der fremden Mächte unterstützt. Deine neueste Information kann nur bedeuten, dass wir uns getäuscht haben. In Luzern wird ein Krieg vorbereitet, aber in Wirklichkeit rüsten Österreich, Sardinien, vielleicht auch Frankreich.»

«Wenn du schon von Sardinien sprichst, offenbar hat Luzern einen Gesandten dorthin geschickt. Das Resultat: für Luzern ist die Ausfuhr von Lebensmitteln aus Sardinien bewilligt worden. Gleiche Begünstigungen erwartet man von Mailand.»

«Die Schweiz ist gespalten, Lorenz. Es besteht keine Zusammenarbeit mehr zwischen den konservativen katholischen und den liberalen Ständen. Die Sonderbundskantone stützen sich voll und ganz auf das Ausland.»

«Ich weiss, Niklaus. Doch hör zu. Ich habe dir doch erzählt, dass ich mit einem Mann verkehre, dessen Verwandter beim luzernischen Schultheiss Siegwart-Müller Bürodiener ist. Nun, aus dieser Quelle habe ich vernommen, dass Österreich dem Kreditbegehren Luzerns stattgegeben hat. Im November hat Luzern eine unverzinsliche Anleihe von 100'000 Gulden erhalten. Frankreich hat Waffen gesandt im Wert von 80'000 Franken, dazu einige Hundert Gewehre. Ausserdem soll Siegwart-Müllers Helfershelfer Bernhard Meyer im November nach Turin gereist sein und 2000 Infanteriegewehre als Beitrag für den bevorstehenden Kampf erhalten haben.»

«Mein Gott, welch irrsinniges Rüsten!»

«Ja, wir müssen das Schlimmste befürchten. Vergiss nie, dass der Rest der Eidgenossenschaft trotz der Geld- und Waffenlieferungen an Luzern militärisch stärker ist als der Sonderbund. Wenn man in Luzern so frech rüstet und keine Angst hat, kann dies nur eines bedeuten: die sieben Stände können auf eine ausländische Intervention zählen.»

«Wirst du wieder nach Luzern zurückkehren, Lorenz?»

«Ja, natürlich. Ich bin sicher, dass sich bald eine Tagsatzungsmehrheit gegen den Sonderbund bilden wird. Dann wird es doppelt wichtig sein, wenn Bern einen selbst dem Militärdepartement unbekannten Kundschafter in Luzern hat. Wer weiss, was Siegwart-Müller noch alles im Schilde führt.»

«Halte die Augen offen!» Niggeler schwieg einen Augenblick und fügte bei: «Wie sehr kannst du dich auf deinen Informanten verlassen? Ich meine jenen Büroschreiber im Umfeld Siegwart-Müllers?»

«Überhaupt nicht, Niklaus. Ich habe keine Vertrauten dort. Wenn sie mir etwas sagen, so nur, weil sie mich für streng jesuitenfreundlich halten.»

«Trotzdem, mein Freund. Du musst etwas herauszufinden versuchen. Ich weiss zwar nicht wie, aber du entdeckst vielleicht selber einen Weg. Wir müssen wissen, ob ausser den Militärpersonen andere Fremde den Schultheissen treffen. Kurz, Lorenz, uns interessiert, ob auch irgendwelche Leute aus Bern dort ein und aus gehen.»

«Suchst du jetzt selber nach dem Spion?»

«Ja, aber es könnte ja sein, dass er nicht nur in Bern wirkt und den Österreichern Informationen verschafft. Da Metternich offenbar mit Siegwart-Müller zusammenarbeitet, wäre es möglich, dass auch unser Spion zuweilen in Luzern auftaucht.»

«Mein Gott, du hast recht. Daran habe ich gar nicht gedacht. Wenn es mir doch noch gelingen könnte, Metternich die Monate im Gefängnis heimzuzahlen!»

36

Die Ostertage des Jahres 1847 bedeuteten für Niggeler die letzten unbeschwerten Momente, ehe er vom Strudel der Ereignisse fortgerissen und von Emilie nicht nur geografisch, sondern auch gedanklich meilenweit entfernt wurde. Er gab seiner Sehnsucht nach und lud sie trotz aller Bedenken ein, über Ostern nach Bern zu kommen.

Am Nachmittag ihrer Ankunft hielt Emilie Snell es keinen Augenblick im Heim ihrer Schwester aus. Rasch machte sie sich frisch und zog ihr schönstes Frühlingskleid an. Sie hatte es in Liestal aus zartgelbem Stoff anfertigen und sich von der Schneiderin überreden lassen, ein Fischbeinmieder darunter zu tragen. Der weite Krinolinenrock mit den Spitzenbesätzen und die mehrstufigen Rüschen an den Ärmeln waren bezaubernd. Unter der Haube quollen die Locken lustig hervor. Emilie wusste, dass sie hübsch war, und die Blicke der Passanten in der belebten Gerechtigkeitsgasse bestätigten ihr dies mit jedem Schritt. Als sie Niklaus Niggeler von weitem aus dem Eingangstor seines Hauses treten sah, klopfte Emilies Herz wild. Sie blieb stehen, musterte unter den Lauben einige Blumenbouquets und beobachtete den Fürsprech aus dem Augenwinkel. Er bemerkte sie und lief ihr strahlend entgegen. Da konnte Emilie sich nicht mehr zurückhalten. Ohne auf die erstaunten Spaziergänger zu achten, rannte sie ihm mit dem unbezahlten Blumenstrauss in der Hand entgegen und flog in seine Arme. Niggeler umfing sie wie damals am Tag des Äpfelkrawalls und wollte sie nicht mehr loslassen. Mit dem Unterschied, dass diesmal sein bester Freund hinter ihm aus der Redaktion der «Berner Zeitung» auf die Strasse trat und die Szene amüsiert beobachtete. Jakob Stämpfli ging auf sie zu und rief: «Schau, schau, das heimliche Liebespaar!»

Niggeler lächelte ihm verlegen zu, machte eine gespielte Verbeugung und sagte: «Herr Regierungsrat, darf ich Eurer Exzellenz meine Braut Emilie Snell vorstellen?»

Stämpfli schmunzelte und legte einen Arm um Niggeler, den anderen um seine junge Schwägerin. «Nein, das ist nicht zu fassen. Elisa wird glücklich sein, dass ihre Lieblings-schwester meinen besten Freund heiratet.»

«Du übereilst die Sache, Jakob», strahlte Emilie. «Niklaus hat noch nicht einmal bei Vater um meine Hand angehalten. Obwohl Mutter und Elisa längst Bescheid wissen.»

«Elisa? Bist du sicher? Mir hat niemand etwas gesagt.»

«Doch Jakob, es stimmt. Aber ich habe Emilie gebeten, unser Geheimnis sonst niemandem zu erzählen», fiel Nigge-ler ein. «Du weisst, dass ich mich gegenwärtig heiklen Ange-legenheiten widme und die Schweiz einem Bürgerkrieg ent-gegensieht. Wir möchten lieber ruhigere Zeiten abwarten, um Hochzeit zu feiern.»

«Und da küsst ihr euch auf offener Strasse!»

«Sei so lieb, Jakob, geh schon voraus. Emilie und ich wer-den bald nachkommen. Wir wollen heute Abend bei dir fei-ern. Oder glaubst du, dass der Professor mir die Hand seiner Tochter verweigern wird?»

«Keine Angst, Niklaus. Wer sonst würde eine so selbst-ständig denkende junge Dame zum Altar führen wollen. Nur radikale Kämpfernaturen wie wir beide sind aus dem richti-gen Holz geschnitzt, um den Snell-Töchtern die Stirn zu bie-ten.»

Als Stämpfli um die Hausecke verschwunden war, reichte Niggeler Emilie den Arm, und gemeinsam spazierten sie einem Café entgegen.

«Wie lange kannst du hierbleiben, Emilie?», fragte er zärtlich und nahm ihre Hand.

«Solange du Zeit für mich hast.»

«Ich habe mich für Dienstag und Mittwoch von allen Ver-pflichtungen frei gemacht, weil ich eine Reise ins Ober-Sim-mental unternehmen muss.» Der Satz war ihm spontan herausgerutscht, obwohl er sich vorgenommen hatte, die Tage nach Ostern mit Emilie in Bern zu verbringen.

«Du lädst mich ein und fährst dann einfach weg?»

Als Emilies strahlendes Lächeln einer enttäuschten Miene wich, besann er sich und antwortete: «Nein, das ist es ja. Ich möchte, dass du mitkommst. Was meinst du, eine Fahrt in die Berge würde sicher auch deiner Mutter Spass machen.»

«Mutter? Aber wenn sie dabei ist, können wir nicht richtig miteinander sprechen.»

«Du willst allein mit deinem Verlobten verreisen?»

Emilie errötete. «Natürlich nicht. Aber wir könnten Anton und Vreni mitnehmen. Du weisst doch, dass meine Schwester jetzt einen Kutscher hat. Da er mit dem Hausmädchen verheiratet ist, könnten die beiden uns ins Simmental begleiten.»

«Ich erspare mir das Kutschieren, und du hast eine Anstandsdame. Klug ausgedacht!»

Als sie schwieg, blickte er ihr zärtlich in die Augen. «Ich habe es vor Jakob ehrlich gemeint, Emilie. Möchtest du meine Frau werden?»

«Aber ich besitze doch nur das Hemd, das ich trage.»

«Das ist mir gleichgültig. Seit ich dich kenne, besteht dieses Hemd aus feinsten Spitzen. Aber Spass beiseite. Wenn wieder Frieden herrscht, wollen wir uns trauen lassen. Was meinst du zum Frühling des nächsten Jahres?»

«Wenn du sicher bist, dass dann alle Gefahren vorbei sind … Aber ich bin froh, dass du ein Datum festgesetzt hast, Niklaus. So wird es mir leichter fallen, die Monate des Wartens zu ertragen.»

«Ist es denn so schrecklich in Liestal?»

«Nein, seit du das letzte Mal bei mir warst, sehe ich die Sache anders. Du hast zu tun, das habe ich begriffen. Seither macht mir das Leben Spass wie früher. Ich lese viel, habe Freundinnen in Liestal und sogar in Basel.»

«Und natürlich zahlreiche Verehrer. Der halbe Grossrat und die Anwaltskollegen deines Vaters werden dir zu Füssen liegen.»

Die Reise ins Simmental begann am Osterdienstag mit einer Spazierfahrt durch die erst zaghaft erblühte Frühlingslandschaft. Emilie freute sich vor allem über die Strecke zwischen Thun und Spiez. Seit sie als kleines Mädchen Zürich hatte verlassen müssen, hatte sie nie mehr einen See erblickt. Nun erinnerte sie sich, wie sie mit der Mutter und den Geschwistern im Zürichsee gebadet hatte. Als Niggeler sah, mit welcher Begeisterung Emilie den Thunersee betrachtete, meinte er spontan: «Wenn wir verheiratet sind, werden wir eine Reise machen. Wir wollen in den Bergen wandern und mit dem Dampfschiff die Seen überqueren. Vielleicht fahren wir sogar nach Venedig.»

Im Nieder-Simmental kamen sie nur langsam vorwärts, obwohl der Anwalt eine speziell für die Bergstrassen geeignete Chaise ausgeliehen hatte. Dieser Wagentyp besass unterhalb des Sitzes eine Kurbelbremse und vorne noch eine zweite Bremsspindel. Niggeler hatte zwei starke Zugpferde anspannen lassen, aber trotz vereinten Kräften überwanden die Tiere die Steigung nur langsam. Die vierköpfige Reisegesellschaft war froh, am späten Nachmittag endlich in Zweisimmen anzukommen, wo Grossrat Hutzli seine Gäste erwartete.

Am nächsten Morgen blieb Emilie bei der Gattin von Niggelers Freund aus dem Volksverein und beschäftigte sich mit den Kindern. Sie genoss das Spiel mit den kleinen Mädchen genauso wie am Vorabend das Essen in der heimeligen Wohnstube Hutzlis und konnte sich nicht erinnern, jemals einen derart guten Sauerbraten mit Kartoffeln gegessen zu haben.

Niggeler machte sich auf den Weg nach Ried. Dort sah man den Fremden im städtischen Strassenanzug zunächst nur verständnislos an. Nach mehreren vergeblichen Versuchen nickte ihm ein Bursche zu und führte ihn zu einem Hof ausserhalb des Ortszentrums.

«Ich suche Amalia Blatter-Hubler», sagte Niggeler zu einem älteren Mann, der vor der Haustüre stand.

«Sie meinen Amalia, die Witwe des Buchhalters in Erlach?»

«Ja, genau die.»

«Da haben Sie Pech, mein Herr. Wenn Sie vor zwei Wochen gekommen wären …»

«Ist der Frau etwas passiert?»

«Nein, das nicht. Aber sie leidet seit Jahren an der Tuberkulose. Nun ist sie abgereist, um in einem der neumodischen Badeorte zu kuren.»

«Wissen Sie, wann sie zurückkehrt?»

«Soviel ich weiss, dauert eine solche Kur mindestens zwei bis drei Monate, vielleicht auch länger. Aber Amalia war bei ihrer Abreise so blass und schwach, dass ich …, dass ich nicht sicher bin, ob sie je zurückkehren wird.»

«Sie wissen nicht zufällig, wie dieser Badeort heisst?»

«Nein, da bin ich überfragt. Wenn Sie wollen, können wir uns beim Pfarrer erkundigen.» Er nahm den Anwalt beim Arm und führte ihn nach Ried zurück.

«Darf ich fragen, mit wem ich das Vergnügen habe?», begrüsste der Geistliche ihn freundlich.

«Ich komme aus Bern», wich Niggeler der Frage aus. Er wollte nicht riskieren, seinen Namen zu nennen. Wer wusste, ob der Pfarrherr nicht mit jenen gemeinsame Sache machte, die ihn seit den Zeitungsberichten über den Zellerhandel als ihren Feind betrachteten?

Er konnte es sich nicht leisten, unverrichteter Dinge wieder weggeschickt zu werden. «Ich bin Fürsprech und hergekommen, um mit Frau Amalia Blatter zu sprechen. Doch wie ich gehört habe, hält sie sich in der französischen Schweiz auf.»

«Ja, da haben Sie Recht, Herr … Sie hat ihre Reise ja weiss Gott genug hinausgezögert. Sie müssen nämlich wissen, dass Frau Blatter Ende 1844 verwitwet ist und … »

«Weshalb hat sie ihre Reise hinausgezögert?»

«Weil ihre Mutter allein dastand. Obwohl Amalia Blatter an Tuberkulose leidet, hat sie es nicht übers Herz gebracht, ihre alte Mutter hier in Ried zurückzulassen. Da wir diese nun aber vor vier Wochen beerdigt haben …»

«Sie wissen nicht zufällig, in welcher Kurstätte sich Frau Blatter befindet?»

«Doch, da haben Sie Glück. Ich habe persönlich von dieser Heilanstalt in der Zeitung gelesen und sie Frau Blatter schon vor Jahren empfohlen. Es war aber kein Geld vorhanden für einen solchen Kuraufenthalt …, und ausserdem war da die Mutter.»

«Jetzt ist sie aber verreist …»

«Ja, und?»

«Wenn Frau Blatter vorher kein Geld hatte …»

«Ach so. Nun, man hat ihr eine gewisse Summe zur Verfügung gestellt. Hoffen wir, dass die Kur auch nützen wird.»

«Und die Adresse der Heilanstalt?»

«Es handelt sich um das Spital von Lavey im Waadtland. Dort kennt man eine Badetherapie, die seit den Dreissigerjahren erfolgreich gegen die Tuberkulose angewandt wird.»

«Wissen Sie, wie lange sie bleibt?»

Der Pfarrer schüttelte den Kopf und sagte leise: «Die Kur soll ungefähr sieben Wochen dauern. Aber ich habe meine Bedenken. Frau Blatters Tuberkulose ist in einem derart schlimmen Stadium …»

Niggeler hatte genug gehört, verabschiedete sich und fuhr nach Zweisimmen zurück. Immerhin gab es eine weitere Spur zu verfolgen und eine neue Frage zu klären: Der Buchhalter Maximilian Blatter war schlecht bezahlt worden, Amalia Blatters Bruder Josef Hubler hatte weder Geld besessen noch eine Erbschaft in Aussicht. Woher hatte Frau Blatter dann die Geldsumme für die Kur in Lavey? War es vielleicht jener von Hubler angedeutete Reichtum, von dem Sophie von Simon gesprochen hatte? Aber woher kam jenes Geld? Daneben beschäftigte Niggeler noch eine andere Frage. Wie konnte er es zeitlich einrichten, so rasch als möglich nach Lavey zu reisen? Soviel er sich erinnerte, befand sich das Spital an der Grenze zwischen der Waadt und dem Wallis.

Auf der kurzen Rückfahrt nach Zweisimmen fasste Niggeler seinen Entschluss. Zeitnot hin oder her, er musste bald nach Lavey fahren. Erstens wurde Frau Blatter jeden Tag schwächer und zweitens schien die Feindschaft zwischen der liberalen Schweiz und den Ständen des Sonderbunds immer gefährlicher zu werden. Vielleicht würde es bald überhaupt nicht mehr möglich sein, an die Walliser Grenze zu reisen.

Der Fürsprech schob die Gedanken an den Bürgerkrieg und die Witwe Blatter mühelos beiseite, als er wieder in Zweisimmen eintraf und Emilie ihm auf der Hauptstrasse entgegenspazierte.

«Sind wir heute Abend wieder bei unserem Gastwirt eingeladen?», fragte er und reichte ihr den Arm.

«Natürlich. Um keinen Preis würde ich mir eine solche Festmahlzeit entgehen lassen. Mir zuliebe gibt es Kaninchenragout mit Erbsen.»

«Wenn wir verheiratet sind, musst du die besten Kochrezepte sammeln. Meine Mutter wird dir helfen …» Er lachte auf. «Ist es nicht seltsam? Da ist der Stolz der Familie Niggeler, der Herr Vize-Grossratspräsident, endlich verlobt, und meine Angehörigen haben noch keine Ahnung davon.»

«Du legst ja so grossen Wert auf die Geheimnistuerei.»

«Mutter wird sich auch in einigen Monaten noch freuen, wenn ich ihr die bildhübsche künftige Schwiegertochter vorstelle.»

Sie spazierten zum Hause Grossrat Hutzlis. Niggeler nahm sie kurz in die Arme und sagte leise: «Wollen wir nach dem Abendessen einen Spaziergang machen, um zusammen die Sterne zu zählen?»

Lachend versetzte sie ihm einen Klaps auf den Arm. Sie fühlte, wie sie rot wurde und lief ins Haus.

«Emilie, du bist die grosse Liebe meines Lebens», flüsterte Niggeler, als sie auf einem schmalen Weglein in die Höhe spazierten. Der Mond schien hell, sie folgten dem Pfad mühelos bis zu einem Heuschober.

«Ich liebe dich auch, Niklaus. Und es wird immer schlimmer. Ich habe geglaubt, dass man sich verliebt und das Gefühl dann immer gleich bleibt. Aber jedesmal, wenn wir zusammen sind, bin ich noch mehr vernarrt in dich.» Emilie drehte sich ihm entgegen, als er sie sanft in die Arme nahm. Langsam hob sie den Kopf und bot ihm die leicht geöffneten Lippen. Sie reagierte auf seine körperliche Nähe wie im Vaterhaus in Liestal vor Niggelers überstürzter Abreise. Aber hier war niemand, der plötzlich hinzutreten konnte. Sie war mit Niklaus ganz allein. Mit nie gekanntem Verlangen lag sie in seinen Armen, fühlte seinen Körper an ihrer Brust und erwiderte seine fordernden Küsse.

Als er sie freigab, flüsterte Emilie: «Weisst du, was ich gern tun würde, Niklaus? Ich möchte ein kleines Schächtelchen öffnen und diesen wundervollen Moment darin einfangen. Und immer wenn ich im Leben traurig bin oder mich nach dir sehne, kann ich den Behälter öffnen und den Augenblick genauso erleben wie jetzt.»

«Es wird immer so sein», murmelte er, nahm Emilie die Haube ab und strich mit dem Mund über ihre blonden Locken. «Ich werde dich auf Händen tragen, Emilie.» Er zog sie von der Bank hoch und umfing sie, stiess einen heiseren Seufzer aus und liess die Finger bis zu den Rüschen ihres Ausschnitts gleiten. Emilie bog den Kopf zurück, atmete tief ein und schloss die Augen. Mit Hingabe genoss sie das sanfte und doch leidenschaftliche Tasten seiner Hände auf dem Ansatz ihrer Brüste. Er hörte ihren raschen Atem, als sie ihr Gesicht wieder an seine Wange drängte, mit jeder Faser ihres Körpers bereit zur Liebe.

«Niklaus, ich möchte … Ja, was eigentlich? Ich weiss es selbst nicht. Ich möchte mich niemals von dir lösen und ganz eins sein mit dir.»

Niggeler entfernte sich unvermittelt, setzte ihr die Haube wieder auf und nahm sie bei der Hand. «Komm Emilie. Wir wollen rasch zurückgehen. Bei einem Mädchen wie du eins bist, muss eben der Bräutigam vernünftig sein …»

37

«Kommen Sie, treten Sie ein.» Der freundliche Waadtländer führte Niklaus Niggeler vom Empfangsraum in die Direktion. «Ich bin gleichzeitig leitender Arzt und überwache die Gesamtleitung des Spitals. Wenn Sie wollen, machen wir einen Rundgang.»

«Ich bin eigentlich nicht deshalb gekommen. Aber Sie haben mein Interesse geweckt. Wenn es Ihnen nicht zu viel Umstände macht …»

Beim Spaziergang durch das Spitalgebäude nahm der Anwalt die Sauberkeit in den Gebäuden und die moderne Einrichtung der Badestuben mit Freude zur Kenntnis. Was sich in Lavey seinen Augen darbot, war eine völlig andere Welt als das, was Niggeler von seiner eigenen Stadt her gewohnt war. Seit der Franzosenzeit spielten in Bern die Badwirtschaften vor allem in der Matte eine grosse Rolle. Die Anstalten dienten aber nicht nur dem Baden und dem Aderlassen. Sie wurden auch zum Essen und Trinken und für sonstige Vergnügungen benutzt, und oft genug musste die bernische Polizei für Ordnung sorgen.

«Man sieht, dass Ihre Badetherapien auf medizinischen Grundlagen beruhen», sagte Niggeler anerkennend.

«Sie haben recht. Unsere Ärzte sind Spezialisten gegen Tuberkulose und andere Krankheiten, die durch die Badetherapie gebessert oder gar geheilt werden können.»

«Dort drüben, jenseits Ihres Geländes, ist bereits Walliserboden?»

«Ja. Wir liegen hart an der Landesgrenze.»

«Hegen Sie keine Befürchtungen, da die Sonderbundskantone doch offen rüsten?»

Der Arzt lachte auf: «Da kennen Sie die Walliser schlecht. Sie machen zwar mit den Innerschweizern und Luzernern gemeinsame Sache, wenn es aber ums Kämpfen geht, nehmen sie sich Zeit. Ich glaube, man hat noch nicht einmal mit dem Rüsten begonnen.»

«Dann befinden sich also keine Truppen an der Grenze?»

«Wo denken Sie hin. Hier werden wohl nie welche stationiert. Auch wir Waadtländer selbst würden es bei einem Bürgerkrieg vermeiden, an dieser Grenze unsere Kräfte zu vergeuden. Luzern wird unser Ziel sein, und wenn die Walliser auf der Sonderbundsseite mithelfen, so werden sie sich im Nordosten versammeln. Die Furka ist ja die einzige direkte Verbindung zwischen dem Wallis und dem Rest der Sonderbundskantone.»

Als der Spitaldirektor und sein Gast wieder im Direktionszimmer sassen, kam Niggeler zur Sache: «Ich bin wegen einer Angelegenheit meiner Kanzlei hergekommen. Das Anwaltsgeheimnis verbietet mir natürlich, Ihnen Einzelheiten zu verraten.»

«Das verstehe ich.»

«Ich möchte mich mit Ihrer Patientin Amalia Blatter aus Ried im Ober-Simmental ungestört unterhalten.»

Als er wenig später am Ende des Korridors in einen kleinen Besuchsraum trat, atmete Niggeler erleichtert auf. Die Reise von Bern nach Lavey war nicht vergebens gewesen. Da lag Amalia Blatter-Hubler, zwar blass und durch die lange Krankheit geschwächt, aber bei Bewusstsein, auf einem Liegebett und bemühte sich, ruhig ein- und auszuatmen.

Niggeler wartete, bis sie allein waren. «Guten Tag, Frau Blatter. Es tut mir leid, dass ich Sie beim Ruhen gestört habe.» Als er ihr die Hand reichen wollte, winkte sie ab.

«Machen Sie sich keine Sorgen. Ruhe ist das Einzige, was wir hier im Überfluss haben. Die Abwechslung jedoch fehlt. Aber geben Sie mir Ihre Hand lieber nicht. Bleiben Sie in einiger Entfernung. Die Tuberkulose ist eine heimtückische Krankheit.»

Der Fürsprech setzte sich gehorsam und betrachtete die Patientin genauer. Sie konnte nicht älter als 35, vielleicht 38

Jahre alt sein. Ihr Gesicht war derart ausgemergelt, dass von ihrer einstigen Schönheit nur noch Spuren vorhanden waren. Die Frau aus dem Simmental lag im Sterben. Vor zwei Jahren hatte sie innerhalb von wenigen Wochen ihren Mann und ihren einzigen Bruder verloren und vor kurzem auch ihre verwitwete Mutter beerdigt. Wie konnte er eine solche Frau nach dem Grund fragen, der ihren Mann zum Selbstmord getrieben hatte?

«Ich habe Sie in Ried besuchen wollen, Frau Blatter, und nun bin ich hier.»

«Welch wichtige Gründe haben Sie zu zwei so beschwerlichen Reisen veranlasst?»

«Ich will versuchen, ganz ehrlich zu sein, muss Sie aber bitten, alles, was zwischen uns gesprochen wird, für sich zu behalten.»

«Das kann ich Ihnen gut versprechen. Hier sehe ich nur Ärzte und die Krankenschwestern. Ried ist so weit weg, dass sicher niemand mich besuchen kommt.»

«Als im Januar 1845 Ihr Bruder Josef Hubler tot aufgefunden wurde, hat man mich mit der Untersuchung beauftragt. Als Todesursache ist ein Unglücksfall beim Hantieren mit der Pistole in die Polizeiakten eingetragen worden.»

«Ich weiss», sagte Amalia Blatter kaum hörbar. Jene Wochen waren die schlimmsten ihres Lebens gewesen, und der Tod von Gatte und Bruder hatte den Verlauf ihrer Krankheit beschleunigt.

«Ich kann Ihnen jetzt nicht die ganze Geschichte der Ermittlungen erzählen, das würde Stunden in Anspruch nehmen.»

«Sie wissen immer noch nichts Genaueres über Josefs Tod?»

«Nein, deshalb bin ich ja hier. Inoffiziell und auf eigene Faust ermittle ich weiter, denn ich werde den Verdacht nicht los, dass mehr hinter Ihres Bruders Tod steckt als ein ungeschicktes Hantieren mit der Pistole.» Als die Frau schwieg, fuhr er fort: «Bei den Unterlagen auf Herrn Hublers Schreibtisch waren verschiedene Zeitungsausschnitte, welche die Zehntenliquidation und die Entwässerungsgesellschaft Erlach betrafen. Können Sie sich vorstellen, weshalb Ihr Bruder sich für diese beiden Themen interessierte?»

«Wie meinen Sie das?»

«Hatte Ihre Familie im Ober-Simmental Zehntenansprüche? Oder vielleicht jemand in Ihrer Verwandtschaft?»

«Nein, bestimmt nicht. Wir stammen aus einer einfachen Bauersfamilie.»

«Ihr Mann war Buchhalter bei der Entwässerungsgesellschaft Erlach. Hatte vielleicht auch Ihr Bruder etwas mit dieser zu tun?

«Nicht, dass ich wüsste. Ausser dass er es war, der meinem Mann die Stellung bei der Gesellschaft vermittelte. Meinem Bruder Josef war es nämlich gelungen, beim bernischen Finanzdepartement eine Beamtenstelle zu besetzen.» Auf ihrem Gesicht spiegelte sich der Stolz der älteren Schwester. Sie versuchte zu lächeln, als sie fortfuhr: «Ja, Josef war die Freude der Familie. Ein Sohn einfacher Bauern aus Ried kantonaler Beamter!» Auf ihre letzten Worte folgte ein Hustenanfall, der ihren mageren Körper schüttelte.

«Können Sie noch weitersprechen oder soll ich später wiederkommen?»

«Bleiben Sie! Wer weiss, ob ich morgen noch die Kraft habe, Ihre Fragen zu beantworten.»

«Ich bin Ihnen sehr dankbar, Frau Blatter. Wir wissen nun also, dass Ihr Bruder Ihrem Mann die Stellung als Buchhalter in Erlach verschafft hat. Aber sonst? Hatte Herr Hubler irgendwelche Interessen in Bezug auf die Gesellschaft?»

«Nein, er besass nicht einmal Aktien. Dazu hätten ihm auch die Mittel gefehlt. Sie wissen ja, wie teuer das Leben in Bern ist. Da bleibt kein Geld für Wertpapiere. Ausserdem hat Josef genauso wie mein Mann monatlich Geld nach Ried geschickt, um meiner Mutter das Leben zu erleichtern.»

«Leider muss ich ein trauriges Thema anschneiden, Frau Blatter. Aber es bleibt mir nichts anderes übrig.»

«Fragen Sie nur …»

«Ihr Mann ist im Fluss ertrunken. Wissen Sie, weshalb er sich das Leben genommen hat?»

«Wir beide hatten viele Gründe, den Tod zu wünschen», sagte die kranke Frau matt. «Es gibt offenbar Menschen, die zum Leiden und zum Verzichten geboren werden. Unser erstes Unglück war, dass wir keine Kinder bekommen konnten, obwohl wir uns so sehr welche wünschten. Dann begann uns meine Krankheit zu beunruhigen. Mein Mann wurde immer melancholischer und sass oft stundenlang da, ohne ein Wort zu sprechen. Was ihn zusätzlich traf, war unsere Geldknappheit. Er hatte von Kuren in Davos und in Lavey gehört und hätte mich gerne hingeschickt. Aber wir konnten uns einen Kuraufenthalt einfach nicht leisten.»

«Glauben Sie, dass Ihr Mann sich aus diesen Gründen das Leben genommen hat?»

«Ich weiss es nicht … Wie könnte ich das mit Bestimmtheit sagen? Er hat nie von Selbstmord gesprochen. Aber zufällig ist er bestimmt nicht von der Brücke in den Fluss gestürzt.»

Niggeler überlegte, ob er die dritte Möglichkeit antönen sollte, die Möglichkeit des Mordes. Er entschloss sich aber, die Witwe zu schonen und nicht noch mehr zu deprimieren mit einer Frage, die sie ohnehin nicht beantworten konnte.

Unerwartet ergriff Amalia Blatter selber das Wort. «Sehen Sie, ich habe in den letzten Jahren oft über die Gründe nachgedacht, die Maximilian zu einem Selbstmord hätten bewegen können. Immer wieder habe ich mich gefragt, ob ich es nicht aus jenem Brief erfahren hätte, den ich nach seinem Tod auf dem Schreibtisch gefunden habe.»

«Sie haben einen Brief gefunden?»

«Er war an die Polizei adressiert und verschlossen. Ich wusste nicht, ob ich ihn öffnen oder abschicken sollte. So legte ich ihn in eine Schublade. Als mein Bruder Josef zur Beerdigung nach Erlach kam, habe ich in meiner Not die Verantwortung für den Brief einfach auf ihn abgeschoben.»

«Sie haben ihm das Schreiben gegeben?»

«Ja. Ich war derart am Boden, mein ganzes Leben zerstört, dass mir alles gleichgültig war. Ich weiss übrigens heute noch nicht, was Josef mit dem Brief gemacht hat, denn wenige Wochen später ist er gestorben.»

«Haben Sie keine Ahnung, was darin gestanden haben könnte?»

«Nein, wie sollte ich? Vielleicht war es ein Abschiedsbrief.»

«An die Polizei adressiert?»

«Ja, jetzt scheint mir die Sache auch seltsam. Aber damals war ich so apathisch, dass ich von allem nichts wissen wollte.»

«Das kann ich gut verstehen, Frau Blatter. Trotzdem, versuchen Sie sich zu erinnern. Was könnte ausser Abschiedsworten darin gestanden haben? War Ihr Mann in irgendwelche Geschäfte verwickelt? Hatte er etwas getan, wofür er sich mit Selbstmord bestrafen wollte?»

Amalia Blatter wurde noch bleicher und flüsterte nach einem erneuten Hustenanfall: «Glauben Sie, dass er etwas Unrechtes getan hat?»

«Sie können es nicht glauben?»

«Nein. Maximilian war durch und durch ehrlich. Da täuschen Sie sich.»

War er derart ehrlich, dass er eine unsaubere Handlung, die er begangen hatte, nicht mehr vor sich selber verantworten konnte? Floh er deshalb durch Selbstmord aus dem Leben? Niggeler liess seinen Gedanken freien Lauf, sagte aber zu Amalia Blatter: «Sie haben recht. Wahrscheinlich hat er sein Leben beendet, weil er nicht mehr zusehen konnte, wie Sie immer kränker wurden.»

Als die Patientin ihm dankbar zulächelte und den müden Kopf auf das Kissen legte, stand Niggeler auf. «Ich habe Sie genügend beansprucht, liebe Frau Blatter. Erlauben Sie mir eine letzte Frage, bevor ich gehe?»

«So sprechen Sie …»

«Ihr Mann hat Ihnen damals keine teure Kur bezahlen können. Jetzt aber sind Sie in Lavey. Hat Ihnen jemand eine Erbschaft hinterlassen?»

«Nein, da täuschen Sie sich. Als ich immer kränker wurde, machte sich auch der Dorfpfarrer Sorgen und besprach mit mir alle Möglichkeiten, das Geld für die Kur zu beschaffen. So kam er auf die Idee, bei der Gesellschaft anzufragen.»

«Bei welcher Gesellschaft?»

«Bei der Entwässerungsgesellschaft Erlach. Mein Mann hat zwar nur anderthalb Jahre dort gearbeitet, aber man konnte es ja versuchen. So setzte ich einen Brief auf, und im April des letzten Jahres kam die Antwort. Der neue Buchhalter, ein gewisser Herr Struchen, versicherte mich des Beileids der ganzen Gesellschaft und liess mir eine grosszügige Geldsumme zukommen. Der Brief war zudem unterschrieben von einem anderen Herrn.»

«Können Sie sich an den Namen erinnern?»

«Ja, denn ich habe den Brief immer wieder gelesen. Der Mann hat mit Robert Moosmann, Mitglied des Gründungskomitees, gezeichnet.»

«Haben Sie das Geld gut angelegt?»

«Ja. Solange meine Mutter noch lebte, wollte ich die Kur nicht antreten. Ehrlich gesagt, verspürte ich auch nach ihrem Tod keine grosse Lust dazu.» Amalia Blatter hatte wieder einen Hustenanfall und fuhr leise fort: «Was soll ich mein Leben noch verlängern, wo doch meine Lieben nicht mehr da sind? Jedenfalls brachte das kleine Kapital Zinsen, und nun bin ich doch hier, vor allem weil mich der Pfarrer dazu überredet hat.»

«Ich wünsche Ihnen baldige Gesundheit, Frau Blatter. Wenn meine Nachforschungen zu einem Ziel führen, werde ich Sie brieflich unterrichten.»

«Tun Sie das. Aber machen Sie sich keine Sorgen um mich. Hier bin ich gut aufgehoben.» Sie versank in tiefe Nachdenklichkeit, und Niggeler glaubte schon, sie sei vor Erschöpfung eingeschlafen. Amalia Blatter richtete sich jedoch nochmals auf und sagte eindringlich: «Sie haben die traurigen Geschichten wieder aufgewärmt, Herr Fürsprech, und Sie haben mich zum Nachdenken gebracht. Eines ist mir im Nachhinein unverständlich. Weshalb hat mein Mann bei seinem Gang zum Fluss jenen Brief an die Polizei nicht zur Post gebracht?»

38

«Es ist eine Überraschung, Niklaus», übertönte Jakob
Stämpfli den Lärm der Kalesche. «Lass das Fragen und geniesse die Reise. Wer weiss, wann wir wieder Gelegenheit zu
einer Fahrt ins Blaue haben werden.»

Niggeler lehnte sich zurück und liess seinen Blick über die
Landschaft schweifen. Das Verdeck war niedergelegt, da an
diesem zweitletzten Maitag des Jahres 1847 die Sonne herr-
lich warm schien. Der Anwalt bemerkte, dass Emilies modische Ratschläge bei Elisa auf offene Ohren gestossen waren.
Seine künftige Schwägerin trug einen beigen Faltenrock über
der weiten Krinoline und dazu eine knapp sitzende Jacke.

«Hier ist unser Ziel, Jegenstorf», sagte Stämpfli und half
seiner jungen Frau aus der Kutsche. Als sie einen Landgast-
hof betraten, erhoben sich an einem prachtvoll gedeckten
Tisch Professor Snell, Franziska, Emilie und Rudolf und riefen im Chor: «Herzlichen Glückwunsch, Herr Grossratspräsident!»

Niggeler strahlte, als er an der gleichen Tafel seine eigene
Familie versammelt sah. Da waren seine Eltern, seine Lieb-
lingsschwester Maria, die zur Schönheit aufgeblühte Anna
Marie und der Benjamin der Familie, der dreizehnjährige Johann. Am meisten freute sich der Fürsprech, dass sich seine
Brüder Bendicht und Jakob trotz der Arbeit auf dem Feld die
Zeit genommen hatten, ihm zu Ehren nach Jegenstorf zu
fahren. Er umarmte eines um das andere seine Familienmit-
glieder und führte seine Mutter zu Emilie.

«Mutter, du weisst ja noch gar nichts ... Emilie Snell und
ich wollen im nächsten Frühling heiraten.»

«Aber das ist uns doch längst bekannt, Niklaus! Jakob
Stämpfli hat den heutigen Festtag ja eigens arrangiert. Es
soll euer Verlobungsfest sein.»

«Unser Verlobungsfest?»

«Ja. Meinst du, wir wären mit dem Bernerwägeli so weit gefahren, nur um einen Grossratspräsidenten zu feiern? Von dir sind wir allzu verwöhnt, was politische Erfolge angeht.» Sie lachte und nahm Emilie zärtlich in ihre Arme. «Nein, wir sind alle gekommen, um deine Emilie kennen zu lernen.»

Die junge Snell liess sich die Umarmungen der Familie Niggeler freudig gefallen. Die fast gleichaltrige Maria war ihr auf den ersten Blick sympathisch. «Niklaus und ich werden jeden Sommer bei euch Ferien machen, wenn wir verheiratet sind», sagte Emilie. «Du musst mir das Kochen beibringen.»

«Wenn du mich bei der Garderobe berätst», gab Maria zurück. «Mein Mann ist Lehrer und kein Grossverdiener. Es ist eine wahre Kunst, liebe Emilie, sich mit wenig Geld elegant zu kleiden.»

Niggeler unterbrach das Geplauder der beiden Frauen. «Erlaubt ihr, dass ich meine Braut begrüsse?» Er zog Emilie zum Fenster. «Das hast du schlau ausgedacht», flüsterte er, als er sie in die Arme nahm und mit seinem Mund eine Locke aus ihrem strahlenden Gesicht schob. «Nun kommst du doch noch zu deiner offiziellen Verlobung mit Vätern und Müttern und allem Drum und Dran.»

Emilie seufzte, warf einen Seitenblick auf den festlichen Tisch und löste sich aus der kurzen Umarmung. Sie war allerdings intensiv genug gewesen, um ihre aufregenden Erinnerungen an die Küsse unter dem Sternenhimmel des Simmentals neu zu beleben.

Niggeler setzte sich auf seinen Ehrenplatz. «Das ist eine Überraschung. Aber tatsächlich haben wir mehrfachen Grund zum Feiern.»

«Ja, Niklaus», warf Professor Snell ein und hob sein Weinglas. «Herzlich willkommen im Verein meiner Schwiegersöhne! Da wir in der Familie mit der Demokratie beginnen wollen, kannst du mich von jetzt an Wilhelm nennen.» Alle hoben ihre Gläser, und der Gelehrte hielt eine Rede: «Ich dürfte das ja nicht so offen sagen … Als Franziska und ich

unser Pachthaus in der Lorraine als Studentenpension ein-
richteten, hatte ich vage Hoffnungen, meine Töchter stan-
desgemäss unter die Haube zu bringen. Dass jedoch die Pa-
radepferde meiner Rechtsschule Elisa und Emilie zum Altar
führen würden, hätte ich mir doch nicht erträumt. Liebe
Emilie, lieber Niklaus, ich wünsche euch Glück zur Verlobung.»

Niggeler nahm Emilies Gesicht zärtlich zwischen die Hände und küsste sie auf die leicht geöffneten Lippen. Sie ku-
schelte sich an ihn und flüsterte für die anderen unhörbar.
«Ich liebe dich nicht nur, Niklaus, ich rieche dich auch wahnsinnig gern.» Er schob sie lachend von sich, während Elisa
sich an die Tischrunde wandte:

«Niklaus ist mit grossem Stimmenmehr für ein Jahr zum
bernischen Grossratspräsidenten gewählt worden. Aber auch
Jakob kann feiern. Er hat es geschafft, zusammen mit dem
neuen Regierungspräsidenten Ochsenbein zum Tagsatzungsgesandten Berns ernannt zu werden.»

«Du hast Recht, Elisa», pflichtete Niggeler seiner künftigen Schwägerin bei. «Jakob wird wahrscheinlich spannen-
dere Stunden erleben als ich.»

«Du vergisst, dass die Tagsatzung sich in Bern versammelt, lieber Niklaus», unterbrach ihn Stämpfli. «Als Grossratspräsident des Vorortskantons wirst du natürlich einen
Ehrenplatz einnehmen.»

«Ja, ich werde mit dir hoffen und bangen. Mein Gott,
Jakob, was wird auf uns zukommen. Das ganze demokratisch und revolutionär gesinnte Europa wird die Augen auf
uns richten.»

Niggelers dramatische Worte passten zur Situation. Anfang Mai hatte sich endlich ereignet, was das politische Welt-
theater seit den Freischarenzügen erwartet hatte: Die
St. Gallischen Grossratswahlen brachten den radikalen Umschwung. Der liberalen Schweiz war die entscheidende
zwölfte Tagsatzungsstimme sicher! In der Jesuiten- und Son-
derbundsfrage würden die Radikalen die Mehrheit erreichen

und vermutlich auch bei der Abstimmung über die eidgenössische Verfassungsreform.

«In Luzern aber macht man sich die grössten Illusionen», verkündete Niggeler. «Ihr wisst, dass Rustinger mir immer die neuesten reaktionären Blätter zukommen lässt ... Die A.A.Z. aus Luzern hat die Frechheit, die Zwölfermehrheit als Schuss in die Luft zu bezeichnen. Offenbar glauben die Luzerner, uns mit ihrem Kriegsrüsten abgeschreckt zu haben. Sie hoffen, dass wir es auf eine militärische Auseinandersetzung nicht ankommen lassen werden ...» Niggeler warf einen Blick auf seine in dunkelgrüne Seide gekleidete Braut und sah zu seiner Freude, dass sie interessiert zuhörte. «Vielleicht wirst du gar nie Frau Grossratspräsident, Emilie. Wer weiss, wie sich die politischen Verhältnisse in der Schweiz verändern werden, bis wir im nächsten Frühling unsere Ringe tauschen.»

«Du sagst es, Niklaus!» Stämpfli war in voller Fahrt und ignorierte Niggelers letzte Bemerkung zu Emilie. «Die Sonderbundskantone machen sich Illusionen. Sie sind sicher, dass die fremden Mächte nun erst recht intervenieren werden.»

«Jedenfalls hat Fürst Friedrich von Schwarzenburg erneut abgelehnt, das Oberkommando der Sonderbundstruppen zu übernehmen», warf der Professor ein. «Der protestantische Oberst Salis-Soglio wird die Kämpfer des Sonderbunds leiten.»

«Inzwischen rüstet Luzern kräftig weiter», beendete Stämpfli die Diskussion. «Ein ungarischer Rittmeister ist angekommen, um die Stabsoffiziere des Sonderbunds in der Reitkunst zu unterrichten. 600 Pferde wurden gekauft. Dass Tausende inzwischen hungern, ist dem Sonderbund egal.»

Als die Tafelgesellschaft sich mit Hingabe dem zarten Braten und den Bohnen widmete, unterbrach Emilie plötzlich das Schweigen: «Vater, Mutter, Rudolf und ich werden nach Paris reisen.» Die Neuigkeit erweckte in Niggelers Brust Eifersucht. Hatte er nicht Emilies erste Auslandreise nach Venedig geplant?

«In Paris braut sich politisch etwas zusammen, und es kann der radikalen Sache nur nützen, wenn ich mich dort umhöre», erklärte der Professor seinen Entschluss. «Vertraute habe ich ja genug in den einschlägigen Kreisen.»

«Ich möchte meine Garderobe für die Hochzeitsreise zusammenstellen», verkündete Emilie. «In Paris ist die Mode für den Frühling immer schon im Herbst bekannt.»

Franziska lächelte ihrer Tochter zu. Sie hatte dieser Fahrt zugestimmt, um der ungeduldigen Emilie die Wartezeit zu verkürzen und weil Rudolf in Paris malen wollte.

«Welche Welt total fern der unsrigen», seufzte Maria mit einem Seitenblick auf ihre Mutter. Dann wandte sie sich an Emilie: «Interessierst du dich für Politik?»

«Anfänglich haben mich die politischen Geheimnisse gelangweilt», gestand die junge Snell. «Jetzt aber habe ich das Gefühl, mittendrin zu stehen. Manchmal bin ich vom Tagesgeschehen geradezu fasziniert.»

Maria musterte die künftige Schwägerin mit ehrlicher Bewunderung. «Ich wette, dass Niklaus schon in dich verliebt war, als er vor zwei Jahren in Ottiswil Sommerferien machte. Ich wusste natürlich nichts von dir, Emilie. Daher habe ich ihm die hübschesten Seeländerinnen vorgestellt. Jetzt verstehe ich, weshalb keine Einzige ihn interessierte.»

«Ja, wir leben in einer anderen Welt», doppelte Niggelers Mutter nach. «Und doch, wenn ich an meine eigene Liebesgeschichte denke, so war die mindestens so turbulent wie die eure, liebe Emilie.»

«Erzähl!»

«Vater war Statthalter in Ammerzwil», berichtete Magdalena Niggeler-Bucher. «Mein Niklaus senior arbeitete für ihn und schaffte es durch Selbststudium, mit nur siebzehn Jahren Rechtsagent zu werden. Er verliebte sich so stürmisch in mich, dass er nicht einmal bis zu seinem achtzehnten Geburtstag warten konnte, um mich zum Altar zu führen.»

Nach dem Essen gab Snell Niggeler und Stämpfli einen Wink, und als sie allein auf einem Feldweg spazierten, schnitt er ein neues Thema an. «Was wird sich nach dem verhinderten Duell an Ochsenbeins Stellung ändern?»

«Gar nichts», antwortete Niggeler. «Als Regierungspräsident des Kantons Bern wird er der nächsten Tagsatzung vorstehen und daneben unser Militärdirektor bleiben. Weshalb sollte das Duell daran etwas ändern?»

Stämpfli sah der ersten von Ochsenbein präsidierten Tagsatzung mit Bedenken entgegen. «Die ausländischen Gesandten könnten sich daran stossen, dass ausgerechnet ein Haudegen die Tagsatzung leitet. Österreich, Preussen und Russland haben schon im Januar protestiert. Einen Vorort, der von einstigen Freischärlern wie uns regiert wird, möchte man am liebsten ignorieren.»

Snell und die beiden jüngeren Politiker erinnerten sich lebhaft an Ulrich Ochsenbeins Einzug in die Tagsatzung im August des Jahres 1846. Sofort hatte sich zwischen dem neu gewählten zweiten Gesandten aus Bern und dem Schwyzer Abberg eine hitzige Diskussion entsponnen, die mit einer Forderung zum Duell endete.

«Der Held von Küssnacht hat aber kalte Füsse bekommen», amüsierte sich Stämpfli. «Als Ochsenbein ihn auf Tagesanbruch des 20. Mai zum Duell mit dem Degen bestellte, bekam der schwyzerische Gesandte es mit der Angst zu tun und schickte einen fadenscheinigen Brief.»

Snell war sofort dabei, die Duellgeschichte aufzuwärmen. «Ich verstehe Abbergs Rückzieher immer noch nicht. Damit hat er vor aller Welt das Gesicht verloren.»

«Das Gesicht vielleicht schon», bemerkte Stämpfli trocken. «Aber er hat sein Leben gerettet. Wisst Ihr denn nicht, welch meisterhafter Fechter Ochsenbein ist?»

«Ich habe ihn nie mit dem Degen gesehen. Ist er ein derartiger Könner?»

«Ja. Er übt sich seit Jahren im Fechten. Als Abberg die Waffenwahl für das Duell traf, kam sogar ein Fechtlehrer aus Frankreich, um Ochsenbein den letzten Schliff zu geben. Er kann sich solche Extravaganzen leisten.»

«Wenn Ochsenbeins Worte in der Tagsatzung zuschlagen
wie sein Haudegen, dann braucht die Schweiz einen mächtigen Schutzherrn, um ein europäisches Unwetter zu vermeiden», sagte der Professor ernst. «Wird Englands Lord Palmerston die Kraft haben, zu uns zu halten, selbst wenn die
Tagsatzungsbeschlüsse eindeutig Österreichs, Preussens und
Frankreichs Interessen widersprechen?»

«Du glaubst, dass wir allein dastehen werden», fragte
Stämpfli.

«Es ist nicht auszuschliessen. Aber jetzt gibt es kein
Zurück mehr. Das gesamte radikale und revolutionäre Europa hat seine Hoffnungen in die Schweiz gesetzt.»

39

Kritisch musterte Niklaus Niggeler sein Spiegelbild. Er trug eine figurbetonte Jacke, deren Schösse hinten bis zu den Kniekehlen reichten, ein gestärktes Hemd mit dem hohen Kragen und die Seidenhalsbinde. Der Anwalt war zufrieden mit seiner Erscheinung und machte sich zu Fuss auf den Weg zur Kavallerie-Kaserne.

Der Wechsel vom Vize- zum Grossratspräsidium hatte sein Leben verändert. Seit dem Amtsantritt Anfang Juni durfte er bei keiner Grossratsversammlung fehlen. Die Zusammenkünfte wurden mit dem Näherrücken der Sommertagsatzung immer häufiger. Es galt, wichtige Beschlüsse zu fassen und die Instruktionen der bernischen Gesandten für die eidgenössische Tagsatzung zu definieren. Niggeler stand plötzlich im Rampenlicht. Das hatte er am 3. Juni gemerkt, als die Beratung des Zivilprozessentwurfs fortgesetzt wurde. In seiner Doppelrolle als Grossratspräsident und Redaktor des neuen Gesetzbuchs war er zweifach exponiert. Zusätzlich forderte das bernische Gesellschaftsleben seine Anwesenheit. Der Patrizier Robert Moosmann hatte schon kurz nach ihrer ersten Begegnung versucht, ihn zu seinen Soirées einzuladen. Niggeler hatte immer dankend abgelehnt. Als Grossratspräsident aber konnte er nicht mehr allen gesellschaftlichen Pflichten ausweichen. Er vermied es, Emilie davon zu schreiben. Wie hätte sie es genossen, mit ihm zusammen Mittelpunkt der Anlässe zu sein.

Niggeler freute sich auf die bevorstehende Abwechslung. Ulrich Ochsenbein hatte ihn zu einer Parade der Berner Kavallerie eingeladen. Bei der Inspektion vor der Kaserne sollte der Grossratspräsident Ehrengast sein. Während er gelegentlich den Zylinder hob, um Passanten zu grüssen, dachte er an seinen zweiten Besuch in Erlach.

Am letzten Maitag, noch vor seinem Amtsantritt, war er mit dem Einspänner an den Bielersee gefahren. Der Geschäftsführer der Entwässerungsgesellschaft Erlach kam ihm auf der Strasse entgegen .

«Können wir uns irgendwo ungestört unterhalten, Herr Struchen?», fragte Niggeler statt einer Begrüssung.

«Natürlich, Herr Gross ....»

Niggeler winkte ab: «Lassen Sie das. In jener Funktion dürfte ich es mir nicht mehr erlauben, ausserhalb von Bern meinen Anwaltspflichten nachzugehen. Nennen Sie mich einfach Niggeler.»

«Gut, Herr Niggeler. Gehen wir in meine Wohnung. Ich bin Junggeselle und lebe allein nur drei Häuser weiter.»

Als Georg Wilhelm Struchen Kaffee serviert hatte, sah er seinen Gast erwartungsvoll an. «Ist Ihr Erbschaftsfall noch nicht abgeschlossen?»

Täuschte sich Niggeler, oder schwang ein ironischer Unterton in Struchens Stimme mit? Er ging nicht darauf ein. «Ich weiss, dass Sie unser letztes Treffen vertraulich behandelt haben. Andernfalls wäre mir das zu Ohren gekommen.»

«Ja, Sie haben recht. Wenn Sie wünschen, halte ich es mit unserem heutigen Gespräch ebenso.»

«Ich danke Ihnen, Herr Struchen. Ihre Verschwiegenheit ist von grosser Bedeutung. Bitte verraten Sie niemandem, dass ich überhaupt zu Ihnen gekommen bin.»

«Jetzt verstehe ich. Deshalb haben Sie mir aus der Gastwirtschaft ein absenderloses Billett schicken lassen ...»

«Sie haben richtig verstanden. Auch und vor allem in Ihrer Gesellschaft darf niemand wissen, dass ich hier gewesen bin.» Er schwieg und lächelte. «Es geht nicht anders, Herr Struchen. Ich muss Sie ins Vertrauen ziehen. Sehen Sie, in Wirklichkeit bin ich einer Sache auf der Spur, die schwerer wiegt als eine Erbschaftsangelegenheit.»

«Das habe ich fast vermutet.»

«Ich interessiere mich für die Todesumstände Ihres Vorgängers Maximilian Blatter.»

«Was ist daran so interessant?»

«Ich weiss von seiner Witwe, dass er am Tag seines Todes einen Brief verfasst und an die Polizei adressiert, jedoch nicht abgeschickt hat. Dieser Brief ist inzwischen verschwunden. Ich muss herausfinden, weshalb Herr Blatter ihn geschrieben hat.»

«Ein Abschiedsbrief? An die Polizei? Das kann ich nicht glauben.»

«Sie haben recht. Ich habe mir den Kopf zerbrochen über den Inhalt des Schreibens und bin zum Schluss gekommen, dass der Buchhalter ein Vergehen gestanden haben könnte. Womöglich hat er etwas Unrechtes getan und sich, vom schlechten Gewissen getrieben, selber gerichtet.»

«Herr Blatter und ein Vergehen? Täuschen Sie sich da nicht? So kurz ich mit ihm zusammengearbeitet habe, ich hätte für ihn die Hand ins Feuer gelegt.»

«Trotzdem, nichts ist unmöglich. Ich habe in seiner Vergangenheit nachforschen lassen. Hatte er vielleicht Spielschulden? Brauchte er dringend Geld und sah er sich deshalb zu einem Betrug gezwungen?»

«Und, was haben Sie herausgefunden?»

«Nichts, ausser dass er Geld benötigte, um seiner Frau eine Kur gegen Tuberkulose zu ermöglichen.»

«Aus finanziellen Gründen begeht ein Mann ein derart schlimmes Verbrechen, dass er sich nachher selber richten muss? Ist das nicht absurd? Ich meine, was konnte das Kurgeld der kranken Frau bedeuten, wenn sie deshalb ihren Mann verlor?»

«Sie haben recht. Deshalb bin ich auf die Idee gekommen, dass Herr Blatter zufällig in eine unrechte Sache hineingerutscht sein könnte, die jemand anders ausgeheckt hat.»

«An welches Vergehen denken Sie?»

«Das ist es ja. Ich habe keine Ahnung. Aus diesem Grund bin ich nochmals zu Ihnen gekommen. Ich hoffe, einen neuen Hinweis zu finden.»

«Im Zusammenhang mit der Gesellschaft?»

«Ja, das wäre das Naheliegendste.»

«Ich helfe Ihnen gern, Herr Niggeler. Es ist das Beste, wenn wir alle buchhalterischen Unterlagen der Gesellschaft nochmals zusammen durchsehen.» Er schaute auf die Uhr. «Es ist gleich Mittagszeit. Wenn wir noch etwas warten, können wir im Gesellschaftssitz ungestört alles kontrollieren.»

Systematisch überprüften Niggeler und Struchen die seit der Gesellschaftsgründung erstellten Unterlagen. Obwohl er es im Winter bereits studiert und die wichtigsten Namen notiert hatte, nahm Niggeler nochmals das Aktienregister zur Hand. Eine seltsame Randbemerkung erregte seine Aufmerksamkeit. Er las laut: «‹1500 bis 1550 vernichtet.› Was soll das heissen?»

«Ah, das hat nichts zu bedeuten. Die Gesellschaft hat beschlossen, 1500 nummerierte Aktien zu verkaufen. Bei der Druckerei sind jedoch 1550 Papiere bestellt worden.»

«Aus welchem Grund?»

«Weil die Namenaktien von Hand ausgefüllt werden. Sowohl der Betrag als auch die fortlaufende Nummer des Wertpapiers werden erst beim Verkauf eingetragen. Dabei können Fehler passieren.»

«Das verstehe ich.»

«Wir können nicht jedesmal, wenn ein Papier verschrieben wird, bei der Druckerei ein Ersatzformular anfertigen lassen. Deshalb bestellt man in der Regel 20 oder 50 Papiere zu viel, die bei einem Verschrieb als Ersatz dienen können.»

«Was passiert mit den fehlerhaft beschrifteten Blättern?»

«Jedes nicht mehr brauchbare bedruckte Aktienformular wird zerrissen und durch ein neues ersetzt. Dies alles ist zuhinterst auf einem Anhangblatt im Aktienregister vermerkt. Schauen Sie.» Struchen blätterte nach hinten und fand die Seite. «Hier steht, dass insgesamt 23 Blätter vernichtet wurden. Als alle Aktien ausgegeben waren, verbrannte man die überzähligen 27 Blätter ebenfalls. Da, lesen Sie selbst.»

Niggeler stützte den müden Kopf auf die Hand und überlegte. Alles in dieser Gesellschaft schien in Ordnung zu sein.

Und doch musste Maximilian Blatter einen Grund gehabt haben für seinen Brief an die Polizei. Dieser Grund konnte nur mit der Entwässerungsgesellschaft zusammenhängen. Denn das Leben des Buchhalters hatte ja laut Niggelers Nachforschungen nur aus Arbeit und der Sorge um seine Frau bestanden. Plötzlich hatte der Fürsprech eine Idee. «Könnten auch mehr als 1550 Aktienpapiere gedruckt worden sein?»

«Theoretisch ja. Aber das war nicht nötig. Wir haben die 50 Ersatzformulare nicht einmal zur Hälfte aufgebraucht.»

«Aber es wäre möglich gewesen?»

«Ja, wahrscheinlich schon. Aber ich verstehe nicht, worauf Sie hinauswollen. Weshalb hätten noch mehr Formulare bestellt werden sollen?»

«Ich weiss es auch nicht. Vielleich irgend einer ungesetzlichen Handlung wegen.»

«Jetzt begreife ich … Aber es tut mir leid, ich kann Ihnen wirklich nicht mit hundertprozentiger Sicherheit sagen, ob noch mehr Papiere hergestellt wurden. Ich bin ja nicht der Drucker.»

«Das ist es! Sie haben mir das Stichwort gegeben. Wir müssen uns in der Druckerei erkundigen. Welches Unternehmen hat den Auftrag ausgeführt?»

«Die Druckerei Schöni & Sohn in Biel. Ein absolutes Vertrauensunternehmen. Es arbeitet auch mit den grösseren Banken und mit den Industriebetrieben im Jura zusammen.»

«Herr Struchen, ich muss nach Biel fahren und mich erkundigen. Möchten Sie mich begleiten?»

«Wenn ich meinen Arbeitsplatz einen Tag lang verlasse, riskiere ich, die Stellung zu verlieren.» Struchen seufzte. «Sie müssen allein fahren, Herr Niggeler. Ich gebe Ihnen jedoch ein Einführungsbillett mit. Das ermächtigt Sie, bei Schöni Fragen zu stellen, ohne Ihren Namen zu nennen.» Er zögerte und fügte lächelnd bei: «Oder ist Ihr Gesicht auch in Biel bereits jedermann bekannt?»

«Nein, da haben Sie keine Sorge. Eine Lithografie von mir ist noch nicht im Umlauf.»

Niggeler war überzeugt, eine neue Spur gefunden zu haben, und trieb seine Stute kräftig an. In knapp zwei Stunden schaffte er die herrliche Strecke dem Seeufer entlang. Aber der Grossratspräsident hatte keine Augen für die golden leuchtenden Frühlingsblumen. In Gedanken versunken fixierte er die staubige Strasse. In Biel war es ein Kinderspiel, die Druckerei zu finden. Er wusste nicht, was auf seinem Empfehlungsschreiben stand, war aber erleichtert, als er sogleich zu Schöni senior geführt wurde.

«Was kann ich für Sie tun, Herr Fürsprech?»

Der Besucher lächelte. Schöni kannte offensichtlich seinen Beruf, nicht aber seinen Namen. «Ich muss Sie um eine kleine Gefälligkeit bitten. Im Auftrag Herrn Struchens von der Entwässerungsgesellschaft Erlach möchte ich von Ihnen wissen, wie viele Aktienformulare im September des Jahres 1844 gedruckt wurden.»

«Ich kann gleich nachsehen.» Der Firmensenior liess sich ein imposantes Schriftenbuch bringen, öffnete es und bemerkte: «Sehen Sie, Herr Fürsprech. Dieses Buch hat amtlichen Wert. Es wird sporadisch von einem Notar eingesehen. Einen Augenblick … ah ja, hier haben wir es: Am 10. September 1844 sind 1550 Aktienpapiere bei uns bestellt und eine Woche später geliefert worden.»

«1550 Papiere.» Niggeler versuchte seine Enttäuschung zu verbergen. Was würde Snell dazu sagen? Seine ganzen kriminalistischen Spitzfindigkeiten hatten zu nichts geführt. Die Spur endete in einer Sackgasse. Plötzlich hatte er eine Idee und fragte: «Gibt es bei solchen Aufträgen manchmal Nachbestellungen?»

«Nein. Es werden ja anfangs genügend Ersatzpapiere angefertigt.»

«Ich weiss. Aber trotzdem … Könnten Sie kontrollieren, ob später weitere Aktien bestellt worden sind?»

«An welchen Zeitraum denken Sie?»

«Wenn Sie bis Ende November 1844 kontrollieren könnten, würden Sie mir sehr dienen.»

Schöni blätterte sorgfältig die Seiten um. Nach einigen Minuten sah er auf und entschuldigte sich: «Tut mir leid, Herr Fürsprech. Wir drucken auch eine Zeitung, Bücher und Karten. Da häufen sich die Bestellungen. Sie müssen Geduld haben.» Der Druckereibesitzer setzte seine Kontrolle fort und legte plötzlich den Finger auf eine Eintragung. «Sie haben recht!», rief er verblüfft aus. «Wer hätte das gedacht. Am 25. Oktober sind nochmals 150 Aktienpapiere bestellt und gleich mitgenommen worden.»

«Der Besteller hat gewartet? Ist das üblich?»

«Nein, aber offenbar hatte man es eilig. Da die Druckplatten noch vorhanden waren, haben wir eine Ausnahme gemacht.»

«Wissen Sie, wer die Papiere bestellt hat?»

«Ja, natürlich. Es war die Entwässerungsgesellschaft Erlach.»

«Das ist mir klar, Herr Schöni. Aber hat nicht der Mann unterschreiben müssen, der die Bestellung in Empfang genommen hat? Können Sie sich an ihn erinnern?»

«Wenn ich den Auftrag selbst erledigt hätte, würde ich mich bestimmt erinnern. Es kommt fast nie vor, dass derartige Nachbestellungen sofort ausgeführt werden müssen.»

«Waren Sie nicht da?»

«Sicher war ich hier. Vermutlich aber hat mein inzwischen verstorbener Bruder den Vertrauensmann der Entwässerungsgesellschaft empfangen. Ich kann die Unterschrift kontrollieren, damit wir genau wissen, wer die Papiere mitgenommen hat.» Schöni liess die Augen über das Buch wandern. «Ah, da, sehen Sie! Der Mann hat quittiert. Hier, lesen Sie selber.»

Niggeler stellte sich hinter Schöni und fixierte die erste Zeile: «Entwässerungsgesellschaft Erlach. Für das Gründungskomitee: ...» Was weiter unten folgte, war eine flüchtig hingekritzelte Unterschrift.

Niggeler senkte die Nase fast auf das Buch, aber es war vergeblich. «Können Sie das entziffern?»

«Der Anfangsbuchstabe könnte ein J oder auch ein L oder ein M sein. Aber der Schriftzug danach ist unleserlich. Es scheint mir ein eher kurzer Name zu sein. Sehen Sie den Schnörkel, der sich am Schluss des Namens nach unten zieht? Ob das ein kleines g ist?» Schöni schüttelte den Kopf. «Genau ist die Schrift wirklich nicht zu lesen, tut mir leid.»

«Ich will die Buchstaben abmalen und mit den Namen der Gründungsmitglieder vergleichen. Vielleicht komme ich so weiter.»

«Jedenfalls wünsche ich Ihnen viel Glück, Herr Fürsprech. Versichern Sie Herrn Struchen, dass ich niemandem von Ihrem Besuch erzählen werde.» Er überdachte die Konsequenzen, welche 150 zu viel gedruckte Aktienpapiere haben konnten und fügte bei: «Wenn die Polizei kommen sollte, werde ich sie nach Erlach schicken.»

Niggeler schob den Zylinder zurecht und die Gedanken an seinen Besuch in Erlach beiseite, denn er war bei der Kavallerie-Kaserne angekommen. Als er bereits die Pferde roch, kehrte seine Erinnerung nochmals zum Gespräch mit Schöni zurück. Es war an jenem Abend zu spät gewesen, um erneut nach Erlach zu fahren und den unleserlichen Schriftzug mit der Liste der Gründungsmitglieder zu vergleichen. Die Aufzeichnungen, die Baudirektor Zimmer ihm zur Verfügung gestellt hatte, befanden sich nicht mehr in Bern. Aus Sicherheitsgründen und weil er hoffte, Professor Snells kriminalistische Spürnase würde in den Listen weitere Hinweise entdecken, hatte er die Unterlagen in Liestal zurückgelassen. Aber Emilie würde ja zur Tagsatzungseröffnung nach Bern kommen und ihm die Papiere mitbringen können. Er verdrängte den Kriminalfall aus seinem Gedächtnis und trat mit einem freundlichen Lächeln auf Ulrich Ochsenbein zu, der ihn bereits erwartete.

«Herzlich willkommen in der Kavallerie-Kaserne, Niklaus! Du kannst deinen Ehrenplatz einnehmen. Die Inspektion wird gleich beginnen.» Ochsenbein war bester Laune und sah prachtvoll aus in seiner Uniform mit der engen Hose und den Epauletten auf der Jacke. Auch die wichtigsten Beamten des Militärdepartements hatten zur Feier des Tages ihre Uniformen angezogen.

Der Grossratspräsident liess sich auf einem breiten Lehnsessel nieder und sah die voll ausgerüsteten Reiter langsam vorüberziehen. Als der erste Teil der Parade beendet war, setzten sich Ochsenbein und seine Mitarbeiter links und rechts neben ihn. Niggeler folgte den Reitern mit dem Blick und drehte den Kopf immer wieder von einer Seite zur andern. Plötzlich sah er das seltsame Profil. Der Mann auf dem Nebensitz war ihm schon im Frühling des Jahres 1845 vor der Bürotüre Militärdirektor von Tilliers begegnet. Er erinnerte sich genau an die markante Nase. Aber es war mehr als das. Der Mann, die Uniform, der Kriegsschauplatz … Die Erinnerung war wieder da! Er sah die Szene vor sich … Als er während des Freischarenzugs verletzt zu Boden gesunken war, hatte er im Licht der Laternen das Gesicht eines uniformierten Mannes unter den Luzernern entdeckt, das nicht dorthin passte. Jetzt wusste er, weshalb. Niggeler fühlte eine fieberhafte Erregung in sich aufsteigen und musste sich zwingen, ruhig zu bleiben. Die ganze Tragweite seiner Erkenntnis durchzuckte ihn wie ein Schlag. Das komplizierte Rätsel, das ihn während mehr als zwei Jahren in Atem gehalten hatte, war gelöst. Der Spion und Mörder war Gustav Lanz! Es war Gustav Lanz gewesen, der an jenem fatalen 31. März 1845 während des zweiten Freischarenzugs vor Luzern zum Verhandeln geraten hatte. Kurze Zeit später war Lanz in den luzernischen Truppen untergetaucht und vom angeschossenen Niggeler gesehen worden. Und die in der Druckerei Schöni gefundene Unterschrift? Das mögliche L und das kleine g, das auch der Schnörkel eines z sein konnte, gehörte zum kurzen Namenszug Lanz. Der Mann hatte als Gründungsmitglied der Entwässerungsgesellschaft Erlach Aktienpapiere gefälscht, um sich für seine Spionagetätigkeit Geld zu verschaffen. Niggeler begriff, dass er den Buchhalter Maximilian Blatter zu Unrecht des Betrugs verdächtigt hatte. Dieser war Lanz zufällig auf die Schliche gekommen und deshalb in den Fluss gestossen worden … Auch Josef Hubler, der durch den geheimnisvollen Brief seines Schwagers die Wahrheit erfahren hatte, hatte sein Leben lassen müssen. Es war auch möglich, dass Hubler den Finanzbetrüger zu erpressen versucht und daher Sophie von Simon angekündigt hatte, er werde bald zu Geld kommen. Ja, so musste es gewesen sein. Das dritte Opfer war Anton Jahn, ein guter Bekannter von Lanz. Am Tag von Professor Snells Entlassung hatte Jahn Niggeler von einem Umschlag Hublers erzählt. Vielleicht hatte Jahn jenen Umschlag geöffnet und die ganze Wahrheit darin gefunden. Wahrscheinlich hatte der Brief Maximilian Blatters an die Polizei darin gesteckt, der Lanz' Finanzbetrug aufzeigte. Jahn aber konnte seinem guten Bekannten ein Verbrechen nicht zutrauen. Er stellte Lanz zur Rede und musste seine Arglosigkeit mit dem Leben bezahlen …

Niggeler war entsetzt und starrte auf den Platz, obwohl längst kein Pferd und kein Kavalier mehr zu sehen waren. Er hörte nicht, dass Ochsenbein mehrere Versuche machte, ihn anzusprechen. Der Ehrengast der Parade hing seinen Mutmassungen nach. Weshalb konnte ein bernischer Militärbeamter so tief sinken? Was konnte Lanz bewogen haben, sein Vaterland zu verraten und mehrere Morde zu begehen? Niggeler konnte keine dieser Fragen beantworten. Nur eines wusste er: Er musste Lanz sofort verhaften lassen. Aber wie vorgehen? Das Schlimmste war, dass er nichts beweisen konnte. Ochsenbein würde ihm ins Gesicht lachen. Womöglich hatte der ehemalige Militärdirektor von Tillier seinem Nachfolger Ochsenbein den Verdacht bezüglich des Spions überhaupt nicht mitgeteilt.

«Niklaus, so komm doch! Wir wollen am Bankett teilnehmen», wiederholte Ochsenbein. Der Grossratspräsident merkte, dass die Militärbeamten längst aufgestanden und weggegangen waren. Als er vom Sessel aufsprang, war sein Entschluss gefasst. Er wollte nichts unternehmen, um die sofortige Verhaftung des Verräters in die Wege zu leiten. Es

würde seine Aufgabe sein, den Spitzel zu entlarven. Der Betrug bei der Entwässerungsgesellschaft Erlach und Lanz'
Spionagetätigkeit mussten bewiesen werden. Vielleicht würden dabei Informationen und Geheimnisse des Sonderbunds
oder Österreichs zum Vorschein kommen, von welchen in
Bern niemand etwas ahnte. Niggeler kam am sorglos plau-
dernden Lanz vorbei. Der Mann mit der Hakennase hatte
nichts gemerkt und fühlte sich sicher in seiner Tarnung …

40

«Ich vermisse die Gesandten von Österreich, Preussen und Russland», flüsterte Professor Wilhelm Snell seiner Tochter zu. «Auf den Diplomatenplätzen kann ich lediglich Bois-le-Comte aus Frankreich und den jungen Briten Robert Peel sehen.»

Emilie hatte Mühe, sich zu ihrem Vater umzudrehen. Zwischen anderen Menschen zusammengedrängt sassen sie in der prall gefüllten Heiliggeistkirche in Bern. Zur Feier der Sommertagsatzungseröffnung des Jahres 1847 hatten sich die Berner ein wirkungsvolles Zeremoniell ausgedacht.

«Ach Vater, wie würdevoll Niklaus aussieht auf seinem Ehrenplatz», hauchte Emilie statt einer Antwort. «Schau, jetzt kommt die Prozession der Kantonsvertreter.» Nachdem die Gesandten der Stände – die reformierten im Münster, die katholischen in der französischen Kirche – dem Gottesdienst beigewohnt hatten, zogen sie in der Heiliggeistkirche ein. Hinter dem Grossweibel, der auf rotem Samt die Bundesurkunde vorantrug, gingen die eidgenössischen Politiker. Ulrich Ochsenbein nahm als Präsident der Tagsatzung eine Sonderstellung ein. Ihm folgten Jakob Stämpfli aus Bern, Amtsbürgermeister Jonas Furrer aus Zürich, Landammann Josef Munzinger aus Solothurn, Wilhelm Naef aus St. Gallen, Friedrich Frey-Hérosé aus dem Aargau und die anderen Abgeordneten.

Fasziniert beobachteten Wilhelm und Emilie Snell die feierliche Szene. Das Licht war günstig, so dass sie mühelos nach vorn sehen konnten, wo Ochsenbein den Sitz des Bundespräsidenten bezog. Die bei Grandson erbeuteten Teppiche Karls des Kühnen bildeten den imposanten Hintergrund.

«Eidgenossen! Kaum je hat eine Tagsatzung die allgemeine Aufmerksamkeit auf sich gezogen wie die diesjährige.» Ochsenbeins Worte klangen gut durch die Heiliggeistkirche. Eine gespannte Stille lag über der Versammlung, denn jedermann wusste, dass ein Entscheid von grösster Wichtigkeit bevorstand. «Nicht nur in unserer Heimat zeigt sich dieses Interesse, sondern bis weit über die Grenzen hinaus. Millionen von Menschen lauschen Ihren Beschlüssen. Die Aufgabe, die wir lösen müssen, ist von grosser Bedeutung im Völkerleben des Jahrhunderts.» Ochsenbein sprach weiter. Je offener er die Ideen der liberalen Schweiz umschrieb, desto stärker wuchs die Entrüstung der Sonderbundsvertreter. Wer bisher noch Zweifel gehegt hatte über die wahren Absichten der neuen Tagsatzungsmehrheit, wurde an jenem 5. Juli in der Heiliggeistkirche von Bern über die Tatsachen aufgeklärt. Deutlicher hätte Ulrich Ochsenbein nicht sprechen können. «Eidgenossen! Wir wollen der Wirklichkeit offen ins Gesicht sehen. Es handelt sich um die wichtigsten Güter der Menschheit, um die unerlässlichen Bedingungen eines freien, geistigen Lebens, um die Wahl zwischen Fortschritt und Stabilität …»

Professor Snell hielt den Atem an, als der Vorortspräsident seine Angriffe gegen das Ausland richtete: «Während der Fall Polens als Wunde weiterblutet und die Selbstständigkeit der Republik Krakau vernichtet worden ist, sehen wir in der Kräftigung der konstitutionellen Ideen im Norden von Deutschland neue Hoffnung.» Ochsenbein ging noch weiter in seiner Kritik am reaktionären Europa. «Mitten in der neuen geistigen Welt stehen die Pfeiler der Vorzeit wie mumienhafte Einrichtungen da. Ihre Strukturen drohen bei der leisesten Erschütterung wie ein verwittertes Gemäuer auseinanderzufallen. Einzig der Verwahrlosung der Institutionen und den hohlen politischen Verfassungen muss das Feuer zugeschrieben werden, das die Staaten Europas durchzuckt. Das Gewitter leuchtet, aber der europäische Staatenkoloss merkt es nicht, denn er schläft … einen gefährlichen Schlaf.»

«Ochsenbein, du bist nicht nur ein glänzender Redner, sondern vermutlich auch ein Hellseher. Ich glaube mit dir, dass die Ereignisse in der Schweiz ein böses Erwachen in ganz

Europa nach sich ziehen werden», dachte Niklaus Niggeler und beobachtete von seinem Ehrenplatz aus das Geschehen. Dem Gesichtsausdruck des französischen Gesandten konnte der Grossratspräsident ansehen, dass Ochsenbeins Worte wie eine Explosion gewirkt hatten. Bois-le-Comte war nahe daran, aufzuspringen und die Heiliggeistkirche zu verlassen, als Ochsenbein das heisseste Eisen anfasste. Er sprach von den revidierten Verfassungen der meisten Kantone, von der Volkssouveränität und politischen Gleichheit. «Während sich im Volk mit wenigen Ausnahmen das schönste Gefühl der Einheit und Nationalität zeigt, sind wir staatlich nur durch ein loses Band gebunden. Die in den Verfassungen sämtlicher Kantone übereinstimmenden wesentlichen Grundsätze können und sollen die Basis eines neuen Bundes bilden, der mit Schonung der Kantonalsouveränität und der Eigentümlichkeit der verschiedenen Stände eine Gesamteidgenossenschaft darstellt zur besseren Erhaltung der nationalen Selbstständigkeit.»

In diesem Moment, das wurde allen anwesenden Politikern und Gesandten mit einem Schlag klar, erhielt der Sonderbundstreit für das Ausland eine neue, bedeutungsvolle Gestalt. Aus dem Jesuitenhändel war ein Verfassungskampf geworden. Fortan würden die Nationalisten Europas die Sache der radikalen Schweiz zur ihrigen machen, und ihre Regierungen mussten im Ausgang des Kampfs das eigene Schicksal sehen.

Ochsenbein stellte sich sogar dem Schreckgespenst einer europäischen Intervention: «Die beim Wiener Kongress beteiligten Staaten werden eine Bundesreform ablehnen. Aber die fremden Mächte haben kein Recht, sich in unsere inneren Angelegenheiten zu mischen. Denn nicht kraft des Wienervertrags besitzt die Eidgenossenschaft das Recht selbstständiger Konstitution, sondern kraft ihrer Souveränität. Nicht der Bundesvertrag der zweiundzwanzig Kantone wurde in Wien garantiert, sondern nur das der Eidgenossenschaft zustehende Gebiet.»

Bevor man zur feierlichen Vereidigung der Gesandten überging, machte Ulrich Ochsenbein eine Abschiedsbemerkung, die Tränen über Emilies bewegtes Gesicht rollen liess. «Sollte das Unwahrscheinliche einer fremden Einmischung in die inneren Angelegenheiten der Eidgenossenschaft versucht werden, so soll die Welt wissen, dass die Schweiz, gestärkt durch die Sympathien aller freien und nach Freiheit ringenden Völker, ihr letztes Herzblut opfern wird, um ihre Unabhängigkeit zu wahren und dieses heilige Vermächtnis auf Kinder und Kindeskinder zu übertragen. Gott erhalte das Vaterland. Ich erkläre die Tagsatzung des Jahres 1847 für eröffnet.»

Sosehr Niggeler darauf brannte, mit Snell und Stämpfli seine Entdeckungen im Falle Hubler zu besprechen, er genoss jeden Augenblick der Tagsatzungseröffnung und verliess die Heiliggeistkirche befriedigt. Ochsenbein hatte Gerüchte, die bisher versteckt kursiert hatten, mit einer Offenheit zur Wahrheit erklärt, die alle Welt in Erstaunen setzte. Der Grossratspräsident prostete begeistert mit, als am Abend an Stämpflis Familientisch Ochsenbeins kühne Rede gelobt wurde. Strahlend wandte er sich an seine Braut.

«Gib's zu, Emilie. Du hättest gerne neben Elisa auf einem Ehrensessel Platz genommen.» Als die Tafelrunde sich erhob, um im Salon Kaffee zu trinken, blieben sie allein zurück, und er flüsterte: «Mein Gott, wie hätte deine Anwesenheit zuvorderst dem Anlass noch mehr Glanz gegeben! Dein weinrotes Rüschenkleid ist berückend.» Er strich Emilie zärtlich über die Schläfe und hörte sie fragen:

«Seltsam, Niklaus. Ulrich Ochsenbein hat in seiner Rede von Gott und vom Schöpfer gesprochen.»

«Ja natürlich, Emilie. Jede Tagsatzung wird mit diesem Satz eröffnet: Gott erhalte das Vaterland.»

«Es wundert mich, weil viele Geistliche wie beispielsweise Albert Bitzius euch Radikale als gottlos bezeichnen. Erinnerst du dich? Bei meinem letzten Aufenthalt in Bern habe ich Angelika von Nufer besucht. In einer Zeitung bei ihr habe ich gelesen, dass der Pfarrherr von Lützelflüh behauptet, die Radikalen wollten den christlichen Staat abschaffen. Er nennt euch radikale Gottesleugner.»

«Das ist nur so eine Redensart, Emilie. Er fürchtet eben, dass die Schule zur Erbin der Kirche gemacht und dass die Lehrer an die Stelle der Pfarrer gesetzt werden. Er hat zwar Unrecht, wenn er uns als gottlos bezeichnet, aber tatsächlich möchten wir eine klare Trennung von Kirche und Staat.»

«Aber du selbst, Niklaus, was glaubst du?» Emilie flüsterte ihre Worte, obwohl niemand in der Nähe war.

«Du willst wissen, ob ich an Gott glaube?»

«Ja, Niklaus. Oder möchtest du nicht darüber sprechen?»

«Doch, natürlich. Die Antwort ist einfach. Ja, ich glaube an Gott. Wer sonst sollte unsere wundervolle Welt geschaffen haben? Oder hast du eine andere Erklärung für unsere Existenz?»

«Nein, du hast recht. Ich glaube wie du, dass der Schöpfer allem das Leben gegeben hat. Ich lese gern das Neue Testament. Was Jesus gesagt hat, behält für alle Zeiten seinen Wert.»

«Sicher, meine Liebe.»

«Du weisst doch, dass ich jetzt kleinen Mädchen Unterricht erteile. Da gibt es nicht nur Französischlektionen. Wir sprechen auch über die Religion, und ich versuche sie selbst für die Politik zu interessieren. Erinnerst du dich an unser Gespräch über das Frauenstimmrecht und Disraeli?» Als er nickte und seine ernsten dunklen Augen aufmerksam auf sie gerichtet hielt, fuhr Emilie fort: «Nun, seither bin ich überzeugt, dass diese Frage auch bei uns zur Sprache kommen wird. Deshalb habe ich mit meinen Schülerinnen schon damit begonnen.»

«Die wirst du nicht lange behalten!», lachte Niggeler. «Wenn sie ihren Vätern erzählen, was für Flausen die unschuldig aussehende Blondine ihnen in den Kopf setzt ...»

«Die Sache mit Gott ist so, Niklaus», kam Emilie unvermittelt auf ihr anfängliches Thema zurück. «Natürlich glauben wir alle an den Schöpfer. Aber bist du überzeugt, dass er der Tagsatzung helfen wird? Dass er herunterblickt, alles weiss und sieht und jede Situation beeinflussen kann?»

«Du hast die Sache in ihrem Kern erfasst. Das Problem ist nicht, ob es Gott gibt, sondern ob er ins Geschehen eingreift oder nicht.»

«Es würde besser zu uns passen, wenn dem nicht so wäre», sinnierte Emilie. «Gott hat alles geschaffen und lässt der Welt frei ihren Lauf … Damit sind wir die Meister unseres Schicksals und müssen unserem Gewissen folgen. Das passt zu Vaters Gedankengut. Er legt grossen Wert auf die sittliche und moralische Selbstbestimmung des Menschen.»

«Wenn du recht hast, liegt eine grosse Verantwortung auf uns Menschen», beschloss Niggeler das Thema, nahm ihre Hand und führte sie zu seinem Mund. «Wie ich es geniesse, mit dir zu diskutieren, Emilie. Die Grossratssitzungen mit den endlosen Einwänden sind langfädig und ermüdend. Du hingegen wirkst erfrischend wie Mineralwasser.»

«Ich möchte häufig solche Diskussionen führen, wenn wir verheiratet sind. Würdest du mir erlauben, eine Art Salon zu halten, Niklaus? Wir könnten einmal pro Woche interessante Menschen einladen und diskutieren.»

«Eine blondgelockte Madame de Staël in Bern, Emilie?» Er lachte seine Braut an, und sie reagierte mit besonderem Strahlen auf die Grübchen in seinen Wangen.

«Weshalb nicht? Auch Madame de Staëls Mutter war eine schweizerische Protestantin, und in ihrem Salon verkehrten immerhin Persönlichkeiten wie Diderot und Thomas.» Emilie stand unvermittelt auf und fragte leise: «Gehen wir im Garten spazieren, ehe es dunkelt?»

«Ja, aber nur wenn du mir versprichst, dass du heute Nacht nicht herunterschleichst, um deinen Vater und mich zu belauschen.»

«Gibt es wieder politische Geheimnisse?»

«Viel schlimmer, Emilie. Diesmal ist es aber im Interesse deiner Sicherheit, dass du zu Bett gehst und auch dort bleibst, während wir diskutieren. Willst du mir das bitte versprechen?»

«Gut. Ich gebe dir mein Wort.» Ihr ernster Gesichtsausdruck verflog, als er sie an der Hand in den Garten zog.

«Sag etwas, Niklaus», flüsterte Emilie, als er sie zärtlich in die Arme nahm und tief einatmete, um ihren Duft intensiver zu riechen.

«Was möchtest du denn hören?»

«Es spielt keine Rolle. Ich liebe den tiefen Klang deiner Stimme, wenn du so dicht bei meinem Ohr sprichst.»

«Weisst du, weshalb die unsrige eine grosse Liebe ist, mein Schatz?»

«Weil unsere Gefühle so stark sind?» Sie strich ihm mit den Fingerspitzen über die schön geschwungenen Lippen. Er genoss die Berührung, schloss die Augen und murmelte: «Es gibt noch andere Gründe. Denk darüber nach. Wir wollen das nächste Mal, wenn wir uns treffen, unsere Ideen austauschen. Aber nun komm und sei still!» Niggeler fasste mit der linken Hand in Emilies Locken und bog ihren Kopf leicht zurück. Er blickte ihr in die Augen, bis er ihre spannungsgeladene Hingabe sah und körperlich fühlen konnte. Dann presste er sie fest an sich und küsste sie mit wachsender Leidenschaft. Seine Verlobte brauchte das Schächtelchen mit den Erinnerungen aus dem Simmental an diesem Abend nicht. Wie damals unter dem Sternenhimmel der Bergwelt versanken sie in einen Rausch der erregendsten Gefühle.

Später in der Nacht setzte sich Niggeler mit Snell und Stämpfli in die Bibliothek. Was er ihnen erzählte, schien die lebhafteste Phantasie zu übersteigen.

«Deine Schlussfolgerungen sind möglich und durchaus logisch», war des Professors vorsichtiger Kommentar. Und Jakob Stämpfli nahm die Sache mehr von der persönlichen Seite: «Wie soll ich in Berns Gassen an jenem Lanz vorbeigehen, ohne mich zu verraten? Kann ich Ochsenbein weiterhin gerade in die Augen sehen, wenn wir ihm verschweigen, dass

in dieser Krisenzeit ein Spion und Mörder in seiner Militärdirektion wütet?»

Snell unterbrach die Überlegungen des Schwiegersohns
und riet: «Wir müssen systematisch auf zwei Ebenen vorgehen. Die eine ist die Aufklärung des Betrugs bei der Entwässerungsgesellschaft Erlach, die andere die Beschattung des
Spions im Interesse der liberalen Schweiz.»

«Erledigen wir zunächst die erste», schlug Niggeler vor.

«Gut. Welchen Nutzen konnte der Mann aus den unrechtmässig bei der Druckerei bezogenen 150 Aktienpapieren ziehen?»

«Er schrieb natürlich Namenaktien ...»

«Und verkaufte sie? Aber wie denn? Wer hätte ihm 150
Aktien abgekauft zu einer Zeit, als noch nicht einmal die
Hälfte der Wertpapiere auf dem Markt war? Für jeden Inte-
ressenten war es doch viel einfacher, direkt bei der Gesellschaft welche zu erwerben.»

«Das stimmt. Diese Frage stellt sich tatsächlich. Ich kann
mir nicht vorstellen, was Lanz damit wollte, wenn er sie
nicht verkaufen konnte. Hast du als Finanzdirektor eine Ahnung, Jakob?»

Stämpfli schüttelte den Kopf. «Ich muss passen, tut mir
leid. Die gängigen Aufgaben des Departements halten mich
derart in Atem, dass ich keine Zeit habe, mich mit den Fi-
nanzproblemen der Privatiers zu befassen.»

«Dann stell du das fest, Niklaus», wandte sich der Professor an Niggeler. «Du kennst jetzt alle Welt in Bern und wirst
sicher einen Finanzexperten finden, der dich beraten kann.»

«Gut. Ich habe tatsächlich einen bei der Hand. Widmen
wir uns nun Lanz' Spionagetätigkeit.»

«Ich glaube, dass der Spitzel in den nächsten Monaten unserer Seite nützlicher sein kann als den Luzernern oder den
Österreichern», mutmasste Snell. «Hier in Bern haben wir
keine grossen Geheimnisse mehr. Alle Welt weiss spätestens
seit heute Morgen, dass die Tagsatzung den Sonderbund auflösen wird und dass sie vermutlich Gewalt anwenden muss.

Über Luzerns geheime Absichten nicht so sehr der liberalen Schweiz als den fremden Staaten gegenüber aber wissen wir nicht viel. Es könnte uns gelingen, das herauszufinden, wenn wir Lanz niemals aus den Augen verlieren und alle seine Schritte beobachten.» Snell fügte dramatisch hinzu: «Der Spion darf aber nicht merken, dass er entlarvt ist. Wir müssen das Geheimnis hüten, bis ein besonders kritischer Moment erreicht ist. Seine Kenntnisse können uns niemals so nützlich sein wie im Verlauf eines tatsächlichen Bürgerkriegs.»

«Es ist mir inzwischen aufgefallen, dass er sich gelegentlich für einige Tage vom Arbeitsplatz entfernt, scheinbar um seiner kranken Mutter beizustehen.» Niggeler schmunzelte und verriet seinen Freunden: «Ich habe eine Ahnung, wo er hinfahren könnte.»

«Nach Luzern?», fragte Stämpfli.

«Das vermutlich auch. Ich glaube aber, dass unser Verräter häufiger nach Zürich reist. Seit Metternich aus Protest gegen unseren neuen Tagsatzungspräsidenten die österreichische Gesandtschaft offiziell nach Zürich verlegt hat, kann sich Lanz mit seinen Verbündeten nicht mehr hier in Bern absprechen. Es ist klar, dass er ab und zu den österreichischen Diplomatensitz an der Limmat aufsuchen muss. Da der Beginn seiner sporadischen Abwesenheit zeitlich mit der Ernennung Berns zum Tagsatzungsvorort und mit der Verlegung der Gesandtschaften Österreichs, Preussens und Russlands nach Zürich zusammenfällt, bin ich meiner Sache doppelt sicher.»

«Es wird kein Problem sein, ihm bei seinen Abstechern nach Zürich auf der Spur zu bleiben», warf Snell ein. «Wann gehst du an die Einweihungsfeier der Bahn, Niklaus?»

«Wenn ich richtig informiert bin, werden die Probefahrten von heute an bis Wettingen ausgedehnt. Der Einweihungstag ist noch nicht festgesetzt. Ich glaube aber, dass die erste Eisenbahn der Schweiz Anfang August ihren Betrieb aufnehmen wird.»

«Gut. Bis dahin können wir warten. Sobald die Bahn fährt, wird Lanz bestimmt dieses Verkehrsmittel zwischen Baden und Zürich benutzen. Es wird ein Kinderspiel sein, ihn zu verfolgen.»

«Was mögliche Abstecher nach Luzern angeht, so muss Rustinger die Augen offen halten. Wir selber können Lanz nicht bis ins Luzernische hinein beschatten lassen.»

Snell dämpfte seine Stimme. «Ja, Rustinger wird ihn im Auge behalten. Wir wissen ja jetzt, wie der Spion aussieht. Ich habe eine Idee, wie wir unserem Kundschafter erklären, wen er beobachten muss.»

Am nächsten Tag stand eine geschlossene Kutsche unauffällig neben dem Aufgang zur bernischen Militärdirektion. Hinter den verhängten Fenstern sassen Niklaus Niggeler und Rudolf Snell und beobachteten ungesehen die Passanten. Nach ungefähr einer halben Stunde, als die meisten Beamten das Departementsgebäude bereits verlassen hatten, stiess Niggeler seinen künftigen Schwager plötzlich an. «Da, schau. Da ist er!» Als Gustav Lanz an der Kutsche vorüberging, studierte der junge Snell das eigenwillig geformte Gesicht des Militärbeamten. Gleich an Ort und Stelle fertigte er mehrere Entwürfe an, die den Mann im Profil und von vorne naturgetreu wiedergaben.

In Jakob Stämpflis Arbeitszimmer entstanden nach den skizzierten Vorlagen mehrere Zeichnungen. Niggeler schaute Rudolf interessiert über die Schulter, als Emilie unbemerkt neben ihn glitt. Sie begutachtete die Zeichnung und rief erstaunt: «Rudolf! Weshalb portraitierst du diesen Mann?» Als ihr Bruder verständnislos aufsah, fuhr sie fort: «Niklaus, ich kenne dieses Gesicht. Erinnerst du dich an meinen Besuch in der österreichischen Gesandtschaft? Einer der beiden Männer, die miteinander über den Sonderbund diskutierten, ist dieser Mann auf der Skizze. Ich habe die auffallende Hakennase genau gesehen, als er sich beim Weggehen leicht zur Seite drehte.»

«Ich glaube dir, Emilie», sagte ihr Bräutigam. «Vergiss, dass du die Zeichnungen gesehen hast. Wenn du diesem Mann in Berns Gassen begegnen solltest, lass dir nichts anmerken!» Emilies Worte hatten seine letzten Zweifel beseitigt. Die waghalsigen Mutmassungen entsprachen der Wahrheit: Der Spion im Militärdepartement war tatsächlich Gustav Lanz.

Rudolf Snell beteiligte sich nicht am Gespräch der Verlobten und brachte seine Zeichnungen konzentriert zu Ende. Die Gelungenste wurde am folgenden Tag von vertrauenswürdigster Hand nach Luzern getragen, wo Lorenz Rustinger sie in Empfang nahm.

41

Der Bahnhof von Baden war mit Neugierigen übersät. Männer, Frauen und Kinder waren von weither gekommen, um die Einweihung der ersten Strecke der schweizerischen Nordbahn mitzuerleben. Als das dampfende Eisenross auf Schienen langsam näher kam und neben dem neuen Gebäude anhielt, sprangen die Zuschauer erschrocken beiseite. Niklaus Niggeler hustete und lachte gleichzeitig. Er stand zusammen mit Emilie Snell in der vordersten Reihe unter den geladenen Ehrengästen. «Freust du dich, dass ich eine Ausnahme gemacht und dich zu einem offiziellen Anlass mitgenommen habe?», fragte er seine Braut, die das gelb und grün gestreifte Sonnenschirmchen senkte und sich ein Taschentuch vor den Mund hielt.

«Das werde ich nie vergessen, Niklaus. Ich habe die Bahn schon in Basel gesehen, eine Einweihung ist aber etwas anderes.» Die Musik übertönte Emilies letzte Worte. Nach der feierlichen Rede wurde der Fahrplan aufgehängt. Am 9. August würde der Betrieb der Eisenbahn, die unter dem Namen Spanischbrötli-Bahn in die Transportgeschichte eingehen sollte, aufgenommen. Je zwei Züge würden vormittags und nachmittags von Zürich und von Baden abfahren.

«Nur 45 Minuten für eine solche Strecke, und lediglich 16 Batzen die erste Klasse! Das ist kaum zu fassen, Niklaus», hörte Niggeler die Stimme Lorenz Rustingers hinter sich. Dieser hatte sich zur Feier des Tages in einen dunklen Frack gestürzt und hob freundlich den Zylinder. Wäre nicht der verwegene Degenschmiss unter seinem linken Auge gewesen, so hätte er wie ein friedlicher Stadtbürger ausgesehen.

«Emilie, ich freue mich ...»

«Guten Tag, Lorenz. Sind Sie nicht mehr in ...». Sie schwieg erschrocken, als Niggeler fast schmerzhaft ihren

Arm drückte. «Sag das Wort nicht, Emilie», flüsterte er und richtete seinen Blick auf Rustinger. «Wir werden besser nicht zusammen gesehen.»

«Aber ich muss dich unbedingt sprechen. Ich bin nach Baden gekommen, um dich zu treffen. Das ist ja viel näher als Bern.»

«Wo können wir uns ungestört unterhalten?», fragte Niggeler und war froh über die Dampfwolke, die sie einhüllte.

«In Zürich, in der Fraumünsterkiche, um drei Uhr nachmittags.» Rustinger verschwand in der Menschenmenge, und der Grossratspräsident nahm mit seiner Braut im vordersten Reisewagen Platz. Emilies aus mehreren hellgrün und gelb gestreiften Rüschenreihen gearbeiteter Rock konnte nur mit Mühe in die Eisenbahnbank gezwängt werden. Sie genoss die Fahrt und freute sich, in die Limmatstadt zurückzukehren. Unterwegs standen Menschengruppen neben den Schienen und winkten den festlich gekleideten Fahrgästen zu. Die Bevölkerung von Schlieren hatte ein Orchester organisiert und die Häuser beflaggt.

In Zürich entdeckte Emilie Angelika von Nufer, die zusammen mit ihrem Vater am Festbankett teilnahm.

«Wollen wir am Fluss spazieren gehen?», fragte die junge Snell nach dem Essen ihre Freundin.

«Ich weiss nicht, wir zwei allein …»

«Aber nein, Angelika. Wir haben einen Kavalier. Niklaus wird uns begleiten.»

Galant bot der Grossratspräsident auch der jungen von Nufer den Arm, und man spazierte dem Limmatufer entlang Richtung Fraumünster.

«Ich habe mehr als zwei Stunden Zeit», sagte Angelika. «Vater und ich wollen in Zürich übernachten und morgen nach Baden zurückfahren. Die Kutsche wartet dort.»

Sie stiegen zum Lindenhof hinauf. Der Park bot angenehm Schatten und den Besuchern aus Bern einen wundervollen Ausblick auf die Stadt. Niggeler und Angelika sahen zum ersten Mal den imposanten Turm von St. Peter.

Vor dem Fraumünster trat Lorenz Rustinger hinter einem Pfeiler hervor. Sein Strahlen wich einem erstaunten Gesichtsausdruck, als er Angelika von Nufer erblickte. Er hatte sich in seiner Studienzeit mit der Antike und den lateinischen Dichtern befasst und ein italienisches Wanderjahr erleben dürfen, das ihn bis nach Rom und Neapel geführt hatte. In der Ewigen Stadt hatte er jene einzigartige südländische Frauenschönheit kennen gelernt, die ihn sofort in ihren Bann gezogen hatte. Nirgends hatte er sie in einer derartigen Vollkommenheit wiedergefunden, wie sie nun plötzlich vor ihm stand. Sprachlos starrte er Angelika von Nufer an. Das glänzende schwarze Haar, die tiefbraunen Augen, die feine Nase und die vollen Lippen faszinierten ihn genauso wie ihre Haltung. Die schmale Taille und die vollen Brüste unter dem weissen Mieder liessen eine perfekte Figur erahnen. «Als ob Gott mit ihr das Modell für alle Italienerinnen geschaffen und es dann weggeworfen hätte», dachte der überschwängliche Rustinger. «Alles, was danach den italienischen Stiefel bevölkert hat, sind nur einigermassen gelungene Kopien.»

«Lorenz, bist du eingeschlafen oder verzaubert?», scherzte Niggeler und half der achtzehnjährigen Angelika aus der Verlegenheit. Sie hatte erfreut die strahlenden Augen mit den Lachfältchen im verwegenen Gesicht des Korrespondenten betrachtet, dann aber erschrocken den Blick gesenkt, als Rustingers Gesichtsausdruck einem ungläubigen Staunen wich.

«Angelika, darf ich dir unseren Freund Lorenz Rustinger vorstellen?», sagte Emilie. «Lorenz, Angelika von Nufer ist eine gute Freundin von mir.»

«Sind Sie Italienerin?», war alles, was Rustinger herausbrachte.

«Wie haben Sie das erraten?» Der ernsthafte Gesichtsausdruck wich einem scheuen Lächeln. «Ja, meine Mutter war Italienerin. Sie ist aber gestorben. Ich habe nur noch meinen Vater.»

«Vergessen Sie mich nicht, Angelika. Wir werden uns in Bern wiedersehen.» Dem sonst redegewandten Rustinger fehlten die Worte. Mit einer Entschuldigung zog er Niggeler mit sich fort.

Als die Freunde in einer Kirchenbank im Fraumünster sassen, sagte der Anwalt: «Schlag dir die kleine von Nufer aus dem Kopf, Lorenz. Sie ist nichts für dich.»

«Aber die feine Professorentochter Emilie Snell ist für den Grossratspräsidenten genau die Richtige!»

«Du verstehst mich falsch. Emilie ist keine Patrizierin. Ob unsere Väter Professoren oder Rechtsagenten sind, macht keinen grossen Unterschied. Unsere Familien leben von ihrer Arbeit und haben keinen jahrhundertealten Aristokratenstolz vorzuweisen. Aber von Nufer? Weisst du denn nicht, dass dies seine einzige Tochter ist und nur eine glänzende Partie für sie in Frage kommt? Er selber hat in eine italienische Adelsfamilie eingeheiratet. Sein Schwiegervater, der Graf, soll zwar verarmt gewesen sein … aber bei der sagenhaften Schönheit von Angelikas Mutter spielte das wohl keine Rolle. Nach ihrem Tod hat er nie wieder geheiratet.»

«Du willst mich abschrecken, Niklaus? Mich, Lorenz Rustinger? Da hast du den Falschen ausgewählt. Was unmöglich scheint, gewinnt an Faszination. Im Übrigen bin ich nicht der Sohn eines Knechts. Mein Vater war ein gut betuchter Kaufmann, der seinem Sohn eine raffinierte Bildung und sogar ein Studienjahr in Italien finanzieren konnte.»

«Das stimmt, Lorenz. Die Welt der Finanziers ist nochmals eine andere, aber es handelt sich trotzdem nicht um den isolierten Kreis des bernischen Patriziats. Ausserdem ist dein Erbe längst dahin.»

Rustinger lachte und schlug Niggelers Worte in den Wind. «Wir werden sehen. Aber hör nun zu, wir haben wichtige Dinge zu besprechen.»

«Soll ich dir erzählen, welch saure Gesichter die Sonderbundsgesandten am 20. Juli geschnitten haben?»

«Ja klar, Niklaus.»

«Ich war nicht dabei, aber Jakob Stämpfli hat mir ...»

«Weshalb ist er nicht an die Einweihung der Bahn gekommen?», fiel Rustinger ihm ins Wort.

«Weil er sich als Tagsatzungsgesandter nicht aus Bern entfernen kann. Ausserdem nimmt ihn das neue Steuergesetz voll in Anspruch. Du weisst ja, dass der Staat den Zehnten und die Bodenzinspflicht abgeschafft hat. Da der Kanton nicht mehr masslos aus dem Sack der Bauern nehmen kann, hat er ein neues Steuergesetz verwirklicht, das alle zur Kasse bittet, auch die Reichen, die bisher nur bekommen haben. Selbst die Städter und die Unternehmer zahlen künftig Steuern für ihren Grundbesitz und ihre Kapitalien.»

«Das ist ein echter Fortschritt, Niklaus», kommentierte Rustinger. «Und die Sitzung vom 20. Juli?»

«Ach ja, ich bin vom Thema abgekommen. Also, an der Sommertagsatzung hat Bern einen doppelten Antrag gestellt. Stell dir vor, Lorenz! Die Auflösung des Sonderbunds ist beschlossen worden, weil er mit den Bestimmungen des Bundesvertrags nicht übereinstimmt. Der zweite angenommene Antrag besagt, dass die sieben Kantone das Separatbündnis auflösen müssen.»

«Ein Erfolg ohnegleichen. Und die Gesichter der Sonderbündler?»

«Der luzernische Gesandte erhob sich wütend und erklärte, er werde gegen die Beschlüsse protestieren. Die übrigen Stände taten dasselbe.»

«Aber die Mehrheit hat gesiegt, und wie ... Doch hör mir zu, Niklaus!»

«Ja, erzähl», sagte der Fürsprech leise, denn sie hörten, wie sich das schwere Portal der Fraumünsterkirche öffnete. Eine alte Frau ging an ihnen vorüber und setzte sich in die vorderste Bank. Rustinger wartete, bis ihre Schritte im Gotteshaus verhallt waren und sagte dann: «Die Zeichnung hat mir geholfen. Ich habe tagelang die luzernischen Amtsgebäude beobachtet, diesen Mann jedoch nicht entdecken können.» Als Niggeler ihn enttäuscht musterte, fuhr sein Freund fort: «Dann hatte ich die Idee, es im Privathaus des Schultheissen zu versuchen. Niklaus, hast du herausgefunden, wann Gustav Lanz Bern das letzte Mal für einen oder zwei Tage verlassen hat?»

«Ja, das war am 28. und 29. Juli.»

«Genau», rief der Korrespondent aus. «An jenem Mittwochabend habe ich im Schatten eines Baums vor dem Tor Siegwart-Müllers gewartet. Dieser Lanz ist zu Fuss gekommen und im Toreingang verschwunden. Ich bin mir sicher, denn ich habe das Profil im Mondlicht genau gesehen.»

«Das hast du ausgezeichnet gemacht, Lorenz. Nun weisst du, wo du ihn suchen musst.»

«Ich glaube, Lanz ist in Wirklichkeit ein Luzerner, der sich seit Jahren als Berner tarnt.»

«Da täuschst du dich, mein Freund. Er spricht ein genauso perfektes bernisches wie österreichisches Deutsch, muss also Berner oder Österreicher sein. Ausserdem, Lorenz: diese Spionagesache ist von langer Hand vorbereitet worden. Lanz wurde ins Militärdepartement eingeschleust, ehe sich die Fronten zwischen der liberalen Schweiz und Luzern derart verhärtet haben. Nein, da gibt es keine Zweifel. Er ist ein Spitzel Österreichs. Wenn er im Hause des luzernischen Schultheissen ein und aus geht, so bedeutet das eben, dass die Staaten gegen uns zusammenarbeiten.»

«Ich tue weiter, was du gesagt hast, Niklaus. Lanz wird nur beobachtet, ich stelle ihn aber vorerst nicht. Habe ich das richtig verstanden?»

«Ja, beobachte und warte ab.»

«Wer hält seine Abstecher nach Zürich im Auge?»

«Mein künftiger Schwager, der Zeichner deiner Skizze. Er hat kürzlich an einer Probefahrt der Eisenbahn teilgenommen. Das technische Monstrum hat ihn derart fasziniert, dass er in Baden Quartier beziehen will. Rudolf möchte sich mit seinen Zeichenblättern vor dem Bahnhofgebäude einrichten und die Bahn, die Fahrgäste und die Neugierigen zeichnen. Er tut dies nicht nur uns zu Gefallen. Die Zeichnungen werden sich verkaufen lassen wie frische Brötchen. Nebenbei beobachtet Rudolf, wer den Zug nach Zürich besteigt oder von dort kommt. Sobald Gustav Lanz einmal Richtung Zürich fährt, wird Rudolf ihm folgen und feststellen, welche Adresse er aufsucht.» Als Rustinger schwieg, fügte Niggeler bei: «Du verstehst, was wir wollen, Lorenz? Wir möchten den Spion nicht jetzt stellen. Erst wenn wir sicher wissen, dass er sporadisch zu Siegwart-Müller nach Luzern und zu einer Kontaktstelle in Zürich reist, können wir annehmen, dass er wichtige Nachrichten oder gar Dokumente übermittelt. Wir müssen abwarten, bis der brennendste Moment in der Krise zwischen Tagsatzungsmehrheit und Sonderbund erreicht ist, um den besten Nutzen aus unserem Verräter zu ziehen.»

Lorenz Rustinger nickte; sein ungeduldiges Wesen aber war in Gedanken bereits anderswo. Wenn die Sonderbundskrise und die Spionagegeschichte doch schon beendet wären! Dann könnte er seiner Sehnsucht nachgeben und mit seinem ganzen Draufgängertum um die Liebe der schönen Angelika kämpfen.

42

Niklaus Niggeler machte sich mit grösster Vorsicht an die Klärung der Fragen im Zusammenhang mit den Wertpapieren der Entwässerungsgesellschaft Erlach. Ausser Stämpfli und Snell informierte er niemanden über seinen Verdacht. Im Einvernehmen mit Geschäftsführer Struchen hatte er beschlossen, nicht einmal den Präsidenten der Aktiengesellschaft einzuweihen. Denn der grossspurige und gern mit Neuigkeiten auftrumpfende Karl von Nufer hätte ein derartiges Geheimnis kaum für sich behalten.

Mitte August suchte Niggeler Robert Moosmann auf und bat um ein vertrauliches Gespräch mit dessen Finanzexperten. Conrad Collin war jedoch auf Geschäftsreise in Frankreich und wurde erst im September zurückerwartet. Der Fürsprech kehrte in die Redaktion an die Gerechtigkeitsgasse zurück. Im Vorzimmer sass Rudolf Snell, der sofort aufsprang und Niggeler anstrahlte. «Ich habe in jeder Beziehung Erfolg gehabt», verkündete er. «Das Geschäft floriert. Ich kann mich vor Mal- und Zeichenaufträgen kaum noch retten. Der Bahnhof Baden ist ein Goldesel.»

«Hast du Lanz gesehen?», unterbrach ihn Niggeler.

«Ja. Am letzten Freitag hat er ein Billett zweiter Klasse von Baden nach Zürich gekauft und sofort den Zug bestiegen.» Rudolf hatte seine Zeichenutensilien und die Staffelei rasch im Bahnhofgebäude versorgt, in einem anderen Eisenbahnwagen Platz genommen und Gustav Lanz vom Zürcher Bahnhof durch die Gassen der Altstadt verfolgt.

«Lanz öffnete die Hintertür eines Hauses und verschwand in einem Keller. Ich hütete mich natürlich, ihm zu folgen, und wartete, bis er wieder herauskam. Da ich in einem gegenüberliegenden Café hinter dem Vorhang sass, konnte er mich nicht sehen.»

«Was hat er dann unternommen?»

«Er hat den nächsten Zug nach Baden bestiegen. Ich habe aber bemerkt, wie er beim Hinaustreten aus jenem Altstadthaus ein Schriftstück gefaltet und in die Innentasche seiner Jacke gesteckt hat.»

«Hast du etwas über die Adresse herausgefunden?»

«Ja, Niklaus. Unser Spion ist durch den Keller in das Untergeschoss eines anliegenden Gebäudes gegangen.»

«Weshalb weisst du das so sicher?»

«Weil in jenem Haus bei Jahresbeginn der österreichische Gesandte Quartier bezogen hat.»

Niggeler hielt die Neuigkeiten aus Zürich geheim, legte seinen Kriminalfall gedanklich beiseite und stürzte sich als Zeitungsredaktor und Politiker in die Sonderbundswirren.

Der Beschluss der Tagsatzung, das Separatabkommen der sieben Stände aufzulösen, erwies sich zunächst als papierener Schreckschuss. In den katholischen Kantonen rüstete man offen weiter. Nach dreitägigen Geburtswehen brachte die Tagsatzung einen neuen Beschluss zustande: Die Sonderbundskantone wurden aufgefordert, ihr Rüsten einzustellen. Was natürlich nicht getan wurde.

Am 16. August wurde jener Beschluss gefasst, der international das grösste Echo fand. Zur Verhandlung stand der Antrag Zürichs zur Wahl einer Bundesrevisionskommission. Während die Sonderbundskantone die Angelegenheit aus den Traktanden fallen lassen wollten, sprachen sich die Tagsatzungsgesandten von Glarus, Schaffhausen, Baselland und Baselstadt für eine Revision des Bundesvertrags aus. Der St. Gallische Gesandte sorgte für Aufregung, als er gegen die Anschwärzungen seitens des französischen Ministers Guizot protestierte.

«Herr Guizot spricht von einem Militärstaat, den eine einheitliche Schweiz bilden könnte. Eine Eidgenossenschaft mit revidiertem Bundesvertrag würde mehr aggressive Macht besitzen als ein Bund kleiner Staaten. Guizot hat öffentlich erklärt, er habe ein grosses Interesse, eine solche Umgestaltung nicht zu erlauben.» Der Gesandte schwieg einen Augenblick, bis alle Augen im Sitzungssaal gespannt auf ihn gerichtet waren und fuhr anklagend fort: «Ich erwidere ebenfalls öffentlich: Schämt ihr Franzosen euch nicht, anzudeuten, dass ihr euch vor der kleinen Schweiz mit ihren 2 Millionen Menschen und ihren halbgeübten Milizen fürchtet? Es ist lächerlich, vom Schreckbild eines schweizerischen Militärstaats zu träumen.»

Wie nicht anders erwartet, wurde die Revisionskommission beschlossen und auf der Stelle gewählt. Die Tagsatzungsgesandten ernannten die angesehensten Politiker wie Ochsenbein, Furrer, Munzinger, Naef, Frey-Hérosé und Druey zu Baumeistern der neuen Schweiz.

Wesentlich hitziger ging es am 2. und 3. September zu, als die Jesuitenangelegenheit verhandelt wurde. Verschiedene Kantone hatten ihre zweiten oder dritten Gesandten delegiert, und Jakob Stämpfli war glücklich, diese Diskussion mitzugestalten. Niggeler war als Berichterstatter der «Berner Zeitung» unter den Zuhörern.

«Luzern liest ein ermüdendes Votum ab», schrieb er in seinem Blatt. «Der Kanton Aargau wird für alles Unglück in der Schweiz verantwortlich gemacht. Vom Stand Aargau, der erst seit fünfzig Jahren eine Geschichte habe, sei der Friede der Eidgenossenschaft leichtsinnig erschüttert worden, indem er die Klöster aufhob und den Konfessionsstreit provozierte.»

Der luzernische Gesandte nahm kein Blatt vor den Mund: «Die Sache ist durch die demoralisierende Presse, den Umsturz von Verfassungen und die Revolution in Genf gewachsen. Leidenschaft hat die Jesuitenfrage geschaffen und geschürt. Die falschen Anschuldigungen gegen die Jesuiten sind aber so alt wie der Orden, denn wo Gott eine Kirche baut, da stellt der Teufel seine Kapelle daneben.» Von einem Heiligen sei der Orden gestiftet und durch mehrere Päpste sei er bestätigt worden. Herrschsüchtige Frauen und geldgierige Fürsten hätten ihn unter Papst Klemens XIV. gestürzt, aber der fromme Pius VII. habe ihn wieder hergestellt. Stämpfli und Niggeler empfanden es als Frechheit, dass der luzernische Gesandte vor aller Ohren behauptete, Frankreich sei stolz auf die Missionsbestrebungen der Jesuiten, und auch in England sei man begeistert darüber.

«Nur der freie Schweizer wütet gegen sein eigenes Blut», rief Vinzenz Fischer aus Luzern in den Sitzungssaal, «weil ein betrunkener Professor sagt, die Jesuiten seien gefährlich. In Luzern sind unschuldige Bürger im Schlaf überfallen und in Freiburg ist die Fahne des Aufruhrs errichtet worden, ohne dass die Jesuiten die mindeste Schuld daran haben.»

Freiburg doppelte derart aggressiv nach, dass der solothurnische Gesandte aufstand. «Die Tagsatzung hat für Ruhe und Ordnung in der Eidgenossenschaft zu sorgen. Die Jesuiten gefährden diese Ruhe und Ordnung, folglich hat die Tagsatzung das Recht, gegen sie einzuschreiten.» Der Solothurner zitierte Klemens XIV., der den Jesuitenorden aufhob, weil er mit dem Frieden der Staaten unverträglich war. «Wenn Freiburg diese Aufhebung anderen Gründen zuschreibt», wetterte der Gesandte, «so fragt sich, wer besser unterrichtet war, seine Heiligkeit, der Papst Klemens XIV. oder Freiburg!»

Nachdem Uri eine letzte Rede zur Verteidigung der Jesuiten gehalten und mit langfädigen Zitaten dafür gesorgt hatte, dass die Hälfte der Gesandten im Saal herumspazierte, kam es zur Abstimmung. Nur die sieben Sonderbundsstände sowie Neuenburg, Appenzell I.Rh. und Baselstadt wollten auf die Frage nicht eintreten. Die Mehrheit aber stimmte für den Zürcher Antrag. Die Jesuitenfrage wurde zur Bundessache erklärt, und die Kantone Luzern, Schwyz, Freiburg und Wallis wurden eingeladen, die Jesuiten zu entfernen.

Während Niggeler sich Mitte September zu Robert Moosmann begab, war er gedanklich noch in der letzten Tagsatzung. Bern hatte seine Instruktion auf sofortige Vollziehung des Auflösungsbeschlusses des Sonderbunds nicht zur Sprache gebracht. Auch die Radikalen konnten nachgeben und

Geduld zeigen. Der günstige Ausgang der Jesuitenabstimmung war es wert, abzuwarten und den heissen Antrag auf die nächste Tagsatzung zu verschieben ...

Als er in das Patrizierhaus an der Kramgasse eingelassen wurde, spürte Niggeler wieder jene angenehm ruhige Atmosphäre, die er schon bei seinem ersten Besuch wahrgenommen hatte. Er fühlte sich wohl in Gesellschaft des Patriziers, der ihn herzlich willkommen hiess. Kaum hatte Niggeler in der Bibliothek Platz genommen, wurde Moosmanns Finanzexperte Conrad Collin hereingeführt. Der Hausherr übernahm die Präsentation und zog sich diskret zurück.

«Sind Finanzberater an ein Berufsgeheimnis gebunden wie wir Fürsprecher?», fragte Niggeler, als Moosmann die Eichenholztür geschlossen hatte.

«Ihre Tätigkeit gehört zu einer genau definierten Berufskategorie, die an den Hochschulen herangebildet wird», antwortete Collin. «Daher bilden die Anwälte einen Verband und können Bestimmungen wie das Berufsgeheimnis schaffen. In der Finanzwelt ist es etwas anders. Viele von uns haben ihr Wissen nicht an der Universität geholt, sondern im Selbststudium und an der Börse erarbeitet.»

«Gehören Sie zu dieser Kategorie?»

«Ja und nein. Ich habe anfänglich auch die Rechtswissenschaft studiert und bin Fürsprecher wie Sie. Danach habe ich mich der Finanzwelt zugewandt und mehr durch Erfahrung als durch Bücher meine Kenntnisse erweitert.»

Niggeler lächelte. «Trotzdem sind Sie Anwalt. Könnte ich Sie für eine Stunde engagieren und Sie zum Berufsgeheimnis verpflichten?»

«Sie möchten also, dass ich über unser Gespräch schweige, selbst meinem Arbeitgeber Robert Moosmann gegenüber?»

«Ja.»

«Da hätten Sie sich die Mühe sparen können. Er hat mich aufgefordert, unsere Unterhaltung vertraulich zu behandeln. Aber wie Sie wollen! Betrachten Sie mich als Ihren Anwalt.»

«Ich danke Ihnen. Nun müsste ich wissen, wo beginnen
…» Niggeler dachte nach, während der Finanzberater sich
im Sessel zurücklehnte. «Herr Collin. Ich möchte etwas über
Finanzbetrug erfahren. Nehmen wir an, ein Mann sei in der
Lage, sich 150 Aktien zu verschaffen, die nicht für den Wert-
papiermarkt bestimmt sind. Was könnte er damit tun?»

«Ich weiss nicht, ob ich Ihre Frage richtig verstanden
habe …»

«Ja, warten Sie … Ich muss es genauer erklären. Eine Gesellschaft beschliesst, 2000 Aktien zu verkaufen und lässt
2030 drucken. 2000 für den Verkauf und 30 als Ersatzpapiere für jene Formulare, die während des Ausstellens verschrieben werden könnten.»

Collin lächelte. «Und Sie bezeichnen sich als Laien?»

«Das weiss ich nur per Zufall. Nehmen wir an, dass jener
Mann bei der Druckerei weitere 150 Papiere bestellt und
auch erhält. Was könnte er damit tun? Sie verkaufen?»

«Es kommt auf den Zeitpunkt an. Während die wirkli-
chen 2000 Aktien auf ihre Zeichnung warten, können diese
Papiere sicher nicht platziert werden. Später aber, wenn alle
Aktien nummeriert und im Umlauf sind, könnte der Betrüger natürlich sein Unwesen treiben.»

«Der Fall, den ich im Auge habe, liegt so: Jemand will die
150 unrechtmässig bezogenen Papiere sofort zu Geld machen, noch ehe alle Aktien der Gesellschaft veräussert worden sind.»

«Verkaufen könnte er sie wie gesagt nicht. Solange von
der betreffenden Gesellschaft selbst Aktien angeboten werden, würde niemand einem Privatmann welche abnehmen.
In dieser Phase geht man zur Gesellschaft, bezieht die Wertpapiere und schaut zu, wie die Nummern im Register eingetragen werden.»

«Was könnte unser Mann sonst mit den Papieren machen?»

Collin überdachte alle Möglichkeiten und sagte: «Das
Einfachste wäre, diesen Aktien Nummern zu geben, also bei-

spielsweise 1000 bis 1150, sie mit dem eigenen Namen zu versehen und für einen Kredit zu benutzen.»

«Würde eine Bank solche Aktien anerkennen, ohne sich bei der betreffenden Gesellschaft zu erkundigen?»

«Wenn die Unterschriften und der Stempel stimmen, weshalb nicht? Besonders, wenn der Antragsteller ein unbescholtener Mann ist, würden diese Papiere bestimmt als Garantie für einen Kredit akzeptiert.»

Niggeler erhob sich. «Ich danke Ihnen, Herr Collin. Sie haben mir sehr geholfen.»

«Bleiben Sie noch einen Augenblick! Überlegen wir weiter … Was könnte Ihren Mann bewegen, einen solchen Schritt zu unternehmen?»

«Wie meinen Sie das?»

«Nun, unter normalen Umständen würde niemand einen derartigen Betrug begehen, nur um einen Kredit zu erhalten. Es muss sich um einen Menschen handeln, dem das Wasser bis zum Hals steht und der unbedingt Geld braucht. Denn er riskiert mit neunzigprozentiger Sicherheit, dass die Sache auffliegt, und setzt seinen Ruf und die Zukunft seiner Familie aufs Spiel.»

Vielleicht handelt es sich um einen Verbrecher, dem es gleichgültig ist, was man später von ihm denkt. Um einen Mann, der damit rechnet, sich bald ins Ausland abzusetzen. Niggeler schob seine Gedanken an Gustav Lanz beiseite und sagte zu Collin: «Welche Art Bank gibt Kredite und akzeptiert Aktien als Garantie?»

«Ach, eigentlich alle. Vermutlich hat dieser Mann schon zahlreiche andere Kredite erhalten und greift erst zuletzt aus Verzweiflung zum Trick mit den falschen Aktien. Ein solcher Betrüger würde sich eher an einen privaten Geldverleiher wenden.»

«Ja, aber an welchen?», sagte Niggeler mehr zu sich selbst als zu Collin.

«Sie können das leicht herausfinden.»

«Da bin ich aber gespannt. Bitte fahren Sie fort.»

«Richten Sie ein streng vertrauliches Schreiben an die Direktoren der Banken! So viele gibt es ja nicht im Kanton. Wenn Ihr Freund, Finanzdirektor Stämpfli, das Rundschreiben signiert, wirkt die Sache hochoffiziell. Fragen Sie die Institute, ob sie im betreffenden Zeitraum Aktien der in Frage kommenden Gesellschaft als Garantie für einen Kredit ins Depot genommen haben. Sie brauchen dann nur zu warten. Jemand wird sich bestimmt melden ...»

Niggeler wollte keine fremden Menschen einweihen und überredete den vorübergehend bei Elisa logierenden Rudolf Snell zur Mithilfe. Rudolf hatte mit seinen Eisenbahn-Zeichnungen und Landschaftsbildern so gut verdient, dass er es sich leisten konnte, eine Pause einzulegen. So tauchte der junge Snell die Feder ins Tintenfass, um immer wieder den gleichen Brief abzuschreiben. Die Umschläge wurden auf offiziellem Weg allen Banken zugestellt. Auch die privaten Geldverleiher wurden nicht übergangen. Sogar einzelne Kreditinstitute in benachbarten Kantonen erhielten das Schreiben, allerdings inoffiziell. Als er Sand auf den letzten Brief gestreut hatte, packte Rudolf Snell seinen Koffer und bestieg die Postkutsche Richtung Baselland. Er wurde in Liestal erwartet, wo sich die Familie Snell auf die Reise nach Paris vorbereitete.

43

«Es ist schade, dass Rudolf nicht mitgekommen ist», sagte Emilie Snell, als sie an einem strahlenden Oktobertag mit den Eltern der Seine entlang spazierte und die Staffeleien der Maler bemerkte. «Was hätte er hier für Sujets gefunden.»

«Er kommt ja nach», antwortete ihre Mutter, «sobald er seine Kalenderzeichnungen für das Jahr 1848 abgeliefert hat.»

«Morgen bin ich zu einem Bankett eingeladen», sagte Snell geheimnisvoll zu Emilie . «Es handelt sich um eine politische Sache von explosiver Bedeutung.»

«Wie hast du es fertiggebracht, in den ersten Tagen unseres Parisaufenthalts bereits eine derartige Einladung zu bekommen?»

«Das habe ich von langer Hand vorbereitet, meine Liebe. Erinnerst du dich an den Italiener Buonarotti, dem ich nach seiner Ausweisung aus Genf zur Flucht ins Ausland verholfen habe?», wandte er sich an seine Frau.

«Ja, natürlich. Das war eine aufregende Geschichte …»

Buonarotti war nach Brüssel und 1830 nach Paris gereist. In der französischen Hauptstadt hatte er mit seinen Ideen den linken Flügel der republikanischen Bewegung mitgeprägt. Snell und Buonarotti hatten jahrelang miteinander korrespondiert, und durch ihn war Snell brieflich auch mit jüngeren Vertretern seiner politischen Schule in Kontakt gekommen. Im Herbst 1847 nun machten diese ihre republikanischen Ideen bekannt. Man wollte das im Dienste des reichen Grossbürgertums stehende System König Louis Philippes durch einen demokratischen Staat ablösen. Bei der französischen politischen Propaganda ging es allerdings bürgerlicher zu als in England, wo die Verfechter des allgemeinen Wahlrechts die breiten Arbeitermassen aufwiegelten und Petitionen mit

Millionen von Unterschriften an das Parlament einreichten. Beim Bankettieren wollte man alle jene Franzosen überzeugen, die einen mittleren oder bescheidenen bürgerlichen Lebensstandard erreicht hatten. Die unzufriedenen Arbeiter würden automatisch nachfolgen.

Während der Professor sich zu seinem Bankett auf den Weg machte, nahmen Franziska und Emilie eine Mietkutsche Richtung Champs Elysées. Der breite Strassenzug zwischen dem Arc de Triomphe und dem Garten der Tuilerien beeindruckte die junge Snell mehr als alles, was sie bisher von Frankreich gesehen hatte. Wie eng waren Berns Gassen im Vergleich zu dieser Grosszügigkeit! In einer Querstrasse entdeckten sie ein elegantes Modegeschäft. Paris war d i e Modestadt in Europa, und was sie in den Auslagen an Kleidern und Schuhen sehen konnten, überbot Emilies Träume.

«Schau dir diese Stoffe an», schwärmte sie. «Und die hübschen Hauben. Hast du gesehen, Mutter? Die Bänder sind in ganz neuer Art um die Hauben geschlungen.»

«Hoffentlich haben wir im Landauer genügend Platz, um deine Aussteuer zu versorgen», bemerkte ihre Mutter zweifelnd. «Aber du hast recht, Emilie. Wenn wir dir schon Frühlingskleider für die Hochzeitsreise schenken müssen, so bestellen wir sie lieber gleich hier.»

Emilie war im siebenten Himmel, als der zuvorkommende Modesalonbesitzer sie in einen separaten Raum mit weissen Stoffen führte. Er zeigte ihr gezeichnete und kolorierte Modelle der Hochzeitskleider der kommenden Saison. ‹Die Frau Grossratspräsident wird das Berner Münster in eine Märchenwelt tauchen›, dachte sie und drückte ein Stück kostbarster Seide an ihr von goldenen Locken umspieltes Gesicht.

Eine halbe Meile vom Arc de Triomphe entfernt wurde Wilhelm Snell von Alexandre August Ledru-Rollin empfangen. Der Deputierte war Gründer der Zeitung «La Réforme» und verfasste dafür ebenso demokratisch orientierte Artikel wie Snell zwei Jahre zuvor für die «Berner Zeitung». Die ge-

genseitige Sympathie zwischem dem engagierten Franzosen und dem Rechtsprofessor aus der Schweiz war offensichtlich. Ledru-Rollin führte Snell zu einer kleinen Gruppe und nickte einem Mann mit sensiblen Augen und ohrlangen dunkelblonden Haarwellen zu. Sofort kam Louis Blanc ihnen entgegen und begrüsste Snell mit unerwarteter Herzlichkeit.

«Ich kann Ihnen versichern, lieber Professor, dass ich das Geschehen in der Schweiz mit Aufmerksamkeit verfolge. Was Ihre Schüler in Bern erreicht haben, sind in Frankreich noch Träume», meinte der Politiker und Journalist, der mit seinem Werk «Die Organisation der Arbeit» Aufsehen erregt hatte. Blanc kämpfte für ein neues Frankreich, in welchem die demokratisch gewählte Regierung die Arbeit programmieren und die sozialen Probleme der Arbeiter lösen sollte.

Wenige Minuten später nahm Louis Blanc seinen Rednerplatz vor der versammelten Bankettgesellschaft ein. Professor Snell hörte ihm gebannt zu. Zwar schien ihm, als stelle Blanc nicht die ganze Tragweite seiner sozialistischen Ideen dar, aber er verstand. Hier waren keine Arbeiter am Bankettieren, sondern Kleinbürger zu überzeugen. Wenn man sie für die republikanischen Ideen gewinnen konnte, wäre ein wichtiger erster Schritt getan.

Als Professor Snell am folgenden Abend mit seiner Frau und Emilie in einem Restaurant neben dem Hotel die Freuden der französischen Küche genoss, berichtete er vom Verlauf des Banketts. Er war verblüfft, mit welchem Interesse Emilie seinen Worten folgte. «Frankreich hat das Vertrauen in die Julimonarchie verloren», erklärte er seiner Tochter. «Die gegenwärtige Regierung hat der vielen Skandale und Korruptionsgeschichten wegen an Ansehen verloren. Das schlimmste Problem ist die Armut. Den Arbeitern geht es finanziell besonders schlecht.»

«Weshalb wehren sie sich nicht?»

«Sie warten auf ein Zeichen. Aber die republikanische Opposition will zuerst die bürgerliche Bevölkerung vorbereiten. Morgen kann ich euch mehr erzählen. Ich werde mit

Lamartine und Alexis von Tocqueville speisen. Tocqueville hat sich vor allem mit der Demokratie in Amerika befasst. Er ist überzeugt, dass sie auch in Frankreich siegen und selbst vor dem bevorrechteten Grossbürgertum nicht Halt machen ...» Snell unterbrach seinen Redestrom, als ein Bote des Hotels de Malte an ihren Tisch trat. Hinter dem Hoteldiener stand Rudolf Snell.

Der Professor sprang auf und umarmte seinen Sohn. Franziska strahlte. «So schnell haben wir dich nicht erwartet, Rudolf.»

«Ich wäre lieber noch einige Tage zu Hause geblieben», entgegnete Rudolf. «Wie so oft in der letzten Zeit hatte dein Niklaus aber einen dringenden Auftrag für mich.» Die letzten Worte richtete er lächelnd an seine Schwester.

«Hast du einen Brief für mich?», frage Emilie ungeduldig.

«Das auch, aber deshalb hätte ich sicher nicht ohne Rast die Riesenstrecke bis nach Paris zurückgelegt. Nein, Niklaus hat mir einen wichtigen Brief für dich mitgegeben, Vater.»

«Du weisst nicht, worum es sich handelt?»

«Doch, natürlich. Inzwischen hat er mich ja als Spion, Zeichner und Schreibstubengehilfen eingesetzt.»

«Dann erzähl doch», forderte Emilie.

«Nein», fiel ihr Vater ernst ein. «Es handelt sich um einen Kriminalfall. Im Interesse deiner ...»

«Ja, ja, ich habe verstanden.» Emilie erhob sich. «Im Interesse meiner Sicherheit darfst du mich nicht einweihen. Das Lied kenne ich von Niklaus. Komm, Mutter, gehen wir zu Bett! Morgen müssen wir früh zur Kleiderprobe.»

Während Rudolf schweigend eine Kleinigkeit zu sich nahm, wurde Professor Snells Geduld auf eine harte Probe gestellt. Dann begann sein Sohn zu sprechen: «Du weisst doch, dass wir alle Banken und Geldverleiher angeschrieben haben, um den Betrug im Zusammenhang mit der Entwässerungsgesellschaft Erlach aufzuklären.»

«Hat jemand geantwortet?»

«Ja, gleich nach fünf Tagen.»

«Und das ist so wichtig, dass du sofort zu mir eilen musst?»

«Nein, so hör doch zu, Vater. Niklaus ist zu jenem privaten Bankier ins Waadtland gereist …»

Rudolf Snell erzählte seinem Vater, dass Niklaus Niggeler Anfang Oktober die Postkutsche nach Lausanne bestiegen hatte, um mit jenem Privatbankier zu sprechen. Die Unterhaltung verlief allerdings nicht so, wie er erwartet hatte.

«Können Sie mir sagen, wer jenes Kreditgesuch gestellt hat?», fragte Niggeler den Bankier.

«Es ist mir mündlich angetragen worden, jedoch nicht vom Besitzer der Wertpapiere. Ein jüngerer Mann stellte sich als Anwalt vor und unterbreitete mir das Kreditbegehren.»

«Erinnern Sie sich an das Gespräch?»

«Der Mann sagte, er sei im Auftrag eines angesehenen Bürgers von Bern gekommen, der gegen Hinterlegung eines Aktienpakets der Entwässerungsgesellschaft Erlach einen Kredit erhalten möchte. Ich habe natürlich nach dem Namen des Wertpapierbesitzers gefragt», sagte der Bankier.

«Ja, und?»

«Der Vermittler wollte ihn nicht nennen. Wenn ich interessiert daran sei, den Kredit zu gewähren, so würde sein Auftraggeber nächstentags selber vorsprechen.»

«Sind Sie darauf eingegangen?»

«Nein. Die Sache gefiel mir nicht. Aber Sie wissen ja, es gibt Bankiers und Bankiers. Die einen sind wie ich, geben Kredite zu relativ niedrigen Zinssätzen und machen dafür nur blitzsaubere Geschäfte. Andere verlangen mehr …»

«Ja, natürlich. Die Wucherer.»

«Es gibt auch noch etwas zwischendrin. Jedenfalls habe ich dem Vermittler die Adresse eines Kleinbankiers gegeben, der dem Gesuch möglicherweise stattgegeben hat.»

«Sie wissen es nicht?»

«Nein. Der Zufall will es, dass er im letzten Winter seine hiesige Tätigkeit aufgegeben hat, um sich einträglicheren Geschäften an der Börse von Paris zu widmen.»

Rudolf übergab Snell den Brief Niggelers und sagte: «Deshalb bin ich jetzt schon hier, Vater. Niklaus hat mir die Adresse des nach Paris ausgewanderten Bankiers gegeben.»

«Gut, wir wollen ihn morgen früh zusammen aufsuchen», gab der Professor zur Antwort. «Am Abend allerdings steht mir ein Essen mit hochbrisanter politischer Diskussion bevor.» Und was der mitteilfreudige Snell den Frauen nicht hatte fertig erzählen können, eröffnete er nun seinem Sohn. «In Wirklichkeit wollen die französischen Freunde der Demokratie mir nicht etwas mitteilen, sondern mich aushorchen. Sie wissen von den Ereignissen in der Schweiz. Aber sie haben keine Ahnung, ob und wann das eidgenössische Pulverfass explodieren wird.»

«Das möchten sie von dir erfahren?»

«Ja. Es ist für Frankreich, aber auch für die Liberalen in Italien und in Österreich, in Frankfurt und in Berlin wichtig zu wissen, wann bei uns der Funke zündet. Wenn es in der Schweiz zum Bürgerkrieg und zur Revision des Bundesvertrags kommt, könnte dies ein Lauffeuer durch ganz Europa nach sich ziehen.»

«Was wirst du ihnen sagen, Vater?»

«Die Wahrheit. Ich kenne die bernischen Delegierten und auch andere radikale Abgeordnete … Die Zwölfermehrheit wird bestimt erreicht, wenn Ochsenbein, Stämpfli und die entschlossenen Tagsatzungsgesandten von Zürich, St. Gallen, Solothurn und Aargau die Auflösung des Sonderbunds mit Waffengewalt verlangen. Es wird zum Bürgerkrieg kommen, Rudolf. Gewinnen wir ihn, so kann sich der demokratische Gedanke in einem erneuerten Bund durchsetzen. Dies wird auch den Franzosen ein Zeichen sein, und ich halte es für richtig, dass sie es frühzeitig erkennen.»

Bevor er sich am folgenden Tag mit Lamartine und Tocqueville traf, nahm Wilhelm Snell schweren Herzens die Feder zur Hand und schrieb einen Brief an Niggeler. Inhalt des Schreibens bildete das kurze Gespräch mit dem nach Paris ausgewanderten Kleinbankier, das am frühen Morgen enttäuschend verlaufen war. Genauso wie sein Kollege in Lausanne hatte der Finanzier das Kreditgesuch des Vermittlers abgelehnt.

«Was genau haben Sie jenem Anwalt erwidert?», wollte Snell wissen, als er den Waadtländer in der Nähe der Börse traf.

«Ich fragte nach dem Namen des Aktionärs, der seine Wertpapiere der Entwässerungsgesellschaft Erlach als Garantie für einen Kredit anbot. Aber der Anwalt wollte den mysteriösen Mann nur zu mir führen, wenn ich einverstanden war.»

«Und da haben Sie abgelehnt wie Ihr Kollege vor Ihnen?»

«Ja. Das Geschäft an sich hätte mich interessiert. Der Vermittler aber gefiel mir nicht. Sie müssen wissen, dass ich nach meinem Rechtsstudium an der Börse von Paris tätig war. Da hatte ich Gelegenheit, die französischen Anwälte kennen zu lernen.»

«Irgend etwas an diesem Mann hat Sie nicht überzeugt?», fragte Snell interessiert.

«Ja, Sie sagen es.» Der Finanzier zog seine Taschenuhr aus dem Gilet und erhob sich. «Ich muss zur Börse, tut mir leid. Ein letztes Wort zu jenem Vermittler… Er sprach ein kultiviertes Französisch, vermutlich aus Paris. Seinem Aussehen nach aber erinnerte er mich mehr an einen Halbweltmann als an einen Anwalt.»

«Haben Sie ihm zu einer anderen Adresse geraten?»

«Lassen Sie mich nachdenken … Doch, ja. Ich habe vage angedeutet, er könnte sich an einen der kleinen jüdischen Geldverleiher im Bernbiet wenden.»

44

«Diesmal brauchst du nicht Moosmanns Finanzexperten Conrad Collin zu bemühen, Niklaus», wandte sich Jakob Stämpfli an seinen Freund, als sie Snells Eilbrief aus Paris gelesen hatten. «In den jüdischen Kreisen der Republik Bern habe ich nur Freunde.» Stämpfli hob das Glas Portwein, das Niggeler ihm im Salon seiner Junggesellenwohnung an der Gerechtigkeitsgasse eingeschenkt hatte.

«Das habe ich nicht gewusst.»

«Erinnerst du dich nicht? Eine der ersten Verhandlungen unserer neuen Regierung betraf die veraltete Judenverordnung.»

«Hast du das fertig gebracht?»

«Ja. Die Juden Berns haben bald nach meiner Wahl zum Finanzdirektor eine von Daniel Weill angeführte Delegation zu mir geschickt. Ihre Argumente gegen das verstaubte Gesetz waren so stichhaltig, dass ich sie guten Gewissens dem Gesamtregierungsrat vortrug. Das werden sie mir nie vergessen.»

Im September 1846 wurde die strenge Verordnung von 1819 aufgehoben und die Juden unter das allgemeine Fremdengesetz gestellt. Damit waren die politischen und bürgerlichen Rechte nicht mehr mit der Religion verknüpft. Wollten sich auswärtige Juden im Kanton Bern niederlassen, so unterstanden sie den gleichen Grundsätzen wie andere Fremde.

«Wenn du dich beeilst, kannst du Daniel Weill noch heute Abend fragen», drängte Stämpfli und kritzelte eine Adresse auf ein Blatt Papier. «Sag ihm einen Gruss von mir und … doch nein, ich schreibe ihm gleich selbst ein paar Zeilen. So wird er alle Erkundigungen einziehen, die du benötigst. Morgen beginnt wieder die Tagsatzung. Da wirst du keine Zeit mehr haben für Nachforschungen.»

Im Gespräch mit dem Tuchhändler Daniel Weill erfuhr Niggeler, dass er mit seinem Rundschreiben nur die Banken und einen Teil der privaten Kreditinstitute erfasst hatte. Daneben existierte ein Netz von sporadischen Bankiers, die vorwiegend als Kaufleute arbeiteten. Niggeler begriff, dass er ohne Weill niemals in dieses Labyrinth der Geldverleiher würde eindringen können.

«Keine Sorge, Herr Grossratspräsident», sagte Weill zu seinem späten Besucher. «Wenn ein jüdischer Geldverleiher jene Aktien als Garantie für einen Kredit angenommen oder angeboten bekommen hat, so werde ich das bald wissen. Auch wenn ich nichts herausfinden sollte, will ich mich in einigen Wochen wieder bei Ihnen melden.»

Die politischen Ereignisse überstürzten sich in den letzten Oktobertagen, so dass Niklaus Niggeler vom Warten auf Daniel Weills Antwort abgelenkt wurde.

Am 27. Oktober tauchte Lorenz Rustinger in Bern auf.

«Schlimme Nachrichten, Niklaus», sagte er. «Ich habe noch nichts für die Zeitung verfasst. Es wäre zu gefährlich, luzernkritische Berichte durch die Zentralschweiz zu tragen.»

«Soll ich aufschreiben, während du berichtest?»

«Nein, Niklaus. Vorerst möchte ich dir einfach alles erzählen. Später will ich hier die Artikel verfassen. Du kannst sie morgen früh abholen.»

«Gut, dann fang an.»

«Machen wir es wie immer. Berichte du zuerst mir, was sich letzte Woche in der Tagsatzung ereignet hat. Du weisst, wie mich das interessiert. Leider erfährt man in Luzern alles zu spät und meist verfälscht.»

Zu Rustingers Überraschung stand Niggeler auf und ging in den kleinen Vorraum der Mansarde an der Brunngasse, um mit einer Schüssel und zwei Tellern wiederzukommen. «Es ist Zeit für das Abendessen», sagte er. «Ich vermute, dass du den ganzen Tag nichts zu dir genommen hast.»

«Da hast du allerdings Recht, Niklaus. Meine Träume nähren sich von der Erinnerung an die schöne Angelika. Der

Magen kommt fast immer zu kurz.» Mit Heisshunger machte sich Rustinger über das noch warme Eintopfgericht mit Fleisch und weich gekochten Dörrbohnen her und griff erfreut nach dem Rotweinglas.

«Meine Haushälterin versteht sich auf solche Speisen», lobte der Fürsprech gleich selbst, denn der andere war damit beschäftigt, riesige Mengen zu verschlingen.

«Nun also die letzten Neuigkeiten, Lorenz», begann Niggeler nach einigen Minuten. «Weisst du schon, dass die Entscheidungen auf kantonaler Ebene gefallen sind?»

«Die Beschlüsse zur Auflösung des Sonderbunds durch Truppen der Tagsatzung?»

«Ja, das meine ich. Am hitzigsten ist die Diskussion in St. Gallen verlaufen. Am 12. bis 14. Oktober haben die Parteien während neunzehn Stunden debattiert. Wahre Ströme ostschweizerischer Redekunst sind geflossen, aber alle Bedenken sind schliesslich vom Tisch gefegt worden. Am 20. Oktober ist die Proklamation seitens der Tagsatzung nur noch pro forma erlassen worden. Aber du weisst ja selbst, dass die Sonderstände diese letzte Aufforderung zur friedlichen Auflösung ihres Bunds in den Wind geschlagen haben.»

Als die Tagsatzung über die Proklamation debattierte, sagte der einzige Vertreter des Standes Luzern, man solle sich keine Illusionen machen. Unterwalden betitelte die Proklamation als neuen Eingriff in die Kantonssouveränität, und der Repräsentant aus dem Wallis wollte die eidgenössische Versammlung zu Tränen rühren: das Walliser Volk habe einstimmig erklärt, dass es lieber den Tod wolle als eine Berner Provinz zu werden.

Die Sonderbundskantone rüsteten weiter, und am 24. Oktober beschloss die Tagsatzung ein Truppenaufgebot von 50'000 Mann. Als Oberkommandant und General erwählten die Gesandten mit grossem Mehr den Genfer Wilhelm Heinrich Dufour.

«Mehr kann ich dir im Moment nicht sagen, Lorenz. Einer Auflösung des Sonderbunds mit Waffengewalt steht nichts mehr im Weg. In den nächsten Tagen wird entschieden, wann die Truppen losziehen sollen.»

«Auch in Luzern bereitet man sich fieberhaft auf den Bürgerkrieg vor», erzählte Rustinger. «Die Hammerschmiede von Torenberg giesst Tag und Nacht Kanonenkugeln. Bereits sind Gewehre, Kaputröcke und Munition an alle Sammelplätze der Landwehrbataillone abgegeben worden. Für die Landwehrmannschaft sind die Aufgebote ergangen.» Rustinger trank einen weiteren Schluck Wein. Dann fuhr er dramatisch fort: «Ich glaube fast, Niklaus, dass die Sonderbündler den bevorstehenden Krieg mit einem Kreuzzug verwechseln. Bei den Fahnenweihen des Landsturms werden aufpeitschende Predigten gehalten. So hat ein Priester behauptet, dass jeder Mann, der in diesem gerechten Krieg gegen ungläubige Horden falle, im Dienste der Kirche sterbe und selig werde. Kann man noch schlimmer fanatisieren?»

«Was sagt man in Luzern zu den Beschlüssen der Tagsatzung?»

«Ich glaube, das Volk ist nicht richtig informiert. Die Leute wissen nicht, mit welcher Ruhe in Bern die Entscheide gefällt werden und dass mit General Dufour ein hervorragender Mann zum Oberbefehlshaber gewählt worden ist.»

«Da hast du recht, Lorenz», unterbrach Niggeler den Korrespondenten. «Dufour ist der denkbar geeignetste General. Ich bin froh, dass unser Freund Ochsenbein es nicht geschafft hat. Dufours humaner, ruhiger Charakter wird unserer Sache nützen.»

«Ja, aber lass mich weitererzählen. In Luzern wird das Volk bewusst falsch unterrichtet. Am 19. zirkulierten Gerüchte, die Zürcher weigerten sich, gegen den Sonderbund zu ziehen. Gestern hat man mit solcher Überzeugung behauptet, die Berner seien in voller Revolution und die Milizen der Regierung untreu, dass ich weiss Gott selbst fast daran geglaubt habe.»

«Bist du deshalb hergekommen?» Niggeler konnte ein Grinsen nicht zurückhalten.

«Nein, aber Spass beiseite. Das ganze Geschwätz vom heiligen Krieg hetzt das Volk der Sonderstände gefährlich auf. Die Leute werden kämpfen, als ob es nicht um die Jesuiten, sondern um ihr Leben und ihre Freiheit gehen würde.»

«Wir wollen doch allen Schweizern die Freiheit verschaffen!»

«Ja, du sagst es. Sicher wissen das auch viele Sonderbündler. In einer Wirtschaft habe ich einen mutigen Luzerner aussprechen hören, was auch andere denken: Wenn er wüsste, dass die Liberalen nichts am Glauben ändern wollten, würde er von ganzem Herzen den Sieg der Liberalen wünschen. Er traue den heutigen Tonangebern in Luzern nicht mehr...»

«Du weisst, dass du nochmals nach Luzern zurückkehren musst, Lorenz», sagte Niggeler leise. «Jetzt wird es ernst. Hast du eine Möglichkeit, sofort zu erfahren, wann der Krieg losgeht?»

«Ja, Niklaus. Ich habe zu einer List gegriffen. Wir drei, mein Freund aus der Wirtschaft und sein Verwandter, der in der Kanzlei des Schultheissen arbeitet, wollen miteinander anstossen, sobald der Bürgerkrieg ausbricht.»

«Du wirst vor Siegwart-Müllers Eingangstor Dauerstellung beziehen müssen. Wenn Lanz auftaucht und mit einer Botschaft das Haus des Schultheissen verlässt, musst du ihn fassen.»

«Ich weiss. Das Problem ist nur, dass ausser Lanz vermutlich noch andere Boten Meldungen wegbringen. Wie soll ich die alle überwachen?»

«Militärische Anweisungen, die offiziell verschickt werden, interessieren uns nicht. Die Tagsatzungstruppen sind überlegen, Lorenz, und General Dufours Strategie wird den Krieg zu einem Kinderspiel machen.»

«Trotzdem soll ich an die Reuss zurückkehren und mein Leben riskieren?»

«Du willst nicht verstehen, Lorenz! Es geht doch gar nicht um den Krieg zwischen Eidgenossen. Gefährlich für die Frei-

heit der Schweiz wird es erst, wenn das Ausland eingreift. Ich
bin sicher, dass Siegwart-Müller alle Hebel in Bewegung setzen wird, um Österreich, Preussen und Frankreich zu mobi-
lisieren. Da nicht alle Luzerner mit ihm einverstanden sind,
wird er seine Botschaft nicht offiziell absenden, sondern sie
heimlich von zu Hause aus durch einen in Luzern unbekannten Boten befördern lassen: zum Beispiel durch unseren
Gustav Lanz.»

«Gut, Niklaus. Ich werde aufpassen und den Spion irgendwie zu fassen kriegen. Und dann nageln wir ihn auch
gleich für die Morde an den Finanzbeamten fest.» Ohne ein
weiteres Wort griff Rustinger zur Feder, um seine Artikel für
die nächste Ausgabe der «Berner Zeitung» zu verfassen. Niggeler zögerte, sagte Rustinger dann aber nichts von den parallel laufenden Abklärungen, die der Tuchhändler Daniel
Weill für ihn betrieb. Er klopfte dem Freund auf die Schulter, ehe er besorgt die knarrende Holztreppe hinunterstieg.

45

Am 28. Oktober 1847 versuchten baslerische Abgeordnete ein letztes Mal zu vermitteln und die Tagsatzung vom Bürgerkrieg abzuhalten. Aber die Mehrheit konnte Bernhard Meyers Forderungen unmöglich entsprechen. Des Sieges und der ausländischen Hilfe sicher, forderte der Luzerner vor den versammelten Vertretern der Eidgenossenschaft die Entlassung aller aufgebotenen Tagsatzungstruppen. Meyer wollte die Jesuiten- und die Klosterfrage dem Papst und den fremden Mächten unterbreiten und lehnte eine Bundesrevision ab, die nicht einstimmig alle Kantone guthiessen. Einen Tag später erschienen die sonderbündischen Vertreter das letzte Mal zur gemeinsamen Sitzung. Ihr Begehren wurde nach erbitterten Diskussionen wiederum abgelehnt.

Niklaus Niggeler sass in der Reihe der Zeitungskorrespondenten und schrieb wörtlich mit, als Bernhard Meyer sich erhob und seinen Protest verlas. Tränen liefen dem Luzerner über die Wangen, er gestikulierte und rief den Himmel zum Zeugen an. «Die sieben Stände sind am Bürgerkrieg unschuldig.» Seine zitternde Stimme veranlasste die Vertreter Neuenburgs und Baselstadts zu lauten Schluchzern. Dann standen die sonderbündischen Gesandten wie ein Mann gleichzeitig auf und gingen demonstrativ aus dem Saal.

Auch Niggeler und die anderen Korrespondenten verliessen ihre Sitze, denn der Trommelschlag der Wache war deutlich. Die Zeiten der Verhandlungen waren abgeschlossen. Jetzt würden die Waffen sprechen. Am nächsten Tag berief die Tagsatzungsmehrheit die Reserven. Die letzten Vorbereitungen zum Sonderbundskrieg liefen auf Hochtouren.

Was den bevorstehenden Bürgerkrieg im letzten Moment für die Radikalen zu einem Alptraum machte, war die Ungewissheit, was das Ausland betraf. Der englische Aussenminister Lord Palmerston, der bisher kompromisslos für die Schweiz aufgetreten war, zeigte sich über die Kriegsgewissheit überrascht und beunruhigt. Seine Schweizpolitik hatte plötzlich den Anstrich eines Abenteuers. Über die Stärkeverhältnisse der Eidgenossenschaft nur mangelhaft informiert, überschätzte er die Widerstandskraft der Sonderbundskantone. Daher tendierte er zur Vorsicht, denn ein Sieg des Sonderbunds hätte den Lord lächerlich gemacht.

Ulrich Ochsenbein in Bern war über Palmerstons neueste Befürchtungen nicht im Bild und machte in seinen Reden und Schriften unbescheiden vom englischen Wohlwollen Gebrauch. So sickerte das vom Tagsatzungspräsidenten in Umlauf gebrachte Gerücht durch, der englische Lord Minto habe ihm auf seiner Durchreise anvertraut, England werde keinesfalls eine fremde Intervention zulassen. Als Lord Palmerstons Zurechtweisung in der Schweiz eintraf, atmeten die Sonderbundskantone auf, und die Radikalen befürchteten das Schlimmste. Der englische Aussenminister kanzelte Ochsenbein scharf ab und sagte wörtlich, Grossbritannien behalte sich für den Fall Schweiz fessellose Freiheit vor.

In einer geheimen Unterredung forderte der britische Gesandte Peel Ochsenbein im Namen Englands auf, eine Kriegserklärung zu vermeiden. Die Aussicht auf einen Sieg sei zweifelhaft und man müsse mit einer bewaffneten Einmischung Österreichs und Frankreichs rechnen.

Ochsenbeins Antwort war ebenso entschieden wie Peels Auftreten. Er entgegnete dem Diplomaten, für Unterhandlungen sei es zu spät, und man wolle es mit den 100'000 Mann darauf ankommen lassen. Die Schweiz habe eine zentralistische Bundesreform im Sinn und wolle sich ein für allemal gegen das ständige Dazwischenfunken der ausländischen Mächte wehren. Noch in Peels Anwesenheit rief Ochsenbein nach den Tagsatzungsgesandten aus Zürich und Solothurn. Wenige Minuten nach der Unterredung mit dem radikalen Zürcher Jonas Furrer und dem Solothurner Josef Munzinger war die Kriegserklärung beschlossen. In London aber zweifelte Lord Palmerston immer mehr an der radikalen Sache in der Eidgenossenschaft. Als der Bürgerkrieg ausbrach, war unklar, wie der englische Aussenminister sich verhalten würde. Wollte er die Intervention der Mächte verhindern oder sich ihr gar anschliessen?

In der vom Kriegsfieber erfassten Schweiz ignorierte man die Schachzüge der fremden Staaten und machte den entscheidenden Tagsatzungsbeschluss vom 4. November bekannt. In einer Proklamation an die eidgenössischen Wehrmänner und einer Erklärung an die Schweizer Nation erfuhr die Bevölkerung vom Beschluss, den Sonderbund mit Gewalt aufzulösen. In Bern wurde die Botschaft an die Armee öffentlich vorgelesen. «Ihr habt die Waffen ergriffen, um den zweiundzwanzig Kantonen einen dauerhaften Frieden zu sichern.»

Während das Volk jubelte, liess Metternich an der österreichischen und lombardischen Grenze Militär zusammenziehen. Die Sonderbundsoffiziere starteten eine Offensive über den Gotthard, um eine Vereinigung der eigenen Armee mit den österreichischen Truppen zu erreichen. Die Angriffe der Sonderbündler waren demnach verzettelt.

General Dufour führte seinen ersten Hauptstoss gegen Freiburg. Er verriet allerdings mit seinem Tagesbefehl vom 5. November, dass er diesen Bürgerkrieg persönlich nie gewünscht hatte und möglichst rasch und schmerzlos beenden wollte. «Wehrmänner», schrieb Dufour am ersten Kriegstag. «Ihr müsst aus diesem Kampf nicht nur siegreich, sondern auch vorwurfsfrei hervorgehen. Man soll nachher von Euch sagen müssen, dass Ihr überall, wo es nötig war, mutig gekämpft, Euch aber auch menschlich und grossmütig gezeigt habt.»

Bei Kriegsausbruch sass Lorenz Rustinger mit seinen jesuitenfreundlich gesinnten Kumpanen in einer Schenkstube und stiess mit erhobenem Glas auf den Sieg an, ohne auszusprechen auf welchen. Die Kameraden klopften dem fanatisch ausrufenden jungen Mann mit den strahlenden Augen freundschaftlich auf die Schulter und waren nicht erstaunt, dass er wenige Minuten später eine Entschuldigung von wichtigen Interessen des Vaterlands murmelte und das Lokal verliess.

Als Rustinger in unauffälliger Kleidung vor dem Haus des luzernischen Schultheissen Stellung bezog, wusste er, dass alle Brücken zum Heimatkanton abgebrochen waren. In Folge des Beschlusses der Tagsatzung hatte der bernische Regierungsrat beschlossen, jeglichen Verkehr zwischen dem Kanton und den Sonderbundsständen zu unterbrechen. Rustinger war auf sich allein gestellt … Er verharrte die ganze Nacht lang hinter einem Baum und war froh, als Siegwart-Müller bereits im Morgengrauen sein Heim verliess, um zum Rathaus zu gehen. Rustinger legte sich für einige Stunden schlafen, nahm aber vor der Mittagszeit seinen versteckten Platz vor Siegwarts Haus wieder ein. Am Abend zog er sich warm an, packte die Pistole in seine kleine Tasche und bereitete sich auf eine weitere Wartenacht im Freien vor. Seine Spannung wuchs, als er Stunde um Stunde an einen Baumstamm gelehnt jede Bewegung auf der Strasse registrierte und sich mehr als einmal vorbeugen musste, wenn jemand zufällig an Siegwarts Tor vorbeiging.

Um drei Uhr morgens nickte Lorenz Rustinger ein und erwachte, als sein Körper langsam dem Baumstamm entlang nach unten rutschte. Lautlos fing er sich auf und drückte sich hinter dem Baum an die Mauer, als von der Reuss her ein blonder Mann auf das Haus des Schultheissen zusteuerte und im Toreingang verschwand. Gustav Lanz! Rasch verliess Rustinger seine Stellung. Er schlich den Hausmauern entlang stadtauswärts und wartete an einem Punkt, wo die von ihm beobachtete Strasse und eine schmale Gasse, die an den hinteren Teil von Siegwarts Haus grenzte, zusammenliefen. Eine halbe Stunde später trat Lanz aus einem Hintertürchen in die Gasse und lief geradewegs in Rustingers Richtung. Dieser trat etwas zurück hinter ein Gebüsch. Dann nahm er die Verfolgung auf. Mit sicheren Schritten näherte Gustav

Lanz sich dem Stadttor im Norden und hielt erst an, als er von einer Wache angesprochen wurde. Diesen Moment benutzte Rustinger, um unbemerkt hinter eine bespannte Kutsche zu schlüpfen, deren Pferd neben dem Stadttor angebunden war. Der Wagen hatte ausser der bequemen Bank für den Lenker einen zusätzlichen hinteren Sitz, auf dem eine Decke lag. Als das Pferd einige tänzelnde Schritte machte, duckte Rustinger sich noch tiefer hinter den Einspänner und spitzte die Ohren. Mühelos konnte er jedes Wort hören, das zwischen dem Militärbeamten und einem herbeigerufenen zweiten Uniformierten gewechselt wurde. Lanz zeigte seinen vom Schultheissen unterzeichneten Passierschein. Zwischen den Rädern hindurch konnte der im Dunkeln kauernde Rustinger sehen, wie ein vom Fackellicht beleuchteter Wachmann in seine Richtung deutete. «Wir haben hoffentlich das richtige Gefährt ausgewählt. Das Pferd ist …» Rustinger hörte den Rest des Satzes nicht mehr. Vorsichtig hob er auf der Seite der Stadtmauer die Decke von ihrem Platz in der Kutsche, schwang seine langen Beine unter den Sitz und duckte sich. Dann breitete er das Tuch über sich aus.

Als der Einspänner gleichmässig über die Landstrasse ratterte, fühlte Rustinger sich wie gerädert. Da er mit Lanz allein war auf weiter Strecke, schob er die Decke als bequemere Unterlage auf den Kutschenboden. Obwohl der Lenker durch das geschlossene Verdeck von ihm getrennt war, blieb Rustinger zusammengeduckt auf dem Kutschenboden liegen. Aufrichten würde er sich erst später. So nahe bei Luzern wollte er nicht von nächtlichen Passanten bemerkt werden. Er legte den Kopf auf seine Tasche und schlief sofort ein.

Das langsamere Rasseln der Kutschenräder riss ihn aus dem Schlaf. Er streckte vorsichtig den Kopf ins Freie und sah weit hinter sich die Umrisse eines Städtchens. Offenbar hatten sie Beromünster hinter sich gelassen. Rustinger wusste nun, dass Lanz nicht auf dem Weg zur österreichischen Gesandtschaft in Zürich war, sondern direkt dem Kanton Aargau entgegenfuhr. Wenn Lanz das Wagnis auf sich nahm, bei

Nacht und Nebel nördliches Feindesland zu durchqueren, so
konnte dies nur eines bedeuten. Der Spion wollte geradewegs
nach Süddeutschland und von da aus nach Österreich reisen.
Er hatte vermutlich eine wichtige Botschaft bei sich.

Kurz vor der aargauischen Grenze war die Fahrt zu Ende.
Rustinger war Lanz insgeheim dankbar, dass dieser nicht auf
offenem Feld, sondern in einem Wäldchen anhielt. Offenbar
bemühte sich auch Lanz um Deckung. Rustinger schlüpfte
vom hinteren Sitz auf den Laubboden und brachte sich hinter einem Gebüsch in Sicherheit. Er konnte nicht riskieren,
von Lanz bemerkt zu werden, solange man noch auf luzernischem Boden war, wo jederzeit Grenzwachen auftauchen
konnten.

Als Gustav Lanz die Kutsche verliess, trug er zu Rustingers Überraschung nicht mehr seinen Stadtanzug, sondern
abgetragene Hosen und eine Wolljacke, dazu eine Flinte und
eine Patronentasche. Der Mann band die Zügel des Pferds
nahe der Hauptstrasse an einen Baum, sah sich um und ging
durch die Felder weiter, indem er vorsichtig von Hecke zu
Hecke glitt. Rustinger tat es ihm nach, bis man in der Ferne
die Kantonsgrenze sehen konnte. Luzerner Wehrmänner
standen Wache bei robusten Verhauen aus umgestürzten Bäu-
men, welche die eidgenössischen Truppen aufhalten sollten.

Lorenz Rustinger traute seinen Augen nicht, als er plötzlich von Osten her fünf gebeugt schleichende Wehrmänner
erblickte, denen Lanz buchstäblich in die Arme lief. Er
duckte sich und beobachtete die seltsame Begegnung im
Mondlicht. Die Soldaten waren genauso verblüfft wie Lanz.
Sie dachten aber nicht daran, die in Hörweite patrouillieren-
den luzernischen Grenzwachen anzurufen oder gar zu
schiessen, sondern blieben unschlüssig stehen.

«Ich bin abgehauen, Freunde», sagte Lanz leise. «Im Aargau möchte ich mich auf die Seite der Liberalen stellen.»

Erleichtert flüsterte einer der schlecht gekleideten Luzerner: «Genau wie wir. Wir wollen zu den im Aargau statio-
nierten Zürchertruppen stossen.»

«Die Sache des Sonderbunds ist schon verloren, bevor der Krieg richtig begonnen hat», bemerkte ein geflüchteter Luzerner. «Die Angst wächst, und ich glaube, dass in einigen Tagen grössere Desertationen zu erwarten sind.»

Ohne weitere Worte machte sich Lanz gemeinsam mit den fünf Wehrmännern auf den Weg. Sie stiessen auf einen tiefen Graben, der von den Luzernern angelegt worden war, um die schwere Artillerie aufzuhalten. Da er über ein weites Stück unbewacht war, überquerten die sechs Männer ihn unbemerkt und gelangten auf Aargauerboden. Plötzlich tauchten Wachen der Zürchertruppen aus der Dunkelheit auf. Die geflüchteten Luzerner liefen ihnen freudig entgegen, und in der Verwirrung gelang es Gustav Lanz, sich hinter einem Baum zu verstecken. Er wollte die Soldaten nordwärts umgehen, als er den Lauf einer Pistole im Rücken spürte.

Alle Erklärungen Lanz' und das Geschrei der Luzerner, die sich freudig entwaffnen liessen und als Deserteure zu erkennen gaben, halfen nichts. Rustinger zog seinen von Ulrich Ochsenbein unterschriebenen Passierschein aus der Hosentasche. Insgeheim war er Niggeler dankbar, dass dieser Ende Oktober den Militärdirektor doch noch eingeweiht und um ein Legitimationspapier für ihn gebeten hatte.

Gustav Lanz begriff, dass eine Flucht unmöglich war. Er übergab einem Wehrmann aus Zürich seine Flinte und die Patronentasche, setzte sich auf einen Baumstamm und zog ein zusammengefaltetes Schriftstück aus der Brusttasche. Rustinger hatte sich durch das Herumreichen der Waffen nicht ablenken lassen und hielt seine Augen auf Lanz gerichtet. So bemerkte er das Blatt, das dieser geschickt unter seinen Stiefelabsatz schob. Als Lanz aufstand, drehte er fast unmerklich den linken Fuss hin und her und vergrub das Schriftstück unter der trockenen Erde.

«Nehmen Sie diesen Mann fest! Er ist ein Verräter, der die Schweiz ans Ausland verkaufen will», ertönten Rustingers schneidende Worte durch die Nacht. Lanz wurde unsanft gepackt und zu einem Offizier geführt. Lorenz Rustinger behändigte unbemerkt das gefaltete Papier, blies die Erde weg und steckte es in seine Hosentasche.

Am nächsten Tag beugten sich Ochsenbein, Rustinger und Niggeler über die Nachricht.

«Zum Schutze unseres Rechts und unserer Selbstständigkeit ersuchen wir Österreich um sofortige Besetzung des Kantons Tessin», schrieb Schultheiss Siegwart-Müller in seiner gleichermassen an Metternich wie an Erzherzog Rainer, den Vizekönig der Lombardei, und an Radetzky gerichteten Botschaft. «Aus Rücksicht auf den Frieden Europas laden wir Österreich ein, die Vormauer europäischer Ruhe und Ordnung nicht zusammenfallen zu lassen. Nur die bewaffnete Intervention der Grossmächte kann die Eidgenossenschaft dem Radikalismus entreissen. Die Revolution wird sonst auch Deutschland und Italien vernichten. Österreich muss die Kräftigung der Schweiz durch eine Bundesrevision verhindern. Das Kaiserreich sollte doch ein Interesse daran haben, dass Gotthard und Splügen nicht in die Hände einer zentralistischen vereinigten Nation gelangen.»

Während die drei Männer weiterlasen, konnte Rustinger einen verblüfften Ausdruck nicht unterdrücken. «Schaut her! Das ist ja ein wahres Interventionsprogramm. Die Kantone Graubünden und Tessin müssen von Österreich erobert werden. Frankreich soll das Wallis, Neuenburg, Genf und den Berner Jura besetzen.»

«Dann ist alles wahr, was uns an Gerüchten zugetragen wurde.» Ochsenbeins attraktives Gesicht schien fahl und gealtert. «Die Luzerner sollen schon im Spätsommer Pläne zur Stärkung der katholischen Gebiete nach Österreich geschickt haben.» Siegwart-Müller wollte einen territorialen Zusammenhang zwischen den altgläubigen Kantonen schaffen und schlug dem Wiener Hof die Einverleibung des Simmentals und des Berner Oberlands in die Kantone Wallis und Unterwalden vor. Zug sollte durch zürcherische Gebiete vergrössert, Glarus zwischen Uri und Schwyz aufgeteilt werden.

«Dieses Papier muss geheim bleiben», sagte Ochsenbein, als sie die verhängnisvolle Botschaft zu Ende gelesen hatten. «Wir wissen noch nicht, wie der Krieg ausgeht. Wenn solche Absichten des Sonderbunds an die Öffentlichkeit gelangen, so könnte die allgemeine Stimmung im liberalen Lager pessimistisch werden.»

«Wir wollen das Dokument sicher verschliessen», pflichtete Niggeler dem Militärdirektor bei. «Nach unserem Sieg aber muss der Landesverrat des sonderbündischen Kriegsrats gesühnt werden!»

«Ich sollte aufbrechen, damit es zu diesem Sieg kommt.» Ochsenbein bemühte sich vergeblich um ein Lächeln. «Ihnen, Rustinger, ist die liberale Schweiz zu Dank verpflichtet. Siegwart-Müller glaubt, dass seine Botschaft sicher auf dem Weg nach Österreich ist. Daher wird er sich in den nächsten Tagen ruhig verhalten. Bis er erfährt, dass Lanz nicht durchgekommen ist, wird es für ihn hoffentlich zu spät sein. Dank Ihnen, Rustinger, ist vermutlich eine Intervention Österreichs verhindert worden …»

46

Das von Metternich an die österreichische und lombardische Grenze befohlene Militär verhielt sich ruhig. Der Kanzler konnte den Einmarsch in die Schweiz unaufgefordert nicht wagen, auch weil sich in Italien die Lage laufend verschlechterte. Wenn Metternich auf ein offizielles Interventionsbegehren des sonderbündischen Kriegsrats an die Mächte Europas hoffte, so war sein Warten vergebens. Statt des von Siegwart-Müller heimlich verfassten und von den Bernern sichergestellten Aktenstücks machte lediglich ein sanftes Schreiben die Runde durch den Kontinent. Um von seinen wahren Absichten abzulenken, hatte der luzernische Schultheiss dieses harmlose Manifest an das Schweizervolk verfasst. Es war eine amtliche Rechtfertigung der Sonderbundskantone gegenüber der Mehrheit der Tagsatzung. Metternichs Reaktion traf Mitte November ein. «Nicht die sieben Stände tragen die Schuld für die Folgen des unheilvollen Beginnens», schrieb der Kanzler an den Kriegsrat des Sonderbunds. Siegwart-Müller freute sich über die moralische Sanktion von Österreichs Seite, wartete aber vergeblich eine Antwort ab auf sein Interventionsbegehren. Allmählich begann er zu ahnen, dass sein Schreiben nie bei Metternich angekommen war.

Bereits am 10. November hatte General Dufour den Einmarsch in den Kanton Freiburg bei Châtel-St.-Denis und Stäfis begonnen. Lorenz Rustinger, befreit von seiner Spionagetätigkeit in der Stadt Luzern, liess es sich nicht nehmen, als Kriegsberichterstatter der ersten und zweiten Armee-Division nachzureisen, die vor der Stadt Freiburg Stellung bezogen hatten. Während im fernen Laufen und in Neueneck die Reserve-Division des Kantons Bern unter Ochsenbein ihre Position bezog, sah Rustinger aus nächster Nähe, wie die Zwölfpfünder-Kanonenbatterien aufgestellt wurden.

In der Nacht vom 12. auf den 13. November regnete es fast ununterbrochen, die Stimmung bei den Truppen im Biwak aber war glänzend. Rustinger genoss es, endlich nicht mehr allein in Feindesland zu wirken, sondern sich mit Gleichgesinnten auf den Sieg zu freuen. Als sich herumsprach, dass Freiburg nur von 5000 Mann verteidigt wurde, feierten die 25'000 Angehörigen der eidgenössischen Armee euphorisch ihre Überlegenheit.

Lorenz Rustinger teilte die gute Laune der Wehrmänner. Den Misserfolg der Verhörversuche in Bern aber konnte er nicht vergessen. Während drei Tagen hatte er mit Niggeler in regelmässigen Abständen den eingekerkerten Gustav Lanz aufgesucht. Der Gefangene war in einem speziell gesicherten und von der Aussenwelt abgeschlossenen Trakt in einer fensterlosen Zelle untergebracht worden. Nur zwei vertrauenswürdige Wachmänner hatten Zugang zu ihm, denn die Nachricht von der Anwesenheit des Spions in einem bernischen Gefängnis hätte die Geheimhaltung des von Ulrich Ochsenbein weggeschlossenen luzernischen Dokuments zunichte gemacht.

Als der Grossratspräsident und sein Freund in die Gefängniszelle traten, sah Gustav Lanz nicht auf.

«Guten Tag, Herr Lanz», versuchte Niklaus Niggeler es auf die sanfte Weise. «Erlauben Sie, dass wir Ihnen einige Fragen stellen?»

Als keine Antwort kam, fuhr er fort: «Sie befinden sich in einer hoffnungslosen Situation. Wenn Sie sich jedoch entschliessen, mit uns zusammenzuarbeiten, könnte sich Ihre Lage verbessern.»

«Hören Sie, Lanz», fiel Rustinger mit schneidender Stimme ein und gab dem Gefangenen einen Stoss an die Schulter. «Sie sitzen wegen Hochverrat. Ein Zeichen von uns, und Sie werden schon morgen hingerichtet.»

«Ohne militärischen Prozess?» Lanz versuchte, seiner Stimme einen ironischen Ton zu geben. «Das können Sie nicht tun! Der radikale Kanton Bern stellt einen Mann ohne richterliches Urteil an die Wand? Nein, undenkbar. Sie wollen mir nur Angst machen.»

«Sie wissen, dass Landesverräter in Kriegszeiten ohne Verhör von der militärischen Instanz erschossen werden.»

«So seien Sie doch vernünftig», unterbrach Niggeler Rustingers wütenden Ausruf. «Das von Ihnen beförderte Schreiben Siegwart-Müllers ist beschlagnahmt worden. Was uns interessiert, sind zwei Fragen. Erstens: Hat der Schultheiss allein gehandelt oder mit dem Einverständnis des gesamten sonderbündischen Kriegsrats? Zweitens: Ist ein Doppel des Aktenstücks durch einen anderen Boten befördert worden?»

«Sie verlieren nur Ihre Zeit. Von mir erfahren Sie gar nichts.» Lanz versank in ein dumpfes Brüten, wandte sich ab und sagte kein Wort mehr.

Am dritten Verhörtag gab Niklaus Niggeler nach und akzeptierte den Vorschlag Rustingers. Im Morgengrauen des folgenden Tags schlossen zwei bewaffnete Wehrmänner Gustav Lanz' Zelle auf und führten ihn in einen verlassenen Hof. Er wurde zu einem Pfahl gestossen und angebunden. Einer der beiden Soldaten zog ein Aktenstück hervor und begann zu lesen: «Im Namen der Republik Bern wird der Landesverräter Gustav Lanz zum Tode durch Erschiessen verurteilt.» Der zweite Wehrmann wand dem Gefangenen ein Tuch um die Augen. Als er hörte, wie die Soldaten umständlich ihre Gewehre luden, verlor Lanz die Nerven. «Ich will mit Niggeler sprechen! Führt mich sofort zu Niggeler!»

Wenige Minuten später sass Lanz wieder in seiner Zelle. Den entschlossenen Gesichtern der beiden Besucher konnte er ansehen, dass keine Ausflüchte mehr möglich waren.

«Ohne Prozess können Sie mich nicht erschiessen», sagte er leise. «Sie haben überhaupt kein Recht darauf, mich zu richten. Ich bin kein Berner, ich bin österreichischer Staatsbürger.»

Niklaus Niggeler verschlug diese Mitteilung keineswegs die Sprache.

Lanz fuhr fort: «Mein Vater war österreichischer Offizier, meine Mutter ist eine strenggläubige Katholikin aus Wien.»

«Wie sind Sie nach Bern gekommen?», fragte Rustinger ungläubig.

«Wenige Monate nach der Hochzeit meiner Eltern fiel mein Vater in der Schlacht bei Wagram. Ich wurde erst nach seinem Tod geboren.»

«Ja und? So fahren Sie doch fort, Lanz!»

«Sie wissen, dass am Kongress der Siegermächte in Wien auch der Schweizer Pictet de Rochemont teilnahm. Nun, einer seiner Gefolgsleute, Roger Lanz, hat sich in meine Mutter verliebt.»

«Und sie hat den Berner geheiratet und ihren Sohn zum Spion erzogen?» Rustinger lächelte. Plötzlich verengten sich seine Augen zu schmalen Spalten. Mit harter Stimme sagte er: «So erzählen Sie uns doch keine Märchen, Lanz.»

«Unser Kanzler sah alles voraus», fuhr der Gefangene fort. «So rechnete er bereits 1815 damit, dass die Schweiz ein Revolutionsherd werden würde.»

Metternich baute über Europa verstreut ein Spionagenetz auf. Im Falle des damals erst fünfjährigen Gustav Lanz wollte man die Gelegenheit nutzen, einen Spion von klein auf zu erziehen und ihm eine perfekte Deckung zu schaffen.

«Es klingt wie ein Abenteuerroman, aber in meinem Fall hat es geklappt», bekannte Lanz. «Meine Mutter hatte nach dem Tode meines Vaters beschlossen, ins Kloster einzutreten und nie mehr zu heiraten. Meine Erziehung wollte sie ihren Brüdern überlassen, die in Jesuitenklöstern aufgezogen worden waren. Als der bernische Verehrer meiner Mutter von Heirat sprach, übernahmen meine Onkel das Kommando. Anna, meine Mutter, war völlig apathisch und fügte sich. Sie ging mit Roger Lanz die Ehe ein und sorgte dafür, dass ich adoptiert wurde. Aus Liebe zu seiner Frau versprach mein Adoptivvater, mich in Bern als seinen eigenen Sohn auszugeben.»

«Dann sind Sie also doch Berner und nicht Österreicher», triumphierte Rustinger.

«In der Hofburg in Wien ist ein geheimes Dokument verwahrt, das mir auf alle Zeiten das österreichische Bürgerrecht zusichert, auch wenn ich eine andere Nationalität erwerben sollte», erklärte der Gefangene. «Natürlich ist das erste Bürgerrecht das echte, und damit ist das zweite ohne Bedeutung.»

«Und Sie sind in Bern von einem schweizerischen Vater zum österreichischen Spion erzogen worden?» Rustinger konnte nicht glauben, was er hörte.

«Der Zufall hat mitgeholfen», berichtete Lanz mit düsterer Stimme. «Ungefähr ein Jahr nach ihrer Wiederverheiratung wurden meine Mutter und mein Adoptivvater zu einer Bergwanderung eingeladen. Dabei ist er abgestürzt.»

«Jetzt ist alles klar», kommentierte Niklaus Niggeler. «Allein von Ihrer Mutter betreut, sind Sie im Geheimen ganz als Österreicher erzogen worden.»

«Nicht nur das. Meine Mutter behielt ihren Wohnsitz in Bern, kehrte aber häufig monatelang in ihre Heimat zurück. Während dieser Zeit wurde ich in einem Jesuitenkloster unterrichtet.»

Als Sohn eines angesehenen Berners durchlief Gustav Lanz eine gute Ausbildung und hatte keine Mühe, eine Beamtenstelle zu finden. Nach einigen Jahren Tätigkeit in der Finanzdirektion gelang es ihm, in die Militärdirektion überzuwechseln. Dort wirkte er mit dem einzigen Zweck, Nachrichten zu sammeln, Register und Urkunden zu kopieren im Dienste Österreichs.

Rustinger drehte sich auf der schmalen Matte im Zelt vor Freiburg und verscheuchte seine Gedanken an Lanz. Niggeler und er hatten viel erfahren, aber im Grunde waren es nutzlose Informationen. Der eingekerkerte Österreicher weigerte sich, den sonderbündischen Kriegsrat oder gar Metternichs Absichten betreffende Fragen zu beantworten. Lanz' Drohung dröhnte immer noch in Rustingers Ohren.

«Wehe, wenn Sie mir ein Haar krümmen», hatte er laut gerufen. «Ich bin österreichischer Bürger, und wenn der Son-

derbund mit Hilfe der europäischen Mächte den Krieg ge-
wonnen hat, so werden Sie es bereuen, mich schlecht behandelt zu haben.»

«Machen Sie sich keine falschen Hoffnungen», wandte
Niggeler ein. «Die eidgenössischen Truppen werden siegen,
und Ihnen wird man wegen Mord und Hochverrat den Prozess machen.»

«Reden Sie doch keinen Unsinn. So oder so werde ich
nach dem Krieg freigelassen, und ich kann es kaum erwarten, dieser verhassten Stadt den Rücken zu kehren.»

Rustinger und Niggeler hörten einen tiefen Widerwillen
aus Lanz' Stimme heraus und begriffen. Der Österreicher
hatte sich fast während seines ganzen Lebens als Fremder,
als heimlicher Feind der Schweiz gefühlt. Vermutlich hatte
ihm nur das fanatische religiöse Fieber die Kraft gegeben, so
lange fern der Heimat auszuharren. Als Soldat Metternichs.

Lorenz Rustinger hoffte, Lanz nicht so bald wiederzusehen und konzentrierte sich als Berichterstatter auf das
Kriegsgeschehen. Schon am übernächsten Tag, am 14. November, gab Freiburg auf und übergab der eidgenössischen
Armee alle Befestigungen. Die Abgeordneten Freiburgs erklärten die Unterordnung des Kantons unter die Tagsatzungsbeschlüsse.

47

Am 21. November kapitulierte Zug, und nach den Gefechten bei Meyerskappel, Honau und Gislikon ergab sich am 24. November die Stadt Luzern. In den Tagen danach folgten Ob- und Nidwalden, Schwyz, Uri und das Wallis. Der Sonderbundskrieg war zu Ende und hatte nur hundert Männern das Leben gekostet. Trotz aufgestautem Hass war das uralte eidgenössische Freundschaftsgefühl so stark, dass man auf beiden Seiten lieber danebenschoss.

Als der Kriegsrat des Sonderbunds Feldmarschall Radetzky offiziell um militärische Besetzung des Kantons Tessin ersuchte und ein weiteres Interventionsbegehren an Metternich richtete, war der Sonderbundskrieg vorbei. Der Kriegsrat flüchtete über den Vierwaldstättersee nach Uri, wobei Siegwart-Müller die Staatskasse mitlaufen liess.

«Bereits am 26. November ist Ihr feiner Verbündeter im Jesuitenkloster in Brig eingetroffen», rüttelte Niklaus Niggeler den Anfang Dezember immer noch apathisch im Kerker sitzenden Gefangenen auf. «Der luzernische Schultheiss hat sich über Domodossola nach Mailand abgesetzt. Der Krieg ist vorbei, Lanz, und keine Macht wird Sie befreien.»

«Was geht mich Luzern an? Hören Sie doch mit Ihren Erklärungen und Fragen auf. Was wollen Sie überhaupt noch von mir? Mich anklagen, weil ich einen Brief von Luzern in den Aargau getragen habe?»

«Sie werden Ihren Kopf verlieren. Ist Ihnen das nicht klar?», fragte Stadtpolizeidirektor Luzius Häuselmann, der erstmals an einem Verhör teilnahm.

«Sie sind verrückt», schrie Lanz. «Sie können mir überhaupt nichts nachweisen. Einen österreichischen Staatsbürger kann man nicht irgendwelchen Gerüchten wegen zum Tode verurteilen.»

«Gerüchte, Lanz? Sie haben drei Menschen ermordet und sprechen von Gerüchten?»

Der Spion blickte verstört auf und richtete seinen Blick unsicher auf Niggeler und Häuselmann. «Was behaupten Sie da?», fragte er leise. «Ich habe nie in meinem Leben einen Menschen getötet. Nun gehen Sie, ich werde nichts weiter sagen.»

An den folgenden Tagen liess sich Lanz auf keine Unterhaltung ein. Niggeler bemühte sich auch nicht mehr, ihn zum Sprechen zu bringen. Denn in den ersten Dezembertagen überschlugen sich die politischen Ereignisse.

Um eine Intervention der Festlandmächte zu verhindern, hatte Lord Palmerston vor dem Sonderbundskrieg europäische Vermittlungen angebahnt. Geplant war eine Konferenz in London, auf der die fünf Mächte, die Tagsatzung und der Sonderbund vertreten sein sollten und welche der Schweiz Friedensvorschläge machen wollte. Frankreich und England feilten so lange am Entwurf mit den Bedingungen herum, dass der Bürgerkrieg inzwischen ungestört ablaufen konnte. Als man sich schliesslich einigte, übergaben die Gesandten von Frankreich, Österreich, Preussen und Russland der vorörtlichen Regierung ihre Noten. Stratford Canning, der Gesandte Palmerstons, reiste am 28. November demonstrativ über Paris in die Schweiz, angeblich um die vereinbarte Note in Bern abzuliefern. Aber in London wusste man längst Bescheid über den Verlauf des Sonderbundskriegs, und so behielt Canning das britische Interventionsschreiben in der Tasche. Die Noten der anderen Mächte aber trafen mit lächerlicher Verspätung in Bern ein. Die Antwort des Waadtländers Henry Druey insbesondere auf die Einmischungsversuche des preussischen Königs Friedrich Wilhelm war lakonisch: «Die Note kommt zu spät. Es hat hier kein Bürgerkrieg, sondern eine Exekution gegen Rebellen stattgefunden.»

Während die liberale Schweiz nach dem beendeten Krieg einen Freudentaumel erlebte, machten sich politische Führer wie Jakob Stämpfli und Niklaus Niggeler keine Illusionen.

«Die Interventionsgefahr ist nicht vorbei», sagte Niggeler, als er seinem Freund in der Redaktionsstube Tee einschenkte. «Glaubst du wirklich, dass Europa unseren radikalen Sieg hinnehmen wird, Jakob?»

«Nein, natürlich nicht.» Stämpfli liess sich auf einer Bank neben dem Kaminfeuer nieder. «Metternich ist überzeugt, dass eine demokratische Verschwörung sich über ganz Europa erstreckt und in der einzigen Republik, der Schweiz, ihren Knotenpunkt gefunden hat. Wenn er diesen bestehen lässt, so glaubt er eine Schwäche zu beweisen, die sich die Revolution zunutze machen wird.»

«Wird er also eingreifen?»

«Allein bestimmt nicht. Es hat sich mit dem Krieg ja nichts geändert. Wenn Österreich genügend Verbündete findet, wird es einschreiten.»

«Zumal Metternich einen Brief Ochsenbeins behändigt haben soll … »

«Einen Brief Ochsenbeins? Erzähl, Niklaus. Davon weiss ich nichts.»

«Ja», lachte Niggeler. «Die Presse ist eben doch besser informiert als die Regierung. In jenem Brief sichert Ochsenbein einem italienischen Revolutionär zur Unterstützung eines Aufstandes 30'000 Mann zu. Daher glaubt der Kanzler, dass die eidgenössischen Behörden einen Freischarenzug organisieren, um vom Tessin aus in die Lombardei einzufallen.»

Stämpfli wollte etwas entgegnen, als ein Bürodiener an die Türe klopfte und eine Zeitung aushändigte. «Dieses Exemplar der ‹Neuen Zürcher Zeitung› ist eben mit Verspätung eingetroffen.»

«Es handelt sich um die Ausgabe vom 10. Dezember», sagte Niggeler nach einem kurzen Blick auf die Titelseite. Er begann zu lesen. «Offenbar hat der Expeditionschef der luzernischen Staatskanzlei eine Kopie gemacht von einem Interventionsbegehren Siegwart-Müllers an Metternich.»

Stämpfli war empört über die Neuigkeit. Ochsenbein, Niggeler und Rustinger hatten Wort gehalten und niemandem, auch Stämpfli nicht, von jenem bei Lanz beschlagnahmten Schreiben erzählt.

«Unglücklicher Kanton, der, von Landesverrätern beherrscht, nahe daran war, an der ganzen Schweiz zum Verräter zu werden.» Als Niggeler ihm eine weitere Tasse Tee einschenkte, unterbrach Stämpfli seine Lektüre. Nach einem wohltuenden Schluck las er weiter aus der NZZ vor: «So tief war Luzern gesunken unter der Herrschaft eines Siegwart und Konsorten, dass man es wagen durfte, die Waffen des Auslandes zu rufen, die Selbständigkeit und Unabhängigkeit der 500-jährigen Eidgenossenschaft preiszugeben, ohne befürchten zu müssen, von den eigenen Leuten vernichtet zu werden … Unglückliches Luzern, das sechs Jahre hindurch ein Landesverräterregiment ertragen musste und die Kraft nicht in sich fand, dieses selbst abzuschütteln!»

«Wahrscheinlich interessiert ihn Luzerns Schicksal längst nicht mehr», wandte Niggeler ein. «Siegwart ist in Mailand angekommen und wird mit seiner Staatskasse in Saus und Braus leben können.»

Es wurde erneut an die Türe geklopft. Ein Bote des diensttuenden Wachmanns im Gefängnis richtete Niggeler aus, der Gefangene wünsche ihn dringend zu sprechen.

«Welcher Gefangene, Niklaus», fragte der Finanzdirektor.

«Ach, nichts Wichtiges.» Niggeler gab seiner Stimme einen harmlosen Klang. Fünf Minuten später setzte er seinen Zylinder auf und eilte durch die winterlich eingeschneiten Gassen zum Gefängnis. Der Stadtpolizeidirektor erwartete ihn bereits.

Lanz schien seine Lebensfreude wiedergefunden zu haben. Er sprang von der Pritsche auf und sagte: «Ich bin zu jedem Gespräch bereit. Da Ihre Anklagen absurd sind, habe ich nichts zu befürchten. Je eher die Sache geklärt ist, desto schneller müssen Sie mich freilassen.»

Erfreut führten Häuselmann und Niggeler den Gefangenen in ein Verhörzimmer.

«Weshalb dieser Umschwung», fragte der Polizeidirektor.

«Ich habe es Ihnen ja gesagt. Ausserdem will ich ein Geschäft mit Ihnen machen. In dieser fensterlosen Zelle werde ich verrückt. Ich gehe auf Ihre Fragen ein, wenn Sie mich in ein normales Gefängnis mit frischer Luft bringen.»

Als die Besucher zögerten, klagte Lanz: «Weshalb wollen Sie mich weiter isolieren? Welche Geheimnisse könnte ich jetzt noch ausplaudern? Sie sagen ja, der Krieg sei vorbei.»

«Gut», stimmte Niggeler zu, als Häuselmann nickte. «Nach unserem Gespräch werden Sie in eine grössere Zelle mit Fenster überführt. Dort können Sie frische Parkluft einatmen.»

«Dann fragen Sie.»

«Herr Lanz», begann Häuselmann in offiziellem Ton. «Im November 1844 ist der Buchhalter Maximilian Blatter in Erlach von Ihnen in den Fluss gestossen worden und ertrunken. Am 10. Januar 1845 haben Sie dessen Schwager, den Finanzbeamten Josef Hubler, erschossen. Wir klagen Sie ausserdem an, den Finanzbeamten Anton Jahn vor Fraubrunnen erschlagen zu haben.»

«Ich habe keine Ahnung, wovon Sie sprechen.» Der Schrecken in Lanz' Stimme war echt. «Meines Wissens ist Hubler verunfallt und Jahn von Banditen ausgeraubt und erschlagen worden.»

«Sie sassen 1844 im Gründungskomitee der Entwässerungsgesellschaft Erlach», ergriff Niggeler das Wort. «Um Ihre Spionagetätigkeit zu finanzieren, haben Sie ein Bündel Aktien nachdrucken lassen und als Garantie für einen Kredit benutzt.»

«Was soll ich getan haben?»

«Sie verstehen mich genau!» Niggelers Stimme tönte ungehalten. «Wir haben Beweise für unsere Anklagen. Sie haben die Aktienpapiere persönlich bei der Druckerei Schöni in Biel abgeholt und mit Ihrem Namen quittiert.»

«Ich soll ...»

Niggeler liess ihn nicht ausreden. «Ja, und als der Buchhalter Blatter Ihnen auf die Schliche kam, haben Sie ihn kaltblütig in den Fluss gestossen.»

«Ich bin es nicht gewesen», beteuerte Lanz. «Sie müssen mir glauben. Weshalb hätte ich mit verbrecherischen Mitteln einen Kredit beantragen sollen? Bei meinem Gehalt hätte ich auch ohne Garantie Geld leihen können.»

«Offenbar haben Sie für Ihre Siponagetätigkeit mehr finanzielle Mittel benötigt, als Sie auftreiben konnten.»

«Ihre Anschuldigungen sind absurd. Ich wiederhole. Mit dem Betrug und mit den Morden habe ich nichts zu schaffen.»

«Dann hat es keinen Sinn, überhaupt noch weiterzusprechen», beschloss Häuselmann und rief den Wachmann.

Lanz schrie dazwischen: «Sie werden mich doch nicht wieder in die dunkle Zelle sperren. Sie haben fest versprochen … »

«Ja, aber Sie sind zu keiner Zusammenarbeit bereit.»

«Begreifen Sie doch … », Lanz' Worte klangen verzweifelt. «Ich kann nicht zugeben, was ich nicht getan habe.»

Irgend etwas in der Stimme des Österreichers verunsicherte Niggeler. Er sah ihm forschend in die nun flehenden Augen und sagte zu Häuselmann: «Versprochen ist versprochen. Wir können ihn ja in einigen Tagen nochmals befragen. Ausserdem wird das Militärdepartement Anklage wegen Hochverrats erheben.»

Gustav Lanz liess sich erfreut in sein neues Zwangsquartier abführen. Als die Zelle hinter ihm verschlossen war, zog er ein Stück Papier aus dem Schuh und genoss es, zum unzähligsten Mal die gleichen Zeilen zu lesen. Dann wandte er sich dem Fenster zu, untersuchte die Gitterstäbe und warf einen Blick in den Park.

48

Es geschah an Weihnachten. Ehe die Nachricht ihn erreichte, erlebte Niklaus Niggeler einige Tage nie gekannter Seligkeit. Nach vielen Trennungsmonaten sah er Emilie wieder. Im Kerzenlicht des festlich geschmückten Speisezimmers ihrer Schwester erschien sie ihm schöner denn je. Sie trug ein smaragdgrünes Samtkleid, das den Schimmer ihrer Augen widerspiegelte. Niggelers tägliche Alpträume, die Gefahr einer europäischen Intervention, Lanz, der ungelöste Fall Hubler verschwanden aus seinem Bewusstsein, als Emilie in seinen Armen lag.

Nach dem Essen spielte Emilie Weihnachtsmelodien, und Niggeler konnte es kaum erwarten, bis Elisa das Zeichen zum Aufbruch gab. Er verabschiedete sich und verliess das Haus. Als hinter dem Esszimmervorhang nur noch eine einzige Kerze flackerte, schlich er zur Haustür zurück, und Emilie liess ihren Bräutigam wieder eintreten.

«Ich hatte solche Sehnsucht nach dir», sagte er leise. «Und du hast dich wochenlang in Paris amüsiert und deinen Verlobten vergessen.»

«Aber ich habe doch nur an dich gedacht», entgegnete Emilie und lächelte verschmitzt. «Welch herrliche Stoffe habe ich für mein Hochzeitskleid ausgesucht!»

Er zündete einige Kerzen des Tischleuchters an. Als er ihr Gesicht sanft in die Hände nahm, seufzte sie: «Wird es beim März bleiben, Niklaus?»

«Ja, Emilie. Im Frühling werden wir heiraten.» Seine Worte klangen überzeugter, als sie gemeint waren. Für einen Augenblick kehrten seine Alpträume wieder, aber er schob sie beiseite und fuhr fort: «Weshalb bleibst du nicht in Bern?» Er bereute die Frage sofort, denn er fühlte sich immer noch in Gefahr. Die Worte waren aber ausgesprochen.

«Du willst, dass ich hierbleibe?» Emilie strahlte. «Ich hatte das selbst im Sinn. Elisa will mir helfen, die Aussteuer mit meinem Monogramm zu versehen. Aber drei Monate sind lang, Niklaus! Besonders wenn ich hierbleibe.»

«Meine Verpflichtungen werden dafür sorgen, dass wir uns nicht so häufig sehen können. Nun komm, Emilie, lass mich deinen zauberhaften Mund küssen.» Die Zärtlichkeit schlug um in Hingabe. Emilie war glücklich und erwiderte seine Küsse mit ihrer monatelang aufgestauten Leidenschaft.

«Hast du über meine im Sommer gestellte Frage nachgedacht?» Er hatte sich von ihr gelöst und führte sie zum Canapé.

«Weshalb die unsrige eine grosse Liebe ist? Ich kenne die Antwort, Niklaus. Weil es keinen schöneren, klügeren, zärtlicheren Mann gibt und weil ich dich wirklich liebe.»

«Das gilt auch für mich. Ich glaube aber, dass unsere Liebe einmalig ist, weil du eine ungewöhnliche Persönlichkeit bist und ich dich deshalb liebe.»

«Wie meinst du das, Niklaus?»

«Schau, Emilie. Ein Bauernmädchen und ein Bauernbursche können sich sicher genauso gern haben wie wir uns. Sie und er wären aber vielleicht auch mit tausend anderen Menschen glücklich geworden. Nimm nun ein anderes Beispiel: Bei Lord Nelson und Emma Hamilton spricht man von einer der grossen Lieben der Geschichte. Weshalb? Weil sie einmalig sind. Sie war die schönste Frau ihrer Zeit und er der gefeierteste Held.»

«Ich bin aber nicht Lady Hamilton, Niklaus.»

«Sie wäre verblasst vor deiner Schönheit», flüsterte er und lächelte. «Spass beiseite, Emilie. Was für Nelson und Lady Hamilton galt, gilt auch für uns. Eine junge Frau, die so tiefe Gedanken hat, die sich mit Politik und Philosophie befasst und alle Entscheidungen allein trifft, ist einmalig in unserer Zeit.»

«Also bin ich das Wunder und du ein gewöhnlicher Mann?»

«Nein, meine Liebe. Die meisten Männer wären vor einer derart selbstständig denkenden Frau davongelaufen. Ich bin einmalig, weil ich dich akzeptiere, wie du bist.» Er nahm ihre Hand und fuhr fort: «Deshalb wird es für uns einfach sein, einander auch in Gedanken treu zu bleiben. Nirgendwo sonst könnte ich ein zweites Mädchen wie dich finden. Und du würdest kaum wieder einem Mann begegnen, der dich gerade deshalb so wahnsinnig liebt, weil du so vorwitzig, gebildet und deiner selbst sicher bist.» Nach einem Blick in ihre schimmernden Augen wiederholte er: «Ja, ich bin einmalig, weil ich dich liebe, wie du bist, Emilie.» Er lachte. «Und weil ich damit ein für allemal auf das Recht verzichte, meine Ehefrau zu bevormunden oder ihr gar Befehle zu erteilen.»

«Bedauerst du das, Niklaus?» Emilies Stimme war ernst.

«Nein. Das ewig Neue, Überraschende an dir wird unsere Ehe zu einem Abenteuer machen. Es wird mich immer wieder in Stimmung versetzen, dich zu küssen.» Er schob ihre Locken zur Seite und liess seine Finger sanft über die zarte Haut ihres Dekolletés gleiten. Emilie erschauerte und schloss die Augen. Niggeler drückte die Lippen auf ihren geöffneten Mund. Erregt suchte er ihre Zunge und tastete nach ihrer nackten Haut. Sie verloren sich in einer Umarmung, deren Spannung fast schmerzhaft war.

«Lanz ist in der Heiligen Nacht geflohen», verkündete der Stadtpolizeidirektor dramatisch, als Niggeler nach einem Ausflug ins Seeland am 3. Januar seine Arbeit wieder aufnahm.

«Wie konnte das passieren?»

«Wir waren Dummköpfe. Lanz wollte in eine grössere Zelle mit Fenster versetzt werden, um zu entweichen. Ich glaube, dass seine Helfer ihn längst kontaktiert hatten, als wir das letzte Mal mit ihm sprachen.»

«Wie ist das geschehen? So erzählen Sie doch!»

«Am Heiligen Abend hatte nur ein Wachmann Dienst. Er wurde nach Mitternacht durch lautes Kutschengeratter aus

dem Halbschlaf geschreckt. Offenbar ein Ablenkungs-
manöver der Komplizen. Die am Morgen entdeckten Huf-
spuren im Park zeigen, dass man mit Hilfe der Pferde das
Gitter aus der Verankerung gerissen hat. Das ist gründlich
gelungen. Die Mauer um das Fenster ist zerstört.»

«Hat niemand den Lärm gehört?»

«Nein. Der Park ist zu gross, und im Gefängnis war der
Wachmann abgelenkt durch den Kutschenlärm.»

«Der Fall Hubler wird ein Geheimnis bleiben.» Niggelers
Stimme klang resigniert.

«Im Gegenteil, lieber Niggeler. Lanz hat einen verschlossenen Umschlag hinterlassen. Vermutlich ein Geständnis.
Was kann ihn unsere Justiz jetzt noch kümmern? Österreich
wird ihn nie ausliefern, auch wenn er zwanzig Morde begangen hätte.»

Langsam öffnete der Anwalt den Brief. «Woher hatte
Lanz eigentlich Papier und Tinte?»

«Er verlangte die Utensilien am Heiligen Abend. Er wolle
mit seinem Gewissen ins Reine kommen und ein Geständnis
aufschreiben, sagte er dem Wachmann. Dieser gab ihm das
Verlangte.»

Gespannt las Niggeler den Brief. «Hören Sie, was Lanz
mir schreibt:

Verehrter Niggeler,

Wenn Sie diese Zeilen lesen, bin ich frei und in meiner
Heimat. Niemals und unter keinen Umständen wird mein
Vaterland mich an Bern ausliefern. Ich bin Ihnen also keine
Rechenschaft schuldig. Wenn ich Ihnen trotzdem schreibe, so
deshalb, weil ich Ihren grauenhaften Verdacht nicht auf mir
haften lassen kann. Was ich getan habe im Interesse meines
Landes hat militärische Gründe. Nie in meinem Leben aber
hätte ich einen Menschen ermordet. Ich weiss jedoch, dass
Sie mir nicht glauben werden. Deshalb will ich Ihnen helfen,
die Mörder Josef Hublers zu finden.

Immer wenn wichtige Anlässe in Bern stattfanden und interessante Menschen zusammentrafen, war ich ein aufmerksamer Beobachter. Im Januar 1845 war auch ich zu jener Soirée im Hause Moosmann eingeladen. Ich lehnte jedoch ab und beobachtete das Haus. Vor oder nach solchen Anlässen macht man meist wichtigere Entdeckungen als im Menschengewühl selbst. So stand ich versteckt unter den Lauben, als kurz nach Mitternacht zwei Männer aus einer Nebentür des Hauses Moosmann traten und dicht an mir vorbeigingen. Sie schlugen den Weg zur Kreuzgasse ein. Wenige Minuten später wählte Josef Hubler denselben Weg. Er schaute sich derart nervös um, dass ich beschloss, ihm zu folgen. So sah ich, wie er niedergeschlagen und in eine Kutsche geladen wurde.

Das ist alles, was ich beobachtet habe. Suchen Sie nach den Mördern! Sie werden sie leicht finden, denn eines kann ich Ihnen verraten. Die beiden Männer sprachen französisch miteinander. Aber lassen Sie sich nicht täuschen. Ich habe während meiner Ausbildung einige Monate in Paris gelebt und kann das gepflegte Schulfranzösisch der Wiener Hofburg ebenso wie dasjenige einiger Patrizierhäuser Berns gut vom reinen Akzent der besseren Gesellschaft von Paris unterscheiden. Diese beiden Männer waren Franzosen aus der Ile de France, sie sahen aber aus wie Haudegen.

Ich hoffe, das verhasste Bern nie wiederzusehen!

Ade! Gustav Lanz.»

Nach den letzten Zeilen wurde Niggeler blass. Nun hatte er den Beweis. Der Finanzbetrug hing tatsächlich mit den Morden zusammen. Hier wie dort waren Franzosen im Spiel, und sie sahen wie Haudegen aus. Es fiel ihm wie Schuppen von den Augen. Er begann die Zusammenhänge zu erahnen … Weshalb hatte er nicht früher daran gedacht? Ein panikartiges Gefühl erfasste Niggeler und lähmte alle anderen Gedanken. Er wagte es aber nicht, seinen grauenhaften Verdacht in Worte zu fassen und verabschiedete sich eilig, ohne Häuselmann direkt in die Augen zu sehen.

49

«Der Berner Volksverein hat meinen Bruder Ludwig und mich beauftragt, die Grundsätze für die Bundesreform auszuarbeiten. Steckst du dahinter, Niklaus?»

Wilhelm Snell hatte es sich in der Redaktion der «Berner Zeitung» gemütlich gemacht und fixierte seinen künftigen Schwiegersohn. Bevor Niggeler antworten konnte, fuhr der Professor fort: «Du siehst nicht gut aus, mein Lieber. Wo ist deine gesunde Hautfarbe geblieben?» Als keine Antwort kam, fuhr er fort: «Hast du ernsthafte Sorgen, Niklaus?»

« … »

«Emilie wird in einer Stunde hier sein. Macht doch eine Ausfahrt aufs Land. Was immer du hast, sie wird dich gerne ablenken.»

«Ich habe gar nichts, du täuschst dich», entgegnete Niggeler leise und versuchte die dunkle Wand seiner unaussprechlichen Gedanken beiseite zu schieben. «Was den Volksverein angeht», kam er auf Snells Frage zurück, «so habe ich natürlich ein Wort mitzureden. Die Mitglieder sind jedoch ohne mein Dazutun zur Ansicht gelangt, dass du als Jurist und dein Bruder als politischer Redaktor am besten geeignet seid, die Grundgedanken für die Reform des Bundesvertrags auszuarbeiten. Es ist wichtig, dass die neue Schweiz nicht von der Tagsatzung von oben herab diktiert wird. Wenn die Volksvereine einbezogen werden, so kann auch das Volk mitreden.»

«Und da braucht ihr jemand, der diese Grundsätze niederschreibt, damit die Leute eine Diskussionsgrundlage haben?»

«Ja, genau.»

Ohne weitere Worte legte Snell einige dicht beschriebene Seiten auf Niggelers Pult.

«‹Idee eines Schweizerischen Bundesstaats›», las der Fürsprech. «Hast du deinen Vorschlag bereits ausgearbeitet?»

«Ja, Niklaus. Die Zeit drängt. Je eher der Bundesvertrag
revidiert wird, desto schneller sind wir sicher vor Interventionsversuchen des Auslands. Denn eines kann ich dir garantieren: Im neuen Bundesstaat haben nur die Schweizer
das Sagen.»

Niggeler überflog den Verfassungsentwurf. Der auf ein
Bundesgesetz gegründete Staat sollte sich aus den Kantonen
zusammensetzen und eine einzige Nation bilden mit einer
gesetzgebenden, einer richterlichen und einer vollziehenden
Gewalt.

«Montag werden wir mit der Publikation beginnen», versprach Niggeler dem künftigen Schwiegervater. «Die ‹Berner
Zeitung› wird diese Grundsätze dem Volk zutragen.» Als er
sah, dass Snell aufstand, kehrten seine düsteren Gedanken
wieder. Selbst dem Professor gegenüber konnte er seinen
Verdacht nicht aussprechen.

Wenige Minuten später war er dankbar um eine weitere
Ablenkung. Unerwartet trat der Tuchhändler Daniel Weill
über die Türschwelle. Niggeler atmete innerlich auf. Der
Mann würde einen anderen Namen nennen und sein schreck-
licher Verdacht in der Luft zerrinnen.

«Meine Nachforschungen haben leider zu gar nichts geführt», sagte Weill nach der Begrüssung. «Das will aber
nichts heissen. Geschäftsleute reisen und sind oft wochenlang weg. Einzelne Männer, die ich in Ihrer Sache befragen
wollte, sind seit Monaten im Ausland.»

«Lassen Sie nicht locker, Herr Weill, ich bitte Sie instän-
dig.»

Weills Augen weiteten sich verblüfft, als er den be-
schwörenden Ton in Niggelers Stimme hörte. Er nickte seinem Gegenüber gutmütig zu und versprach. «Es war mir
nicht klar, dass die Sache für Sie persönlich so wichtig ist. Ich
werde nun mehr Zeit darauf verwenden. Seien Sie beruhigt,
früher oder später werden wir Ihren Mann finden.»

Als Emilie eintrat, fragte sie als Erstes: «Wer war dieser seltsam gekleidete Mann mit dem langen Bart, dem ich im Treppenhaus begegnet bin?»

«Er ist ein wichtiges Mitglied der jüdischen Gemeinschaft Berns, Emilie. Ihm sind alle Geldverleiher weit und breit bekannt.»

«Willst du dir Geld leihen für unser künftiges Heim?»

«Nein. Es geht um eine Auskunft, die ich mir von ihm erhoffe … Komm, setz dich. Sprechen wir von etwas anderem.»

«Du hast Sorgen. Auch Vater ist dieser Meinung … Wir sind uns vorher zufällig unter den Lauben begegnet. Was hast du, Niklaus?»

Als er nichts entgegnete, fuhr sie fort: «Hat es mit uns zu tun? Hast du Angst, dich ein Leben lang an mich zu binden?»

«Nein, Emilie. Im Gegenteil. Du bist der einzige Lichtschimmer in der Nacht.»

«Willst du mir nicht sagen, was du hast?»

«Ich kann nicht. Ich habe ein … berufliches Problem. Es liegt wie ein Alptraum über all meinen Gedanken. Ich möchte es ständig verdrängen, aber das geht nicht.»

«Dann löse es, Niklaus. Pack den Stier bei den Hörnern!»

Plötzlich war das nagende Angstgefühl für einen Augenblick wie weggeblasen. Niggeler konnte klar denken und war sicher, dass sein Verdacht ein Hirngespinst war. Er beschloss, Emilies Ratschlag zu befolgen. Als sie die Redaktion verlassen hatte, ging Niggeler den dringendsten Aufgaben nach und machte sich dann auf den Weg zu Ochsenbein.

«Setz dich, Niklaus.» Die Begrüssung des Regierungsrats war wie immer militärisch kurz angebunden. «Du kommst wie gerufen. Ich hatte gerade im Sinn, einen Boten an dich zu senden.»

«Einen Boten? An mich?»

«Ja. Heute hat mir der französische Gesandte eine am 18. Januar verfasste Note zuhanden der Tagsatzung überreicht. Fast gleichzeitig sind ähnliche Noten von Preussen und Österreich eingetroffen. Eine Erklärung Russlands bestätigt, dass auch der Zar mit diesen Mächten einig ist.»

Als Niggeler ihn fragend anstarrte, fuhr Ochsenbein fort: «Du bist genau der richtige Mann, mich zum klaren Denken anzuregen. Können wir die Noten miteinander besprechen, ehe ich sie der Tagsatzung vorlege?»

«Natürlich, Ulrich. Aber du machst mir Angst. Ist der Text so verhängnisvoll?»

«Mehr als das. Natürlich beziehen sich die Noten auf das lächerliche Vermittlungsanerbieten der Mächte vom 30. November. Du erinnerst dich! Mit ihrer Einmischung wollten die Länder nicht nur den Bürgerkrieg verhindern, sondern auch die Souveränität der Kantone wahren helfen.»

«Ja, und?»

«Die Januarnoten verlangen von der Tagsatzung eine schriftliche Erklärung, dass der eidgenössische Bundesvertrag nicht geändert wird ohne die Zustimmung sämtlicher Kantone. Das Recht zu dieser Forderung stehe den Mächten zu, weil sie 1815 unseren Bundesvertrag mit unterzeichnet hätten.»

«Aber wenn alle Kantone einverstanden sein müssen, wird der Bundesstaat nie Wirklichkeit. Eine Minderheit wird dagegen sein. Das wissen die Länder Europas, denn sie wollen ja verhindern, dass die Schweiz eine Nation wird. Sie möchten die zweiundzwanzig unabhängigen Kleinstaaten aufrechterhalten.»

«Die Mächte Europas können sagen, was sie wollen. Wir lassen uns nicht dreinreden. Uns allen ist klar, dass der neue Bundesstaat von der Mehrheit beschlossen werden muss, nicht von allen Kantonen.»

«Wird mit Interventionen gedroht?»

«Nur zwischen den Zeilen. Hier, ich lese dir das Schreiben Frankreichs vor: ‹Sollte die Schweiz in ihrer Haltung verharren, so werden wir nur die Pflichten, die wir als Glied des europäischen Staatenbunds haben, und das Wohl unseres eigenen Landes zu Rate ziehen.› » Ochsenbein machte eine Pause. «Was würdest du tun, Niklaus?»

«Ich würde die Antwort der Tagsatzung möglichst lange hinauszögern. In Europa herrscht eine explosive Stimmung. Jeden Moment kann etwas passieren … Aber das weisst du ja noch gar nicht, Ulrich. Wann ist die französische Note abgeschickt worden? Am 18. Januar? Ja, am gleichen Tag hat in Paris die jährliche Debatte in der Deputiertenkammer begonnen. Ich habe heute Morgen eine von Besançon hergebrachte telegrafische Kurzmeldung erhalten. Guizot und sein Ministerium sind in der Kammer auf Bestechlichkeit angeklagt worden. Sie haben ihre Unschuld nicht belegen können und eine traurige Figur gemacht.»

«Und das bedeutet …»

«Ja, Ulrich», fiel Niggeler dem Tagsatzungspräsidenten ins Wort. «Das bedeutet, dass sich die Situation Guizots Tag für Tag verschlechtert. Frankreich ist ein Pulverfass, das jeden Augenblick in die Luft fliegen kann. Je später die Antwort der Tagsatzung in Paris, Wien und Berlin eintrifft, desto besser.»

«Ich werde deinen Ratschlag befolgen. Die Tagsatzung wird den besten Juristen der Schweiz beauftragen, eine begründete Antwort auf die Noten auszuarbeiten. Ich werde den Gesandten dieses Schreiben gleich in Aussicht stellen und die Auslieferung dann verzögern.»

Als Niggeler sitzen blieb und auf Ochsenbeins Schreibtisch schaute, bemerkte der Militärdirektor dessen eigentümlichen Gesichtsausdruck und fragte: «Ist noch etwas, Niklaus?»

«Ulrich … ich …»

«Eigentlich möchte ich weiterarbeiten …» Ochsenbein beugte sich über seine Unterlagen.

«Ulrich, was ich dich fragen möchte, ist wichtig … Könntest du nicht für einen Augenblick die Akten vergessen?»

«Ich verstehe, Niklaus.» Ochsenbeins Gesicht strahlte Ruhe und Freundlichkeit aus. «Nimm dir Zeit! Wenn ein

Redaktor und Verteidiger wie du keine Worte findet, dann muss die Sache ernst sein.»

Als Niggeler zu sprechen begann und Ochsenbein in kurzen Zügen von seiner Ermittlungsarbeit im Falle Hubler erzählte, beobachtete er jede Reaktion des ehemaligen Freischarenführers. Ochsenbein war interessiert, wirkte aber nicht nervös.

«Die vermutlich gedungenen Mörder sind Franzosen, Ulrich. Sie sprechen die Sprache der besseren Gesellschaft von Paris und sehen wie Haudegen aus.» Ein verzweifelter Unterton schwang in Niggelers Stimme mit und alarmierte sein Gegenüber. Das unmerkliche Aufzucken der plötzlichen Erkenntnis in Ochsenbeins Augen schmerzte den Fürsprech wie ein Schlag. Der Militärdirektor stand auf, spazierte zum Fenster und betrachtete die kahlen Bäume im Park. Dann setzte er sich an sein Pult und öffnete langsam die Schublade. Als er Niggelers misstrauischen Blick bemerkte, löste sich seine Spannung. Er lachte, zog eine Glocke aus der Schublade und läutete. «Ich will uns Tee bestellen. Das wird uns gut tun.»

Sobald sie wieder allein waren, sagte Ochsenbein ruhig: «Du bist ganz aufgewühlt von der Geschichte, Niklaus. Ich glaube, dass du gar nicht mehr klar denken kannst. Daher verzeihe ich dir deine Gedanken, noch ehe du sie aussprichst.» Als Niggeler ihn verstört fixierte und etwas entgegnen wollte, fuhr der andere fort: «Es stimmt, Niklaus. Ich habe zwei französische Fechtmeister beschäftigt, um mich auf das Duell vorzubereiten. Sie sehen wie Haudegen aus, auch das ist richtig. Und ich habe tatsächlich mit der Entwässerungsgesellschaft Erlach zu schaffen, denn ich besitze ein Aktienpaket und sass damals im Gründungskomitee. Nein, schau mir in die Augen, Niklaus! Darin kannst du die einzige Antwort lesen. Glaubst du wirklich, dass ein Mann wie ich um des Geldes willen Morde begehen würde? Selbst wenn ich bankrott wäre, würde ich mich deswegen noch lange nicht schämen. Sag, Niklaus, hattest du noch andere Verdachtmomente?»

Ochsenbeins ungezwungener Ton zeigte Niggeler mehr als alle Worte, dass der Tagsatzungspräsident ihm den schrecklichen Verdacht bereits verziehen hatte.

«Nein, gar keine. Wenn ich recht überlege, quittierte der Betrüger die nachgedruckten Aktienpapiere mit einem kurzen Namen. Ochsenbein passt nicht ... Ausserdem kenne ich dich seit Jahren. Wenn du finanzielle Probleme gehabt hättest, wäre mir dies zu Ohren gekommen.»

«Weshalb dann ...?»

Niggelers stimme tönte erlöst. Die Worte sprudelten aus ihm heraus, das Gesicht rötete sich. «Der Verdacht war wie eine Krankheit, Ulrich, wie ein Alptraum. Sowie ich daran dachte, war mein ganzer Verstand blockiert. Tagelang bin ich so herumgelaufen. Wenn ich ernsthaft hätte nachdenken können, wäre ich nicht zu dir gekommen.»

«Es ist alles vorbei, Niklaus. Ehrlich! Als ob dieses Gespräch und deine Gedanken nie existiert hätten.»

Niggeler wurde von einem späten Gefühl der Scham und Reue erfüllt.

Ochsenbein lenkte ihn ab: «Du musst den Fall lösen, Niklaus. Sonst wirst du noch verrückt. Wie kannst du all das überhaupt verkraften? Berge von Arbeit im Grossrat, in der Anwaltskanzlei, in der Redaktion, die Gefahr der bald über uns herfallenden Grossmächte und dann noch diese Mordfälle ... Aber sei es, wie es wolle. Du musst herausfinden, wer sonst noch Franzosen beschäftigt hat, die auf die Beschreibung passen. So viele Männer können ja nicht in Frage kommen.» Ochsenbein dachte nach und meinte lachend: «Du musst wirklich in einer verstörten Gemütsverfassung gewesen sein, Niklaus. Wenn ich mir die Sache genau überlege, so hatte ich im Winter 1844/45 gar keine Franzosen im Haus. Die Fechtmeister habe ich erst zwei Jahre später kommen lassen. Du musst dich doch erinnern, mein Freund!»

«Ja, Ulrich. Jetzt weiss ich dies alles, vor allem aber fühle ich es. Mein Gott, wie wirst du je vergessen können ...! Aber du hast Recht. Ich muss herausfinden, wer damals Franzo-

sen beschäftigt hat. Für Anfang Februar hat Robert Moosmann mich zu einer Jagdpartie eingeladen. Ich werde ihn bei
dieser Gelegenheit fragen. Er bezahlt selber einen Franzosen
als Finanzberater und weiss bestimmt weiter. Zumal er die
gute Gesellschaft Berns am besten kennt.»

Ochsenbein klopfte Niggeler zum Abschied ermutigend
auf die Schulter. «Bestimmt kommt nur ein Mitglied der besseren Gesellschaft Berns auf die Idee, Haudegen-Anwälte zu
engagieren, die das gepflegte Französisch der Noblesse von
Paris sprechen.»

50

Aus dem Wochenendausflug zu Robert Moosmanns Jagdhaus wurde vorläufig nichts. Der Schnee lag höher als gewohnt, und so vertröstete Moosmann seine Gäste auf Anfang März. Emilie war enttäuscht. Nach Weihnachten hatte sie die alten Bekanntschaften in Bern wieder angeknüpft und sich gefreut, zusammen mit ihrem Bräutigam in Moosmanns Landhaus und damit auch zu Natalie eingeladen zu werden. Niggeler beschloss, dem Patrizier trotzdem seine Aufwartung zu machen. Zuerst wollte er aber die Resultate von Häuselmanns Ermittlungsarbeit abwarten. Der Polizeidirektor liess alle seine Verbindungen spielen, um festzustellen, welche Berner im Winter 1844/45 Franzosen und vor allem Anwälte aus Paris beschäftigt hatten. Gleichzeitig wollte er herausfinden, welche von diesen sich damals in einem ernsthaften finanziellen Engpass befunden hatten.

Das Warten auf Resultate von Häuselmanns oder Weills Ermittlungen fiel Niggeler nicht schwer. Ab Mitte Februar lenkten ihn die Nachrichten aus der französischen Hauptstadt ab. Trotz starker Opposition hatte die Deputiertenkammer den sogenannten Schweizparagraphen angenommen und die Eidgenossenschaft erneut aufgefordert, den Bundesvertrag nicht zu verletzen. Weit beunruhigender waren jene Nachrichten aus Paris, die Snell am Morgen des 20. Februar brachte.

«Komm, gehen wir in deine Wohnung hinauf», sagte der Professor. «Die Wände könnten hier Ohren haben.» Als sie in der Stube Platz genommen hatten, fuhr er fort: «Niklaus, diesmal geht es nicht um das Interventionsbegehren eines verrückten luzernischen Schultheissen. Die Gesandten Österreichs und Preussens haben Guizot Anfang Februar über die Absichten ihrer Regierungen aufgeklärt. Die Einzelheiten habe ich von Lamartine: Österreich und Preussen wollen die Schweiz durch militärische Okkupation zum Nachgeben zwingen! Österreich soll das Tessin, Preussen Baselland besetzen und Frankreich im Jura einmarschieren.»

«Wann soll diese Invasion stattfinden?

«Wir haben eine Galgenfrist. Minister Guizot hat die Absichten der anderen Mächte noch nicht gutgeheissen. Er hat sich Aufschub erbeten bis zum Eintreffen der Antwort unserer Tagsatzung auf die Note vom 18. Januar.»

«Aber diese Antwort ist bereits abgeschickt worden», warf Niggeler verstört ein.

«Deshalb bin ich so beunruhigt, Niklaus. Wir wissen, was in der Antwort der Tagsatzung steht. Es kann heute, morgen, es kann jeden Moment losgehen. Sobald das Schreiben der Tagsatzung in Paris eintrifft, wird die Besetzung der Schweiz durch die fremden Mächte zur bitteren Wirklichkeit.»

Niggeler rief sich den Inhalt der Tagsatzungsantwort in Erinnerung. Sie war vom grossen Zürcher Juristen Jonas Furrer abgefasst worden und enthielt eine geschichtliche Darstellung der Kongressverhandlungen in Wien bezüglich der schweizerischen Neutralität. Kühn behauptete Furrer, die Neutralität, Unverletzlichkeit und Unabhängigkeit der Schweiz liege im wahren Interesse Europas. Durch gekonnte Interpretation der schweizerischen Neutralitätsakte widerlegte Furrer das Interventions- und Bevormundungsrecht der Mächte endgültig.

«Weiss Ochsenbein von den Okkupationsabsichten der Mächte?», fragte Niggeler.

«Ja, seit einer Stunde, genau wie ich. Aber alles Rüsten wird nichts nützen, Niklaus. Wenn Österreich, Preussen und Frankreich von allen Seiten in die Schweiz einmarschieren, werden unsere Tagsatzungstruppen gegen die gigantische Übermacht nicht viel ausrichten können.»

Auf Hiobsbotschaften jeder Art gefasst, verbrachte Niggeler die folgenden Tage von morgens bis abends in der Redaktionsstube und nur die Mittagsstunden im Hause Stämpfli mit Emilie. Sogar am Samstag, dem 26. Februar, sass er über den neuesten Nachrichten und beschäftigte sich mit Gerüchten aus Paris. Sie betrafen eine Strassenschlacht, die am Dienstag stattgefunden haben sollte. Ehe Niggeler die widersprüchlichen Informationen genauer prüfen konnte, brachte ein Eilbote eine Meldung. Sie war von Daniel Weill und enthielt nur wenige Sätze.

«Verehrter Herr Grossratspräsident

Der Geldverleiher, den Sie suchen, ist nach Bern zurückgekehrt. Er erwartet Sie heute Morgen nach elf Uhr an der Inselgasse 16 im obersten Stock. Sein Name ist Jakob Levi.»

Obwohl die laufend aus Paris eintreffenden Berichte sein Interesse voll in Anspruch nahmen und er mit Bangen von Moment zu Moment eine Nachricht vom Einmarsch der fremden Mächte erwartete, konnte Niggeler seine Neugierde nicht zurückhalten. Kurz nach elf Uhr machte er sich auf den Weg zur Inselgasse. Er nahm sich Zeit und ging zu Fuss. Bei Emilie brauchte er sich nicht zu entschuldigen. Sie wollte den Samstagmorgen bei einer Freundin verbringen und dort zu Mittag essen.

Als er um die Hausecke bog, sah er einen rötlichen Schimmer unter dem Dach des letzten Hauses an der Inselgasse. Die Flammen züngelten aus dem Fensterrahmen, und die Hitze im obersten Stock war so stark, dass die Luft zu flimmern schien. Niggeler rannte auf das Gebäude zu. Von weither hörte er die Glocken der Feuerwehr. Er nahm zwei Treppenstufen auf einmal. Noch bevor er im Dachstock ankam, sah er eine bärtige Gestalt auf den Gang wanken. Jakob Levi öffnete den Mund, wollte Niggeler etwas zuschreien, aber es kam kein Wort heraus. Zu lange hatte er in der Wohnung gewartet und in der Hitze des Feuers versucht, die Haustür von innen zu öffnen. Als es ihm gelungen war, hatten die Rauchgase ihr Werk fast vollendet. Levi klammerte sich einen Augenblick an Niggelers Mantel, versuchte nochmals zu sprechen und sank dann zu Boden. Die aus der Haustüre

züngelnden Flammen und die starke Hitze machten dem Anwalt plötzlich zu schaffen. Kurzentschlossen hob er den leb-
losen Körper auf und trug ihn die Treppe hinunter. Die Feuerwehr fuhr vor, als Niggeler bei der Haustür ankam. Er
wandte sich an einen Wachmann der Polizei.

«Mein Name ist Niklaus Niggeler. Ich bin Fürsprech und
gelegentlicher Konsulent Polizeidirektor Häuselmanns»,
sagte er keuchend. «Der Mann hier ist tot. Ich glaube nicht,
dass er erstickt ist. Vermutlich ein Herzanfall im Moment der
Panik.» Als der Wachmann ihn unterbrechen wollte, fuhr
Niggeler fort: «Er heisst Jakob Levi und wohnte im obersten
Stock. Bitte decken Sie den Körper gut zu. Laden Sie ihn auf
einen Wagen und bringen Sie ihn sofort zu Herrn Häuselmann in die Polizeidirektion. Das ist sehr wichtig, Herr ...»

«Meier, Köbi Meier, Herr Grossratspräsident.»

«Herr Meier, lassen wir die Titel beiseite. Sagen Sie keinem Menschen, dass es einen Toten gegeben hat. Ersuchen
Sie auch Ihren Direktor, dieses Geheimnis bis auf weiteres zu
wahren.»

Niemand bemerkte, wie der Wachmann Niggelers Anweisungen befolgte. Die Feuerwehr war mit den Flammen beschäftigt, und auch der Hausmeister machte sich nützlich. In
einem günstigen Moment nahm Niggeler ihn zur Seite. «Wie
ist das Feuer entstanden?»

«Keine Ahnung! Vermutlich hat Herr Levi eine Kerze un-
vorsichtig aufgestellt, und die Vorhänge haben Feuer gefangen.»

Plötzlich fühlte Niggeler wieder jenes panikartige Angstgefühl in sich aufsteigen, das im Januar all sein Denken
blockiert hatte. Diesmal schob er seinen Verdacht nicht beiseite und fragte: «Wann ist Herr Levi vom Ausland zurückgekehrt?»

«Gestern im Laufe des Morgens.»

«Hat er nach seiner Ankunft Besuch gehabt? Oder vielleicht heute?»

«Nein, nicht dass ich wüsste.»

«Also keine Fremden im Haus», murmelte der Fürsprech verwirrt.

«Doch. Aber ich weiss nicht, ob sie Herrn Levi aufgesucht haben. Wenige Minuten bevor Passanten das Feuer entdeckt und zu schreien begonnen haben, verliessen zwei Fremde das Haus. Ich stand auf der Treppe zum Keller.»

«Und das sagen Sie erst jetzt?»

«Aber weshalb ...»

«Hören Sie. Beantworten Sie mir noch eine Frage. Haben Sie die Männer angesprochen?»

«Nein. Eines kann ich Ihnen aber sagen. Die Männer haben sich sehr eilig davongemacht und im Hinausgehen französisch miteinander gesprochen.»

Betäubt wankte Niggeler durch die Gassen. Das war kein Zufall! Aber wer konnte gewusst haben, dass er sich mit Jakob Levi treffen wollte? Wie in einem Alptraum eilte der Anwalt der Gerechtigkeitsgasse zu, liess sich an seinem Schreibtisch nieder und zwang sich zu klaren Gedanken. Keiner Menschenseele hatte er die Meldung Daniel Weills gezeigt, und ganz bestimmt wäre dem nie in den Sinn gekommen, jemandem von Niggelers Nachforschungen zu erzählen. Er musste die Lösung des Rätsels finden und schweifte mit seinen Gedanken zurück. Das letzte Mal, als er mit Daniel Weill Kontakt hatte, waren sie einander in der Redaktionsstube gegenübergestanden. Und im Hinuntergehen ... Im Hinuntergehen war der Kaufmann mit dem langen Bart Emilie begegnet. Emilie war die Einzige, die wusste, dass Daniel Weill für ihn die Adresse eines jüdischen Bankiers herausfinden musste. Sie hatte dieses Wissen vermutlich zufällig jemandem mitgeteilt. Aber wem? Und wenn der Betreffende ahnte, dass Niggeler dem Verleiher jenes Kredits auf der Spur war, weshalb hatte er den Zeugen nicht am Tag seiner Ankunft oder jetzt am frühen Morgen ermordet? Weshalb hatte er fast die Mittagszeit abgewartet, um das Feuer legen zu lassen?

Die drängende, panikartige Angst, die Niggelers Körper durchlief, war schmerzhafter als jede bisherige Erfahrung ...

Die Erkenntnis traf ihn wie ein Schlag. Der Finanzbetrüger hatte erst vor einer Stunde zugeschlagen, weil er Emilie nicht früher begegnet war. Emilie war dort, im Hause des Mörders, und trank vermutlich Tee mit dessen Tochter!

Bevor Niggeler aus der Redaktionsstube lief, steckte er wahllos einen Leserbrief in seine innere Rocktasche. In wenigen Minuten war er vor Stämpflis Haustüre. Atemlos rief er der verblüfften Elisa zu: «Wo ist Emilie?»

«Was ist denn los, Niklaus? So setz dich doch.» Als sie seinen verwirrten Gesichtsausdruck bemerkte, hatte sie plötzlich Angst: «Ist Emilie etwas passiert? So sprich doch!»

«Vielleicht ist sie in Gefahr, Elisa. Wo befindet sie sich jetzt?»

«Sie ist zu einer Freundin gegangen. Das weisst du doch.»

«Ja, aber zu welcher?»

«Das kann ich dir auch nicht sagen. Seit Elisabeth von Sasikl weggezogen ist, trifft Emilie sich vor allem mit Angelika von Nufer.» Sie überlegte einen Augenblick und fügte bei: «Manchmal sieht sie auch Natalie Moosmann. Was ist denn …»

Niggeler gab keine Antwort. Er rannte an ihr vorbei in Stämpflis Bibliothek, nahm ein Blatt Papier zur Hand und kritzelte rasch eine Meldung hin. Den verschlossenen Umschlag übergab er Elisa. «Schick sofort einen zuverlässigen Boten los, Elisa. Dieser Brief darf nur Stadtpolizeidirektor Häuselmann ausgehändigt werden. Wenn er nicht im Präsidium ist, lass die Meldung nach Hause oder schlimmstenfalls seinem Stellvertreter bringen.»

Bevor Elisa weitere Fragen stellen konnte, war Niggeler wieder auf der Strasse. Was nun? Im Laufen versuchte er seine Gedanken zu ordnen. Diesmal durfte er nichts übereilen und keine Fehler machen. Er musste ganz sicher sein. Die Beine trugen ihn fast automatisch zur Kramgasse. Erst als er bereits in Moosmanns Entrée stand und der Patrizier ihm entgegenkam, hatte Niggeler schlagartig seine Fassung wieder. Ein Blick in die klaren Augen Moosmanns beruhigte ihn.

«Guten Tag, Herr Moosmann.» Niggeler versuchte seine Erregung zu verbergen. «Darf ich einen Moment mit Ihrer Tochter Natalie sprechen?» Als Moosmann ihn erstaunt ansah, fuhr er fort: «Es ist sehr wichtig. Ich weiss nicht, wo Emilie Snell sich aufhält und suche sie dringend. Vielleicht hat Natalie eine Ahnung, wo sie sich befinden könnte.»

«Es tut mir leid, aber Natalie können wir nicht fragen.» Als seine Frau hinzutrat, wandte Moosmann sich an sie: «Wann wird Natalie zurücksein?»

«Erst übermorgen. Du weisst doch, dass sie Freitagabend zu meiner Schwester nach Burgdorf gereist ist.»

«Dürfte ich ein Blatt Papier und Ihre Feder benutzen?», fragte der Fürsprech unvermittelt und war dankbar, dass er sofort in Moosmanns Bibliothek geführt wurde. Er schrieb einige Zeilen und steckte den Brief in einen Umschlag, den er sorgfältig verschloss.

Als Niggeler wieder durch die Lauben hetzte, stiess er ständig mit promenierenden Menschen zusammen. Er eilte auf der Strasse weiter, musste aber immer wieder den Kutschen ausweichen. An der Kreuzung sah er einen Wachmann und übergab ihm den Umschlag mit der Anweisung, diesen sofort Stadtpolizeidirektor Häuselmann zu übergeben. Im selben Augenblick wandte sich ein Reiter an den Wachmann und fragte ihn nach einer Adresse. «Schon wieder ein Eilbote aus Frankreich», murmelte der Polizist. Niggeler reagierte nicht auf die Worte. Was gingen ihn Tumulte in Paris oder feindliche Truppen an der Grenze jetzt an! Emilie war in Gefahr! Er machte kehrt und rannte durch die Kramgasse zurück, bis er mit klopfendem Herzen vor dem Toreingang des prachtvollen Patrizierhauses der von Nufer stand.

51

Lautlos betrat Niggeler den Toreingang und lehnte sich gegen die Mauer, um wieder zu Atem zu kommen. Eine kleine Türe zu seiner Linken war nur angelehnt. Er stiess sie auf und sah das Innere einer Remise. Neben dem Prunkwagen von Nufers stand eine kleinere geschlossene Kutsche. Daneben waren einige Gepäckstücke deponiert. Vorsichtig verliess Niggeler die Remise und schloss die Tür. Dann klopfte er an das Eingangsportal des Patrizierhauses.

Der ehemalige Finanzdirektor öffnete ihm persönlich. «Herr Grossratspräsident. Welche Ehre. Was kann ich für Sie tun?»

«Guten Tag, Herr von Nufer. Ich bin vorbeigekommen, um Emilie abzuholen. Wir sind bei Stämpflis zum Mittagessen eingeladen.»

«Emilie?», fragte von Nufer. Der Blick seiner fast durchsichtigen blauen Augen war unverbindlich. Er strich sich mit der Hand über den blonden Walfischschnauz und legte sie zurück auf den Türrahmen.

«Ja, Emilie Snell, meine Verlobte. Die Freundin Ihrer Tochter Angelika.»

«Weshalb sollte Ihre Emilie Snell hier sein?»

«Weil sie mir gestern sagte, sie würde den heutigen Morgen bei Angelika verbringen.»

«Sie müssen sich täuschen. Ihre Verlobte ist nicht hier. Meine Tochter übrigens auch nicht. Tut mir leid.» Damit griff von Nufer mit der Linken zum Portal und wollte es schliessen. Niggeler schob einen Fuss in den Türrahmen und stemmte die Schulter gegen die schwere Eichenholztür.

«So warten Sie doch. Ich muss Sie etwas fragen.»

«Tut mir leid, aber ich habe jetzt keine Zeit.»

«Wollen Sie etwa verreisen?»

Von Nufer zuckte mit keiner Wimper. Er öffnete aber die Tür und liess Niggeler eintreten. Als dieser den Weg zur Treppe einschlagen wollte, hielt der Patrizier ihn auf. «Nein, kommen Sie. Ich habe hier unten ein kleines Studierzimmer. Da können wir uns einen Augenblick unterhalten.»

Niggeler war dankbar für das warme Kaminfeuer. Er setzte sich in einen Lehnstuhl und fixierte von Nufer. «Ich bin um zehn Minuten vor elf in der Inselgasse angekommen. Das Haus des Geldverleihers Jakob Levi brannte lichterloh.»

Von Nufer sagte nichts. Sein breitflächiges Gesicht war eine Maske.

«Glücklicherweise bin ich früh genug dort angekommen», log Niggeler und liess sein Gegenüber keine Sekunde aus den Augen. «Herr Levi ist nur leicht verletzt. Wir haben miteinander gesprochen, Herr von Nufer. Der Geldverleiher hat mir ein unterzeichnetes Schriftstück mitgegeben.»

Niggeler knöpfte seinen Mantel und die Jacke darunter auf und zog ein dicht beschriebenes Papier hervor, um es gleich wieder in der Tasche verschwinden zu lassen. Bevor er die Jacke schloss, nahm er seine Kettenuhr heraus und warf einen Blick darauf. Als er sie wieder zurückschob, fiel sein Blick auf die heruntergerissene Manteltasche. Offenbar hatte Levi sich daran geklammert, als er im brennenden Treppenhaus zu Boden fiel. Niggeler fuhr mit der Hand in die Öffnung und fühlte zu seiner Verwunderung ein Stück Papier. Ohne von Nufer zu beachten, faltete er das Blatt auseinander und begann zu lesen. Es war ein von der Entwässerungsgesellschaft Erlach verfasstes Schreiben an Jakob Levi, unterzeichnet mit einem hingekritzelten Namen, der M. Blatter zu heissen schien.

Niggeler steckte das Papier wieder in die Tasche und sagte zu von Nufer: «Herr Levi hat schriftlich festgehalten, dass er 150 Aktien der Entwässerungsgesellschaft Erlach als Garantie für einen Kredit akzeptiert hat. Das war im November des Jahres 1844.»

«Weshalb sagen Sie mir das alles?»

«Weil der Mann, der das Geld bei Levi abholte, Karl von Nufer hiess.» Das Bluffen war so einfach, dass es Niggeler fast automatisch über die Lippen kam.

«Ich einen Kredit beantragen?», lachte von Nufer. «Wissen Sie denn nicht, dass ich sagenhaft reich bin?» Von Nufer überlegte einen Augenblick und fuhr fort: «Wahrscheinlich hat jemand dem Geldverleiher fälschlicherweise meinen Namen angegeben.»

«Ja, so könnte es gewesen sein.» Niggeler log weiter. «Ich habe jedoch die Gewissheit, dass Sie persönlich bei Levi gewesen sind. Er hat sie gesehen und wird Sie wiedererkennen.»

«Selbst wenn ich einen Kredit beantragt und erhalten hätte: Wäre dies nicht mein gutes Recht als unbescholtener Bürger?»

«Sie haben gefälschte Aktien als Garantie hinterlegt.»

«Und das können Sie beweisen?» Als Niggeler keine Antwort gab, stand von Nufer auf. «Ich betrachte unser Gespräch als beendet, Herr Niggeler. Für Ihre Hirngespinste habe ich keine Zeit.»

«Warten Sie einen Augenblick! Herr Levi hat damals Ihr Kreditgesuch geprüft und sich bei der Aktiengesellschaft Erlach schriftlich erkundigt. Er hat mir die Antwort mitgegeben. Ich trage sie ebenfalls bei mir und habe sie gerade vor Ihren Augen nochmals durchgelesen.»

«Ja, und?»

«Die Entwässerungsgesellschaft hat geantwortet, mit den Wertpapieren sei alles in Ordnung. Der Brief trug den Stempel und die hingekritzelte Unterschrift des damaligen Buchhalters Blatter.»

«Was wollen Sie also von mir? Ich verstehe Sie wirklich nicht. Sie werfen mir einen Kredit vor, den ich durch rechtmässiges Depot von Aktien erhalten haben soll?»

«Sie werden gleich verstehen, Herr von Nufer. Mit den Wertpapieren war nämlich gar nichts in Ordnung. Die Aktiennummern, die Levi als Garantie übergeben wurden, waren im November 1844 noch gar nicht gezeichnet und damit auch nicht verkauft. Dies habe ich mit Herrn Struchen in Erlach abgeklärt. Zu seinem Unglück kannte auch Maximilian Blatter die Wahrheit. Sie haben ihn beiseite geschafft und das Antwortschreiben an Jakob Levi selbst verfasst und mit gefälschter Unterschrift signiert.»

«Unser Gespräch ist beendet.» Von Nufer stand brüsk auf und öffnete die Türe zum Entrée. «Ich habe keine Ahnung, wovon Sie sprechen.» Er behielt Niggeler im Auge und streckte die Hand nach einer Kordel an der Wand aus. In diesem stillen Augenblick hörte Niggeler die Musik. Eine zarte, wehmütige Klaviermelodie wurde in der Ferne pianissimo gespielt. Während der Patrizier an der Glocke zog, rannte Niggeler die Treppe hinauf. Auf der oberen Plattform hielt er an und lauschte. Da war es wieder. Er eilte weiter durch einen breiten Korridor, der zuhinterst nach links abzweigte. Von Nufer folgte ihm dicht auf den Fersen. Als die Musik deutlicher ertönte, machte Niggeler vor einer Doppeltür halt und öffnete den rechten Flügel einen Spaltbreit. Emilie sass im goldgelben Winterkleid am Klavier und spielte ihre Melodie. Auf dem Canapé daneben lehnte sich Angelika von Nufer an ein altrosafarbenes Kissen. Die sonst so traurigen Augen Angelikas hatten einen verträumten Schimmer. Vor ihr sass Lorenz Rustinger auf einem Hocker und hielt ihre Hand.

«Ein Idyll, was haben Sie denn erwartet?», flüsterte von Nufer und schloss leise die Türe. Niggeler wollte nach Rustinger rufen, der andere aber gebot ihm zu schweigen. «Kommen Sie, schauen Sie», sagte der Patrizier hart. Er öffnete die Türe eines Nebenraums, an dessen rechter Wand ein abgehängtes Bild stand. Durch ein dunkles Glas auf Augenhöhe konnte Niggeler das Musikzimmer sehen. Neben dem Guckloch standen zwei Männer und hielten ihre Pistolen im Anschlag.

«Geben Sie auf, Niggeler», sagte von Nufer. «Sie haben verloren. Ich könnte mit einem einzigen Knall Ihre Verlobte und Ihren aufdringlichen Freund erschiessen lassen.»

«Und mich wollen Sie auch umbringen.»

Von Nufer zuckte mit den Schultern.

«Herr Levi wird gegen Sie zeugen.»

«Levi wird gar nichts sagen. Man wird sich um ihn kümmern»

Niggeler schob vorsichtig die Hand unter die Jacke.

«Machen Sie keine Bewegung», sagte einer der Männer auf französisch.

«Darf ich einen Blick auf meine Uhr werfen?»

«Das ist nicht nötig. Ich kann Ihnen sagen, wie spät es ist. Wir haben genau ein Uhr mittags.»

«Erlauben Sie mir, zum Fenster hinauszuschauen?»

«Ja», erwiderte der Franzose nach einem Seitenblick auf den Hausherrn. «Aber wenn Sie schreien oder eine Bewegung machen, um das Fenster zu öffnen, sind Sie ein toter Mann.»

Langsam näherte der Anwalt sich dem Fenster und sah auf die Kramgasse hinunter. Er schweifte mit dem Blick den Lauben entlang bis zur Kreuzgasse und zum Zibelegässli. Halb versteckt unter den Lauben entdeckte er einen Wachmann, der wie vereinbart die Fahne hob. Dann sah er auch die anderen Polizisten.

«Sie haben verspielt, von Nufer», sagte Niggeler. «Der ganze Strassenzug ist umzingelt. Mindestens zehn Wachmänner warten auf mein Zeichen. Wenn es bis zwei Uhr nicht kommt, stürmen sie das Haus. Sollte vorher jemand Ihr Heim oder ein Nachbargebäude verlassen, greift die Polizei sofort ein.»

Ungläubig näherte von Nufer sich dem Fenster und schob den Vorhang zur Seite. Er blieb stehen und überlegte. «Wir werden Bern verlassen müssen, meine Herren», wandte er sich an die beiden Franzosen. «Ist alles vorbereitet?»

«Ich habe Ihre Kutsche und das Gepäck gesehen», triumphierte Niggeler. «Glauben Sie, dass die Wachmänner schlafen? Ihre Remise vor allem wird beobachtet.»

«Wir werden nicht von meiner Kutschenhalle aus reisen. Vom Untergeschoss meines Hauses führt ein Gang von Keller zu Keller und unter dem Zibelegässli durch bis zu den Häusern am Kornhausplatz. Wer wird schon auf eine verhängte Kutsche achten, die Bern über die Kornhausbrücke verlässt?»

Niggeler liess sich die Verwirrung nicht anmerken. «Und was wird aus Angelika?»

«Sie kommt natürlich mit uns. Ihr Gepäck befindet sich längst in der Reisekutsche.»

«Sie wollen fliehen, von Nufer? Sie bestätigen also, was ich Ihnen vorwerfe?»

«Ich habe Ihnen nichts mehr zu sagen. Gehen wir, meine Herren.»

«So warten Sie doch!» Niggeler konnte seine Verzweiflung nicht mehr verbergen. «Ich weiss alles. Levi wird gegen Sie zeugen. Und Struchen und Blatters Witwe…»

«Sie persönlich werden gar nichts bezeugen», murmelte einer der Franzosen und fasste seine Pistole beim Lauf. Er schwang sie über Niggelers Kopf, während der andere ebenfalls seine Waffe hob.

«Hören Sie mir zu», sagte Niggeler und wand sich zwischen den beiden Männern durch. «Stadtpolizeidirektor Häuselmann ist informiert, dass ich hier bin und welche Taten Sie begangen haben. Selbst wenn Ihnen die Flucht gelingen sollte, werden Sie sich nie von Ihren Verbrechen rein waschen können. Wo immer Sie hingehen, der Ruf des Mörders wird Sie verfolgen.»

«Man wird mich nicht entdecken.»

«Oh doch! Ein Mann, der mit einer so schönen Tochter reist, wird im letzten Winkel der Erde wiedererkannt. Man wird Sie finden, von Nufer. Und Ihre Tochter wird erfahren, dass Sie kein Ehrenmann sind.»

Was Niggelers langer Redestrom nicht geschafft hatte, vollbrachte sein letzter Satz. Der Fürsprech sah, wie der entschlossene Trotz aus von Nufers Gesichtsausdruck verschwand. Der Patrizier wirkte bleich, aber entspannter. Unentschlossen liess er seinen Blick von Niggeler zu den beiden

Franzosen wandern und ging zum durchsichtigen Spiegel. Während langen Minuten beobachtete er seine Tochter. Rustinger hielt Angelikas schmale Hände und schaute sie mit seinen strahlenden Augen unverwandt an.

Von Nufer drehte sich um und sagte zu den Franzosen: «Gehen Sie, meine Herren! Fahren Sie ohne Unterbruch nach Frankreich. Halten Sie sich nicht auf und erwähnen Sie niemals meinen Namen. In meiner unteren Bibliothek werden Sie eine Kassette finden als Entschädigung für Ihre Dienste.»

Die beiden Männer zögerten. Als von Nufer sie nicht mehr beachtete, schwangen sie ihre Capes über, nahmen die Waffen zur Hand und stiegen die Treppe hinunter.

«Kommen Sie, Niggeler. Bis zwei Uhr ist noch viel Zeit. Ich habe ein besonderes Mittagsmahl zubereiten lassen.» Von Nufers Stimme war gefasst. Er strahlte Ruhe und eine ungewohnte Freundlichkeit aus. «In einigen Minuten wird im Speisezimmer für zwei Personen gedeckt sein. Sie werden staunen über mein delikates Knoblauchhuhn, dessen Zubereitung ich selber ausprobiert und meinem Koch beigebracht habe.» Er nahm Niggeler beim Arm und führte ihn durch den Korridor auf das Musikzimmer zu. «Wir werden Angelika mit Ihrer Emilie und diesem Rustinger wegschicken.» Bevor er die Doppeltür leise öffnete, wandte er sich nochmals Niggeler zu und murmelte: «Ihr Freund ist ein Haudegen und geht mir auf die Nerven. Trotzdem … Vielleicht sind seine Schultern breit genug …»

Wenige Minuten später stand Karl von Nufer am Fenster und beobachtete die Kramgasse. Erst als er sah, wie Angelika neben Lorenz Rustinger aus dem Schatten der Lauben in die Sonne trat und zaghaft seinen Arm nahm, wandte er seinen Blick ab.

Niggelers Neugierde war gross genug, dass er die Einladung zum Knoblauchhuhn annahm.

«Fragen Sie!», forderte von Nufer seinen Gast auf. Er schien das zarte Huhnstück zu geniessen.

«Nein, erzählen Sie. Ich weiss fast alles.»

«Es begann per Zufall.» Die Stimme des anderen war so leise, dass Niggeler sich anstrengen musste, um jedes Wort zu verstehen. «Mein Grossvater hinterliess einen sagenhaften Reichtum, aber leider fast alles meinem Onkel und nur eine lächerliche Summe meinem Vater. Als dieser starb, vererbte er mir hauptsächlich Schulden. Mein kinderloser Onkel weigerte sich, mir finanziell zu helfen und sagte mir klar, er verachte Müssiggänger. Er widmete sich mit so grossem Einsatz den Geschäften, dass sein Vermögen sich Jahr für Jahr vermehrte. Er riet mir, es selbst zu etwas zu bringen. Meinen Erfolg würde er belohnen.»

Der junge Witwer Karl von Nufer verliess die Schweiz. Seit dem Tode seiner Frau hielt ihn nichts in Bern. In Paris versuchte er sein Glück mit Spekulationen an der Börse. «Zuerst verdiente ich gut, die Illusionen stiegen … Aber dann verspekulierte ich mich und machte Schulden. Als der geringe Landbesitz in Bern verkauft war, musste ich Kredit um Kredit aufnehmen.»

1843 kehrte von Nufer in die Schweiz zurück und versuchte, das verhärtete Herz seines Onkels zu erweichen. Er stellte sich im Amtskreis Erlach zur Wahl und schaffte den Sprung in den Grossrat. Dann engagierte er sich für wichtige Sanierungsprojekte im Interesse der Bevölkerung und zeichnete auch als Mitbegründer der Gesellschaft zur Entwässerung des Sumpflandes in seinem Amtsbezirk.

«Aber nichts vermochte meinen Onkel zu beeindrucken», erinnerte sich der Patrizier. «Er schätzte meinen politischen Einsatz gering, mass meinen Wert nur am finanziellen Erfolg. Mein gutes Gehalt reichte nur gerade zum Leben, aber nicht zur Tilgung der Schulden.»

«Zu einem Leben voller Prunk und Reichtum», warf Niggeler ein.

«Damals war meine Existenz längst nicht so aufwendig, wie es schien. Jedenfalls schöpfte ich Mitte 1844 Hoffnung. Mein Onkel war inzwischen achtundsiebzig Jahre alt und schwer krank. Auf Grund meiner baldigen Erbschaft erhielt ich neue Kredite, um die Zinsen und Rückzahlungen für die älteren Darlehen zu leisten.»

«Weshalb haben Sie nicht …»

«Nachgeholfen? Sie meinen, ich hätte meinen Onkel ermorden können? Nein, dieser Gedanke wäre mir nie gekommen.»

Von Nufers Onkel aber wollte und wollte nicht sterben. Sein Neffe wagte es nicht, dem alten Mann seine Fehlspekulationen einzugestehen. Er hätte die Achtung seines traditionsbewussten Verwandten vollends verloren und damit vermutlich auch sein ganzes Erbe. Gegen Ende des Jahres drängten die Gläubiger, von Nufer konnte die Zinsen nicht mehr bezahlen. Neue Darlehen wurden ihm nicht gewährt.

«Versuchen Sie zu verstehen.» Die Stimme des Aristokraten hatte einen verzweifelten Unterton. «Ich musste einen Ausweg finden, um den finanziellen Ruin zu verhindern. Daher liess ich Aktien nachdrucken und als Kreditgarantie anbieten. Ich gab diesen Papieren bewusst die letzten Nummern der Serie. Im November 1844 war noch kein Viertel der Wertpapiere verkauft. Bis die letzten Nummern an der Reihe sein würden, hätte ich längst mein Erbe angetreten. Ich wäre im Besitze von genügend Geld gewesen, um die letzten Aktien der Serie rechtmässig zu zeichnen. Ich wollte den Kredit zurückzahlen und die hinterlegten falschen Wertpapiere vernichten. Niemand hätte etwas gemerkt.»

«Natürlich hatten Sie nicht damit gerechnet, dass Jakob Levi sich bei der Entwässerungsgesellschaft Erlach erkundigen würde. Maximilian Blatter öffnete das Schreiben Levis und begriff augenblicklich, dass Sie Wertpapiere gefälscht hatten. Denn die Aktiennummern, die sich in Levis Besitz befanden, waren noch gar nicht herausgegeben worden. Da Sie zufällig in Erlach waren, stellte er Sie sofort zur Rede.»

«Ich lud ihn zu einem aufklärenden Gespräch ausserhalb der Gesellschaft ein», erzählte von Nufer. «Wir trafen uns am Abend bei der grossen Brücke. Natürlich versuchte ich

Blatter meine Situation zu erklären. Ich flehte ihn an, mir einige Tage Zeit zu lassen.»

Aber der ehrliche Buchhalter teilte von Nufer seinen Entschluss mit, die Polizei zu informieren. Um sich von seiner Idee nicht abbringen zu lassen, hatte Blatter seine Anzeige schon am Nachmittag zu Papier gebracht und sich vorgenommen, den Umschlag anderntags abzuschicken.

«Er wollte Sie anzeigen. Und da haben Sie ihn getötet.» Niggelers Stimme war heiser. Es klang keinerlei Verständnis mit.

«Ich wollte ihm nichts antun. Wir diskutierten, gestikulierten. Dabei stiess ich ihn an, er verlor das Gleichgewicht und ertrank im Fluss.»

Als Maximilian Blatters Witwe ihrem Bruder Josef Hubler den an die Polizei adressierten Brief übergab, fasste der Finanzbeamte den Entschluss, von Nufer zu erpressen. Er wollte eine Heirat über seinem Stand eingehen und benötigte dringend Geld. Hubler musste nicht lange warten, um seinen Plan zu verwirklichen. Einen Monat nach dem Tode des Buchhalters starb Karl von Nufers Onkel. Da er kein Testament hinterliess, fiel das Erbe seinem Neffen zu.

«Ich übergab Hubler eine beträchtliche Summe», berichtete von Nufer. «Aber er wollte sich nicht zufrieden geben. Seine Forderungen wurden immer unverschämter. Wir vereinbarten, uns am Abend des Konzerts der Schwestern Milanollo bei Moosmanns Soirée zu treffen. In einer stillen Ecke, aber doch inmitten von vielen Menschen, sollte Hubler mir den Brief überreichen und ich ihm eine endgültige hohe Summe.»

«Aber Sie trauten ihm nicht. Sie setzten zwei Haudegen auf ihn an.»

«Ja, und mein Verdacht bestätigte sich. Der Erpresser nahm das Geld und zeigte mir den Brief Blatters, steckte ihn aber sofort wieder ein. ‹Rufen Sie doch Herrn Moosmanns Gäste herbei. Wollen wir den noblen Bernern den Schandbrief des Finanzbetrügers gleich zeigen?›, flüsterte Hubler mir hämisch ins Ohr, nahm das Schreiben wieder an sich und verliess die Soirée. Meine französischen Helfer folgten ihm. Den Anzeigebrief Blatters mussten sie sofort vernichten.»

«Der Buchhalter verunfallt, der Erpresser von Schergen ermordet. Gut, Herr von Nufer. Aber wie können Sie Anton Jahns Tod vor Ihrem Gewissen verantworten?»

«Ich konnte nicht mehr zurück.» Der Patrizier flüsterte nur noch. «Als Sie wegen der Entlassung des Universitätsprofessors mit Stämpfli aus der Finanzdirektion eilten, forderte ich meinen Beamten Jahn auf, mir den vor Ihnen erwähnten Umschlag zu zeigen. Er öffnete aber den Brief und begann Hublers Geschichte zu lesen ... Ich konnte nicht mehr zurück. Ich schlug Jahn nieder und liess ihn nach Arbeitsschluss von meinen Helfern in eine Kutsche tragen und nach Fraubrunnen bringen. Dort sollte er an der Zehntenversammlung teilnehmen.»

«Ihre gedungenen Mörder erschlugen Jahn vor Fraubrunnen, warfen ihn in ein Wäldchen und beraubten ihn», erinnerte Niggeler. Seine Stimme klang hart. «Heute haben Sie zufällig von Emilie Snell erfahren, dass ich mit einem jüdischen Geldverleiher in Kontakt stehe. Sie haben sofort begriffen, weshalb. Für Ihre Franzosen muss es ein Kinderspiel gewesen sein, im obersten Stock von Levis Haus Feuer zu legen.»

Von Nufer leerte sein Weinglas und schob den Teller mit dem Dessertkuchen zur Seite. «Gehen Sie jetzt. Rufen Sie Ihren Polizeidirektor.»

«Levi ist heute früh um elf Uhr verstorben. Es ist mir nicht mehr möglich gewesen, mit ihm zu sprechen.» Niggeler wunderte sich über seine eigenen Worte. Hatte er sie wirklich aussprechen wollen?

Aber von Nufer erwiderte ruhig: «Das ändert gar nichts. Erlauben Sie, dass ich in die Bibliothek gehe und einen Brief an meine Tochter schreibe? Ich gebe Ihnen mein Wort, dass ich nicht fliehen werde.»

«Beeilen Sie sich. Es ist gleich zwei Uhr.»

Niggeler ging zum Eingangsportal hinunter und liess den wartenden Häuselmann ein. Die Wachmänner wurden auf der Strasse postiert.

«Er ist in der Bibliothek.» Niggeler hielt den Polizeidirektor zurück, als dieser auf den geöffneten Raum zulaufen wollte. «Warten Sie!» Der Knall der Pistole übertönte seine Worte. Zusammen liefen sie in die Bibliothek. Den Blick auf den toten von Nufer gerichtet, zog Niggeler den Brief der Entwässerungsgesellschaft aus seiner Tasche. In der Antwort an Levi standen Angaben über die Aktien und deren Nummern, aber Karl von Nufers Name wurde nicht genannt. Der ehemalige Finanzdirektor hatte das Schreiben ja selbst verfasst. Plötzlich bemerkte Niggeler, dass einige Worte auf der Rückseite standen. Offenbar hatte Levi die Feder ergriffen, als bereits die Flammen aus seinem Wohnzimmer züngelten. Es war nur eine einzige Zeile: «Der Mann, der die Aktien aus Erlach hinterlegt hat, heisst Karl von Nufer. Jakob Levi.»

Niggelers dunkle Augen begegneten dem ebenso ratlosen Blick Häuselmanns. Leise sagte der Fürsprech: «Er hat seine Tochter Angelika sehr geliebt.»

Der Polizeidirektor verstand und entgegnete: «Sie soll nicht über seinen Tod hinaus büssen.»

Als der andere nickte, zerknitterte Niggeler den Brief und warf ihn ins Feuer.

«Der Fall Hubler liegt endgültig bei den Akten, lieber Niggeler», sagte Häuselmann mit belegter Stimme. «Er endet, wie er begonnen hat: Mit einem Unfall beim Hantieren mit der Pistole.» Energischer fügte er bei: «Jedenfalls müssen wir für die beiden Franzosen einen Haftbefehl wegen Brandstiftung und Mord erlassen.»

Benommen von der Knoblauchhuhn-Mahlzeit und dem Tischgespräch trat Niklaus Niggeler in die sonnige Kramgasse hinaus. Als er am Ende des Strassenzugs Emilie erblickte, eilte er ihr entgegen.

«Ich wollte in der Redaktion auf dich warten.» Sie stellte sich auf die Fussspitzen und hauchte einen Kuss auf seine

Wange. «Aber Vater ist dort und hat mich mit diesem Blatt losgeschickt. Du sollst es sofort lesen.»

Er nahm ihr das Papier aus der Hand und verschlang mit wachsender Spannung den Inhalt. Dann fasste er Emilie um die Taille, hob sie hoch und wirbelte sie um sich. «Es ist alles zu Ende, mein Schatz», rief er mit einem Jauchzer. «Soeben ist von Besançon durch eine Reiterstaffette die Bestätigung der neuesten telegrafischen Nachrichten aus Paris eingetroffen. Dort hat sich der Tumult vom 22. Februar in eine Revolution verwandelt. Die Nationalgarde hat sich auf die Seite des Volkes geschlagen, Louis Philippe und Minister Guizot haben abgedankt. Am 24. Februar um zehn Uhr abends ist in Frankreich die Republik ausgerufen worden!»

Emilie strahlte und schaute ihm fragend in die Augen. «Weisst du, was das bedeutet, meine Liebste?», hörte sie ihn mit leuchtenden Augen fragen. «Bald wird es auch in Wien, in Italien und in Deutschland losgehen. Die Schweiz ist gerettet, Emilie! Die Mächte haben nun andere Sorgen, als sich in die Revision unseres Bundesvertrags einzumischen.»

Eigentlich hätte Niggeler in die Redaktion eilen und ein Extrablatt der «Berner Zeitung» vorbereiten sollen. Aber er liess sich Zeit und spazierte mit Emilie zur Kornhausbrücke.

«Mein Gott, wie ich dich liebe», flüsterte er, als sie allein waren. Niggeler drückte Emilie so eng an sich, dass sie ängstlich zurückwich. Er hielt sie fest umschlungen und suchte ihren Mund. Seine überstandenen Alpträume legten eine zügellose Leidenschaft frei, die ihn selbst überraschte. Emilie las in seinen Augen ein grenzenloses Verlangen. Plötzlich schlug seine Wildheit in besorgte Zärtlichkeit um.

Niggeler nahm sie bei der Hand, zog sie gegen den Kornhausplatz und lächelte verschmitzt. «Komm, Emilie! Es ist höchste Zeit, dass wir dem Münsterpfarrer einen Besuch abstatten.»

Epilog

Die Pariser Februarrevolution griff im März 1848 auf Wien, Berlin, Mailand und Venedig über. Louis Philippe, Guizot und Metternich mussten abdanken. Die Schweiz, bisher einzige Republik und daher als Herd aller revolutionären Unruhen gefürchtet, wurde schlagartig zum einzigen ruhigen Pol im Sturm der europäischen 1848er-Revolutionen.

Unbeachtet von den Mächten nahm die Tagsatzung die Revision des Bundesvertrags in Angriff. Im September 1848 hob die letzte Tagsatzung der Eidgenossenschaft den losen Staatenbund auf und schuf den neuen, jetzigen Schweizerischen Bundesstaat. Die wichtigsten Mitglieder der Kommission zur Revision des Bundesvertrags wurden in den ersten Bundesrat gewählt: Josef Munzinger, Ulrich Ochsenbein, Jonas Furrer, Henry Druey, Friedrich Frey-Hérosé, Wilhelm Matthias Naef und ausserdem Stefano Franscini.

In Abwesenheit wurden der flüchtige Schultheiss Konstantin Siegwart-Müller und die anderen Mitglieder des sonderbündischen Kriegsrats wegen Landesverrats angeklagt. Bis zu seinem Lebensende schwor Siegwart seine Unschuld. Jahrzehnte später wurden die als Staatsgeheimnis in Wien gehüteten Briefe Siegwarts öffentlich der Forschung zugänglich gemacht. Heute ist seine Schuld erwiesen. Die Dokumente liefern den klaren Beweis, dass der Kriegsrat des Sonderbunds und sein Präsident wiederholt Österreich aufgefordert haben, das Gebiet der Schweiz militärisch zu besetzen.

Professor Dr. Wilhelm Snell wurde 1849 als Rechtsdozent an die Universität Bern zurückberufen.

Jakob Stämpfli gelang 1854 die Wahl in den Bundesrat.

In den Fünfzigerjahren des 19. Jahrhunderts erreichte Jeremias Gotthelfs Abneigung gegen Niklaus Niggeler und Jakob Stämpfli ihren Höhepunkt. Er integrierte die bisher ungedruckte Erzählung «Die Versöhnung des Ankenbenz und Hunghans, vermittelt durch Professor Zeller» in sein berühmtes Werk «Zeitgeist und Bernergeist». Zwei Gotthelf-Zitate: «Das ist gelogen, und zwar *gestämpfelt*.»

«Lisi war kein unserer radikalen Bürzenen eins, deren Burgerlust es ist, in fremde Haushaltungen zu fallen, in fremdem Gelde zu krüscheln und eine Ordnung auf ihre Weise einzuführen, ungefähr wie sie der Teufel mit Purzeln herstellen soll und wie sie der alt wild Unglücksvogel (Snell; MDR) in die Schweiz verschleppte samt *heidnischen* Weibern und sie in Bern *einzunigglern* und *verstämpflen* suchte ...»

Niklaus Niggeler wurde 1848 als bernischer Vertreter in den ersten Ständerat gewählt. Seine Ehe mit Emilie Bertha Snell verlief ebenso turbulent wie glücklich. Ihre Ururenkelin Monika Dettwiler Rustici ist die Autorin dieses Romans.

Lorenz Rustinger, Gustav Lanz sowie die Angehörigen der Familien Moosmann, von Nufer und von Sasikl sind Romanfiguren.

Geschichte auf einen Blick

Die Schweiz zwischen 1815 und 1848

Am Wiener Kongress von 1815 schufen die europäischen Herrscher eine konservative, gegen die Ideen der Französischen Revolution gerichtete Ordnung Europas; die Schweiz wurde als lockerer Bund gleichberechtigter Kleinstaaten – Kantone – geliedert. Der schweizerische Bundesvertrag von 1815 stellte jedem Kanton frei, welche Rechte er seinen Bürgern geben wollte.

Die Pariser Julirevolution brachte 1830 den aufgeschlossenen Louis Philippe auf den Thron. Dieser Erfolg spornte die Liberalen der Schweiz an. Viele Kantone gaben sich eine liberale und demokratischere Staatsordnung. Die stark an die Kirche gebundene Bevölkerung sträubte sich jedoch gegen viele liberale Neuerungen und vor allem gegen die Schaffung eines einheitlichen Bundesstaates. Sie befürchtete den Verlust der kantonalen Selbstständigkeit und die Bedrohung des christlichen Glaubens. Diese Furcht war stärker unter den Katholiken verbreitet als unter den Protestanten. So kam es in vielen Kantonen zu Konflikten zwischen der liberalen Regierung und der katholisch-konservativen Minderheit. Im Kanton Aargau führte eine solche Auseinandersetzung 1841 zur Auflösung der Klöster. Die katholisch-konservativen Kantone waren empört. Als Reaktion berief die Luzerner Regierung 1844 die Jesuiten, welche als Feinde des Liberalismus, Radikalismus und Protestantismus bekannt waren, als Lehrer und Prediger nach Luzern.

1844 und 1845 organisierten radikal-liberale Freiwillige vom Aargau und von Bern aus zwei Freischarenzüge gegen Luzern, die jedoch schwere Niederlagen erlitten. Im Dezember 1845 schlossen die Kantone Luzern, Uri, Schwyz, Unterwalden, Zug, Freiburg und Wallis eine Schutzvereinigung, den Sonderbund. Ziel der Liberal-Radikalen war es nun, den Sonderbund aufzulösen, die Jesuiten zu entfernen und einen einheitlichen schweizerischen Bundesstaat zu schaffen.

Machtwechsel in Genf und in St. Gallen brachten den Radikal-Liberalen ab 1847 die Mehrheit an der Tagsatzung. Diese beschloss darauf die Auflösung des Sonderbundes und die Schaffung eines Bundesstaates. Die Sonderbundskantone weigerten sich allerdings, die Beschlüsse anzuerkennen. Deshalb setzten die Liberal-Radikalen die Beschlüsse der Tagsatzung mit Waffengewalt durch, das heisst, es kam zum innerschweizerischen Krieg gegen die Sonderbundskantone. Die Grossmächte Österreich, Preussen und Frankreich drohten mit militärischen Eingriffen, aber die europäischen Revolutionen im Februar und März 1848 machten allen Interventionsversuchen ein Ende. Die Schweiz konnte ungestört von ausländischen Eingriffen ihre neue Bundesverfassung ausarbeiten.

Glossar

(¹) Fürsprech
Im Kanton Bern gültige Bezeichnung des Rechtsanwalts.

(²) Patrizier
In Bern Nachkommen der ratsfähigen mittelalterlichen Bürgerfamilien.

(³) Bundesstadt
Vor 1848 gelegentlich verwendete Bezeichnung für Vorort
(Versammlungsort der Tagsatzung).

(⁴) Reaktion
Verhalten der politischen Rückschrittskräfte, welche frühere Zustände
wieder herstellen wollen.

(⁵) Septemberregime
Am 2. September 1839 gewählte konservative Regierung des Kantons
Zürich.

(⁶) Tagsatzung
In der Schweiz bis 1848 die Versammlung der Vertreter der eidgenössischen Stände (Kantone).

(⁷) Suppleant
Schweizerisch für Ersatzmann in einer Behörde.

(⁸) Demagogenverfolgungen
In Deutschland Verfolgungen von Universitätslehrern und Burschen-
schaften mit liberalen und nationalen Ideen.

(⁹) Regeneration
Nach 1830 wurden einige Kantone politisch erneuert, das heisst,
es entstanden liberale Verfassungen.

(¹⁰) Ultramontanismus
Von «jenseits der Berge» (der Alpen) abgeleitete Bezeichnung für eine
streng päpstliche Gesinnung.

(¹¹) Restauration
Die Epoche von 1815 bis 1830, als in den europäischen Staaten
versucht wurde, die politischen Verhältnisse der Zeit vor der Französischen Revolution wiederherzustellen.

(¹²) Vorort
Der leitende Kanton, in dem die Tagsatzung sich vor 1848 versammelte
(zuletzt im zweijährigen Wechsel zwischen Luzern, Zürich und Bern).

Dank

Für ihr Vertrauen und ihre Unterstützung bedanke ich mich bei meiner Schwester (und Erstleserin) Suzanne Speich und bei Hugo Ramseyer.

Ein besonderer Dank geht an Anita Egli für das kompetente Lektorat und an meinen Mann Luciano Rustici, dessen Kritiken und Anregungen meinen Roman mitgeprägt haben.